权威·前沿·原创

皮书系列为
"十二五""十三五"国家重点图书出版规划项目

BLUE BOOK

智库成果出版与传播平台

菲律宾蓝皮书

BLUE BOOK OF PHILIPPINES

菲律宾发展报告
（2019~2020）

ANNUAL REPORT ON DEVELOPMENT OF PHILIPPINES

(2019-2020)

中山大学国际关系学院

中山大学"一带一路"研究院

主　编／张宇权

副主编／王惟晋　陈麒安　冯　雷

社会科学文献出版社

SOCIAL SCIENCES ACADEMIC PRESS（CHINA）

图书在版编目（CIP）数据

菲律宾发展报告. 2019－2020 / 张宇权主编. －－北
京：社会科学文献出版社，2020. 11
　（菲律宾蓝皮书）
ISBN 978－7－5201－7280－6

Ⅰ. ①菲… 　Ⅱ. ①张… 　Ⅲ. ①社会发展－研究报告－
菲律宾－2019－2020 ②中外关系－研究报告－菲律宾－
2019－2020 　Ⅳ. ①D734. 169 ②D822. 334. 1

中国版本图书馆 CIP 数据核字（2020）第 175114 号

菲律宾蓝皮书

菲律宾发展报告（2019~2020）

主　　编／张宇权
副 主 编／王惟晋　陈麒安　冯　雷

出 版 人／谢寿光
责任编辑／宋浩敏

出　　版／社会科学文献出版社·国别区域分社 （010）59367078
　　　　　地址：北京市北三环中路甲 29 号院华龙大厦　邮编：100029
　　　　　网址：www. ssap. com. cn
发　　行／市场营销中心（010）59367081　59367083
印　　装／天津千鹤文化传播有限公司

规　　格／开　本：787mm × 1092mm　1/16
　　　　　印　张：22. 25　字　数：331 千字
版　　次／2020 年 11 月第 1 版　2020 年 11 月第 1 次印刷
书　　号／ISBN 978－7－5201－7280－6
定　　价／168. 00 元

菲律宾蓝皮书编委会

主要编撰者简介

张宇权　中山大学东南亚研究所菲律宾研究中心主任，中山大学国际关系学院副教授、博士生导师，中山大学"一带一路"研究院研究员，中山大学美国研究中心副主任；曾在美国哈佛大学费正清中国研究中心、美国乔治亚大学国际贸易与安全研究中心做访问学者；中国高等教育学会国际政治研究专业委员会理事、中国东南亚研究会理事、广东公共外交协会理事，主要研究领域是东南亚研究、美国研究和亚太区域合作。

王惟晋　广东外语外贸大学讲师，中国社会科学院国际政治学博士，主要研究领域为菲律宾问题、中国外交、软实力。

陈麒安　中山大学国际关系学院、中山大学"一带一路"研究院副研究员。台湾政治大学外交学系博士，曾任台湾大学政治学系博士后研究员、淡江大学国际事务与战略研究所博士后研究员。主要研究领域为国际安全合作、中美关系、欧洲安全。

冯　雷　中山大学东南亚研究所菲律宾研究中心副主任，中山大学国际关系学院博士，中山大学"一带一路"研究院研究员，菲律宾国立大学亚洲研究中心访问学者，主要研究领域为东南亚政治与外交、南海问题。

摘　要

　　本报告主要总结并分析了 2019～2020 年菲律宾的政治、外交、安全、经济和社会发展态势，特别是菲律宾杜特尔特政府的国家发展战略。全书分为五个部分。第一部分是总报告，在宏观层面总结了 2019～2020 年菲律宾杜特尔特政府在政治、经济、安全和外交等各个领域国家发展战略面临的挑战、成效以及未来的展望，为全书奠定基调；第二部分是菲律宾形势报告，从政局发展、国民经济、国防军事和外交形势等方面回顾了菲律宾国内的年度动态，深入考察了菲律宾的国情；第三部分是双边关系报告，分析了菲律宾在 2019～2020 年与中国、美国、俄罗斯和日本之间的关系发展，详细描述了该年度菲律宾的外部环境动态、阐述菲律宾在此阶段获得的国际支持；第四部分是专题报告，深入分析了当前菲律宾南部安全局势、杜特尔特政府与主流媒体的关系、菲律宾网络安全执法、菲律宾海外劳工、菲律宾与中国的人文交流、菲律宾旅游发展，以及杜特尔特政府应对新冠肺炎疫情的政策，剖析菲律宾国内在安全、媒体、网络、旅游、海外劳工和新冠肺炎疫情等方面的政策博弈和挑战；最后一部分是菲律宾大事记，介绍菲律宾在2019 年发生的重大事件。

　　本报告认为：菲律宾总统杜特尔特执政后，采取务实国家发展战略，努力发展中菲友好关系，改变前任总统以领土安全为中心的安全观，将发展经济作为其国家发展战略的核心，使其国家发展战略具有引导性、现实性、普遍性、平衡性、灵活性等特点。在杜特尔特国家发展战略的指导下，2019年菲律宾在政治、经济、安全、外交等领域都取得较好的成就，同时也对菲律宾周边及国际局势产生较重要影响。当前菲律宾国内社会总体趋于稳定，经济改革稳步推进，发展速度保持较快增长，杜特尔特总统执政取得较好的

成效。但恐怖主义威胁并没有消除，消除贫困的任务还很艰巨，铁腕禁毒政策还面临较大的挑战，政府与菲律宾共产党和谈没有取得积极成效，未来，在 2020 年新冠肺炎疫情全球暴发的情况下，杜特尔特政府在发展经济方面面临更加艰巨的挑战，但在其政府的治理下，菲律宾的国家发展战略仍可以审慎乐观。

关键词： 菲律宾　中菲关系　杜特尔特　国家发展

目　录

Ⅴ　附录

皮书数据库阅读 **使用指南**

总 报 告

General Report

B.1

2019~2020年杜特尔特
政府国家发展战略评析*

张宇权**

摘　要：　菲律宾杜特尔特总统以实用主义和铁腕政策而闻名。杜特尔特上任后，面对复杂和困难的国内外形势，他一改前任总统以领土安全为中心的国家发展战略，将发展经济作为其国家发展战略的核心。在杜特尔特国家发展战略的指导下，菲律宾在政治、经济、安全等领域都取得较好的成就，同时也对菲律宾周边及国际局势产生重要影响。在2020年新冠肺炎疫情全球暴发的情况下，杜特尔特政府在发展经济方面面临更加艰巨的挑战，但在其政府的治理下，菲律宾的国家发展战

*　本报告系2018年度国家社科基金重大项目（项目编号：18VHQ609）的阶段性成果。

**　张宇权，中山大学国际关系学院副教授、博士生导师，中山大学东南亚研究所菲律宾研究中心主任，中山大学"一带一路"研究院研究员，主要研究领域为东南亚研究和美国研究。

略仍可以审慎乐观。

关键词： 菲律宾　杜特尔特政府　国家发展战略　中菲美关系

同阿基诺三世任职时期相比，杜特尔特的国家发展战略发生了较大改变。阿基诺三世政府时期，菲律宾国家发展战略的重点集中于领土防御安全，强调通过军事现代化和增加美国在菲律宾的军事存在以应对领土争端的"挑战"。杜特尔特上任后，其国家发展战略重新回到注重人民的福利、福祉和生活方式，以政府及其机构、领土完整、主权、核心价值观得到加强和保护为重点的国内安全。

杜特尔特政府的国家发展战略主要在政治、经济、国防、对外关系等领域进行部署。2016 年 10 月 11 日，菲律宾总统罗德里戈·杜特尔特签署了第 5 号行政命令，将"AmBisyon Natin 2040"作为菲律宾发展的 25 年长期愿景，即到 2040 年，菲律宾将成为一个繁荣的、没有贫穷的、以中产阶级为主的社会；人民健康长寿、智慧创新、生活在一个充满信任的社会。① 在 2040 愿景的基础之上，杜特尔特政府还发布了《国家安全政策（草案）》、《菲律宾发展计划 2017～2022》、《国家和平发展议程》（和平发展路线图）等项目及国防部门政策要旨。② 这些文件具体描述了菲律宾国家发展战略的战略目标。总体而言，杜特尔特政府的国家发展战略目标就是将菲律宾建成一个安全繁荣的国家，使人民的福利、福祉、生活方式和核心价值观在菲律宾体现；使政府及其机构清正廉明；使领土完整和主权得到保护和加强；使菲律宾在国际社会中的地位稳中有升。2019～2020 年在杜特尔特政府国家发展战略的指引下，菲律宾国内民族分裂、非法武装冲突等问题得到一定控

---

① "About AmBisyon Natin 2040," NEDA, http：//2040. neda. gov. ph/about – ambisyon – natin – 2040, on Feb. 22nd, 2020.

② *AFP Development Support and Security Plan* 2017 ~ 2022, Department of National Defense, Philippines, p. 23.

制，基础设施建设大力开展，国家经济增长得以持续，毒品问题得到治理，中菲美国家间关系亦得到调整，其国家发展战略已取得一定成效，菲律宾国家的发展亦因此被推动。

一 杜特尔特国家发展战略在内政领域的实践与成效

杜特尔特国家发展战略在内政领域主要瞄准三个目标，即推动摩洛和平议程、结束国内武装叛乱、减少腐败，通过矫正国内乱象肃清菲律宾的政治氛围。

（一）摩洛和平进程得到了推动

杜特尔特上台之初曾明确表示解决摩洛问题的根本方法是通过修改菲律宾 1987 年宪法，建立一个完整的联邦体系以实现南部摩洛穆斯林的需求和愿望。[1] 为推动摩洛和平进程，杜特尔特还与摩洛伊斯兰解放阵线和民族解放阵线举行了两次特别会议，谋求建立合作关系。[2] 然而，杜特尔特通过修宪建立联邦制的想法并未得到较多支持，在修宪局势不明朗的情况下，杜特尔特将重点转移至推行《邦萨摩洛组织法》（Bangsamoro Organic Law）上。《邦萨摩洛组织法》建立在阿基诺三世政府期间签署的《邦萨摩洛全面协议》（Comprehensive Agreement on the Bangsamoro）的基础上，该法律允许邦萨摩洛政府拥有自己的议会，得以保留地方收入的大部分并定期从中央政府收入中获得固定份额。此外，其还将伊斯兰法纳入该地区的司法体系。作为对自治的回报，这一法律要求叛军摩洛伊斯兰解放阵线逐步解散其数千人的军队。尽管该法案只涵盖了 2014 年和平协议中最初提供给叛军的 85% ～

---

[1] "Duterte's Pitch for Federalism: Centralized System Holds Back PH," Rappler, https://www. rappler. com/nation/politics/elections/2016/124423 – duterte – federalism – central – system – holding – regions – back, on Feb. 24th 2020.

[2] "Duterte Meets MILF, MNLF Leaders in Davao," Rappler, https://www. rappler. com/nation/ 136808 – duterte – meets – milf – mnlf – leaders – davao, on Feb. 24th, 2020.

90%的条件，但摩洛伊斯兰解放阵线的领导人已然表示他们对此感到满意。① 在杜特尔特总统推动以及大多数穆斯林的支持下，2019 年 1 月 21 日，菲律宾南部穆斯林自治区及邻近城镇举行公投，选民投票表决通过了《邦萨摩洛组织法》，② 该法律生效后，新的邦萨摩洛穆斯林自治区（Bangsamoro Autonomous Region in Muslim Mindanao）在 3 月 29 日正式取代了原有的棉兰老穆斯林自治区。2019 年 12 月 23 日，杜特尔特向邦萨摩罗自治区（Bangsamoro Autonomous Region）领导发放土地所有权证书（CLOAs），并鼓励其他地区加入新的行政区域，以加快区域发展。③ 至此，菲律宾的摩洛和平进程已取得较大进步，但邦萨摩洛自治区同菲律宾国家政府之间的矛盾仍然存在。《邦萨摩洛组织法》规定在邦萨摩洛地区设立一个警察区域办事处，由菲律宾国家警察（PNP）控制和监督。在与邦萨摩罗首席部长协商后，其负责人仍将由国家警察局长任命，该法律还规定设立国家警察委员会的一个区域办事处，其负责人将由内政部长任命。然而，邦萨摩罗过渡委员会（Bangsamoro Transition Commission）推动建立一支既听命于国家政府又听命于邦萨摩洛政府的警察部队，以及推动在武装部队之下建立一个不包括在已协商法律之内的邦萨摩洛军事指挥部，使邦萨摩洛有自己的警察和军队。这一行为不符合《邦萨摩洛组织法》及杜特尔特的想法，使得摩洛和平进程再起争议。但在 2019 年 12 月下旬，杜特尔特却宣称如果邦萨摩洛自治区协同国家打击恐怖主义，他将同意其建立自己的警察和军队。④ 由此可见，虽然杜特尔特政府

---

① J C Gotinga, "Philippines: Duterte to Approve Autonomous 'Bangsamoro' Proposal," Al Jazeera, https://www.aljazeera.com/news/2018/07/philippines – duterte – approve – autonomous – bangsamoro – proposal – 180722053525020. html, on Feb. 24th, 2020.

② ABS-CBN News, "Cotabato City Votes 'Yes' to Bangsamoro Organic Law," 2019, https://news. abs – cbn. com/news/01/22/19/cotabato – city – votes – yes – to – bangsamoro – organic – law, on May 10th, 2020.

③ "President Duterte Hands over CLOAs in New Bangsamoro Autonomous Region," Presidential Communications Operations Office, https://pcoo. gov. ph/news _ releases/president – duterte – hands – over – cloas – in – new – bangsamoro – autonomous – region, on Feb. 24th, 2020.

④ Xave Gregorio, "Duterte OK with Bangsamoro Getting Own Police, Military if They Combat Terrorism," CNN Philippines, https://www.cnnphilippines.com/news/2019/12/23/Rodrigo – Duterte – Bangsamoro – police – military – terrorism. html, on Feb. 24th, 2020.

同邦萨摩洛政府已初步形成和平，但双方之间还存在一定矛盾，而国家政府同自治区政府之间的矛盾是否会扩大则看未来双方的行动是否触到了彼此的底线。

（二）以和谈促国内武装叛乱结束

菲律宾国内主要的反政府武装叛乱由菲律宾新人民军带领。杜特尔特上任后，宣布了菲律宾武装部队单方面停火、承诺释放相关政治犯并表示愿意对部分菲律宾共产党干部进行大赦。杜特尔特政府还为结束武装叛乱举行了四轮会谈，重点讨论了从土地重新分配、社会经济变化、政治改革到组成联合监督委员会等一系列问题。[1] 但双方之间的和谈之路并不顺利，杜特尔特一直拒绝新人民军释放 400 名共产主义囚犯的要求，称他从一开始就不同意这么大的数字。[2] 作为回应，新人民军方面亦撤销停火决定。[3] 2017 年 11 月，杜特尔特签署第 360 号文告，正式终止与新人民军的一切和平对话。[4] 2018 年 4 月，杜特尔特指示其内阁恢复同新人民军的谈判，但在同年 12 月时，杜特尔特又称不应再对新人民军如此仁慈。[5] 2019 年底，杜特尔特再次声明终止同新人民军的和平谈判，但在 2020 年 1 月，其态度似乎又略有松动，[6]

---

[1] Dr Peter Chalk, National Security in the Philippines under Duterte: Shooting from the Hip or Pragmatic Partnerships beyond the Noise?, *Special Report*, Australian Strategic Policy Institute, 2018, p. 6.

[2] Nestor Corrales, "Duterte Won't Give in to NPA Demands to Free 400 Prisoners," The Inquirer, https://newsinfo. inquirer. net/867676/duterte – wont – give – in – to – npa dcmands – to – free – 400 – prisoners, on Feb. 24th 2020.

[3] Arianne Merez, "Timeline: Gov't, CPP – NPA Ceasefire Breakdown," ABS – CBN News, https: //news. abs – cbn. com/focus/02/03/17/timeline – govt – cpp – npa – ceasefire – breakdown, on Feb. 24th 2020.

[4] Nestor Corrales, "Duterte Signs Proclamation No. 360 Terminating Peace Talks with NPA," The Inquirer, https://newsinfo. inquirer. net/947228/duterte – signs – proclamation – no – 360 – terminating – peace – talks – with – npa – duterte – peace – talks – termination – npa on Feb. 24th 2020.

[5] "No Mercy to NPAS, Duterte Says," Philstar. com, https://www. philstar. com/headlines/2018/12/18/1878101/no – mercy – npas – duterte – says, on Feb. 24th 2020.

[6] Michael Hart, "Duterte's Peace Overture to the NPA: Another False Dawn?", Geopolitical Monitor, https://www. geopoliticalmonitor. com/dutertes – peace – overture – to – the – npa – another – false – dawn, on Feb. 24th 2020.

4月27日，杜特尔特又称将不再同新人民军进行和谈。① 和谈之路起起伏伏，但能够确定的是恢复和谈的概率有限，菲律宾国家政府同新人民军间的矛盾将继续存在。

（三）减少腐败难以速见成效

赢得总统大选后，杜特尔特曾在多个场合表明自己打击腐败的决心，并将"减少腐败"纳入其国家发展战略中。在打击腐败过程中，杜特尔特采取了一系列措施。如提高了警察和军队的工资水平，辞退了部分贪污干部及官员，菲律宾国营博彩办公室的总经理亚历山大·巴鲁坦（Alexander Balutan）便因贪污而被辞退，② 2017年10月5日，菲律宾总统府发表声明，宣布根据总统杜特尔特10月4日签署的行政命令，总统办公室下将成立反腐败委员会，以协助总统调查行政部门政务官员的贪腐案件。该委员会有权调查行政部门中总统任命官员所涉贪腐指控，还能对行政部门外总统任命的军警官员和政府下属企业管理人员进行生活作风问题调查，③ 2019年1月，杜特尔特政府公布第73号行政令，使总统本人有权对国内所有贪腐案件行使管辖权。④ 然而，菲律宾国家内并不缺乏反腐败机构，菲反腐机构之多使得功能重叠，机构间相互推脱，大大降低了反腐机构的效用。归根结底，菲律宾国内腐败问题较为严重，虽然杜特尔特本人决心很大，但杜特尔特政府减少腐败的实践在短期内难以速见成效。根据2019年"透明国际"（Transparency International）发布的调查数据，菲律宾在2018年的清廉指数

---

① Sofia Tomacruz, "Duterte Rejects Peace Talks with CPP – NPA：'No More Talks to Talk about'," Rappler, https：//www. rappler. com/nation/259208 – duterte – rejects – peace – talks – cpp – npa – april – 2020, on May 3rd, 2020.

② "Duterte Fires PCSO General Manager Alexander Balutan," Anti – corruption Digest, https：// anticorruptiondigest. com/2019/03/13/duterte – fires – pcso – general – manager – alexander – balutan – for – corruption, on Feb. 24th, 2020.

③ 《菲律宾总统杜特尔特成立新反腐机构》，新华网，http：//www. xinhuanet. com/world/2017 – 10/05/c_ 1121764875. html，2020年2月24日。

④ "The President of the Philippines," Executive Order, No. 73, 2019, https：//www. officialgazette. gov. ph/downloads/2018/12dec/20181228 – EO – 73 – RRD. pdf, on April 14th, 2019.

排名从全球第 111 名上升至第 99 名，[1] 2019 年的清廉指数排名则降到第 113 名，这比 2018 年的排名低了 14 位，比杜特尔特当选总统前的 2015 年低了 18 位。[2] 由此可见，杜特尔特政府在减少腐败方面的战略实践还需加强。

二 杜特尔特国家发展战略在经济领域的实践与成效

杜特尔特政府依据其国家发展战略在经济领域所做出的具体工作主要集中在促进国家经济发展、减少贫困、加强基础设施建设等方面。

（一）国家经济得到持续增长

为打造有利的经济发展环境，杜特尔特着手于结束国内武装冲突、推动摩洛和谈、开启禁毒战争等一系列操作。在谋求和平环境的同时，杜特尔特政府还颁布了一系列促进经济增长的政策。第一，通过创新法案。杜特尔特在 2019 年 4 月 17 日签署了《共和国法案 11293》（Republic Act 11293）和《菲律宾创新法案》（Philippine Innovation Act）以帮助"促进中小微企业的增长和国家竞争力"。根据该法律，菲律宾政府在制定创新目标和战略时应采取更广泛的视角，涵盖所有潜在的创新类型和创新来源。重点领域包括粮食安全和可持续农业、"蓝色经济"或海洋资源、教育、卫生、安全、清洁和可靠的能源、气候变化、治理、基础设施、数字经济和交通运输。[3] 第二，培育创业生态系统。2018 年 12 月，贸易工业部（DTI）、科技部（DOES）和信息通信技术部（DICT）的官员签署了 2019～2023 年创业援助

---

① Panos Mourdoukoutas, "Duterte's Philippines Is Getting Less Corrupt," The Wrong Way, 2019, https：//www. forbes. com/sites/panosmourdoukoutas/2019/02/02/dutertes－philippines－is－getting－less－corrupt－the－wrong－way/, on April 15th, 2019.

② Panos Mourdoukoutas, "Duterte Is Turning Philippines into A More Corrupt and Less Democratic State," Forbes, https：//www. forbes. com/sites/panosmourdoukoutas/2020/01/24/duterte－is－turning－philippines－into－a－more－corrupt－and－less－democratic－state. on Feb. 24th, 2020.

③ Newsbytes PH, "PH Innovation Bill Formally Signed into Law," http：//newsbytes. ph/? s＝Republic＋Act＋11293, on July 17th, 2019.

计划。该计划旨在通过提供旅行补助、工作设施、融资渠道以及签证和商业许可等激励措施，帮助初创企业和创业者。第三，发展数字经济。菲律宾政府在 2019 年 2 月发布的《菲律宾数字转型战略 2022》（Philippine Digital Transformation Strategy 2022）中提出，目标是到 2022 年全面集成和部署电子政务系统，致力改善市民的网上服务，以及提高政府员工的数字素养。第四，成立国家创新委员会（NIC）。根据《菲律宾创新法案》成立了国家创新委员会，其任务是"制定国家的创新目标、优先事项和长期国家战略"。总统将担任 NIC 主席，国家经济和发展局局长将担任副主席。其他内阁成员，如贸易和工业部部长、科学技术部部长和国防部部长等，也被纳入 NIC。[①] 第五，促进三大产业平衡发展。菲律宾农业部试图改善粮食安全、农村收入和基础设施，并通过菲律宾农作物保险公司迅速扩大一项农作物保险计划以覆盖毁灭性天气现象的受灾费用，改善农业环境；同样，在工业部门，菲律宾政府正在努力通过改善基础设施和其他设备来吸引外国直接投资。现菲律宾已开发了许多经济区，吸引了许多外国公司，甚至已有报道预测，一些公司将把它们的生产基地从中国转移到菲律宾和东南亚的邻国。[②] 菲律宾政府相信这些措施将有助于在今后几年内促成菲律宾经济可持续发展。从数据来看，经过一系列政策的刺激，2017～2018 年菲律宾经济发展抢眼，尤其是在全球经济不确定，贸易保护主义有所抬头的情况下，2017 年经济增长速度在亚洲仅次于中国（6.9%）和越南（6.8%），经济增长率为 6.7%，[③] 2018 年经济增长率为 6.2%，[④] 连续七年经济增长 6% 以上。2019 年，在中美出现贸易摩擦的情况下，菲律宾国家经济增长率为 5.9%，虽然低于政府

① 搜狐网，《菲律宾推出新法律促进创新和创业》，https：//www. sohu. com/a/331837934_634586，2019 年 2 月 26 日。

② Prableen Bajpai, "Emerging Markets: Analyzing The Philippines' GDP," Investopedia, https://www. investopedia. com/articles/investing/091815/emerging – markets – analyzing – philippines – gdp. asp, on Feb. 25th, 2020.

③ 搜狐财经，https：//www. sohu. com/a/227984102_402008，2019 年 2 月 26 日。

④ 菲律宾统计局，https：//psa. gov. ph/nap – press – releasel，2019 年 3 月 1 日。

所设定的 6%～7% 的目标，[①] 但在全世界来说也是发展最快的国家之一。只是到了 2020 年，由于新冠肺炎疫情的暴发，菲律宾经济增长的前景不容乐观。

（二）基础设施建设得到加强

2017 年 4 月 18 日，菲律宾政府正式推出"大建特建"（Build！Build！Build！）大规模基础设施投资计划，称将在六年内投资 8.4 万亿比索（约合 1.16 万亿元人民币），在全国进行基础设施建设。[②] 根据计划，2028 年以前，菲律宾将建设 6 个机场、9 条铁路、3 项总线高速交通计划、32 项道路和桥梁计划及 4 个港口计划、4 个能源设施、10 个水资源项目和灌溉系统等，这些基础设施的建成将有助于降低生产成本、提高农民收入、促进农村投资、使货物和人的流通更有效率并创造更多的就业机会。[③] 为筹集资金支持国家大规模的基础设施建设计划，杜特尔特在 2017 年 12 月 19 日签署了《加速和包容税收改革法案》（TRAIN 法案），试图通过创收措施为政府的基础设施项目提供资金。此外，他还转向了政府开发援助（ODA），以中国和日本的援助资金作为基础设施建设资金的主要来源。截至 2019 年 11 月，"大建特建"项目已完成 9845 公里道路、2709 座桥梁、4536 个防洪工程、82 个疏散中心和 7183 间教室的建设。[④] 杜特尔特政府加强基础设施建设的实践已见成效，但其这一项目仍然受到一定挑战，如部分学者对政府机构的

---

① "GDP Posts 6. 4 Percent Growth in the Fourth Quarter of 2019：5. 9 Percent for Full – year 2019，" Philippine Statistics Authority, https：//psa. gov. ph/nap – press – release/node/145079, on May 3rd, 2020.

② 《菲律宾推出"大建特建"基础设施投资计划》，第一财经，https：//www. yicai. com/news/ 5269193. html，2020 年 2 月 25 日。

③ Richard Javad Heydarian, "Dutertc's Ambitious 'Build, Build, Build' Project To Transform The Philippines Could Become His Legacy," Forbes, https：//www. forbes. com/sites/outofasia/ 2018/02/28/dutertes – ambitious – build – build – build – project – to – transform – the – philippines – could – become – his – legacy, on Feb. 25th, 2020.

④ Lamentillo, "Anna Mae Yu, What has 'Build, Build, Build' Achieved So Far? 9845 Km of Roads, 2, 709 Bridges, 64 Airport Projects, 243 Seaport Projects," Manila Bulletin News, https：// news. mb. com. ph/2019/11/17/what – has – build – build – build – achieved – so – far – 9845 – km – of – roads – 2709 – bridges – 64 – airport – projects – 243 – seaport – projects, on Feb. 25th, 2020.

能力表示怀疑，认为其不能胜任和按时执行项目；菲律宾国内存在大规模腐败和竞标异常等影响外国项目的风险；缺乏建筑工人和熟练工人；此外，由于需要进口中间产品和技术以促进基础设施建设，菲律宾比索和国际储备也面临着越来越大的压力。①

（三）减少贫困有所进展

促进国内经济增长、加快基础设施建设等政策实际上亦是为了减少菲律宾国内的贫困人口。此外，杜特尔特政府为降低贫困还做了其他工作，如其发布了加快扶贫服务的行政命令并开通了 8888 号公民投诉热线；又如因为在菲律宾穷人中的意外怀孕率尤其高，其要求政府部门优先向该国大约 600 万名妇女免费提供避孕用品，以降低意外怀孕率和贫困率。② 同时，菲律宾政府还颁布《加速和包容税收改革法案》，试图通过税收改革减少其国内的贫困人口。在杜特尔特政府的努力下，菲律宾贫困率有所下降。2018 年，菲律宾贫困率从 2015 年的 23.3% 下降到 16.6%。③ 杜特尔特政府任期已过半，其减贫成效在数据上亦有所体现，菲律宾发展计划中将贫困率从 2015 年的 21.6% 减少到 2022 年的 14% 的目标有望实现。然而，杜特尔特政府的减贫政策还存在部分问题，TRAIN 提出的最高边际税率并不一定提高了税收制度的累进性，只有超级富有的菲律宾人才会受税制改革的影响，贫穷的菲律宾人仍然背负着个人所得税的担子，④ 实际减贫效果并非十分理想。

① Richard Javad Heydarian, "Duterte's Ambitious 'Build, Build, Build' Project To Transform The Philippines Could Become His Legacy," Forbes, https：//www.forbes.com/sites/outofasia/2018/02/28/dutertes – ambitious – build – build – build – project – to – transform – the – philippines – could – become – his – legacy, on Feb. 25th, 2020.

② 《为降低贫困率杜特尔特下令为 600 万妇女免费发放避孕套》，环球网，https：//baijiahao.baidu.com/s? id = 1556292393902152&wfr = spider&for = pc，2020 年 2 月 25 日。

③ "Proportion of Poor Filipinos was Estimated at 16.6 Percent in 2018," PSA, https：//psa.gov.ph/poverty – press – releases/nid/144752, on Feb. 25th, 2020。

④ RG Manasan, "Assessment of the 2017 Tax Reform for Acceleration and Inclusion Law," PidsWeb, 2017, https：//pidswebs.pids.gov.ph/CDN/PUBLICATIONS/pidsdps1727.pdf, on Feb. 25th, 2020.

由上可见，杜特尔特政府在经济领域的一系列政策取得一定的成就，但尚未达到预期效果。2019年，菲律宾国家经济增长率为5.9%，这一数字低于杜特尔特上任时的7.1%的目标。[①] 2018年，菲律宾通货膨胀率最高达6.7%，通货膨胀减少了菲律宾人可以用他们的收入购买的商品和服务的数量，又使他们再度陷入了贫困。虽然在2019年10月，菲律宾通胀率已下降至0.8%，[②] 但通胀率的起起伏伏，以及新冠肺炎疫情使得菲律宾经济的未来仍然很难看清。

三 杜特尔特政府国家发展战略在安全领域的实践与成效

杜特尔特政府国家发展战略的战略目标之一是实现国内安全，这一安全涵盖了社会安全和环境安全。具体而言，为打造安全环境，杜特尔特采取了禁毒战争、打击恐怖主义及保护环境安全等一系列措施。

（一）禁毒战争卓有成效

在竞选总统期间，杜特尔特做出了将消灭10万名毒贩、"瘾君子"的承诺。在上任后，他迅速展开了菲律宾禁毒战争，旨在全国范围内消灭非法毒品使用者。[③] 官方数据显示，截至2019年1月，菲律宾已有5104名毒贩被杀。[④] 但

[①] "GDP Posts 6.4 Percent Growth in the Fourth Quarter of 2019: 5.9 Percent for Full – year 2019," Philippine Statistics Authority, https: //psa. gov. ph/nap – press – release/node/145079, on May 3rd, 2020.

[②] Darryl John Esguerra, "Palace: With 'Sound, Working' Duterte Economic Policies, PH Has Slowest Inflation in 3 Years," Philippine Daily Inquirer, https: //business. inquirer. net/282600/palace – with – sound – working – duterte – economic – policies – ph – has – slowest – inflation – in – 3 – years, on Feb. 25th, 2020.

[③] Philip C. Tubeza, "Bato: 'Neutralization' Means Arrest," Philippine Daily Inquirer, https: //newsinfo. inquirer. net/876096/bato – neutralization – means – arrest, on Feb. 26th, 2020.

[④] "SWS: Most Filipinos Believe Number of Drug Addicts Decreased in 2018," CNN Philippines, https: //cnnphilippines. com/news/2019/02/16/SWS – Filipinos – drug – addicts – decrease – 2018. html, on Feb. 26th, 2020.

据相关组织统计，死亡人数已超过1.2万人，其中还包括了部分儿童。① 而据菲律宾国家警察和菲律宾缉毒执行处的数据来看，从2016年6月至2019年7月，菲律宾官方机构共开展了134583次缉毒行动、逮捕了193086人、查获了347.5亿元的毒品，还使421275名公民参与了康复项目，建立了201296个社区支持中心和499所宗教改革中心。② 杜特尔特的强势禁毒战卓有成效，从数据上看，大批的毒贩与"瘾君子"都被纳入这场战争当中，但这场禁毒战同时也面临着一些问题。部分分析认为，杜特尔特政府打击毒品犯罪问题的效用不强，因为大多数死亡案件涉及的都是三流用户和经销商，而非法交易背后的真正主谋仍然逍遥法外。与此同时，冰毒的街头价格已经下降，而纯度水平基本上保持一致，这表明供应并没有减少。③ 此外，禁毒战争亦引起了人权争议。2019年2月，国际刑事法庭就"毒品战争杀人"事件展开初步调查，杜特尔特却于3月份宣布立即退出《罗马规约》。④ 然而杜特尔特的退出未能阻挡国际刑事法庭的调查。纵然面临着巨大的争议，杜特尔特仍誓言，他要在2022年任期结束前继续他的禁毒运动，⑤ 而现今其禁毒战争的重点任务则是提高其动作的效用以撼动贩毒巨头，而非仅靠暴力消灭三流用户和经销商。

---

① "The Guardian View on the Philippines: A Murderous War on Drugs," The Guardian, https://www.theguardian.com/commentisfree/2018/sep/28/the – guardian – view – on – the – philippines – a – murderous – war – on – drugs, on Feb. 26th, 2020.

② "Realnumbersph," Facebook, https://www.facebook.com/realnumbersph/, on Feb. 26th, 2020.

③ Dr Peter Chalk, "National Security in the Philippines under Duterte: Shooting from the Hip or Pragmatic Partnerships beyond the Noise?", Special Report, Australian Strategic Policy Institute, 2018, p. 8.

④ Raul Dancel, "Philippines Leaves International Criminal Court as It Probes Duterte's Drug Crackdown," Straits Times, https://www.straitstimes.com/asia/se – asia/philippines – leaves – international – criminal – court – as – it – probes – dutertes – drugs – crackdown, on May 3rd, 2020.

⑤ Philip C. Tubeza, and Tonette Orejas, "Duterte: War on Drugs to Continue until 2022," Inquirer, https://newsinfo.inquirer.net/950878/rodrigo – duterte – war – on – drugs – drug – killings – extrajudicial – killlings, on May 3rd, 2020.

（二）打击恐怖主义取得进展

杜特尔特政府对打击恐怖主义采取了强硬的态度。在杜特尔特初任菲律宾总统时，阿布沙耶夫组织及其盟友对达沃市的公共市场进行了轰炸，① 对菲律宾国家的社会安全形成了巨大威胁。2017 年，菲律宾政府同受"伊斯兰国"煽动的恐怖分子于马拉维城展开了 5 个月的斗争并取得了胜利，但这场战斗并不意味着反恐行动的彻底胜利。杜特尔特称，"伊斯兰国"对棉兰老岛的影响仍是一个未知数，他们的头上仍有乌云，② 菲律宾政府对恐怖主义的战争还在继续。为纠集力量对菲南恐怖分子进行打击，菲律宾政府还同美国、俄罗斯、东盟等其他国际行为体展开合作。2018 年，美国表示将在未来两年内向菲律宾提供 2650 万美元，用于加强警方的反恐行动，另外，其还交付了 6 架价值 1300 万美元的"扫描鹰"（Scan Eagle）无人侦察机，以增强菲律宾反恐能力。③ 2019 年，俄罗斯总统普京亦在双边会议上表明他准备支持总统杜特尔特打击恐怖主义，"我们准备继续发展我们的伙伴关系，分享我们在反恐领域的经验和成就"。④ 马拉维战争的胜利、摩洛和平进程的推动及国际行为体的援助使菲律宾的反恐战争有所成就：多名恐怖分子在反恐战争中被杀死，恐怖组织的力量受到打击；第 1083 号法案（Senate Bill No. 1083）得以通过，为执法人员打击恐怖主义提供更强大的法律支柱。⑤

---

① Julliane Love de Jesus, "Davao Blast Suspect Identified, Bato Says," Philippine Daily Inquirer, https：//newsinfo. inquirer. net/813881/davao－blast－suspect－identified－bato－says, on Feb. 26th, 2020.

② Argyll Cyrus Geducos, "Duterte on Fight vs Terror: I See Dark Clouds Ahead," Mania Bulletin, https：//news. mb. com. ph/2018/07/11/duterte－on－fight－vs－terror－i－see－dark－clouds－ahead, on Feb. 26th, 2020.

③ Seth Robson, "US to Give Philippine Police MYM26. 5 Million to Fight Terrorism," Stripes, https：//www. stripes. com/news/us－to－give－philippine－police－26－5－million－to－fight－terrorism－1. 538379, on Feb. 26th, 2020.

④ Aileen Cerrudo, "Putin Ready to Support Duterte in Fight against Terrorism," UNTV, https：//www. untvweb. com/news/putin－ready－to－support－duterte－in－fight－against－terrorism, on Feb. 27th, 2020.

⑤ Aika Rey, "Senate Approves Anti－terrorism Bill on Final Reading," Rappler, https：//www. rappler. com/nation/252791－senate－final－reading－anti－terrorism－bill, on Feb. 27th, 2020.

（三）保护环境安全得到重视

实行自然灾害防控是杜特尔特政府保护环境安全的重要手段。2017年，杜特尔特在视察奥尔莫克市（Ormoc City）震后救援工作时说，菲律宾已遭受了太多自然灾害与人为灾害。[①] 2018年，杜特尔特重申自然灾害是贫困的创造者，菲律宾必须加快增强其抗灾能力。[②] 因而杜特尔特打算将国家减灾与管理委员会（NDRRMC）转变为一个负责整体抗灾和快速反应的常规部门，并将NDRRMC执行主任里卡多·贾拉德（Ricardo Jalad）任命为该部门的负责人。在设立自然灾害防控部门后，杜特尔特还对人造的环境问题展开处理。2018年2月，杜特尔特指示环境部门在6个月内改善长滩岛的卫生状况。由环境部、旅游部及内政部组成的跨部会小组经过讨论决定当年4月26日起封岛，开始整顿环境。在长达半年的治理之后，长滩岛于同年10月开放，解决了其环境污染问题，继续为菲旅游业增加收益。[③]

四　杜特尔特政府国家发展战略在外交领域的实践与成效

实行独立的外交政策是杜特尔特政府国家发展战略中的重要一环。在独立外交政策的指导下，菲律宾同中国、美国的国家间外交关系出现重要转向。

（一）中菲关系不断改善

在杜特尔特上任之前，中菲关系跌至冰点，两国间经贸合作较少。为促

---

① Dharel Placido, "Duterte's Lament: PH 'Has Suffered Enough' from Calamities," ABS - CBN News, https://news.abs-cbn.com/news/07/13/17/dutertes-lament-ph-has-suffered-enough-from-calamities, on Feb. 27th, 2020.

② Darryl John Esguerra, "Duterte: Speed up Creation of Department of Disaster Resilience," Inquirer, https://newsinfo.inquirer.net/1144972/duterte-speed-up-creation-of-department-of-disaster-resilience, on Feb. 27th, 2020.

③ 《菲律宾长滩岛环境整顿有效 10月26日将重新开放》，中新网，http://www.chinanews.com/gj/2018/07-11/8563864.shtml，最后访问日期：2020年2月27日。

进本国经济的长足发展，杜特尔特将开发中国市场列为其发展经济的重要目标，并根据菲律宾基础设施改造的迫切需要，积极争取中国对这些项目的低息贷款。因此，作为实用主义者，杜特尔特上台后一改阿基诺三世"亲美制中"的政策以谋求改善中菲关系。2016年10月，杜特尔特前往中国进行国事访问，对华发出了友好信号。① 杜特尔特政府还积极响应中国的"一带一路"倡议。2016年12月，菲律宾加入了亚洲基础设施投资银行；2017年5月，杜特尔特参加了在北京举行的"一带一路"国际合作高峰论坛。② 中菲两国于"一带一路"倡议上展开紧密合作。2017年7月24日，杜特尔特在国会发表第二次国情咨文，感谢了中国在基建方面提供的帮助以及重申了搁置中菲南海争端的决定，且在演讲结束后召开的记者会上，杜特尔特还透露，中菲两国将通过合资企业在南海联合勘探油气资源。③ 2018年11月习近平主席对菲律宾进行了国事访问，中菲关系提升至全面战略合作关系。2019年是中菲全面战略合作关系的开局之年，菲律宾杜特尔特总统两次访华，4月杜特尔特总统应邀来华出席第二届"一带一路"国际合作高峰论坛，8月底杜特尔特总统再次访华，受邀观看2019年国际篮联篮球世界杯比赛。习近平主席会见杜特尔特总统，双方共同商讨了南海问题、投资项目合作、安全合作及香港问题等议题。此外，两国外长在双边和多边外交中多次会晤，全国政协副主席万钢、郑建邦，国务院副总理胡春华先后访菲，3月28～31日，"中菲高峰论坛"在马尼拉举行，中菲双方的合作领域涵盖了海洋合作、南海问题、经贸合作甚至还扩展到了人文交流领域。中菲双方均认为其国家间关系正在稳步前进，在领土争端问题被暂且搁置后，两国间关系的持续改善将给菲经济带来更大的积极影响。

---

① "Philippine President Rodrigo Duterte Makes First China Visit," Time, https：//time. com/ 4534554/philippines - rodrigo - duterte - xi - jinping - beijing - south - china - sea, on Feb. 28th, 2020.

② "Duterte Joins China Summit on New Silk Road," Rappler, https：//www. rappler. com/nation/ 169779 - duterte - china - belt - road - forum, on Feb. 28th, 2020.

③ "Full Text of Duterte's State of the Nation Address 2017," Philstar, http：//www. philstar. com/ headlines/2017/07/25/1721355/full - text - dutertes - state - nation - address - 2017, on Feb. 28th, 2020.

（二）调整菲美关系

杜特尔特在任期间经历了美国奥巴马政府及特朗普政府的替换，菲美关系也因两届领导人的不同略有变化。在奥巴马任期末，菲美两国在禁毒、人权问题方面有异议。此外，两国在安全与防务领域的传统合作也出现波折。特朗普上台后，菲美关系在一定程度上出现好转。虽杜特尔特宣称其要践行独立的外交政策，再三表示菲律宾不会依赖长期安全盟友美国，但实则菲美之间的联系仍然十分深厚。2017 年 5 月，杜特尔特曾提出停止菲美两国的军事合作，但该年度的美菲"肩并肩"联合军演仍如期举行。同年 8 月 8 日，杜特尔特在马尼拉与赴菲出席东盟区域安全会议的美国国务卿蒂勒森会面时表示，"我们是朋友，也是盟友"。① 2020 年 2 月，菲律宾政府又通知美国，称其打算终止《访问部队协议》。② 两国关系在一定区间内起起伏伏，菲律宾疏离美国的态度体现了其对独立的外交政策的施行，但两国间深厚的历史联系及政治联系使得其疏离只能在一定范围内进行，加之杜特尔特政府国家发展战略中谋求的"平衡性"亦要求同美保持有一定距离的友好关系，因而菲美关系的转变只是部分调整。

（三）开展合作型外交

除了与中、美两个大国关系发生转向之外，杜特尔特的独立外交政策还使菲律宾基于这一外交政策同俄罗斯、日本等多国展开合作型外交。俄罗斯驻菲律宾大使伊戈尔·霍瓦耶夫（Igor Khovaev）表示，自杜特尔特总统就职以来，菲俄关系取得了巨大进展。霍瓦耶夫说，目前菲律宾和俄罗斯之间的关系"非常积极"，两国之间的良好环境进一步改善了外交和经济关系。

---

① "Philippines: Duterte Calls Himself US''Humble Friend' in Southeast Asia," Asia Correspondent, https: //asiancorrespondent. com/2017/08/philippines – duterte – calls – united – states – humble – friend – southeast – asia, on Feb. 28th, 2020.

② "Duterte Says Philippines Can Survive without America," U. S. News, https: //www. usnews. com/news/us/articles/2020 – 02 – 26/duterte – says – philippines – can – survive – without – america, on Feb. 28th, 2020.

俄罗斯和菲律宾都面临着恐怖主义、跨国犯罪、毒品走私和海上海盗等共同问题，两国正寻求在国防、网络安全、贸易、农业、旅游和能源等广泛领域开展正式合作。① 2019 年 5 月，杜特尔特同日本首相安倍晋三（Shinzo Abe）在东京峰会同意进一步加强双边合作，包括贸易、投资、国防和海上安全等领域。在这次访问期间，双方签署了大约 50 亿美元的商业协议，预计此次合作将创造超过 8 万个就业机会。② 合作型外交符合杜特尔特的实用主义思想，是其国家发展战略中的重要一环。在外交领域的战略得到实践后，菲律宾国家经济、安全的发展亦得到了一定推动。

五　杜特尔特国家发展战略的影响与展望

杜特尔特国家发展战略的部署及实施对其国家发展、国际形势都有一定影响。于菲律宾而言，杜特尔特国家发展战略在政治、经济、安全领域均取得一定成就；而在国际形势方面，杜特尔特政府在外交上的转向亦影响了国家间关系及地区局势。在这一国家发展战略的指导下，菲律宾应对重要事件的能力得到提高。

（一）对国内的影响

杜特尔特任期过半，其国家发展战略的部署虽未全部见效，但其对菲律宾国家的影响在以下方面都得以体现。

第一，菲律宾国家政治稳定得到提升，其社会安全问题得到部分解决。在杜特尔特国家发展战略的指导下，摩洛和平进程得到了推动、国内武装冲突受到了部分控制，菲律宾政府同邦萨摩洛自治区的和谈还有利于菲打击恐

---

① "Big Progress in Russia – PH Ties under PRRD, Philippines News Agency," https：//www. pna. gov. ph/articles/1066015，on Feb. 28th，2020.

② "PH, Japan Forge Stronger Cooperation on Defense, Maritime Security," Rappler, https：// www. rappler. com/nation/231972 – philippines – japan – agree – stronger – cooperation – defense – maritime – security，on Feb. 28th，2020.

怖主义。在《邦萨摩洛组织法》签订后，菲南地区所形成的安全威胁得到大幅减少。摩洛民族同菲律宾政府的和平合作可以避免其倒向恐怖势力，同时杜特尔特还要求邦萨摩洛自治区以协助打击恐怖主义换取部分自主权利。若此二者顺利组合，菲律宾应对恐怖分子的行动将较为从容、对恐怖势力的打击亦更加有力。

第二，菲律宾基础设施、重点产业得到优先发展，菲律宾国家经济得到持续增长。菲律宾与中国关系的改善为菲律宾带去了较大的经济收益，自2016年开始至2018年，中国超过日本，跃居菲律宾第一大贸易伙伴。其间，贸易额增长幅度不断攀升，尤其是2016年相较于2015年，中菲总贸易额增长约24.3%，并且中菲贸易额与日菲、美菲的差距连年扩大，至2018年，中菲贸易额比日菲高约100亿美元，比美菲贸易额高约120亿美元。[①]2019年中国为菲律宾的第一大贸易伙伴，中国与菲律宾的贸易总额为353.1亿美元，占菲律宾外贸总额的19.3%，是菲美贸易总额的1.8倍。2019年中国为菲律宾的第二大投资来源国，仅次于新加坡。[②] 此外，中菲签署的各类投资合作协议也大多集中于菲律宾政府大力支持和鼓励的领域，如铁路线路、灌溉设施、各类大坝桥梁等基础设施的建设。

第三，菲律宾国家社会安全、环境安全得到一定程度保障。虽然杜特尔特禁毒的手段引起了国际争议，但其禁毒战争有效地打击了菲律宾国内毒贩，使部分"瘾君子"进入康复中心，通过禁毒这一手段维护了人民生命健康、提升了国内社会安全程度。另外，杜特尔特对自然灾害防控的重视亦为菲律宾国内环境安全加了一层防护，提升了对自然灾害的应对能力。

① 菲律宾主要外国投资来源，菲律宾统计局，https：//psa. gov. ph/content/foreign – investments，2020 年 2 月 29 日。

② Highlights of the 2019 Annual Report on International Merchandise Trade Statistics of the Philippines，"Philippine Statistics Authority，" April 28, 2020, https：//psa. gov. ph/statistics/annual – foreign – trade/fts – release – id/161761；China Becomes Second Biggest Foreign Investor of Philippines in 2019, *Xin Hua Net*, February 20, 2020, http：//www. xinhuanet. com/english/2020 – 02/20/c_138801875. htm. 统计数据未包括港澳台地区。

需要注意的是，杜特尔特政府在减少腐败、减少贫困及打击恐怖主义等方面尚未取得较大进展，因而在之后的任期中，如何加固已有成果及开拓新发展是杜特尔特政府继续落实其国家发展战略的主要问题。

（二）对国际的影响

因杜特尔特的国家发展战略奉行独立的外交政策，菲律宾一改以往"亲美制中"的外交倾向，降低对美国的依赖程度及同中国发展友好外交关系，而与世界两个主要大国关系的改变则对周边及国际局势产生了一定影响。

一方面，杜特尔特政府在南海问题上的态度可能对东盟其他国家产生影响。在菲律宾决定暂时搁置南海争议后，东盟地区国家对南海问题的相关讨论亦较为低调。菲律宾就任 2017 年东盟轮值主席国后，东盟在南海问题上的态度实际上一定程度也反映了菲律宾的态度。2017 年 8 月，第 50 届东盟外长会议及相关会议在菲律宾马尼拉开幕，此次东盟外长会联合声明草案提到南海问题非常克制，仅对中国在南海的行为表示"注意到一部分国家外长表示关切"。① 除东盟国家将南海问题低调化之外，域外国家对南海问题的参与度亦有所降低。在"黄岩岛冲突"及"南海仲裁案"白热化时，南海问题给予了美国、日本等国干预机会，而在菲律宾选择将南海问题搁置后，南海问题的热度降低。

另一方面，杜特尔特政府的外交转向还对中美两国在南海地区的力量对比格局产生影响。在阿基诺三世时期，菲美亲密的同盟关系为奥巴马政府发展其"亚太再平衡"战略提供契机。"亚太再平衡"战略中的重要一环是美国在东南亚地区的军事部署。因杜特尔特政府对华政策趋于友好，中美双方的力量对比在南海较为均衡。但值得注意的是，特朗普政府对华发动"新冷战"之后，菲律宾杜特尔特政府面临较大的压力，即使如此，

---

① 《东盟外长会低调谈"南海"全因杜特尔特？》，搜狐新闻，https://www.sohu.com/a/162018899_402008，最后访问日期：2020 年 2 月 29 日。

杜特尔特政府并未偏离其既定的外交平衡战略，继续执行对华友好的政策。

（三）未来展望

杜特尔特政府的国家发展战略施行以来，菲律宾遵从以经济发展为核心对国内多领域的多个问题处进行处理，谋求国家全面发展。然而2020年初，新冠肺炎疫情在世界各国相继暴发，成为各国的突发挑战，菲律宾亦未幸免于难。2020年1月下旬，一名女性由于出现不适前往医院就诊，被确诊为菲律宾境内首例新冠肺炎病例。① 2月2日，菲律宾卫生部宣布境内发生第一起新型冠状病毒死亡案例。② 随后，新冠肺炎在菲律宾出现本地传播，步入流行期与暴发期，截止到2020年5月4日，菲律宾新冠肺炎累计确诊人数已达9223人，其中死亡病例607人。③ 为控制新冠疫情，菲律宾决定对多个城市实施封城和宵禁，并发布公告宣布全国进入灾难状态。杜特尔特政府还在公告中要求全国执法力量和军事力量在必要时出动，以维持社会安定与秩序。为应对疫情保障生产，菲律宾政府经济团队还于3月16日发表声明称，将紧急拨款271亿菲律宾比索（约5.23亿美元），用于相关部门抗疫以及对受疫情影响较重的领域予以支持，并视情况追加拨款。④ 但是由于菲律宾医疗卫生建设较为落后，贫困人口众多，抑制新冠肺炎疫情面临较大压力。本报告认为，杜特尔特政府国家发展战略的未来走向大致有以下三个。第一，菲律宾国家发展战略的大方向保持不变，仍然以国家的全面发展为重点，但其核心会在新冠肺炎疫情的影响下由以经济发展为中心转变为以维护

---

① "Philippines Confirms First Case of New Coronavirus," ABS – CBN News, https：//news. abs – cbn. com/news/01/30/20/philippines – confirms – first – case – of – new – coronavirus, on May 4th, 2020.

② 《菲律宾出现首例新冠病毒肺炎死亡病例，系中国外首例》，凤凰网，http：// news. ifeng. com/c/7tjValJw6OO，2020年5月4日。

③ "Covid – 19 in the Philippines," WHO, https：//www. who. int/philippines/emergencies/covid – 19 – in – the – philippines, on May 4th, 2020.

④ 《菲律宾因新冠肺炎疫情宣布进入灾难状态》，新华网，http：//news. sina. com. cn/o/2020 – 03 – 17/doc – iimxyqwa1251805. shtml，2020年5月4日。

民众生命安全为核心。在菲律宾卫生部发布红色警报后，菲律宾政府投入大量人力、物力以谋求控制疫情，除组建了100个新冠肺炎工作组之外，菲众议院还采取拨专款、积极筹集经费、援助贫困家庭等一系列"暂舍经济、力保民众"的措施。[①] 第二，生物安全或被纳入杜特尔特的国家发展战略中。杜特尔特政府的国家发展战略原对生物安全重视程度不高，但在新冠疫情暴发后，这一新型安全挑战将被提到台面，获得较大的关注。第三，受新冠疫情影响，杜特尔特国家发展战略各项计划实施都受到不同程度的阻碍。此次新冠疫情是世界级大事件，在高度全球化的今天，一国对疫情的暂时控制并不意味着世界疫情防控的胜利。专家认为新冠疫情对世界的影响或许会持续1至2年，[②] 而杜特尔特政府国家发展战略的实践又有很大一部分依赖于同其他国家的合作来往，因此其原定于2022年之前达成的各个目标也许需要延期完成。

总体而言，新冠肺炎疫情的暴发的确对杜特尔特国家发展战略形成了不小的挑战，菲律宾国家及世界各国对疫情的控制和疫情阴影散去后的复兴问题已然成为给予杜特尔特政府的大考。

---

① 《应对新冠肺炎疫情的"菲律宾模式"》，华夏经纬网，http：//www. huaxia. com/zt/sh/20－001/6363494. html，2020年5月4日。
② 《张文宏：疫情可持续1~2年，后疫情时代如何防疫》，搜狐网，https：//www. sohu. com/a/382359181_ 539814，2020年5月4日。

形势报告

Situation Analysis Reports

B.2

2019年菲律宾国内政治发展动态

王惟晋*

摘　要： 2019年5月菲律宾举行中期选举，杜特尔特领导的执政联盟
　　　　在国家立法、地方行政、地方议政等层面皆大获全胜。中期
　　　　选举后杜特尔特各项政策能得以更顺利地贯彻落实。在施政
　　　　层面，2019年杜特尔特政府取得一系列成果，"大建特建"
　　　　进展顺利，中央政府加强规范与协调地方政府施政，国内治
　　　　安持续改善，邦萨摩洛穆斯林自治区顺利成立，地方和平建
　　　　设进程取得里程碑式进展。然而杜特尔特本人的健康状况恶
　　　　化，保护椰农的法案未能通过，扫毒政策面临的舆论压力仍
　　　　然巨大，马尼拉大都会区的供水、交通问题依旧严峻，与菲
　　　　律宾共产党之间的和平谈判仍未重新开启。以上因素是杜特

* 王惟晋，博士，广东外语外贸大学国际关系学院讲师，主要研究领域为中国外交、菲律宾问
题和软实力。

尔特政府在 2019 年的施政短板。

关键词： 中期选举　杜特尔特　邦萨摩洛穆斯林自治区　菲律宾政治东南亚

2019 年对菲律宾政治来说是重要的一年，年内举行的中期选举考验杜特尔特政府诸多争议政策的成色，也将决定未来三年菲律宾政治的发展方向以及杜特尔特家族在菲律宾的影响力。2019 年，杜特尔特政府的"大建特建"项目、反腐行动、禁毒战等主要政策继续落实并取得一定成效，但2019 年菲律宾政府的施政也遭遇一些短板限制。

一　2019菲律宾中期选举

（一）参议院选举：执政联盟扩大优势

2019 年 5 月 13 日，菲律宾举行中期选举，超过六千万菲律宾选民参与投票。参议院在立法程序中的重要性优于众议院，因此参议院选举是此次中期选举的重点。菲律宾参议院议员任期为六年，每三年改选一半。参议院共有 24 个议席，因此，2019 年的参议院选举改选 12 位菲律宾参议员。结果是杜特尔特政府的盟友赢得了 9 个改选的参议院议席，进一步巩固了罗德里戈·杜特尔特的执政地位，现时执政联盟控制了参议院中 24 个席位中的 20个，处于绝对的领导地位。① 此次选举当选的参议员分别是来自菲律宾国民党（Nationalist Party）的辛西娅·维拉尔（Cynthia Villar）和艾米·马科斯

---

① Al Jazeera, "Philippines: Presidennt Duterte's Allies Dominate Senate Race," 2019, https://www.aljazeera.com/news/2019/05/philippines - president - duterte - allies - dominate - senate - race - 190522061325987. html, 最后访问日期：2020 年 5 月 10 日。

（Imee Marcos）、皮亚·卡耶塔诺（Pia Cayetano）；无政党的格丽丝·傅（Grace Poe）、来自民族主义人民联盟（Nationalist People's Coalition）的利托·拉皮德（Lito Lapid）；来自民主人民力量党（PDP-Laban）的克里斯托弗·吴（Christopher Go）、弗朗西斯·托伦蒂诺（Francis Tolentino）、科科·皮门特尔（Koko Pimentel）、罗纳德·德拉罗萨（Ronald dela Rosa）；来自菲律宾人民主奋斗党（Laban ng Demokratikong Pilipino）的桑尼·安加拉（Sonny Angara）；来自基督教穆斯林民主力量党的邦·雷维利亚（Bong Revilla）；来自联合民主主义联盟（United Nationalist Alliance）的南希·敏乃（Nacy Binay）。除了格丽丝·傅、利托·拉皮德和南希·敏乃，① 其余皆是罗德里戈·杜特尔特的政治盟友，参议院作为菲律宾国内立法地位最高的机构已经被杜特尔特政府控制。

（二）众议院选举：执政联盟大获全胜

菲律宾众议院现共有 306 个议席，其中 245 个议席属于地区代表议员，每位议员代表着大概 25 万名菲律宾人的民意，剩下的 61 个属于比例代表制议席，对于此类议席，菲律宾选民对一众党团组织投票，议席根据党团组织的得票比例分配。2019 年中期选举结束后，结果显示杜特尔特领导的民主人民力量党在众议院地区代表议席中获得了 83 个席位，是众议院中的第一大党；同属执政联盟的国民党获得 42 席，民族主义人民联盟获得 36 席，民族团结党获得 25 席〔当中包括罗德里戈·杜特尔特，长子保罗·杜特尔特（Paolo Duterte）的基督教穆斯林民主力量党获得 11 席〕，菲律宾人民主奋斗党获得 2 席，民主行动党（Aksyon Demokratiko）获得 1 席，执政联盟在未算上比例代表制议员的情况下已经取得了众议院超过 62% 的议席。对比之下，主要的反对派自由党仅获得 18 个议席，无法挑战杜特尔特领导的执政联盟。②

---

① 利托·拉皮德对杜特尔特的部分政策持保留意见，但总体而言支持杜特尔特执政。

② Republic of the Philippines, "Number of Elected Candidates by Party Affiliation Per Elective Position by Sex," 2019, https://www.comelec.gov.ph/php - tpls - attachments/2019NLE/Statistics/NumofCandidatesbySexPh.pdf, 最后访问日期：2020 年 5 月 10 日。

（三）地方行政官员选举：执政联盟是最大的赢家

至于地方行政官员的选举，执政联盟同样是最大的赢家，领头的民主人民力量党在选举中总共赢得41个省长职位、32个副省长职位、47个市长职位、50个副市长职位、564个镇长（Municipal Mayor）职位、497个副镇长职位；杜特尔特的执政盟友国民党赢得8个省长职位、11个副省长职位、28个市长职位、20个副市长职位、224个镇长职位、224个副镇长职位；民族团结党（National Unity Party）则赢得8个省长职位、10个副省长职位、9个市长职位、5个副市长职位；116个镇长职位、146个副镇长职位；民族主义人民联盟则有7位省长、6位副省长、21位市长、21位副市长、151位镇长、163位副镇长；基督教穆斯林民主力量党有2人当选省长、2人当选副省长、2人当选市长、6人当选副市长、65人担任镇长、60人担任副镇长；而自由党作为最大的反对派有2位省长、5位副省长、11位市长、7位副市长、36位镇长、55位副镇长。无政党独立参选的候选人中，有3人当选省长、无人当选副省长、4人当选市长、11人当选副市长、65人当选镇长、106人当选副镇长。[1] 但即便自由党能拉拢所有无党派当选人，也难以在地方行政层面制衡执政联盟的影响力。值得一提的是，罗德里戈·杜特尔特的女儿萨拉·杜特尔特（Sara Duterte）在达沃市市长选举中获得超过56万张票，以压倒性优势战胜其对手马塞隆斯（仅获得4156张选票）成功连任。[2] 而其弟弟塞巴斯蒂安·杜特尔特则在无竞争对手的情况下，成功当选达沃市副市长。总而言之，在地方行政层面，杜特尔特领导的执政联盟取得压倒性的胜利。

---

[1] Republic of the Philippines, "Number of Elected Candidates by Party Affiliation Per Elective Position by Sex," 2019, https://www.comelec.gov.ph/php - tpls - attachments/2019NLE/Statistics/Elected_ Candidates_ by_ Party_ Affiliation.pdf，最后访问日期：2020年5月10日。

[2] Pia Ranada, "Victory for All 3 Duterte Children in Davao City," 2019, https://www.rappler.com/nation/politics/elections/2019/230511 - davao - city - results - victory - for - all - dutertes，最后访问日期：2020年5月10日。

（四）地方议政官员选举：反对派难以制衡杜特尔特

在地方议政的层面，执政联盟从省、市、镇的层面皆大获全胜。罗德里戈·杜特尔特所在的民主人民力量党有 263 人当选省议会（Sangguniang Panlalawigan）议员、438 人当选市议会议员（City Councilor），3745 人当选镇议会议员（Municipal Councilor）；国民党有 116 人当选省议会议员、279 人当选市议会议员，1730 人当选镇议会议员；民族主义人民联盟也有 90 人当选省议员、187 人当选市议员，1226 人当选镇议员；民族团结党也有 67 人当选省议员、100 人当选市议员，890 人当选镇议员；基督教穆斯林民主力量党有 18 人当选省议会议员、49 人当选市议会议员，465 人当选镇议会议员。另一方面，反对党自由党只有 54 人当选省议员、102 人当选市议员，388 人当选镇议员，从地方议会层面上看实力甚至还不如执政联盟内部的第四大党民族团结党。无政党背景的参选人中，有 43 人当选省议员、当选市议会议员的有 117 人、镇议会议员有 1519 人，可见在镇议会层面有较多议员无政党背景，但从人数上看依旧难以在地方议政过程中发挥影响力以制衡杜特尔特领导的执政联盟。①

（五）菲律宾中期选举结果的影响与启示

综上所述，2019 年中期选举结束后，杜特尔特领导的执政联盟牢牢地控制了参众两院、地方行政长官、地方议政机构的职位，其地位从上而下地变得更加稳固。在同时控制参众两院的情况下，杜特尔特领导的执政联盟具备了提出并通过重大法案乃至修宪（须经过国民投票）的能力，立法过程实际上已经从国会转移到了执政联盟内部。而通过控制各地方行政与议政程序，杜特尔特的政策在各地方行政区域的落地过程也会变得更加顺利，尤其是饱受争议的禁毒政策。

---

① Republic of the Philippines, "Number of Elected Candidates by Party Affiliation Per Elective Position by Sex," 2019, https：//www. comelec. gov. ph/php － tpls － attachments/2019NLE/ Statistics/NumofCandidatesbySexPh. pdf，最后访问日期：2020 年 5 月 10 日。

选举的结果反映了杜特尔特的执政得到了菲律宾人民的支持。在选举前，菲律宾民意调查机构"社会气象调查"（Social Weather Survey）的数据显示，在2019年第一季度，81%的菲律宾人对杜特尔特政府感到满意，比2018年第四季度上升5个百分点，数字达到历史新高，其中米沙鄢群岛选民对杜特尔特政府的支持率上升速度最快，比2018年第四季度上升了11个百分点，而在吕宋岛、棉兰老岛、马尼拉大都会区的选民对杜特尔特政府的支持率也分别上升了3~6个百分点。就城乡层面而言，城市与乡村地区的选民皆变得更加支持罗德里戈·杜特尔特，其中乡村地区的选民对杜特尔特政府的净支持率上升了7个点，而城市地区的选民只上升3个点，结果从侧面反映杜特尔特的政策更能得到穷人的支持。事实上民意调查显示，杜特尔特最能获得选民支持的就是其扶贫政策，而在对抗通货膨胀的政策方面，杜特尔特获得的支持度则相对较小。[①]

此外，选举的结果同样显示杜特尔特家族在菲律宾政治界的影响力不断增强。莎拉·杜特尔特在2019年2月接受《菲律宾星报》采访时表示她不排除参加2022年总统选举的可能性，[②] 而她本人继承了其父亲雷厉风行的行政风格，也继承了家族在达沃市的人气，进而得到地方选民的广泛支持。事实上罗德里戈·杜特尔特曾在达沃市担任市长长达23年，其父亲文森特·杜特尔特也曾在1946~1948年担任达沃市市长，长子保罗·杜特尔特在2013~2018年担任达沃市副市长。虽然罗德里戈·杜特尔特在接受《每日询问者报》采访时曾表示并不希望自己的家族在菲律宾政坛成为一个"政治王朝"，[③] 但从中期选举的结果上看，杜特尔特家族像过往的马科斯家

① Social Weather Station, "First Quarter 2019 Social Weather Survey: Net Satisfaction Rating of the National Administration Rises to Record-high 'Excellent' +72," 2019, https://www. sws. org. ph/swsmain/artcldisppage/? artcsyscode = ART - 20190503210103&mc_ cid = 6579f41e18&mc_ eid = db03ae2c29, 最后访问日期：2019年4月29日。

② Edith Regalado, "Sara Duterte Not Ruling out 2022 Presidential Run," 2019, https://www. philstar. com/headlines/2019/02/19/1894956/sara - duterte - not - ruling - out - 2022 - presidential - run, 最后访问日期：2020年5月10日。

③ Orlando Dinoy, "Duterte Blames Voters for Political Dynasties," 2019, https://newsinfo. inquirer. net/ 1133116/duterte - blames - voters - for - political - dynasties, 最后访问日期：2020年5月10日。

族、阿基诺家族和阿罗约家族一样成员遍布政坛，菲律宾政治的裙带关系气氛依然浓厚。

二　2019年菲律宾政府的施政成就

（一）基础设施建设进展顺利

杜特尔特政府的"大建特建"项目（Build，Build，Build Program）继续顺利开展。截至2019年11月中，在杜特尔特政府的领导下，菲律宾已经完成了合计9845公里的公路建设，其中有1096公里的公路连接农场和市场，直接惠及农民。此外，杜特尔特政府还完成了2709道桥梁建设、536项洪水防治工程，建造了82座灾难撤离中心，建设了71803间教室，直接惠及320万菲律宾学生。杜特尔特政府也完成了64项机场建设工程，当中包括丹尼尔·Z.罗穆亚尔德斯机场（常被称为独鲁万机场）、麦克坦-宿务国际机场建设工程、奥尔莫克机场的翻新建设工程，另外还有133项机场工程处于施工状态中。此外还有7项铁路工程处于建设或翻新状态中。[①] 根据参议员桑尼·安加拉透露，未来"大建特建"项目的进度将会加快，菲律宾政府预计在2020年完成12项大型基础设施建设工程，于2021年完成17项同类型的建设项目，在2022年再完成26项大型项目。[②] "大建特建"项目的积极效应不止于改善菲律宾的基础设施、创造更好的营商环境、促进经济发展，还改善了国内的就业状况，为更多人提供了职业与学术培训的机会。菲律宾技术教育和技能发展管理局（Technical Education and Skills Development

① Anna Mae Yu Lamentillo，"What Has 'Build，Build，Build' Achieved So Far？9845km of Roads 2709 Bridges 64 Airport Projects 243 Seaport Projects，" 2019，https：//news. mb. com. ph/2019/ 11/17/what - has - build - build - build - achieved - so - far - 9845 - km - of - roads - 2709 - bridges - 64 - airport - projects - 243 - seaport - projects，最后访问日期：2019年4月20日。

② Coconuts Manila，"Duterte's 'Build，Build，Build' Program a 'Dismal Failure，' Senator Drilon Says，" 2019，https：//coconuts. co/manila/news/dutertes - build - build - build - program - a - dismal - failure - senator - drilon - says/，最后访问日期：2019年4月16日。

Authority）正在加强为国内的建设项目培训更多合格的工人以满足用工需要。

（二）邦萨摩洛穆斯林自治区正式成立

菲律宾政府在2019年正式赋予棉兰老岛的穆斯林聚居区更大的自治权。长期以来，位于棉兰老岛的伊斯兰武装组织一直争取建立属于穆斯林的国家，严重威胁菲律宾的国家安全与领土完整。在总统罗德里戈·杜特尔特的推动下，2019年1月底，超过200万名相关菲律宾选民投票表决通过了《邦萨摩洛组织法》（又称《邦萨摩洛基本法》，1540017票赞成，198750票反对），① 该法律生效后，新的邦萨摩洛穆斯林自治区（Bangsamoro Autonomous Region in Muslim Mindanao）在3月29日正式取代了原有的棉兰老穆斯林自治区。

新的自治区面积比旧的大。此外，新的自治区获得的国家财政拨款不再带有附加条件，这让邦萨摩洛穆斯林自治区拥有更独立的财政权。再者，邦萨摩洛穆斯林自治区将拥有属于自身的议会（Bangsamoro Parliament）以取代过去的地方大会（ARMM Regional Legislative Assembly），享有更大的地区立法自主权。新的议会将在2022年正式产生民选议员，议席数量不少于80个，其中50%的议员由比例代表制投票产生，40%的议员属于地方代表，剩下的10%议员是各行业部门代表。② 新的邦萨摩洛政府的权力来源于邦萨摩洛议会，政府首脑由邦萨摩洛议会议员投票产生，而政府的施政在菲律宾总统的监督下进行。

在邦萨摩洛议会正式开始投票选举代表前，菲律宾政府在听取、协调各方意见的基础上协助自治区建立临时政府，该政府的80名成员中的41名由

---

① ABS-CBN News，"Cotabato City Votes 'Yes' to Bangsamoro Organic Law，" 2019，https：//news. abs－cbn. com/news/01/22/19/cotabato－city－votes－yes－to－bangsamoro－organic－law，最后访问日期：2020年5月10日。

② Official Gazette，"The Parliamentary System of the Bangsamoro Government，" 2019，https：//www. officialgazette. gov. ph/bangsamoro/parliamentary－system/，最后访问日期：2020年5月10日。

摩洛伊斯兰解放阵线提名并被杜特尔特任命，其中摩洛伊斯兰解放阵线主席穆拉德·易卜拉欣（Murad Ebrahim）任邦萨摩洛穆斯林自治区临时政府首席部长，而摩洛伊斯兰解放阵线创始人之子阿卜杜拉·哈辛姆（Abdullah Hashim）也被杜特尔特委任为临时政府的成员之一。①

邦萨摩洛穆斯林自治区的成立得到当地多数穆斯林的支持，2019年7月约1060名伊斯兰武装分子进行了武装解除仪式并得到了总统杜特尔特的接见，杜特尔特向这些武装分子保证菲律宾政府会协助他们重新融入社会。② 每名放下武器的伊斯兰武装分子将会一次性得到菲律宾政府10万比索的资助。③ 而穆拉德·易卜拉欣称摩洛伊斯兰解放阵线会兑现和平协议中的承诺，未来约四万名伊斯兰武装分子将和平地放下武器成为平民。④ 邦萨摩洛穆斯林自治区的成立被认为是菲律宾政治发展史上重要的制度创新，也是菲律宾的棉兰老岛地方和平进程的重要里程碑。

（三）中央政府加强对地方政府的规范与协调

2019年菲律宾中央政府进一步规范与协调地方政府施政。2019年7月杜特尔特签署了名为《2019年地方政府良治法案》（The Seal of Good Local Governance Act of 2019），该法案对地方政府的施政设立了指导性标准。这些标准要求菲律宾地方政府要维持良好的财政状况，做好应对灾害的预备措施，制定好社会保障、医疗、教育政策，优化营商环境，注重环保，开发旅

---

① Sofia Tomacruz, "Duterte Names MILF Founder's Son as BTA Member, Completing Bangsamoro Gov't," 2019, https://www.rappler.com/nation/252972 – abdullah – hashim – bangsamoro – interim – government – member, 最后访问日期：2020年5月10日。

② Ellie Aben, "Milestone in Philippines' Mindanao as Muslim Fighters Demobilize," Arab News, 2019, https://www.arabnews.com/node/1550951/world, 最后访问日期：2019年4月19日。

③ Bong Sarmiento, "Duterte: MILF Decommissioning 'a Huge Step' towards Peace," 2019, https://newsinfo.inquirer.net/1162112/duterte – milf – decommissioning – a – huge – step – towards – peace, 最后访问日期：2020年5月10日。

④ Ellie Aben, "Milestone in Philippines' Mindanao as Muslim Fighters Demobilize," Arab News, 2019, https://www.arabnews.com/node/1550951/world, 最后访问日期：2019年4月19日。

游与文化保育，帮助好青少年成长。① 为了协助地方政府通过以上层面实现良治，菲律宾政府成立"地方政府良治委员会"（the Council of Good Local Governance）作为地方政策制定与咨询的机构，该机构成员由国家内政部与地方政府领导，成员来自财政、金融、卫生、社会福利、教育、旅游、环境等多个领域，此外，还有菲律宾国家经济与发展机构（National Economic and Development Authority）、社会安全办公室（Office of Civil Defense）和国家反贫困委员会（National Anti-Poverty Commission）选派的代表参与。② 以上的措举加强了中央政府与地方政府之间的协调，为地方政府的施政塑造了更明确的指标。

（四）反腐政策见成效

2019年杜特尔特政府进一步加大了反腐的力度。自从2017年10月罗德里戈·杜特尔特在总统办公室内成立了反腐败委员会后，他本人便开始直接领导国内的反腐败工作，该委员会有权调查国内各级行政机构的潜在腐败状况。2019年1月，杜特尔特政府公布第73号行政令，根据此行政令，总统本人有权对国内所有贪腐案件实施管辖权。③ 在2019年8月，反腐败委员会甚至对两位内阁成员（并未公开身份）开展了调查。2019年"透明国际"发布的调查数据显示菲律宾在2018年的清廉指数排名从全球第111名上升至第99名，④ 换言之，反腐败委员会成立后，菲律宾政府的反腐行动

---

① Arianne Merez, "Duterte Institutionalizes Incentives for Good Local Governance," 2019, https://news. abs - cbn. com/news/07/16/19/duterte - institutionalizes - incentives - for - good - local - governance, 最后访问日期：2019年4月15日。

② Arianne Merez, "Duterte Institutionalizes Incentives for Good Local Governance," 2019, https://news. abs - cbn. com/news/07/16/19/dutertc - institutionalizes - incentives - for - good - local - governance, 最后访问日期：2019年7月20日。

③ The President of the Philippines, Executive Order No. 73, 2019, https://www. officialgazette. gov. ph/downloads/2018/12dec/20181228 - EO - 73 - RRD. pdf, 最后访问日期：2019年4月14日。

④ Panos Mourdoukoutas, "Duterte's Philippines Is Getting Less Corrupt," The Wrong Way, 2019, https://www. forbes. com/sites/panosmourdoukoutas/2019/02/02/dutertes - philippines - is - getting - less - corrupt - the - wrong - way/, 最后访问日期：2019年4月15日。

某种程度上得到了国际认可。即便菲律宾国内的腐败属长期的结构性问题，短时间难以通过具体的政策彻底根除，但反腐政策的改革已取得了可见的成效，这会让杜特尔特政府赢得更多民众支持。

（五）治安改善

2019年菲律宾国内治安状况明显改善，这主要得益于杜特尔特政府在2016年7月起开展的扫毒政策。2019年5月菲律宾国家警察的发言人伯纳德·巴纳克（Bernard Banac）指出，在菲律宾42045个描笼涯（菲律宾国内第四级行政区域单位，规模大概等于一个社区）中，有12177个已经彻底清除毒品，被列为毒品泛滥区的描笼涯还剩282个。[1] 在严厉的扫毒政策下，马尼拉大都会区作为全国的核心区域，治安改善状况非常明显，2019年的犯罪率与2018年的数据相比下降了7.55%，犯罪案件数量从13732件下降至12695件，其中谋杀案件从745项下降至640项，下降比例为14.09%，过失杀人从273项下降至190项，下降比例为30.40%，此外，其他身体伤害案件、强奸案件也分别下降7.51%与2.91%。[2] 与此同时，马尼拉大都会区警察在2019年提升了破案效率，与2018年相比，其破案速度提升了2.06%。[3] 就全国而言，2019年5月菲律宾国家警察局发布的数据显示犯罪案件数量同比下降10%。[4] 在菲律宾国内治安持续改善的情况下，菲律宾的营商环境、公共服务质量也会相应提升。

---

[1] 《菲律宾警方：5月份犯罪率下降10%》，菲信网，http://www.feixinph.com/local/17852.html，最后访问日期：2019年4月15日。

[2] Lamudi, "Metro Manila Crime Rate Down in 2019," 2019, https://www.lamudi.com.ph/journal/metro – manila – crime – rate – 2019/，最后访问日期：2019年4月13日。

[3] Lamudi, "Metro Manila Crime Rate Down in 2019," 2019, https://www.lamudi.com.ph/journal/metro – manila – crime – rate – 2019/，最后访问日期：2019年4月13日。

[4] Philippines News Agency, "Total Crime Volume Down in May 2019," 2019, https://www.pna.gov.ph/articles/1072470，最后访问日期：2019年4月13日。

三　2019年菲律宾政府施政面临的挑战

（一）总统健康恶化

2019年菲律宾政府施政取得成就的背后仍面临诸多挑战。首先就是罗德里戈·杜特尔特本人的健康问题。2019年罗德里戈·杜特尔特年届74周岁，已是菲律宾历史上最年迈的民选总统。2019年10月，罗德里戈·杜特尔特本人承认患上了与免疫系统相关的重症肌无力病，他的其中一只眼睛因此萎缩、眼睑下垂并伴随视力降低，阅读能力受限。[①] 其次，此前罗德里戈·杜特尔特已经患有因吸烟引起的血栓闭塞性脉管炎，肢体行动受阻。2019年罗德里戈·杜特尔特缺席10次官方活动，而2018年他只缺席3次。[②] 基于身体原因，他被迫在诸多出席的活动中缩减行程，比如2019年5月他前往日本的行程就因为背部与臀部的剧痛而被迫缩减。[③] 健康状况的恶化严重影响着罗德里戈·杜特尔特的领导与施政能力，也会成为国内反对派批评现有执政联盟的施政能力的口实。如果罗德里戈·杜特尔特在任期到期前因健康问题无法履行总统职务，那么属于反对派的副总统莱妮·罗布雷多将会代行总统职责，有可能引起政局动荡。

（二）保护椰农的法案未能落实

2019年，一项旨在扶持弱势群体的法案未能落实，该法案是《椰农信托基金法案》（Coconut Farmer Trust Fund Bill）。现阶段菲律宾政府对农民种植椰子所得征税，原本税款应被用于与椰农利益有关的事务及椰子产业发展

---

① Pia Ranada, "Biggest Controversies Duterte Faced in 2019," 2019, https://www.rappler.com/newsbreak/iq/247297-biggest-duterte-controversies-2019，最后访问日期：2019年4月12日。

② Pia Ranada, "Biggest Controversies Duterte Faced in 2019," 2019, https://www.rappler.com/newsbreak/iq/247297-biggest-duterte-controversies-2019，最后访问日期：2019年4月12日。

③ Pia Ranada, "Biggest Controversies Duterte Faced in 2019," 2019, https://www.rappler.com/newsbreak/iq/247297-biggest-duterte-controversies-2019，最后访问日期：2019年4月12日。

上，但事实上税款被与政府关系密切的资本家剥削掉。该法案最初提议从椰农身上征得的税款应以信托基金的形式由菲律宾政府和农民代表共同管理，但在议会审议过程中，当时的参议院临时议长、同属执政联盟的拉尔夫·雷克托（Ralph Recto）在多数参议员的支持下修改了法案，令此项税款由改组后的菲律宾椰子产业管理局（Philippines Coconut Authority）负责。而该官僚机构过去被认为是椰子税被滥用的罪魁祸首之一。而最终罗德里戈·杜特尔特以椰子税款可能会被滥用为由否决了法案。该事件反映了杜特尔特的执政联盟内部并没有团结一致落实政府对扶助弱势群体的承诺，[①] 对杜特尔特政府的形象产生一定消极影响。

（三）扫毒政策的舆论压力依旧很大

2019 年菲律宾政府的扫毒政策依旧是西方媒体和反对派攻击杜特尔特的口实。根据一个名为"武装冲突定位与事件数据项目"（Armed Conflict Location & Event Data Project）的国际非营利组织的调查显示，2019 年菲律宾排在印度、叙利亚、也门之后，是世界上第四危险的国家，该年度共有345 件致命暴力事件发生，导致 490 人死亡，受害的主要是国内的弱势群体，该组织的报告声称这些暴力事件与杜特尔特的扫毒政策有紧密联系。[②]诸多西方媒体依旧以"侵犯人权"为由猛烈攻击杜特尔特的扫毒政策，甚至称其政策为"屠杀"。换言之，杜特尔特坚持的扫毒政策在 2019 年依然面临巨大的国际舆论压力，在 2016 年 7 月到 2019 年 4 月，已经有 185401名毒贩被捕，5425 名毒贩被杀。[③] 由于杜特尔特政府以暴力的方式对待毒

① Pia Ranada, "Duterte Vetoes Anti-endo Bill," 2019, https：//www. rappler. com/nation/236333 – duterte – vetoes – anti – endo – bill, 最后访问日期：2019 年 4 月 13 日。

② Rod Austin, "'War on Drugs' Makes Philippines Fourth Most Dangerous Country-Report," 2019, https：//www. theguardian. com/global – development/2019/jul/09/war – on – drugs – makes – philippines – fourth – most – dangerous – country – report, 最后访问日期：2019 年 4 月 14 日。

③ Rod Austin, "'War on Drugs' Makes Philippines Fourth Most Dangerous Country-Report," 2019, https：//www. theguardian. com/global – development/2019/jul/09/war – on – drugs – makes – philippines – fourth – most – dangerous – country – report, 最后访问日期：2019 年 4 月 14 日。

贩，来自自由党的菲律宾副总统莱妮·罗布雷多一直与罗德里戈·杜特尔特唱反调，声称菲律宾应该让联合国官员介入调查，扫毒政策正在损害菲律宾的国际形象。2019年11月4日，杜特尔特任命罗布雷多担任政府禁毒委员会联合主席去处理毒品问题，但罗布雷多履新后却与美国驻菲律宾官员见面，杜特尔特以罗布雷多可能泄露国家机密为由在11月24日便解除了她的职务。① 换言之，禁毒政策不但在2019年依旧面临巨大的国际舆论压力，还令菲律宾总统与副总统之间的关系跌至冰点。

（四）马尼拉大都会区的市民生活问题仍未被解决

2019年马尼拉大都会区的严重交通拥堵问题未有改善迹象，市内部分桥梁建设进度缓慢，主要原因在于施工难度较大，比如横跨马尼拉帕西格河的岷伦洛-王城桥（Binondo-Intramuros Bridge）建设项目。在城市交通无法被新的桥梁和道路疏通的情况下，马尼拉交通堵塞的严重程度依然位列世界之最。根据一项国际城市交通调查数据显示，2019年马尼拉大都会区的交通拥挤程度与印度的班加罗尔并列第一。② 拥挤的交通严重影响菲律宾首都人民的通勤与生活效率，继而影响经济进一步发展，2019年生活在马尼拉大都会区的上班族每人平均每年要耗费257个小时用于交通路上。③ 基于此，杜特尔特政府还需要加快落实"大建特建"既定的基础设施项目，尤其是以马尼拉大都会为中心的区域。菲律宾政府需要进一步加快此区域的交通基础设施建设，以帮助马尼拉大都会的经济发展能辐射至菲律宾其他地区，促进人口流动，实现不同地区的经济社会协同发展，缩减地区之间的贫

---

① Agence France-Presse, "Duterte Fires Philippine Vice-president Leni Robredo from Anti-drugs Tsar Post after Just 3 Weeks," 2019, https：//www. scmp. com/news/asia/southeast－asia/article/3039133/duterte－fires－manila－nov－24－2019－afp－philippine－vice，最后访问日期：2019年4月14日。

② TomTom, Traffic Index 2019, 2019, https：//www. tomtom. com/en_ gb/traffic－index/ranking/，最后访问日期：2019年4月14日。

③ Rappler, "Metro Manila Has 2nd Worst Traffic in the World-Report," 2019, https：//www. rappler. com/nation/250513－metro－manila－2nd－worst－traffic－worldwide－tomtom－traffic－index－report－2019，最后访问日期：2019年4月15日。

富差异。

此外，马尼拉大都会区的用水问题依旧严峻。2019 年 3 月 6 日，约 1 万名生活在马尼拉的市民逐渐失去了供水。导致水资源短缺的主要原因是气候干旱，为马尼拉供水的梅萨水库水位处于 12 年来的低位，而同样为马尼拉供水的安加特大坝的水位同样下降。[①] 而马尼拉经济发展与人口增加，使得用水量不断提升，加上马尼拉水务公司的基础设施陈旧，供水管道老化，存在技术缺陷，供水管线中只有开关而无控制流量的装置，只能实行分区限时的供水计划，[②] 严重影响了水资源利用效率，导致供水不足的问题变得雪上加霜。2019 年 3 月，马尼拉平均每天面临 1.4 亿升水供应缺口。[③] 面对马尼拉出现的用水危机，杜特尔特政府在 2019 年并没有找到额外的水资源弥补用水缺口。根据现在的情况发展，在 2021 年之前马尼拉大都会地区的水资源紧缺问题难以被彻底解决。在中国提供 122 亿比索资金支持下，菲律宾政府共投资约 187 亿比索建造卡利瓦大坝，[④] 大坝工程顺利完成后，其水资源能缓解马尼拉大都会区的供水问题，但工程对自然生态和原住民社区构成潜在破坏，导致项目遭遇诸多阻力。

（五）未与菲律宾共产党实现和解

虽然 2019 年菲律宾政府与伊斯兰武装组织的和平谈判取得重要进展，但与菲律宾共产党之间的和平谈判依旧困难重重。2019 年 3 月菲律宾共产

---

① Kristine Sabillo, "Explainer：Why Is There a Water Shortage in Metro Manila?", 2019, https：// news. abs - cbn. com/news/03/12/19/explainer - why - is - there - a - water - shortage - in - metro - manila，最后访问日期：2020 年 5 月 10 日。

② 《菲律宾首都陷入严重水危机，菲财长寄希望于中国》，文汇报，https：//news. china. com/ international/1000/20190401/35563523_ all. html，最后访问日期：2019 年 4 月 16 日。

③ Kristine Sabillo, "Explainer：Why Is There a Water Shortage in Metro Manila," 2019, https：// news. abs - cbn. com/news/03/12/19/explainer - why - is - there - a - water - shortage - in - metro - manila，最后访问日期：2019 年 4 月 15 日。

④ CNN Philippines Staff, "Gov't Target Construction of China-funded Kaliwa Dam by July, 2019," https：//cnnphilippines. com/news/2019/3/18/China - Kaliwa - Dam - water - supply1. html，最后访问日期：2020 年 5 月 10 日。

党领导的新人民军对菲律宾拉古纳省维多利亚市东部的一个警察局发动了袭击。2019 年新人民军还拥有约 3500 名武装分子，主要盘踞在山区。① 早在 2017 年杜特尔特便终止了与菲律宾共产党的和平协议，理由是认为对方并没有遵守协议的内容停火。协议终止后，菲律宾共产党发表声明指责杜特尔特的反人类、反民族、反民主政策将菲律宾人民置于水深火热中，将其政府描述成法西斯政权。对于菲律宾共产党，菲律宾政府的态度依旧强硬，呼吁国民抵制，国防部指出要在 2022 年（杜特尔特任期结束）之时令新人民军的势力变得微不足道。② 在无法与共产党达成新一轮和平协议的情况下，菲律宾国内的安全形势依旧不容乐观。

四　结语

总体而言，2019 年菲律宾举行的中期选举结果显示杜特尔特政府的各项政策以及罗德里戈·杜特尔特本人的施政作风得到菲律宾人民的认可，中期选举结束后，杜特尔特领导的执政联盟地位从国家至地方的行政、立法层面都变得更加稳固，不但可以更顺利地贯彻落实其具争议的政策，也拥有了提出和通过重大法律议案的权力。在执政联盟取得压倒性优势的情况下，菲律宾实质的立法程序已经从参众两院转移到执政联盟内部。

在施政层面，杜特尔特政府的政绩有目共睹，长期困扰菲律宾经济发展与民生的基础设施建设问题在"大建特建"计划下逐步被改善，一直危及菲律宾国家安全与领土完整的棉兰老岛伊斯兰地方武装问题也因为邦萨摩洛穆斯林自治区的成立看到了和平解决的曙光。此外，杜特尔特政府还加强了中央对地方政府施政的规范与协调，国内的反贪腐力度继续加大，治安也得

① Jim Gomez, "Philippine Communist Rebels Mark 50th Year with New Attacks," 2019, https：// thediplomat. com/2019/03/philippine－communist－rebels－mark－50th－year－with－new－attacks/，最后访问日期：2019 年 4 月 21 日。

② Jim Gomez, "Philippine Communist Rebels Mark 50th Year with New Attacks," 2019, https：// thediplomat. com/2019/03/philippine－communist－rebels－mark－50th－year－with－new－attacks/，最后访问日期：2019 年 4 月 21 日。

到了改善，这些政绩皆有利于菲律宾营商环境的改善，帮助菲律宾经济发展，为罗德里戈·杜特尔特赢得更多支持。

然而杜特尔特政府在 2019 年的施政依旧受制于各类因素，当中包括罗德里戈·杜特尔特的个人健康问题、马尼拉大都会区的交通与供水问题、与菲律宾共产党的武装冲突、扶助椰农的法案没有被通过、扫毒政策衍生出的舆论压力。就目前的形势看来，这些问题在罗德里戈·杜特尔特本届总统任期内难以被彻底解决，在短期内会继续成为菲律宾政府施政的短板。

B.3
2019~2020年菲律宾经济形势：
阻力增加，增速放缓

陆长荣　刘裔彬*

摘　要：　2019年，菲律宾经济增长受到政府2019年度财政预算延迟批准、国内自然灾害频繁以及全球经济乏力的阻碍，经济增速放缓。宏观经济总体呈现以下特点：通货膨胀缓解，居民消费提高并有力拉动经济；服务业增长持续强劲，工农业发展放缓；进出口增速放缓。菲律宾政府采取了积极的财政政策，在后半年大幅度追赶增加财政支出。在对外经济合作中，菲律宾进出口贸易与外国投资均有所波动，国际经济合作成果丰硕。受到新冠肺炎疫情影响，2020年菲律宾经济增长压力大、前景不佳。

关键词：　菲律宾经济　居民消费　财政预算　中菲合作

一　菲律宾财政状况及经济政策

为推动基础设施建设高效落实、拉动菲律宾经济发展，2019年菲律宾政府采取了积极的经济政策。在财政政策方面，菲律宾政府进行预算编制系统改革、增加财政预算。在货币政策方面，菲律宾中央银行年内多次下调政

---

* 陆长荣，博士，同济大学外国语学院副教授，主要研究领域为东亚区域合作；刘裔彬，中山大学国际关系学院研究助理。

策利率与存款准备金率。然而，2019 年财政预算案的延迟通过产生了一定消极影响，部分抵消了经济政策的积极作用，菲律宾政府部分年度经济目标未能达成。

（一）积极的财政政策

2019 年度菲律宾政府财政政策较为积极，主要体现在对预算编制系统进行改革，提高年度财政预算的使用效率，继续增加政府支出，扩大财政赤字，并且在 2019 年后半年采取大幅度的补偿性支出方式来弥补上半年财政预算延迟带来的消极影响。

2019 年菲律宾政府采用了全新的、以现金结算为基础的预算编制系统，与 2018 年所应用的旧式、以合同契约为基础的预算编制系统有明显区别。新旧两种预算编制系统的最大区别在于预算案内项目、合同的支付期限长短。旧式的预算编制系统允许当财年的项目在当财年结束后的两年及以上时间内支付完成；而新式预算编制系统则规定当财年的项目必须在当财年及当财年结束后的三个月内支付完成。新式预算编制系统规定的支付期限比旧式预算编制系统短。相较之下，以现金结算为基础的预算编制系统将有利于推动政府各部门采取更高效有序的措施利用预算，推进项目落实，减少财政冗余支出与腐败；有利于支撑政府扩张性政策，将基础设施和社会服务支出提高一倍，解决政府支出不足的问题。

具体而言，若财政预算内所有支出项目都计划在当财年内结算、付清，则新、旧两种预算编制系统会得出基本一致的预算额。然而，在现实实践中，政府有许多时长超过一年、需要分阶段落实的项目，旧式预算编制系统会将不属于当财年的、后续支出的部分纳入其中。一个时长超过一年的项目在旧式预算编制系统呈现的预算额往往会比在新式预算编制系统所呈现的预算额更高。所以，不能将采用旧式预算编制系统的 2018 年预算与采用新式预算编制系统的 2019 年预算进行直接比较。

在此情况下，把原来规模为 3.767 万亿比索的 2018 年财政预算按照新式的、以现金结算为基础的预算编制系统进行换算，得出在新式预算编制系统下的 2018 年财政预算仅有 3.324 万亿比索。2019 年 3.662 万亿比索的财政预算比 2018 年 3.324 万亿比索的预算额上升 10.1%。因此，即使在直观的数目层面上，2018 年的 3.767 万亿比索预算比 2019 年的 3.662 万亿比索要多，但实际上菲律宾财政预算在 2019 年进一步增长了，且增长率为 10.1%。① 在 2019 年度财政预算中，"大建特建"计划获得 8162 亿比索的预算分配，占国内生产总值的 4.2%。②

2019 年度菲律宾财政支出约 3.797 万亿比索，较 2018 年规模约为 3.408 万亿比索的财政支出上升 11.4%。2019 年度财政赤字为 6602.36 亿比索，较 2018 年规模为 5582.59 亿比索的财政赤字上升 18.3%，约占国内生产总值 3.5%，同时也超出了政府设定的 6200 亿比索赤字目标。③

2019 年度菲律宾财政收入约 3.137 万亿比索。其中由国税局与海关总署负责的税收达 2.827 万亿比索，较 2018 年度规模为 2.565 万亿比索的税收上升 10.2%。国税局征税约 2.175 万亿比索，海关总署征税约为 6303 亿比索，非税收入约为 3094 亿。④ 此前，政府推行的税收改革改善了政府收入状况，中央政府收入占 GDP 的比例从 2018 年的 15.6% 上升到 2019 年末的 16.1%。⑤

---

① Republic of the Philippines Department of Budget and Management（菲律宾预算管理部），*2019 National Budget*，Republic of the Philippines Department of Budget and Management Website，https：//www. dbm. gov. ph/images/pdffiles/2019 – People's – Budget – Quick – Glance_ English – Version. pdf.

② Republic of the Philippines Department of Budget Management（菲律宾预算管理部），*2019 People's Budget*，p. 19，Republic of the Philippines Department of Budget Management Website，https：//www. dbm. gov. ph/index. php/budget – documents/2019/2019 – people – s – budget/2019 – people – s – budget.

③ Republic of the Philippines Bureau of the Treasury（菲律宾库务局），*Cash Operations Report*，Republic of the Philippines Bureau of the Treasury Website，https：//www. treasury. gov. ph/wp – content/uploads/2020/02/COR_ sum_ annual_ 2019. xlsx.

④ Republic of the Philippines Bureau of the Treasury（菲律宾库务局），*Cash Operations Report*，Republic of the Philippines Bureau of the Treasury Website，https：//www. treasury. gov. ph/wp – content/uploads/2020/02/COR_ sum_ annual_ 2019. xlsx.

⑤ "Fitch Revises Outlook on Philippines to Stable：Affirms at BBB，" Fitch Ratings Website，May 7，2020，https：//www. fitchratings. com/research/sovereigns/fitch – revises – outlook – on – philippines – to – stable – affirms – at – bbb – 07 – 05 – 2020.

至 2019 年末，政府未偿债务为 7.731 万亿比索，较 2018 年增加 6%，国内债务占 66.3%。债务占 GDP 比例为 41.5%，较 2018 年 41.9% 的比例有所改善，亦达到了本年度 41.7% 的预定目标。菲律宾政府认为这是政府稳健的现金和债务管理、国内经济增长的结果。[1]

为最大限度弥补预算案延迟的消极影响，菲律宾政府采取补偿性支出计划，大步追赶并加速推进基础设施建设项目与其他大型项目。第三季度政府支出总额约 1.036 万亿比索，同比增长 17.0%。第四季度政府支出总额约 1.171 万亿比索，同比增长 27.4%。其中，2019 年 12 月政府单月支出达 4944 亿比索，同比增长率高达 57.8%。[2] 2019 年基础设施建设支出达 8817 亿比索，超出原计划规模为 8594 亿比索支出的 2.6%，亦较 2018 年规模为 8036 亿比索的基础设施建设支出增长 9.7%。[3] 政府追赶支出主要依靠公造部大规模的基础设施建设支出、社会福利与发展部实施的社会保障计划和服务，以及在政府各机构新增职位与提高职员待遇相关的人事服务这三方面支出来拉动。

（二）宽松的货币政策

2019 年菲律宾政府采取了宽松的货币政策。首先，菲律宾中央银行分别在 5 月、8 月、9 月三次下调政策利率，5 月 9 日将政策利率由 4.75 下降至 4.50，8 月 8 日下调至 4.25，9 月 26 日最终下调至 4.00。全年政策利率

① Republic of the Philippines Bureau of the Treasury（菲律宾库务局），*National Government Debt Recorded at P7, 731 Billion as of End - 2019*, Republic of the Philippines Bureau of the Treasury Website, https://www.treasury.gov.ph/wp - content/uploads/2020/01/NG - Debt - Press - Release - December - 2019_ ed. pdf.

② Republic of the Philippines Bureau of the Treasury（菲律宾库务局），*National Government Cash Operations Report*, Republic of the Philippines Bureau of the Treasury Website, https://www.treasury.gov.ph/wp - content/uploads/2020/02/COR - Summ_ mo_ h_ rev18_ fina. xlsx.

③ Mary Grace Padin, "Government Spending on Infrastructure Exceeds Target in 2019," Philstar, January 2, 2020, https://www.philstar.com/business/2020/03/16/2001094/government - spending - infrastructure - exceeds - target - 2019.

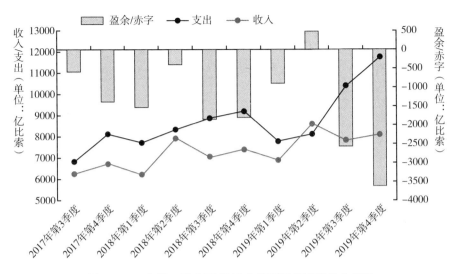

图1　2017年第三季度至2019年第四季度财政收支情况

资料来源：根据菲律宾库务局（BOT）数据整理所得，见 Republic of the Philippines Bureau of the Treasury（菲律宾库务局），*National Government Cash Operations Report*，https：//www. treasury. gov. ph/wp－content/uploads/2020/02/COR－Summ＿mo＿h＿rev18＿fina. xlsx。

下调幅度达75个基点。①

　　其次，在存款准备金率方面，2019年5月，菲律宾中央银行决定将综合银行、商业银行、储蓄银行与具有准银行功能的金融机构的存款准备金率下调200个基点。9月，菲律宾中央银行继续将综合银行、商业银行、储蓄银行的存款准备金率下调100个基点。10月，菲律宾中央银行再将综合银行、商业银行与储蓄银行的存款准备金率下调100个基点，将具有准银行功能的金融机构的存款准备金率下调200个基点。② 2019年度菲律宾各大银行存款准备金率总体呈现明显的下降趋势。

---

① Bangko Sentral ng Pilipinas（菲律宾中央银行），*Q4 2019 Inflation Report*，pp. 45－46，Bangko Sentral ng Pilipinas Website，http：//www. bsp. gov. ph/downloads/Publications/2019/IR4qtr＿2019. pdf.

② Bangko Sentral ng Pilipinas（菲律宾中央银行），*Q4 2019 Inflation Report*，pp. 45－46，Bangko Sentral ng Pilipinas Website，http：//www. bsp. gov. ph/downloads/Publications/2019/IR4qtr＿2019. pdf.

对此，菲律宾中央银行货币政策委员会在各个例会报告中表示，央行2019年连续作出宽松的货币政策决策的主要因素包括：第一，2019年通货膨胀不断缓解，且央行评估未来一段时期内通货膨胀形势是稳定可控的；第二，受2018年高通胀影响，居民消费低迷；第三，上半年政府财政预算延迟通过、中期选举公共开支禁令给国内经济带来一定的消极影响；第四，全球经济疲软，刺激消费与拉动经济的任务更为紧迫。①

（三）2019年财政预算延迟批准

2019年财政预算案的延迟批准②与中期选举公共支出禁令③大幅削减了上半年的公共支出，阻碍了2019年前两个季度的GDP增长。2019年上半年GDP增长率约为5.5%，与2018年上半年6.3%的增长率相比显著下降。2019年全年GDP增长率为5.9%，较2018年6.2%的增长率亦显著下降。④

菲律宾国会与政府之间就2019年财政预算案陷入僵持的原因是多重的。第一，2019年财政预算案首次采用以现金结算为基础的预算编制系统，此

---

① Bangko Sentral ng Pilipinas（菲律宾中央银行），Highlights of the Meeting of The Monetary Board on The Monetary Policy Stance Held on 9 May 2019，http：//www. bsp. gov. ph/downloads/MB/2019/mb05092019. pdf；Highlights of the Meeting of the Monetary Board on the Monetary Policy Stance Held on 8 August 2019，http：//www. bsp. gov. ph/downloads/MB/2019/mb08082019. pdf；Highlights of the Meeting of the Monetary Board on the Monetary Policy Stance Held on 26 SEPTEMBER 2019，http：//www. bsp. gov. ph/downloads/MB/2019/mb09262019. pdf.

② 菲律宾总统杜特尔特上任后，2017年度财政预算于2016年12月22日正式签署通过，2018年度财政预算于2017年12月19日正式签署通过。2018年7月，总统杜特尔特正式向菲律宾国会递交2019年度财政预算草案。随后，2019年度财政预算案的讨论陷入数月的僵局。2019年2月，国会正式批准修改后的年度财政预算。2019年4月15日，经总统杜特尔特最终修改后，2019年度财政预算被正式签署通过。与2017年度、2018年度财政预算相比，2019年度财政预算延迟了一个季度才得以签署通过。

③ 为防止政府官员利用政府资源和公共设施干扰选民的投票选择，菲律宾综合选举法（Omnibus Election Code of the Philippines）禁止政府在特定选举前45天内支付公共资金和交付用于公共项目的物资。针对2019年5月13日举行的中期选举，公共支出禁令自3月29日起生效，至5月12日结束。

④ Philippine Statistics Authority（菲律宾统计局），*Annual National Accounts（1998 - 2019）*，Philippine Statistics Authority Website，https：//psa. gov. ph/sites/default/files/1Summary _ 93SNA_ annual_ 0. xlsx.

次预算编制系统改革在国会内部引起广泛争议。第二，2019年为中期选举年，议员们争取自己所在选区民众支持率的需求突出，不少议员表示自己所在选区获得的预算不足，纷纷提出不满与修改的要求。杜特尔特政府对经国会修改后的2019年预算草案持保留态度，总统杜特尔特多次表示不排除一票否决国会所递交的最终预算草案的可能。①

最终，总统杜特尔特以非2019年预算案优先目标为由，否决预算草案中由公造部负责的规模为953亿比索的部分项目后，于4月15日正式签署通过2019年财政预算案。② 5月中期大选前对新公共项目实行为期45天的支出禁令（部分国家级重点项目支出除外）亦进一步削减了公共支出。

受2019年财政预算案的延迟批准与中期选举公共支出禁令双重因素的影响，2019年菲律宾政府支出前三个季度增长率仅有7.4%、7.3%、9.6%，与自2017年第四季度至2018年第四季度维持的两位数高增长率相比显著下降。③ 第一季度中央政府给予国有与国营实体企业、集团的补贴仅93亿比索，同比下降79%。④ 菲律宾财政部部长卡洛斯·多明计斯（Carlos Dominguez III）称，政府在2019年第一季度失去了创造约26万个工作岗位、帮助约42万人脱贫的机会。若预算案按计划时间通过，第一季度GDP增长率有望最高达到7.2%，全年GDP增长率有望达到6.8%。⑤

---

① "Duterte Threatens to Veto 'Entire Budget'," Rappler, April 12, 2019, https：//www. rappler. com/nation/227993 - duterte - threatens - veto - entire - 2019 - budget.

② Azer Parrocha, "PRRD Signs 2019 Budget; Vetoes P 95. 3 - B," Philippine News Agency, April 15, 2019, https：//www. pna. gov. ph/articles/1067415.

③ Philippine Statistics Authority（菲律宾统计局）, *Quarterly National Accounts*（*Q1 1998 - Q4 2019*）, Philippine Statistics Authority Website, https：//psa. gov. ph/sites/default/files/1Summary_ 93SNA_ qtrly. xlsx.

④ Chino S. Leyco, "Gov't Subsidies Drop 79% in Q1 on Reenacted Budget," Manila Bulletin, April 29, 2019, https：//business. mb. com. ph/2019/04/28/govt - subsidies - drop - 79 - in - q1 - on - reenacted - budget/.

⑤ "Budget Impasse in Congress Impeded Q1 Growth," Republic of the Philippines Department of Finance Website（菲律宾财政部）, May 28, 2020, https：//www. dof. gov. ph/budget - impasse - in - congress - impeded - q1 - growth/.

二 2019年菲律宾国内经济形势回顾

菲律宾2019年四季度国内生产总值增长率分别为5.6%、5.5%、6.0%、6.4%，全年GDP增长率为5.9%，未达到菲政府预设的6.0%~6.5%增长率目标。① 全年GDP总值按现价计算约为18.61万亿比索，GNI约为22.32万亿比索。② GDP增长率创下2011年以来的新低，主要原因包括：菲律宾2019年财政预算延迟批准，上半年政府支出严重受限；世界经济增长乏力和国际贸易局势紧张；厄尔尼诺现象与非洲猪瘟等自然因素导致农业增长放缓。但通货膨胀缓解带来的居民消费增长和政府及时追加公共支出提振了2019年下半年经济。在全球经济增长放缓的背景下，菲律宾仍然是2019年亚洲表现最好的经济体之一。

（一）通货膨胀缓解，居民消费提高并有力拉动经济

2019年通货膨胀率连续四个季度下降，四个季度通货膨胀率分别为3.8%、3.0%、1.7%、1.6%，全年平均通货膨胀率为2.5%，符合菲政府设定的通货膨胀率在2%~4%的目标。③ 2018年全年平均通货膨胀率为5.2%，创下自2008年以来的新高，其中第三季度与第四季度通货膨胀率高达6.2%、5.9%。④ 随着国际原油价格下降、菲中央银行实行紧缩性货币政

---

① Philippine Statistics Authority（菲律宾统计局），*Quarterly National Accounts*（*Q1 1998 - Q4 2019*），Philippine Statistics Authority Website，https：//psa. gov. ph/sites/default/files/1Summary_ 93SNA_ qtrly. xlsx.

② Philippine Statistics Authority（菲律宾统计局），*Annual National Accounts*（*1998 - 2019*），Philippine Statistics Authority Website，https：//psa. gov. ph/sites/default/files/1Summary _93SNA_ annual_ 0. xlsx.

③ Bangko Sentral ng Pilipinas（菲律宾中央银行），*Q4 2019 Inflation Report*，p. 1，Bangko Sentral ng Pilipinas Website，http：//www. bsp. gov. ph/downloads/Publications/2019/IR4qtr _ 2019. pdf.

④ Bangko Sentral ng Pilipinas（菲律宾中央银行），*Q4 2019 Inflation Report*，p. 1，Bangko Sentral ng Pilipinas Website，http：//www. bsp. gov. ph/downloads/Publications/2019/IR4qtr _ 2019. pdf.

策，通货膨胀率从 2018 年末开始逐步下降。

包括大米、玉米在内的价格增长率较 2018 年显著下降，四季度食物与非酒精饮品通胀率分别为 4.6%、3.0%、0.5%、0.3%。日常食品、非酒精饮品价格得到控制，成为刺激国内消费的主要动力。[①] 上半年受厄尔尼诺现象影响，菲律宾有超过 7 万公顷农田面临严重干旱问题，国内农作物供给量减少、品质严重下降，收购价格亦相应下降。与此同时，取代配额制度的大米关税法案正式签署通过，国际大米进口增加。国内外两方面因素促使大米价格大幅度下降。大米与玉米价格自第二季度起维持负通胀率，第三季度玉米通胀率低至 -3.6%，第四季度大米通胀率低至 -8.3%。[②] 蔬菜、蛋、奶、肉价格增速较 2018 年亦有明显下降。2019 年下半年，非洲猪瘟在作为养猪密集区的菲南部蔓延，引发公众恐慌，猪肉价格大幅下降，肉类价格总体保持较低的增长率。

非食品商品四季度通胀率为 3.0%、2.6%、2.1%、1.8%，全年平均通胀率为 2.4%，较 2018 年的 3.5% 通胀率明显下降。[③] 其中，能源通胀率下降最为突出，家庭水电气通胀率由第一季度的 3.7% 持续下降至第四季度的 1.2%，生产使用的电气及其他能源通胀率则由第一季度的 4.9% 持续下降至第四季度的 -2.5%，带动了能源消费上升与交通运输价格的下降。随着政府公共高等教育免学费计划推进，教育在前两季度保持负通胀率，分别为 -3.8%、-4.0%。由于免学费计划产生的底线效应，第三、第四季度通

---

① Bangko Sentral ng Pilipinas（菲律宾中央银行），*Q2 2019 Inflation Report*，p. 2，http：//www. bsp. gov. ph/downloads/Publications/2019/IR2qtr_ 2019. pdf；*Q4 2019 Inflation Report*，p. 2，http：//www. bsp. gov. ph/downloads/Publications/2019/IR4qtr_ 2019. pdf.

② Bangko Sentral ng Pilipinas（菲律宾中央银行），*Q4 2019 Inflation Report*，p. 2，Bangko Sentral ng Pilipinas Website，http：//www. bsp. gov. ph/downloads/Publications/2019/IR4qtr_ 2019. pdf.

③ Bangko Sentral ng Pilipinas（菲律宾中央银行），*Q2 2019 Inflation Report*，p. 2，Bangko Sentral ng Pilipinas Website，http：//www. bsp. gov. ph/downloads/Publications/2019/IR2qtr_ 2019. pdf；*Q4 2019 Inflation Report*，p. 2，Bangko Sentral ng Pilipinas Website，http：//www. bsp. gov. ph/downloads/Publications/2019/IR4qtr_ 2019. pdf.

胀率回弹至4.4%、4.6%。①

居民消费增长率保持相对稳定,2019年四个季度居民消费增长率分别为6.1%、5.5%、5.9%与5.6%,②居民消费成为2019年前三个季度经济增长的主要推动力。总体物价压力得到缓解、劳动市场条件改善、预期薪资待遇增加与消费者信心增强是居民消费提升的重要原因。据菲律宾中央银行调查,四季度消费者对下一季度信心指数分别为10.7、9.7、15.8、15.7,全年平均指数约为13.0,较2018年约为5.1的平均信心指数有明显提升。③

在企业商业展望方面,据菲律宾中央银行调查,企业对2019年四个季度的商业预期信心指数分别为29.4、52.0、47.6、56.1。其中,由于2018年持续高通胀对企业信心造成了打击,多数企业在2019年初持保守态度,因此企业对2019年第一季度的商业预期信心指数最低。随着通货膨胀在2019年初逐渐放缓,企业的信心迅速回升,第二季度商业预期信心指数骤升至52.0。第三季度受雨季影响,商业预期信心指数有所回落。2019年商业预期信心指数总体呈上升趋势,且上升幅度较大。受调查的企业主表示,商业预期信心增强的主要原因包括:不断改善的基础设施条件、缓解的通货膨胀与物价上涨压力、政府开支的增长。④

综合来看,2018年的高通胀打击了菲律宾民众的消费热情和企业的发展。2019年通胀得到控制,居民消费迅速恢复,且保持较高的增长率。菲

① Bangko Sentral ng Pilipinas(菲律宾中央银行),*Q2 2019 Inflation Report*,p. 2,Bangko Sentral ng Pilipinas Website,http://www.bsp.gov.ph/downloads/Publications/2019/IR2qtr_ 2019.pdf;*Q4 2019 Inflation Report*,p. 2,Bangko Sentral ng Pilipinas Website,http://www.bsp.gov.ph/downloads/Publications/2019/IR4qtr_ 2019.pdf.

② Philippine Statistics Authority(菲律宾统计局),*Quarterly National Accounts(Q1 1998 - Q4 2019)*,Philippine Statistics Authority Website,https://psa.gov.ph/sites/default/files/1Summary_ 93SNA_ qrtrly.xlsx.

③ Bangko Sentral ng Pilipinas(菲律宾中央银行),*Q4 2019 Inflation Report*,p. 13,Bangko Sentral ng Pilipinas Website,http://www.bsp.gov.ph/downloads/Publications/2019/IR4qtr_ 2019.pdf.

④ Bangko Sentral ng Pilipinas(菲律宾中央银行),*Q4 2019 Inflation Report*,p. 12,Bangko Sentral ng Pilipinas Website,http://www.bsp.gov.ph/downloads/Publications/2019/IR4qtr_ 2019.pdf.

律宾企业对市场信心亦得到鼓舞。通货膨胀得到控制，国内居民消费表现优良，稳定了 2019 年受多重不利因素阻碍的菲律宾经济。

（二）服务业增长持续强劲，工农业发展放缓

农业 2019 年农业四个季度增长率分别为 0.7%、0.8%、3.1%、1.5%，全年增长率为 1.5%，[1] 虽然较 2018 年 0.9% 的增长率稍有上升，但远未达到菲农业部设定的 2%~2.5% 年度增长率目标。[2] 按当年价格计算，农业全年生产总值为 1.55 万亿比索。[3]

纵观全年，菲律宾农业发展面临诸多挑战。第一，持续六个月的厄尔尼诺现象造成严重干旱，第一季度与第二季度农作物产量分别下降 1.0%、5.7%。稻米的第一、第二季度产量分别下降 4.5%、5.8%，玉米产量则分别下降 2.1%、8.7%。[4] 第二，强台风造成大量经济损失，台风"北冕"造成的农业损失达 19.3 亿比索，农产品损失量达 10.7 吨，影响 4.7 万公顷农业用地和 2 万名农民；台风"巴蓬"造成的农业损失达超过 30 亿比索。全年极端天气灾害造成的农业损失超过 160 亿比索。第三，下半年猪瘟暴发，畜牧业生产在前两季度分别保持着 1.3%、3.2% 的增长率，第三、第四季度则分别下降了 6.5%、8.5%。[5]

---

① Philippine Statistics Authority（菲律宾统计局），*Quarterly National Accounts（Q1 1998 - Q4 2019）*，Philippine Statistics Authority Website，https：//psa. gov. ph/sites/default/files/1Summary_ 93SNA_ qtrly. xlsx.

② Madelaine B. Miraflor，"DA Hopeful on 2% Agri Growth in 2020，" Manila Bulletin，February 1，2020，https：//business. mb. com. ph/2020/02/01/da - hopeful - on -2 - agri - growth - in -2020/.

③ Philippine Statistics Authority（菲律宾统计局），*ANNUAL National Accounts（1998 - 2019）*，Philippine Statistics Authority Website，https：//psa. gov. ph/sites/default/files/1Summary _ 93SNA_ annual_ 0. xlsx.

④ Philippine Statistics Authority（菲律宾统计局），*Performance of Philippine Agriculture January-March 2019*，https：//psa. gov. ph/sites/default/files/PAR _ January% 20to% 20March% 202019. pdf；*Performance of Philippine Agriculture April-June 2019*，https：//psa. gov. ph/sites/default/files/PAR_ April% 20to% 20June% 202019. pdf.

⑤ Philippine Statistics Authority（菲律宾统计局），*Performance of Philippine Agriculture Fourth Quarter 2019*，p. 5，Philippine Statistics Authority Website，https：//psa. gov. ph/sites/default/files/PAR_ October% 20to% 20December% 202019_ 0. pdf.

菲农场交货价格连续四个季度下降，下降率分别为 3.8%、[1] 3.9%、[2] 6.3%、[3] 5.7%。[4] 其中，稻米价格下降最受社会关注。大米关税法案于 2019 年 2 月正式实施后，稻米价格呈现大幅度下降，四季度下降率分别为 7.4%、18.2%、26.5%、24.9%，市场价格降至六年内最低水平。[5] 2019 年菲律宾成为当年全球最大的大米进口国。菲律宾非政府组织"自由农民联合会"（Federation of Free Farmers）调查称，大米关税法案实施后，菲农民损失达 680 亿比索。农业部否定了"自由农民联合会"的此项调查数据，并强调在大米关税法案实施的同时，农业部向受影响的农民提供了 25 亿比索的"生存与恢复"援助、30 亿比索的直接现金援助和 100 亿比索的"稻米生产竞争力增强基金"。[6]

工业 工业四季度同比增长率分别为 4.8%、3.7%、5.6%、5.4%，[7] 其中第二季度 3.7% 的增长率创下 2011 年第四季度以来的新低。工业为 2019 年 GDP 增长贡献 1.7 个基点。

---

[1] Philippine Statistics Authority（菲律宾统计局），*Performance of Philippine Agriculture January-March 2019*，p.9，Philippine Statistics Authority Website，https：//psa.gov.ph/sites/default/files/PAR_ January%20to%20March%202019.pdf.

[2] Philippine Statistics Authority（菲律宾统计局），*Performance of Philippine Agriculture April-June 2019*，p.9，Philippine Statistics Authority Website，https：//psa.gov.ph/sites/default/files/PAR_ April%20to%20June%202019.pdf.

[3] Philippine Statistics Authority（菲律宾统计局），*Performance of Philippine Agriculture July-September 2019*，p.9，Philippine Statistics Authority Website，https：//psa.gov.ph/sites/default/files/PAR_ July%20to%20September%202019.pdf.

[4] Philippine Statistics Authority（菲律宾统计局），*Performance of Philippine Agriculture Fourth Quarter 2019*，p.7，Philippine Statistics Authority Website，https：//psa.gov.ph/sites/default/files/PAR_ October%20to%20December%202019_ 0.pdf.

[5] Philippine Statistics Authority（菲律宾统计局），*Performance of Philippine Agriculture Fourth Quarter 2019*，p.7，Philippine Statistics Authority Website，https：//psa.gov.ph/sites/default/files/PAR_ October%20to%20December%202019_ 0.pdf.

[6] Krissy Aguilar，"DA：Farmers Did Not Lose P68B in First Year of Rice Tariffication Law，" Inquirer，March 4，2020，https：//newsinfo.inquirer.net/1236721/da－farmers－did－not－lose－p68b－in－first－year－of－rice－tariffication－law.

[7] Philippine Statistics Authority（菲律宾统计局），*Quarterly National Accounts（Q1 1998－Q4 2019）*，Philippine Statistics Authority Website，https：//psa.gov.ph/sites/default/files/1Summary_ 93SNA_ qtrly.xlsx.

　　建筑业发展放缓是第一、第二季度工业增长较低的主要原因。上半年政府预算案延迟通过与中期选举相关的公共支出禁令使得建筑业发展严重受挫。建筑业第一季度增长率为3.9%，第二季度下降率为0.6%，较2018年四季度平均为14.6%的增长率明显下降。[1] 公共建设一直是2019年以前数个季度工业部门增长的主要驱动力，2017年第二季度至2018年第四季度平均增长率为17.8%。公共建设2019年前两个季度却分别下降8.6%、[2] 27.2%，[3] 反映出政府预算延迟与中期选举公共支出禁令带来的影响之大。

　　制造业四季度增长率分别为4.9%、3.9%、2.6%、3.7%，[4] 第二、第三季度增长率较低主要归因于中美贸易紧张局势升级、全球制造业活动持续放缓，菲律宾市场暴露在不确定性与风险之中，从而影响了制造业的投资和企业商业信心。食品制造及化学制品制造持续的正增长拉动了第四季度制造业有一定程度回升。[5] 全年生产指数（VoPI）与生产价值指数（VaPI）较去年分别下降10.1%、9.5%，逆转了制造业在2018年录得的正增长。[6]

　　服务业　2019年服务业连续四个季度成为经济增长最主要拉动力，四

---

[1] Bangko Sentral ng Pilipinas（菲律宾中央银行），*Report on Economic and Financial Developments Second Quarter 2019*，p. 5，Bangko Sentral ng Pilipinas Website，http：//www. bsp. gov. ph/downloads/Publications/2019/LTP_ 2qtr2019. pdf.

[2] Bangko Sentral ng Pilipinas（菲律宾中央银行），*Report on Economic and Financial Developments First Quarter 2019*，p. 7，Bangko Sentral ng Pilipinas Website，http：//www. bsp. gov. ph/downloads/Publications/2019/LTP_ 1qtr2019. pdf.

[3] Bangko Sentral ng Pilipinas（菲律宾中央银行），*Report on Economic and Financial Developments Third Quarter 2019*，p. 5，Bangko Sentral ng Pilipinas Website，http：//www. bsp. gov. ph/downloads/Publications/2019/LTP_ 3qtr2019. pdf.

[4] Philippine Statistics Authority（菲律宾统计局），*Quarterly National Accounts（Q1 1998 - Q4 2019）*，Philippine Statistics Authority Website，https：//psa. gov. ph/sites/default/files/1Summary_ 93SNA_ qtrly. xlsx.

[5] Bangko Sentral ng Pilipinas（菲律宾中央银行），*Report on Economic and Financial Developments Fourth Quarter 2019*，p. 5，Bangko Sentral ng Pilipinas Website，http：//www. bsp. gov. ph/downloads/Publications/2019/LTP_ 4qtr2019. pdf.

[6] Chino S. Leyco，"Factory Output Declined Last Year," Manila Bulletin，February 5, 2020，https：//business. mb. com. ph/2020/02/05/factory - output - declined - last - year/.

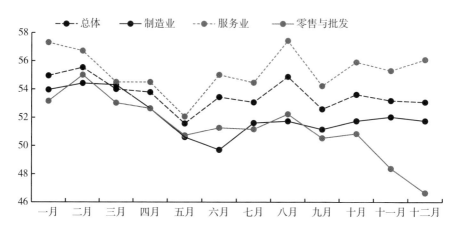

图 2 2019 年度各行业 PMI 指数走势

资料来源：根据菲律宾中央银行（BSP）数据整理所得，Bangko Sentral ng Pilipinas（菲律宾中央银行），*Philippines' Purchasing Managers' (PMI) INDEX*，Bangko Sentral ng Pilipinas Website，http：//www.bsp.gov.ph/statistics/spei_new/tab51_pmi.htm。

季度增长率分别为 6.8%、7.1%、6.7%、7.9%，① 第四季度 7.9% 的增长率更是创自 2016 年第一季度以来的新高。服务业为 2019 年 GDP 增长贡献 4.1 个基点。服务业前三季度的增长主要依靠金融中介服务，交通运输与通信，汽修与居民家庭消费，国防、公共管理社会福利这四个子部门发展拉动。金融中介服务前三季度是服务业发展的首要支撑，其四个季度均保持高增长率。随着政府大力追加财政支出目标，第四季度国防、公共管理与社会福利支出增长率骤升至 17.1%。②

（三）就业形势持续向好

根据菲律宾统计局 2019 年 1 月、4 月、7 月、10 月展开的四次劳动力

---

① Philippine Statistics Authority（菲律宾统计局），*Quarterly National Accounts（Q1 1998 – Q4 2019）*，Philippine Statistics Authority Website，https：//psa.gov.ph/sites/default/files/1Summary_93SNA_qtrly.xlsx。

② Bangko Sentral ng Pilipinas（菲律宾中央银行），*Report on Economic and Financial Developments Fourth Quarter 2019*，p.5，Bangko Sentral ng Pilipinas Website，http：//www.bsp.gov.ph/downloads/Publications/2019/LTP_4qtr2019.pdf。

调查（LFS），菲律宾就业人数持续增加，1月调查所得就业人数为4.14千万，就业率为94.8%，失业率为5.2%；[①] 4月调查所得就业人数为4.22千万，就业率为94.9%，失业率为5.1%；[②] 7月调查所得就业人数4.30千万，就业率为94.6%，失业率为5.4%；[③] 10月调查所得就业人数为4.31千万，就业率为95.5%，失业率为4.5%。4.5%的失业率是2005年以来的最低水平。[④] 年度就业率为94.9%，较2018年的94.7%就业率有所上升。年度劳动率参与率为61.3%，较2018年的60.9%参与率亦有所上升。年度就业不足率为14.0%，较2018年的16.4%就业不足率明显下降。年度失业率为5.1%，较2018年的5.3%失业率下降。[⑤]

值得注意的是2019年度失业人员集中于年龄在15～24岁、完成高中学业乃至从大学毕业的男性青年。具体如，10月调查的大多数失业者是男性（占61.4%），年龄在15～24岁（占46.1%），大学毕业（占27.9%）。[⑥]

同时，菲律宾工会代表大会附属的劳工联合会在一份声明中表示，他们虽然同意劳动力调查报告所示的本年度就业率增加，但报告并未能反映出这些并不是菲律宾人的发展目标所设想的高质量就业和长期的常规工作。并且，当下有越来越多的长期劳工合同及5个月的短期劳工合同实际上无法提

[①] "Employment Situation in January 2019," Philippine Statistics Authority Website（菲律宾统计局），July 26, 2019, http：//www.psa.gov.ph/content/employment – situation – january – 2019.

[②] "Employment Situation in April 2019," Philippine Statistics Authority Website（菲律宾统计局），October 31, 2019, http：//www.psa.gov.ph/content/employment – situation – april – 2019.

[③] "Employment Situation in July 2019," Philippine Statistics Authority Website（菲律宾统计局），February 13, 2020, http：//www.psa.gov.ph/content/employment – situation – july – 2019.

[④] "Employment Rate in October 2019 Is Estimated at 95.5 Percent," Philippine Statistics Authority Website（菲律宾统计局），December 5, 2019, http：//www.psa.gov.ph/content/employment – rate – october – 2019 – estimated – 955 – percent.

[⑤] "Preliminary Results of the 2019 Annual Estimates of Labor Force Survey (LFS)," Philippine Statistics Authority Website（菲律宾统计局），December 20, 2019, http：//www.psa.gov.ph/content/preliminary – results – 2019 – annual – estimates – labor – force – survey – lfs.

[⑥] Bangko Sentral ng Pilipinas（菲律宾中央银行），*Report on Economic and Financial Developments Fourth Quarter 2019*, p. 8, Bangko Sentral ng Pilipinas Website, http：//www.bsp.gov.ph/downloads/Publications/2019/LTP_ 4qtr2019.pdf.

供高质量和长期的工作，因此报告中所描述的良好劳动市场状况将是短暂的。[①]

（四）银行系统运行稳健，金融市场表现一般

菲律宾中央银行评估认为，2019 年度菲律宾银行系统运行良好，银行系统资产连续四季度稳步增长，能够继续为该国的长期经济增长和金融状况稳定提供支持。截至 2019 年 12 月，银行存款总额达到 10.9 万亿比索，较上年增长 10.6%；全国银行系统的总资源价值达到 18.7 万亿比索，较上年增长 8.4%。[②] 银行存款总体保持上升趋势，贷款亦呈现持续增长态势。第一季度储蓄存款环比下降 1.9%，活期存款环比增长 1.6%，定期存款相对不变，3 月生产活动贷款同比增长 11.4%；[③] 第二季度定期存款、活期存款分别环比增长 5.8%、2.1%，储蓄存款小幅下降 0.5%，6 月生产活动贷款同比增长 9.8%；[④] 第三季度储蓄存款、活期存款分别环比增长 5.7%、1.9%，定期存款小幅下降 0.8%，9 月生产活动贷款同比增长 9.0%；[⑤] 第四季度定期存款、活期存款、储蓄存款分别环比增长 6.8%、6.4% 和

① Leslie Ann Aquino, "Despite Increase in Employment Rate, Labor Groups Say Surveys Don't Paint Real Picture," Manila Bulletin, December 5, 2019, https：//news. mb. com. ph/2019/12/05/despite – increase – in – employment – rate – labor – groups – say – surveys – dont – paint – real – picture/.

② Bangko Sentral ng Pilipinas （菲律宾中央银行）, *Report on Economic and Financial Developments Fourth Quarter 2019*, p. 14, Bangko Sentral ng Pilipinas Website, http：//www. bsp. gov. ph/downloads/Publications/2019/LTP_ 4qtr2019. pdf.

③ Bangko Sentral ng Pilipinas （菲律宾中央银行）, *Report on Economic and Financial Developments First Quarter 2019*, p. 16, Bangko Sentral ng Pilipinas Website, http：//www. bsp. gov. ph/downloads/Publications/2019/LTP_ 1qtr2019. pdf.

④ Bangko Sentral ng Pilipinas （菲律宾中央银行）, *Report on Economic and Financial Developments Second Quarter 2019*, p. 15, Bangko Sentral ng Pilipinas Website, http：//www. bsp. gov. ph/downloads/Publications/2019/LTP_ 2qtr2019. pdf.

⑤ Bangko Sentral ng Pilipinas （菲律宾中央银行）, *Report on Economic and Financial Developments Third Quarter 2019*, p. 14, Bangko Sentral ng Pilipinas Website, http：//www. bsp. gov. ph/downloads/Publications/2019/LTP_ 3qtr2019. pdf.

6.4%，12月生产活动贷款增长 9.1%。①

在股票市场发展方面，2019 年度菲律宾证券交易指数（PSEi）最后一个交易日收于 7815.26 点，上涨 4.7%。在通货膨胀率缓和、进口大米增加和相对稳定的石油价格的有利环境中，股票市场以积极基调开年。然而，中美贸易摩擦、国家预算延迟通过，以及政府对两家马尼拉供水特许经营公司采取惩罚措施造成的恐慌等因素给股票市场带来消极影响。2019 年股票市场达成的融资总额达 952.2 亿比索，仅为 2018 年规模 1878.4 亿比索融资总额的一半。菲律宾证券交易所表示，当年融资总额受到发行方选择利用债券市场融资或推迟融资计划的影响。此外，2018 年有两家银行的融资计划占 2018 年融资总额的 60%，但 2019 年并未发生类似的大额交易。②

三 2019~2020年菲律宾对外经济合作形势回顾

2019~2020 年菲律宾对外贸易不可避免地受到国际经贸疲软、市场不确定性增加等外部因素的影响，进出口贸易增速放缓，多数国家对菲律宾投资呈现下降态势。与此同时，菲律宾在争取国际合作方面表现积极，中菲经贸合作成果尤为丰硕。

（一）进出口贸易增速放缓

2018 年以来的全球贸易下滑、主要经济体之间贸易关系恶化，影响着菲律宾的进出口发展。根据 2020 年 2 月菲律宾统计局发布数据，一方面，菲律宾 2019 年对外贸易发展情况较 2017 年、2018 年差。2019 年出口较上

---

① Bangko Sentral ng Pilipinas（菲律宾中央银行），*Report on Economic and Financial Developments Fourth Quarter 2019*，p.14，Bangko Sentral ng Pilipinas Website，http：//www.bsp.gov.ph/downloads/Publications/2019/LTP_ 4qtr2019.pdf.

② James A. Loyola，"PSEi up 4.7% 2019，May Fare Better in 2020，" *Manila Bulletin*，January 6，2020，https：//business.mb.com.ph/2019/12/30/psei－up－4－7－2019－may－fare－better－in－2020/.

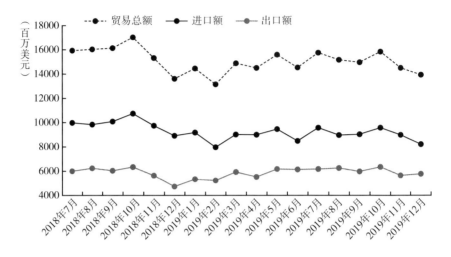

图3 2018年7月至2019年12月进出口贸易情况

资料来源：Philippine Statistics Authority（菲律宾统计局），*PH – IMTS_ PR Statistical Tables*，*TABLE 1 Total Trade by Month and Year*：*2017 – 2019*，https：//psa. gov. ph/system/files/PH – IMTS_ PR%20Stat%27l%20Tables_ Dec%202019_ _ 02112020mx. xlsx。

年略微增长，增长率为1.5%，总额约为703.3亿美元；进口则呈现下降态势，下降率为4.8%，总额为1073.7亿美元。全年贸易总额约为1777.0亿美元，贸易总额较2018年下降2.4%。全年贸易逆差约为370.5亿美元，逆差较2018年有所收窄，下降率为14.9%。[①] 近年来，菲律宾政府对贸易赤字状况较为担忧，并积极通过提高工业化水平、贸易补贴等方式推动贸易平衡。另一方面，相较于2019年进出口萎缩更严重的部分亚洲国家，如日本、韩国、泰国等，菲律宾的进出口贸易表现尚可。

中美贸易摩擦加速了供应链的转变，对菲律宾进出口造成了压力。其中，同时作为菲律宾第一大进口出口商品的电子产品，亦是对华贸易的主要商品，受中国经济整体放缓、贸易争端加剧等影响，电子商品的进出口额出

---

① Philippine Statistics Authority（菲律宾统计局），*PH – IMTS_ PR Statistical Tables*，*Table 1 Total Trade by Month and Year*：*2017 – 2019*；*Table 2 Growth Rate by Month and Year*：*2017 – 2019*，Philippine Statistics Authority Website，https：//psa. gov. ph/system/files/PH – IMTS_ PR%20Stat%27l%20Tables_ Dec%202019_ _ 02112020mx. xlsx。

现明显波动。2019年电子产品进口下降率为1.9%，出口增长率为4.4%；电子半导体进口下降率为6.8%，出口增长率为4.2%。①

从商品种类上看，2019年交易额前五位进口商品分别为：电子产品（281.2亿美元），矿物燃料、润滑剂及相关材料（128.2亿美元），交通运输设备（109.8亿美元），工业机械设备（62.8亿美元），钢铁（42.3亿），以上五项商品进口较2018年均有下降，其中钢铁进口下降率达29.4%。同时，原材料和半成品进口额较上年下降13.1%，反映当年国内制造业发展有所放缓。②交易额前五位的出口商品分别为：电子产品（400.0亿美元），其他制造产品（42.4亿美元），机械与运输设备（27.7亿美元），供车辆、航空器、船舶等使用的点火配线装置（22.6亿美元），新鲜香蕉（19.3亿美元）。其中，新鲜香蕉交易额增长率最高，增长率为39.7%。③

在服务出口方面，2019年服务出口增长率约为5.0%，增长率较2017年与2018年都低。其中旅游服务出口表现优良，2019年增长率为21.9%，较2018年14.2%的增长率有显著提升。④2019年菲律宾国际入境游客达826万人次，较2018年增加15.24%，并突破菲律宾旅游部预设的820万人次的目标。韩国是最大游客来源国，韩国赴菲游客达198万人次，增长率为

---

① Philippine Statistics Authority（菲律宾统计局），*PH - IMTS_ PR Statistical Tables*，*Table 4 Philippine Exports by Commodity Groups*，*Table 10 Philippine Imports by Commodity Group*，Philippine Statistics Authority Website，https：//psa. gov. ph/system/files/PH - IMTS_ PR% 20Stat% 27l% 20Tables_ Dec% 202019_ _ 02112020mx. xlsx.

② Philippine Statistics Authority（菲律宾统计局），*PH - IMTS_ PR Statistical Tables*，*Table 10 Philippine Imports by Commodity Group*，Philippine Statistics Authority Website，https：//psa. gov. ph/system/files/PH - IMTS_ PR% 20Stat% 27l% 20Tables_ Dec% 202019_ _ 02112020mx. xlsx.

③ Philippine Statistics Authority（菲律宾统计局），*PH - IMTS_ PR Statistical Tables*，*Table 4 Philippine Exports by Commodity Groups*，Philippine Statistics Authority Website，https：//psa. gov. ph/system/files/PH - IMTS_ PR% 20Stat% 27l% 20Tables_ Dec% 202019_ _ 02112020mx. xlsx.

④ Philippine Statistics Authority（菲律宾统计局），*Exports of Services（1998 - 2019）*，Philippine Statistics Authority Website，https：//psa. gov. ph/sites/default/files/5EOS_ 93SNA_ annual_ 0. xlsx.

22.48%。中国、美国则分别位列第二、第三。[1] 除此之外，2019年菲律宾海外劳工汇款创历史新高，达到335亿美元，较2018年上升3.9%。签订一年及以上的劳工合同的陆上长期劳工汇款上升3.5%，成为海外劳工汇款上升的主要拉动力。2019年海外劳工汇款分别占GDP与GNI的9.3%和7.8%。流入汇款主要来自美国，美国占汇款总额的比例最高，占比为37.6%。其次是沙特阿拉伯、新加坡、日本与阿联酋。[2]

根据2020年2月菲律宾统计局发布数据，从主要贸易伙伴上看，菲律宾主要贸易来往集中在东亚，第一进口国为中国，第一出口国为美国。在与各国贸易来往中，中菲经贸呈现稳定正增长，是2019年菲律宾贸易关系中表现最为稳定积极的一组。2019年菲律宾从中国内地进口总额为245.35亿美元，较2018年增长11.5%；对中国内地出口额为96.28亿美元，增长率为9.2%；逆差规模为149.07亿美元。[3] 相较之下，菲律宾与其他主要贸易伙伴的部分贸易出现了跌幅。在与美国的贸易中，菲律宾对美国出口增长7.7%，从美国进口则下降4.2%；在与日本的贸易中，菲律宾对日出口增长3.0%，从日本进口则下降6.4%；在与韩国的贸易中，菲律宾对韩出口增加23.0%，从韩国进口则下降27.2%。[4]

① Rosette Adel，"Philippines Surpasses 2019 Target of 8.2 - M Foreign Tourist Arrivals，" Philstar，February 17，2020，https：//www. philstar. com/headlines/2020/02/17/1993921/philippines - surpasses - 2019 - target - 82 - m - foreign - tourist - arrivals.

② "Personal and Cash Remittances Set Record Highs in 2019 at US＄33.5 Billion and US＄30.1 Billion，" Bangko Sentral ng Pilipinas Website（菲律宾中央银行），February 17，2020，http：//www. bsp. gov. ph/printpage. asp? ref = http：//www. bsp. gov. ph/publications/media. asp? id =5290.

③ Philippine Statistics Authority（菲律宾统计局），*Table 7 Philippine Export Statistics from the Top Ten Countries*，*Table 13 Philippine Imports from the Top Ten Countries*，Philippine Statistics Authority Website，http：//www. psa. gov. ph/system/files/PH - IMTS _ PR％ 20Stat％ 27l％ 20Tables_ Dec％202019_ _ 02112020mx. xlsx.

④ Philippine Statistics Authority（菲律宾统计局），*Table 7 Philippine Export Statistics from the Top Ten Countries*，*Table 13 Philippine Imports from the Top Ten Countries*，Philippine Statistics Authority Website，http：//www. psa. gov. ph/system/files/PH - IMTS _ PR％ 20Stat％ 27l％ 20Tables_ Dec％202019_ _ 02112020mx. xlsx.

表1　2019年菲律宾对外贸易情况

排名	进口国家/地区	交易额（百万美元）	份额（%）	出口国家/地区	交易额（百万美元）	份额（%）
1	中国内地	24535.69	22.9	美国	11456.67	16.3
2	日本	10128.50	9.4	日本	10629.15	15.1
3	韩国	8229.31	7.7	中国内地	9628.61	13.7
4	美国	7723.74	7.2	中国香港	9621.43	13.7
5	泰国	6762.04	6.3	新加坡	3825.15	5.4
6	印度尼西亚	6596.10	6.1	韩国	3208.69	4.6
7	新加坡	6487.87	6.0	泰国	2957.53	4.2
8	中国台湾	4647.17	4.3	德国	2708.20	3.9
9	马来西亚	4497.63	4.2	荷兰	2257.28	3.2
10	中国香港	3506.90	3.3	中国台湾	2231.48	3.2

资料来源：Philippine Statistics Authority（菲律宾统计局），*Table 7 Philippine Export Statistics from the Top Ten Countries*，*Table 13 Philippine Imports from the Top Ten Countries*，Philippine Statistics Authority Website，http：//www.psa.gov.ph/system/files/PH－IMTS＿PR% 20Stat% 271% 20Tables＿Dec% 202019＿＿02112020mx.xlsx。

（二）投资额大幅增长但外国直接投资净流入下降

根据菲律宾统计局的统计，2019年经批准流入菲律宾的外国投资规模为3901.1亿比索，较2018年大幅增长了112.8%。从外部投资的来源地看，2019年对菲投资第一位的国家是新加坡，投资额为1763.62亿比索，占比45.2%。同时新加坡对菲投资增长率也位居第一，增长率达732.6%；中国内地对菲律宾投资则位居第二，占比为22.7%，投资额达886.74亿比索，较2018年的506.92亿比索投资额上升74.9%。韩国、日本分别位居对菲投资的第三、第四，占比分别为10.6%、5.1%。另外，马来西亚、英国、澳大利亚、美国等国对菲投资呈现显著降幅，下降率分别为96.8%、76.8%、32.7%、8.8%。总体而言，对菲投资下降的国家比对

菲投资增长的国家要多。① 从行业来看，对信息通信行业、制造业投资占比较高，二者占比分别为56.2%、15.9%。② 菲律宾投资局表示，菲律宾在世界银行营商环境报告排名上升，菲律宾进行了相关领域的改革与管控，这些均是菲律宾吸引外来投资的积极因素。③

据菲律宾贸工部数据显示，2019年菲律宾外国直接投资净流入总额为76.74亿美元，较2018年下降23.1%，是自2017年以来连续第二年下降。从行业来看，制造业外国直接投资净流入降幅最大，下降率达76.5%。④ 2019年内，菲律宾中央银行两次下调外国直接投资净流入的目标，从最初的102亿美元下调至90亿美元，最终目标下调至68亿美元，而2019年亦达成了这一目标。其中，2019年12月外国直接投资净流入有大幅增加，同比增长69%，达12亿美元。⑤ 菲律宾中央银行指出，外国直接投资净流入下降是由于全球经济不确定性抑制了投资者对菲律宾的投资热情。并且，以越南为代表的部分东盟成员国经济表现优良，客观上加剧了菲律宾争取外国投资的竞争。

① Philippine Statistics Authority（菲律宾统计局），*Table 2B Total Approved Investments by Country of Investor：2018 and 2019*，Philippine Statistics Authority Website，https：//psa. gov. ph/sites/default/files/Total% 20Approved% 20Investment% 20by% 20Country% 20of% 20Investor% 202018% 20to% 202019. xlsx.

② Philippine Statistics Authority（菲律宾统计局），*Table 3B Total Approved Foreign Investments by Industry：2018 and 2019*，Philippine Statistics Authority Website，https：//psa. gov. ph/sites/default/files/Total% 20Approved% 20Foreign% 20Investment% 20by% 20Industry% 202018% 20to% 202019. xlsx.

③ "BOI-approved Investments Breach Historic P1T Mark as of October," Republic of the Philippines Board of Investment Website（菲律宾投资委员会），December 5, 2019, http：//boi. gov. ph/boi – approved – investments – breach – historic – p1t – mark – as – of – october/.

④ Philippines Department of Trade and Industry（菲律宾贸工部），*Net Foreign Direct Investments (Bop Concept)，January-December2019 */*，Philippines Department of Trade and Industry Website，https：//dtiwebfiles. s3 – ap – southeast – 1. amazonaws. com/Resources/Trade + Statistics/Statistical + Datapack + as + of + 27 + April + 2020/Net + FDI. pdf.

⑤ Daxim L. Lucas, "Foreign Investments Down 23% to $ 7. 6B in 2019," Inquirer, March 11, 2020, https：//business. inquirer. net/292225/foreign – investments – down – 23 – to – 7 – 6b – in – 2019.

表2　菲律宾经批准的外部投资情况

国家/地区	2018 年 （百万比索）	2019 年 （百万比索）	2019 年占比 （％）	年增长率 （％）
澳大利亚	2140.8	1441.3	0.4	−32.7
英属维尔京群岛	16165.5	799.4	0.2	−95.1
加拿大	479.2	614.1	0.2	28.1
开曼群岛	231.5	116.2	0.0	−49.8
中国内地	50692.6	88674.5	22.7	74.9
丹麦	10.6	4.5	0.0	−57.2
法国	2561.0	2182.7	0.6	−14.8
德国	541.3	2883.9	0.7	432.8
中国香港	1780.1	1059.3	0.3	−40.5
印度	511.8	915.6	0.2	78.9
日本	19727.8	19885.7	5.1	0.8
韩国	1884.6	41479.4	10.6	**
马来西亚	14653.7	462.8	0.1	−96.8
荷兰	4053.3	14394.3	3.7	255.1
新加坡	21181.3	176362.3	45.2	732.6
瑞士	463.7	30.3	0.0	−93.5
中国台湾	4201.1	2813.9	0.7	−33.0
泰国	56.6	9036.7	2.3	**
英国	3829.7	887.8	0.2	−76.8
美国	12858.5	11728.9	3.0	−8.8
其他	25322.5	14336.3	3.7	−43.4
合计	183347.3	390110.1	100.0	112.8

** 增长率大于1000%。

资料来源：Philippine Statistics Authority（菲律宾统计局），*Table 2B Total Approved Investments by Country of Investor：2018 and 2019*，Philippine Statistics Authority Website，https：//psa. gov. ph/sites/default/files/Total% 20Approved% 20Investment% 20by% 20Country% 20of% 20Investor% 202018% 20to% 202019. xlsx。

（三）国际合作成果丰硕

在中菲合作方面，2019 年 3 月 28～31 日，由菲律宾贸工部主办、主题为"共创未来"的首届中菲合作高峰论坛在马尼拉成功举办，来自中菲两

国近 200 位企业家参加了此次论坛。① 2019 年 8 月 28~31 日，在总统杜特尔特访华期间，菲律宾贸工部在北京举办了中菲商业论坛，来自中菲两国知名企业的 272 位商务代表参加了论坛。② 在第二届"一带一路"国际合作高峰论坛期间，中菲两国企业签署了 19 项商务协议，商定的投资与贸易额达 121.65 亿美元，这些合作有望创造超过 2 万个工作岗位。③ 在第二届中国国际进口博览会中，菲律宾参展商销售额达 3.89 亿美元，较第一届进博会的 1.24 亿美元销售额大幅增长。④

在韩菲合作方面，韩菲自贸协定于 2019 年 6 月开启谈判，双方决定在 2020 年上半年完成自贸协定的签署。在自贸协定谈判期间，韩菲两国达成了重要进展，例如，菲律宾同意为韩国汽车零部件、药品和石化产品提供更便利的市场准入条件，韩国则同意对菲律宾开放香蕉和服装市场。⑤

在日菲合作方面，总统杜特尔特在东京参与了 2019 年 5 月由日本日经集团举行的第 25 届亚洲未来国际会议，会议上菲日两国企业签署超过 20 份商业协议，合作金额近 3000 亿比索，这些合作预计将创造至少 8 万个就业

① "DTI Chief: PHL Seeks More Investments from China," Republic of the Philippines Department of Trade and Industry Website（菲律宾贸工部），April 15, 2019, https://www.dti.gov.ph/negosyo/exports/emb-news/dti-chief-phl-seeks-more-investments-from-china/.

② "More Business, Investment Collaborations Expected between PH, China-DTI Chief," Republic of the Philippines Department of Trade and Industry Website（菲律宾贸工部），September 2, 2019, https://www.dti.gov.ph/archives/news-archives/more-business-investment-collaborations-expected-between-ph-china-dti-chief/.

③ "PH Bags US $ 12.165 Billion in Investments, More Than 21000 Jobs from Chinese Firms," Republic of the Philippines Department of Trade and Industry Website（菲律宾贸工部），April 29, 2019, https://www.dti.gov.ph/archives/news-archives/ph-bags-us-12-165-billion-in-investments-more-than-21-000-jobs-from-chinese-firms/.

④ "PH Exhibitors Generate US $ 389.74M of Export Sales in China Expo," Republic of the Philippines Department of Trade and Industry Website（菲律宾贸工部），November 28, 2019, https://www.dti.gov.ph/archives/news-archives/ph-exhibitors-generate-us389-74m-of-export-sales-in-china-expo/.

⑤ "PH, Korea Agree on 'Early Achievement Package' ahead of FTA Conclusion in 2020," Republic of the Philippines Department of Trade and Industry Website（菲律宾贸工部），November 26, 2019, https://www.dti.gov.ph/archives/news-archives/ph-korea-agree-on-early-achievement-package-ahead-of-fta-conclusion-in-2020/.

岗位。[1] 同年10月，在日经BP社举行的菲日企业投资论坛上，菲律宾获得2.15亿美元的投资项目。[2]

东盟区域经济一体化取得突破性进展。2019年11月3日，区域全面经济伙伴关系协定（RCEP）15个成员国在泰国曼谷举行的东亚合作领导人系列会议期间结束全部文本谈判及实质上所有市场准入谈判。菲律宾贸工部部长拉蒙·洛佩兹（Ramon Lopez）对此表示，若RCEP顺利通过，菲律宾将会拥有一个更广泛、更优惠的大市场以出口菲律宾产品、获得更好的原材料，亦能为菲律宾制造业、能源和技术产业吸引更多投资。[3]

四　2020年经济展望

新冠肺炎疫情暴发之前，各方对菲律宾2020年经济展望普遍持积极态度。2019年11月，国际货币基金组织预测菲律宾2020年经济增长率为6.3%。[4] 2019年12月，亚洲开发银行认为菲律宾2020年经济将加速增长，预测经济增长率约为6.2%。[5] 2020年1月，菲律宾财政部部长卡洛斯·多明

[1] "PH – JP Companies to Sign Business Agreements in Japan Worth Almost P300 B, Generate at Least Eighty Thousand Jobs," Republic of the Philippines Department of Trade and Industry Website（菲律宾贸工部），May 30, 2019, https：//www. dti. gov. ph/archives/news – archives/ph – jp – companies – to – sign – business – agreements – in – japan – worth – almost – p300 – b – generate – at – least – eighty – thousand – jobs/.

[2] "PH Focuses on Innovation to Level up Trade, Investment Partnership with Japan," Republic of the Philippines Department of Trade and Industry Website（菲律宾贸工部），November 4, 2019, https：//www. dti. gov. ph/archives/news – archives/ph – focuses – on – innovation – to – level – up – trade – investment – partnership – with – japan/.

[3] "PH Stands to Gain in RCEP," Republic of the Philippines Department of Trade and Industry Website（菲律宾贸工部），November 6, 2019, https：//www. dti. gov. ph/archives/news – archives/ph – stands – to – gain – in – rcep/.

[4] Ben O. de Vera, "IMF, Seeing No More Budget Delay, Raises PH Growth Forecast to 6. 3 Percent," Inquirer, November 18, 2019, https：//business. inquirer. net/283638/imf – seeing – no – more – budget – delay – raises – ph – growth – forecast – to – 6 – 3 – percent.

[5] Leslie Gatpolintan, "ADB Maintains PH's 2019, 2020 Growth Forecast," Philippine News Agency, December 11, 2019, https：//www. pna. gov. ph/articles/1088534.

计斯称，2020 年度财政预算案顺利签署通过，促使 2020 年经济增长率有望提升到 6.5% ~7.5%。① 这是由于当时的菲律宾经济迎来了数个利好条件。

第一，2020 年菲律宾财政预算已经于 1 月 6 日正式签署通过，2020 年财政预算总额创历史新高达到了 4.100 万亿比索，较 2019 年财政预算上升 12%。2020 年财政拨款优先考虑加快基础设施建设、消除贫困和促进就业。② 2020 年财政预算及时通过消除了民众因 2019 年财政预算延迟通过而对政府能力的质疑。2020 年菲律宾政府财政计划对于刺激国内经济、提振国内企业信心、吸引外资均具有重要影响。

第二，菲律宾 2019 年第四季度经济表现优良。2019 年第四季度 GDP 增长率升至 6.4%，第四季度录得的 4.5% 的失业率是 2005 年以来的最低水平，第四季度外来投资总额同比增长了 17.3%。第四季度的经济情况展现出菲律宾经济快速增长的潜力，使得各方对菲律宾 2020 年继续维持这样的增长势头抱有更大信心。

第三，在国际层面，2019 年 11 月，区域全面经济伙伴关系协定的 15 个成员国结束文本谈判以及实质上所有的市场准入问题的谈判。2020 年 1 月，中美第一阶段经贸协议签署。这些国际合作的积极进展向全世界释放出积极信号，为国际市场注入了稳定性。国际层面的利好条件同样积极地影响着 2020 年菲律宾经济预期。

然而，随着新冠肺炎疫情全球大流行，菲律宾公共管理与社会发展面临严峻挑战，经济情况与年度经济预期在短时间内急剧走低。2020 年 1 月 30 日，菲律宾确诊首例新冠肺炎病例。3 月 10 日，菲律宾宣布进入公共卫生紧急状态。3 月 26 日，菲律宾宣布进入国家紧急状态。在疫情影响下，各项经济指标出现剧烈波动。

---

① Ben O. de Vera, "Dominguez: 2020 Growth to Rebound with Record-high Budget in Place," Inquirer, January 24, 2020, https://business.inquirer.net/288865/dominguez – 2020 – growth – to – rebound – with – record – high – budget – in – place.

② Republic of the Philippines Department of Budget and Management（菲律宾预算管理部）, *Briefer on the 2020 Budget Priorities Framework*, Republic of the Philippines Department of Budget and Management Website, https://www.dbm.gov.ph/images/pdffiles/BPF_2020_Final_.pdf.

　　总体来看，菲律宾 GDP 出现自 1998 年第四季度以来首次负增长，2020 年第一季度 GDP 下降 0.2%，GNI 下降 0.6%。其中，按照产业分类，农业下降 0.4%，工业下降 3.0%，仅有服务业维持着 1.4% 的正增长。按照支出类型分类，居民消费仅有 0.2% 的增长率，较上一季度的 5.6% 增长率大幅下降。[1] 资本形成总额下降 18.3%，其中建筑业投资下降 3.4%，耐用设备投资更是连续四季度下降，反映出菲律宾商业信心不佳。政府支出增长 7.1%，较上一季度 18.7% 的增长率亦大幅下降。[2]

　　在金融方面，3 月 17 日，菲律宾证券交易指数累计跌幅达 31%，使菲律宾成为亚洲内受疫情影响下股市表现最差的国家。菲律宾当天正式停止股市、债市、汇市交易，即成为全球首个因新冠肺炎疫情蔓延而关闭金融市场的国家。3 月 19 日，菲律宾股市恢复交易，开盘后不久下跌 12% 并触发熔断机制。1 月 1 日至 4 月 3 日，菲律宾外国证券投资呈现净流出状态，总额达 15 亿美元。其中仅 3 月单月就产生 9.61 亿美元的净流出。[3]

　　在进出口贸易方面，2020 年第一季度出口额下降 3.0%，进口下降 9.0%，[4] 1 月对外贸易总额仍维持增长态势；[5] 2 月对外贸易总额则迅速转

①　Philippine Statistics Authority（菲律宾统计局），*Economic Performance of the Philippines First Quarter 2020*，Philippine Statistics Authority Website，https：//psa. gov. ph/system/files/Q1% 202020% 20NAP% 20Infographics. pdf? width＝950&height＝700&iframe＝true.

②　Philippine Statistics Authority（菲律宾统计局），*Economic Performance of the Philippines First Quarter 2020*，Philippine Statistics Authority Website，https：//psa. gov. ph/system/files/Q1% 202020% 20NAP% 20Infographics. pdf? width＝950&height＝700&iframe＝true.

③　"BSP-registered Foreign Portfolio Investments Yield Net Outflows in March," Bangko Sentral ng Pilipinas Website（菲律宾中央银行），May 7, 2020，http：//www. bsp. gov. ph/publications/ media. asp? id＝5379.

④　Philippine Statistics Authority（菲律宾统计局），*Economic Performance of the Philippines First Quarter 2020*，Philippine Statistics Authority Website，https：//psa. gov. ph/system/files/Q1% 202020% 20NAP% 20Infographics. pdf? width＝950&height＝700&iframe＝true.

⑤　"Highlights of the Philippine Export and Import Statistics：January 2020," Philippine Statistics Authority Website（菲律宾统计局），March 10, 2020，https：//psa. gov. ph/statistics/foreign － trade/fts － release － id/160273.

为下降，下降率 5.9%，进口下降 11.6%；① 3 月对外贸易总额同比下降 25.7%，出口总额下降 24.9%，进口额下降 26.2%。② 作为服务出口的重要组成部分，海外菲律宾务工亦面临困难。截至 5 月 3 日，外交部已经帮助 24422 名菲律宾海外劳工归国，其中 16936 人是海员。③ 随之而来的是海外劳工向菲国内汇款的问题，一方面，美国长期是菲律宾最大汇款来源国，疫情中的美国经历着"大萧条"后最大规模的失业潮，菲律宾在美劳工工作与生活条件不容乐观。另一方面，部分海外劳工失业或回到国内，短期内收入偏低或零收入。根据世界银行预计，2020 年全球汇款将大幅下降约 20%，其中低收入与中等收入国家受影响最大。在旅游业方面，严格的旅行限制使得 2020 年第一季度来自外国游客的旅游收入下降约 35%。④

4 月 14 日，菲律宾财政部发布应对新冠肺炎疫情的经济报告。报告指出，财政部将 2020 年菲律宾 GDP 预期增长率大幅下调至 -0.8% ~0.0%，菲律宾将出现临时失业人口 120 万人，2020 年债务占 GDP 比例预计将由 2019 年的 41.5% 上升至 46.7%。⑤ 与此同时，国际货币基金组织将菲律宾 2020 年 GDP 预期增长率下调至 0.6%。⑥ 惠誉则预计 2020 年菲律宾经济将

---

① "Highlights of the Philippine Export and Import Statistics : February 2020 (Preliminary) ," Philippine Statistics Authority Website （菲律宾统计局）, April 8, 2020, https：//psa. gov. ph/ statistics/foreign – trade/fts – release – id/161095.

② "Highlights of the Philippine Export and Import Statistics March 2020 (Preliminary) ," Philippine Statistics Authority Website （菲律宾统计局）, May 6, 2020, https：//psa. gov. ph/statistics/ foreign – trade/fts – release – id/161873.

③ "DFA Assures Continued Assistance to OFWs Amid Airports Closure," Philippine News Agency, May 4, 2020, https：//www. pna. gov. ph/articles/1101754.

④ "Philippines Q1 Tourism Revenue Dips 35% Due to COVID – 19," CGTV, May 2, 2020, https：//news. cgtn. com/news/2020 – 05 – 02/Philippines – Q1 – tourism – revenue – dips – 35 – due – to – COVID – 19 – Q9MV8ZEnW8/index. html.

⑤ Republic of the Philippines Department of Finance （菲律宾财政部）, *Dof Report on COVID – 19 Socioeconomic Response*, Republic of the Philippines Department of Finance Website, https：// www. dof. gov. ph/download/dof – report – on – covid – 19 – socioeconomic – responseapril – 14 – 2020/? wpdmdl = 25990&refresh = 5eb7c4cee845d1589101774.

⑥ Anna Leah E. Gonzales, "IMF Cuts PH Growth Forecast to 0.6%," Manila Times, April 15, 2020, https：//www. manilatimes. net/2020/04/15/business/business – top/imf – cuts – ph – growth – forecast – to – 0 – 6/714044/.

收缩 1%，疫情对于菲律宾经济的消极影响将持续至 2021 年第一季度。①

3月中旬始，总统杜特尔特宣布封锁吕宋岛和其他重要地区。这些地区的封锁致使占菲律宾国内经济大约 70% 的公共和私人经济活动都被停止。5月，英国牛津经济研究院发布一项评估，评估显示此轮封锁使菲律宾损失了相当于 GDP 的 5.8% 的产出，损失比印度尼西亚、马来西亚、新加坡和泰国等东盟邻国都要高。② 菲律宾财政部公布第一季度财政赤字下降至 740 亿比索，较 2019 年财政预算未获批准的第一季度财政赤字还要低 17.97%。财政部认为第一季度政府支出不足的主要原因就是无法在封锁区内进行计划中的社会公共项目建设。③

为应对新冠疫情，菲律宾政府在国内采取"四大支柱"社会经济战略（Four-Pillar Socio-Economic Strategy），在国际层面紧急寻求机构、组织的援助。"四大支柱"战略包括：第一，为弱势群体提供紧急支助，例如向 1800万个低收入家庭提供补贴；第二，扩大医疗资源供给，例如保证普通新冠肺炎患者的医疗费用覆盖和卫生工作者的医疗费用覆盖、感染补偿和死亡津贴；第三，采取相应的财政与货币政策以紧急筹措资金，例如由菲律宾中央银行购买政府债券；第四，经济复苏计划，例如为不同行业定制扶持计划与继续投资社会公共项目。④ 在应对疫情期间，世界银行与亚洲开发银行为菲律宾提供了多笔快速疫情专项贷款。4 月内，世界银行分别提供了 5 亿美

① "Fitch Revises Outlook on Philippines to Stable，Affirms at BBB，" Fitch Ratings Website，May 7，2020，https：//www. fitchratings. com/research/sovereigns/fitch – revises – outlook – on – philippines – to – stable – affirms – at – bbb – 07 – 05 – 2020.

② Ben O. de Vera，"PH Output Losses Due to COVID – 19 Lockdown Highest in Asean – 5，Says UK Think Tank，" Inquirer，May 7，2020，https：//business. inquirer. net/296718/ph – output – losses – due – to – covid – 19 – lockdown – highest – in – asean – 5 – says – uk – think – tank.

③ Ben O. de Vera，"COVID – 19 Impact：ECQ Limits Gov't Spending，Narrows First Quarter Budget Deficit to P74B，" Inquirer，May 11，2020，https：//business. inquirer. net/297026/covid – 19 – impact – ecq – limits – govt – spending – narrows – first – quarter – budget – deficit – to – p74b.

④ Republic of the Philippines Department of Finance（菲律宾财政部），*Dof Report on COVID – 19 Socioeconomic Response*，Republic of the Philippines Department of Finance Website，https：// www. dof. gov. ph/download/dof – report – on – covid – 19 – socioeconomic – responseapril – 14 – 2020/？ wpdmdl = 25990&refresh = 5eb7c4cee845d1589101774.

元、1 亿美元两笔贷款;① 亚洲开发银行分别提供了 15 亿美元、2 亿美元两
笔贷款。②

　　规模再创新高的 2020 年度财政预算案展现出菲政府以扩大公共开支、
加大基础设施建设投入来拉动经济发展的雄心。同时，菲律宾经济长期依靠
服务业增长来拉动。这两方面的工作与经济活动都需要密集的、大量的劳动
力投入，但是疫情对国内这两方面的工作与经济活动开展都造成困难。在国
际层面，除了逐渐恢复正常经济生产活动的中国外，菲律宾许多重要贸易伙
伴国仍面临严重的疫情危机，这对于 2020 年菲律宾对外贸易相当不利。可
以预见，2020 年菲律宾经济增长压力大，前景不佳。

① "PHL, World Bank Sign US＄100 – M Loan Accord for COVID – 19 Emergency Response
　　Project," Republic of the Philippines Department of Finance Website（菲律宾财政部），April
　　29，2020，https：//www. dof. gov. ph/phl – world – bank – sign – us100 – m – loan – accord – for –
　　covid – 19 – emergency – response – project/.
② "PHL, ADB Sign US＄200 – M Loan Accord for Social Protection Support Project," Republic of
　　the Philippines Department of Finance Website（菲律宾财政部），April 30，2020，https：//
　　www. dof. gov. ph/phl – adb – sign – us200 – m – loan – accord – for – social – protection – support –
　　project/.

B.4

2019~2020年的菲律宾国防发展趋势：
走向"大国平衡"与防务自主化

洪晓文*

摘　要： 2019年以来，菲律宾推进"大国平衡"战略与国防军事防务自主化的趋势进一步增强。在2018年《国家安全战略》的指导下，菲律宾陆续颁布了涉及国防机构、国防工业、反恐等议题的法案，呈现出国防重心"向内转"、国防工业自主化发展加快、重视网络安全防御、调整对美军事同盟关系、重点发展亚太防务伙伴合作等特点。在对华关系方面，杜特尔特政府秉持着"平衡"与"对冲"的战略理念，积极推动中菲军事关系发展，尤其在"军对军"各层级互动方面取得了突破性进展，防务合作多边化趋势明显。然而，由于中菲两国关系曾经历较长时间的低谷状态，菲律宾国内舆论中"中国军事威胁论"的声音尚存，需谨慎防止因其挫伤中菲两军正在重建的互信。

关键词： 菲律宾军事　大国平衡　"对冲"战略　菲美同盟　国防自主化

2017~2018年，菲律宾政府先后发布了《2017~2022年国家安全政策》、《国家网络安全计划（2022）》和该国首份《国家安全战略》，整体上

---

* 洪晓文，南方财经全媒体集团智库研究员，主要研究领域为亚太国际关系、海洋安全问题。

明确了五年内菲律宾国防安全的战略重心。基于政策与战略文件提出的国家安全利益目标，2019 年以来，菲律宾国会出台了多项涉及国防军事发展的法案，包括《人身安全法》（又称"反恐法案"）、《2019 年国防工业发展法案》、《2019 年国防法案》、《关于在政府国防军火工业基地内建立国防经济专区法案》等，进一步加快国防军事经济、技术、外交等方面的发展。这不仅是菲律宾推进"大国平衡"和军事自主化发展战略趋势的反映，也成为观察杜特尔特政府任期内的国内外安全政策走向及菲律宾国防与军队建设方向的重要参考。

一 国防重心整体"向内转"，强化军警联合制乱机制

2017 年 5 月，宣称效忠极端组织"伊斯兰国"（IS）的武装人员突袭菲律宾棉兰老岛南部城市马拉维，菲律宾政府当月宣布实施戒严。近年来，虽然"伊斯兰国"在伊拉克和叙利亚逐渐失势，但其势力仍然在全球多个地区扩张，据称共有 30000 名 IS 武装分子已进入全球其他冲突高发地带[1]，而伊斯兰分离组织、反政府武装活跃的菲律宾南部地区则成为部分外籍 IS 武装分子寻求庇护、重整势力的大本营。[2] 2019 年 7 月，菲律宾总统杜特尔特在国情咨文演讲中重点回顾了"马拉维危机"以来的国内安全形势，称消除冲突"任重而道远"，并指出菲律宾正加强军队现代化建设，以"打击渗透、恐怖主义和其他非法活动"。[3]

首先，国防战略重心转向应对"内部威胁"。2017 年发布的《2017 ～

---

[1] Kenneth Yeo Yaoren, "Philippines' Foreign Fighter Phenomenon," *Counter Terrorist Trends and Analyses*, Vol. 11, Issue 7, p. 16.

[2] Kenneth Yeo Yaoren, "Philippines' Foreign Fighter Phenomenon," *Counter Terrorist Trends and Analyses*, Vol. 11, Issue 7, p. 16.

[3] Rodrigo Roa Duterte, "State of the Nation Address of Rodrigo Roa Duterte President of the Philippines to the Congress of the Philippines," *Official Gazette*, July 22, 2019, https://www.officialgazette.gov.ph/2019/07/22/rodrigo－roa－duterte－fourth－state－of－the－nation－address－july－22－2019/.

2022年国家安全政策》标志着菲律宾的国防重心发生了明显的"向内转"趋势。在该文件的"国家安全利益"一章中，"公众安全、法治和公平"被置于国家安全的第一位①，而相较于阿基诺三世总统时期发布的《国家安全政策》，"保障领土完整"则被明显地往后调整，有意识地弱化领土争端议题的冲突性和对抗性。《2017～2022年国家安全政策》对"国家安全挑战"一章也进行了调整，"国内安全问题"被置于"外部环境"挑战之前，表明国家内部安全形势是杜特尔特政府任期内的防务重心。2018年出台的首份《国家安全战略》则进一步将"解决国内武装冲突"明确为菲律宾国家安全战略的优先关切事项。② 文件指出，"我们在棉兰老岛正面临着更加来势汹汹的伊斯兰极端主义威胁"，因此"保障棉兰老岛的和平至关重要，直到极端势力被彻底瓦解"。③

其次，突出菲律宾军队在国内反恐中的角色和法律地位。2020年2月，菲律宾参议院三读通过2020年反恐法案，时隔13年对2007年颁布的《人身安全法案》进行了修订。有分析称，该法案通过后，菲律宾的军队在打击国内恐怖主义活动时将被赋予更大的权力和行动空间，而"恐怖活动"的范围界定也被扩大。④ 根据武装部队2020年一项最新的公众调查显示，超过75%的民众对军队能够彻底击退国内恐怖主义和叛乱"抱有信心"。⑤

---

① National Security Council of the Philippines, *The National Security Policy* 2017 – 2022, p. 6, National Security Council of the Philippines Website, http：//www.nsc.gov.ph/attachments/article/NSP/NSP 2017 2022. pdf.

② National Security Council of the Philippines, 2018 *National Security Strategy*, p. 8, National Security Council of the Philippines Website, http：//www.nsc.gov.ph/images/NSS_ NSP/NSS_ 2018. pdf.

③ National Security Council of the Philippines, 2018 *National Security Strategy*, p. 3, National Security Council of the Philippines Website, http：//www.nsc.gov.ph/images/NSS_ NSP/NSS_ 2018. pdf.

④ JC Gotinga, "'Hard Sell?' Military Boasts Rosy Poll Results as It Faces Criticism over New Anti – terror Bill," Rappler, March 5, 2020, https：//www.rappler.com/newsbreak/inside – track/ 253445 – military – boasts – poll – results – faces – criticism – anti – terror – bill.

⑤ JC Gotinga, "Survey Shows Big Majority of Filipinos Satisfied with Military," Rappler, March 4, 2020, https：//www.rappler.com/nation/253435 – survey – shows – majority – filipinos – satisfied – military – march –2020.

这一调查结果出炉后随即被《菲律宾星报》《每日问询者报》《拉普勒》（Rappler）等多家菲律宾主流媒体报道，进一步塑造了菲律宾军队在反恐行动中的正面舆论形象。① 作为由多岛屿组成的海洋国家，菲律宾最新出台的2020年国防预算中，陆军被分配的预算占比却接近50%。② 有分析称，由于南部棉兰老岛严峻的反恐形势，近年来陆军一直拥有预算分配和人员任命的优先权。③

最后，强化军队与警察等多元力量的联合打击能力。④ 菲律宾《国家安全战略》提出，为应对恐怖主义、势力渗透和颠覆活动，最首要的是推动"菲律宾武装部队和国家警察的现代化、专业化、综合化，以具备快速和彻底打击的能力"。⑤ 在2020年国防整体预算并未大幅增长的情况下，国家警察部门的预算直增30%。⑥ 菲律宾武装部队与国家警察采取联合行动的趋

① JC Gotinga, "Survey Shows Big Majority of Filipinos Satisfied with Military," Rapplet, March 4, 2020, https：//www. rapplet. com/nation/253435 - survey - shows - majority - filipinos - satisfied - military - march - 2020; Gaea Katreena Cabico, "AFP Enjoying High Public Satisfaction, SWS Survey Suggests," *Philippine Star*, March 5, 2020, https：//www. philstar. com/headlines/2020/03/05/1998363/afp - enjoying - high - public - satisfaction - sws - survey - suggests; Frances G. Mangosing, "SWS: AFP Enjoys Rising Satisfaction Rating, Shedding Bad Image of the Past," *Inquirer*, 4 March 2020, https：//newsinfo. inquirer. net/1236966/sws - afp - enjoys - rising - satisfaction - rating - shedding - bad - image - of - the - past#ixzz6Jq2bkyNR.
② Philippine Department of Budget and Management, "President Duterte Signs P4. 1 Trillion 2020 National Budget," Philippine Department of Budget and Management Website, January 6, 2020, https：//www. dbm. gov. ph/index. php/secretary - s - corner/press - releases/list - of - press - releases/1589 - president - duterte - signs - p4 - 1 - trillion - 2020 - national - budget.
③ Prashanth Parameswaran, "What Does the New Philippines Defense Budget Say about Future Military Modernization Under Duterte?", The Diplomat, August 28, 2019, https：//thediplomat. com/2019/08/what - does - the - new - philippines - defense - budget - say - about - future - military - modernization - under - duterte/.
④ Philippine Information Agency, "PRRD to Convene NTF-ELCAC," November 18, 2019, Philippine Information Agency Website, https：//pia. gov. ph/news/articles/1030338.
⑤ National Security Council of the Philippines, 2018 *National Security Strategy*, p. 41, National Security Council of the Philippines website, http：//www. nsc. gov. ph/images/NSS_ NSP/NSS_ 2018. pdf.
⑥ Prashanth Parameswaran, "What Does the New Philippines Defense Budget Say about Future Military Modernization Under Duterte?", The Diplomat, August 28, 2019, https：//thediplomat. com/2019/08/what - does - the - new - philippines - defense - budget - say - about - future - military - modernization - under - duterte/.

势进一步增强，同时投放于国内反恐、反渗透行动中的国防力量占比也逐年增加。

具体而言，一方面，派驻菲律宾南部冲突高发地带的军事力量显著扩张。2018年12月，三宝颜（Zamboanga）港口的陆军第11步兵师被编进苏禄联合特遣部队序列；2019年6月，菲政府又增派了1700名陆军士兵支援特遣部队。另一方面，杜特尔特积极推动军警反恐与应对国内武装冲突的合作机制的建设，增强了总统对国内安全保障的直接领导和指挥权。在菲律宾军方与警方共同组成的"菲律宾武装部队与国家警察联合派遣部队"基础上，2017年4月成立了菲律宾军警联合民事委员会（JAPCRC），"以增强受暴乱影响地区的民生与民众安全保障"。① 为此，总统杜特尔特已连续四年召开每月一次的"菲律宾武装部队与国家警察联合指挥官会议"，大力推进中央和地方军警部门在应对国内安全威胁上的合作。例如，2019年8月，在菲律宾南部的北苏里高省（Surigao Norte），军队和警察部门举行了一次大规模的联合反恐与打击极端主义演习。②

虽然菲律宾已在2019年12月宣布结束对棉兰老岛长达两年半的戒严，恐怖组织"阿布沙耶夫"（Grupong Abu Sayyaf）的势力也遭到菲军方和警方联合力量的重挫，但自杀式恐怖袭击和地方分离主义威胁仍然未解除。考虑到棉兰老岛共有2200万居民，该地的安全保障压力仍然高企。杜特尔特在2020年2月举行的军警指挥官联合会议上称，"打击渗透和暴乱的力量还需要做得更好"。③ 这表明短期内，军警联合打击国内恐怖主义和极端势力仍是其军事发展的重心。

---

① Francis T. Wakefield, "AFP, PNP Create Joint Civil-Relations Committee," Manila Bulletin, April 9, 2017, https://news.mb.com.ph/2017/04/09/afp-pnp-create-joint-civil-relations-committee/.

② Philippine Information Agency, "Army, PNP Conduct Joint Counter-insurgency Training in Surigao Norte," Philippine Information Agency Website, August 28, 2019, https://pia.gov.ph/news/articles/1026359.

③ Philippine News Agency, "Security Issues Raised during PRRD's Meet with AFP, PNP," Philippine News Agency Website, February 7, 2020, https://www.pna.gov.ph/articles/1093241.

二 大力推进国防现代化建设，重点加强海空军备力量

2019～2020年是菲律宾大力投资军事装备、提高国防自主性的关键时期。菲律宾加强国防军事力量的直接动力源于"军队现代化计划"。该计划（又称第7898号法案）最早于1995年由菲德尔·拉莫斯（Fidel V. Ramos）总统提出，旨在推动菲律宾军队陆海空军的全面现代化，但由于1997年亚洲金融危机，财政支持被迫终止。2012年，在时任总统阿基诺三世的推动下，该计划被重新修订为"军队现代化法案"（第10349号法案），以建立一个"能够应对多重威胁的国防系统"。[1] 根据法案，该计划自2013年起被分为三个五年阶段实施，目前正进入第二阶段（2018～2022年）。根据2018年《国家安全战略》，菲律宾军费预算目标为GDP的2%，而2018年菲律宾的军费开支仅达1.1%，支持国防军事发展的资金动力不足。[2] 2018年6月，总统杜特尔特签署了第二阶段的采购清单，总预算达3000亿比索（合计56亿美元），是第一阶段资金投入的4倍。[3] 整体而言，菲律宾2019年在国防现代化建设方面呈现出军事工业本土化和武器进口多元化的双重特点。

首先，推动本土国防工业的发展，逐步降低对进口武器的依赖。2019年11月，国防部部长洛伦扎纳（Delfin Lorenzana）称，目前菲律宾离实现国防自主"还有很大一段距离"，但有望在杜特尔特任期结束之前"达到初

---

① Senate of the Philippines, *An Act Amending Republic Act No. 7898: Establishing the Revised AFP Modernization Program and for Other Purposes*, Senate of the Philippines Website, July 23, 2012, https：//www. senate. gov. ph/republic_ acts/ra%2010349. pdf .

② Lucio Blanco Pitlo III, "Cambodia, Indonesia, Vietnam: Which Defence Model Will Philippines Follow as US Ties Wither?", South China Morning Post, February 20, 2020, https：//www. scmp. com/week – asia/opinion/article/3051471/cambodia – indonesia – vietnam – which – defence – model – will – philippines .

③ Frances Mangosing, "Duterte OKs AFP Modernization Shopping List for Horizon 2," Inquirer, June 20, 2018, https：//newsinfo. inquirer. net/1002560/duterte – oks – afp – modernization – shopping – list – for – horizon – 2#ixzz6HQLWXzSj.

级的国防自主化水平"。① 基于此目标，菲律宾国会通过《2019 年国防工业发展法案》（PDIDA），要求限制国家对外国武器的依赖，并着力给本土的新兴军工企业予扶持和政府采购支持，尽可能地"采用本地生产的设备"。②此外，菲律宾《2019 年国防法案》还规定，对于国防固定资产的租赁或储备所得资金，必须全部用于支持国防现代化项目。③ 2019 年以来，菲律宾国防工业自主化、独立化建设的步伐进一步加强，通过扶植本土军工企业以实现军事独立自主。

一方面，增强国防部对本国军工企业的直接统辖力度，推进武器的公私合作伙伴关系，以期提高军工产业对国防现代化的直接支持作用。2018 年《国家安全战略》要求发展军事经济与装备，其中最首要的目标就是"打造战略型产业"，促进国防军事部门与私营部门、外国企业在武器生产、国防战略物资方面建立伙伴关系。2019 年，菲律宾国有企业航天发展集团被划归至国防部并由其直接管理，紧密配合国防部的军事装备需要，提升军队应对安全威胁的能力。④

另一方面，加快立法筹划建设"国防工业经济区"（GADIEZ），推动本土国防工业发展，以增强军事武器供给的自主性和独立性。以子弹生产为例，虽然菲律宾军队70%的子弹均为本国制造，但生产所需的原材料（如铜、镍和黄铜）仍然依赖外国进口。策划该法案的议员提出，如果菲律宾不努力减少对武器成品和原材料进口的依赖，将可能"处于不稳定状态"，因为这将阻碍国家军火储备的维持和军队技术的提高。⑤ 为此，杜特尔特在

① Frances Mangosing, "Lorenzana: PH Has a Long Way to Go to Attain Self – reliant Defense Posture," Inquirer, November 21, 2019, https://newsinfo.inquirer.net/1192651/lorenzana – ph – has – a – long – way – to – go – to – attain – self – reliant – defense – posture#ixzz6HQm1xLcP.

② Senate of the Philippines, *Philippine Defense Industry Development Act of* 2019, Senate of the Philippines Website, July 10, 2019, https://www.senate.gov.ph/lisdata/3058627445! .pdf.

③ Senate of the Philippines, *The National Defense Act of* 2019, 8 July 2019, Senate of the Philippines Website, https://www.senate.gov.ph/lisdata/3051327388! .pdf.

④ Ruth Abbey Gita, "Philippine Aerospace Development Corporation Now under DND," Sunstar, March 21, 2019, https://www.sunstar.com.ph/article/1797905.

⑤ Senate of the Philippines, "Gatchalian Pushes for PH Self – Sufficiency in Small Arms Production," Senate of the Philippines Website, June 10, 2018, https://www.senate.gov.ph/press_ release/ 2018/0610_ gatchalian1.asp.

2019 年 7 月发布的《2016～2019 年总统中期报告》中特别强调将支持创建"国防经济区管理局"（SpeDEZA），统筹管理军火企业，为国防工业的发展吸引投资。[1] 2020 年 2 月，菲律宾国会通过《关于在政府国防军火工业基地内建立国防经济专区法案》，进一步推动国防经济区的立法和投资建设。该"专区"位于菲律宾巴丹省利迈市的政府军火库营区，预计占地 370 公顷，旨在促进"对国防、军事、执法、国防相关先进科技、信息技术等产业的投资"，促进本土军火企业的发展。[2]

其次，扩大高端武器装备的进口来源，全面提高海空装备和外部威胁感知能力。虽然菲律宾近年加快推进自主国防力量建设，但其本土军工业目前尚处于起步阶段，因此，进口先进武器仍是该国推动海空军力量现代化的重要手段。在"国防现代化"资金大幅增加的基础上，菲律宾将添置更大规模的海空军武器；同时尽可能确保武器供应链的多样化，避免对某一国家军事武器供应的过度依赖，加强从美国之外的俄罗斯、韩国、土耳其、意大利等国进口，力图全方位提高海空监控能力。2018 年菲律宾《国防安全战略》将"确保海上和领空安全"作为国家安全的十二项重要目标之一，认为"需要尽快提高海军和空军的规模和威慑能力，使其作为（菲律宾）外部防御保护国家领土"，因此必须"生产和购置装备，以具备全天候的感知能力，有效管控菲律宾的空中和海上空间"。[3] 作为"国防现代化计划"的重要内容，菲律宾正加紧部署建设海岸监视系统，提高该国对其海上领土的管

---

① Genalyn Kabiling and Manila Bulletin, "Duterte's Midterm Report includes FOI, Human Security, Investments among Legislative Priorities," July 25, 2019, https：//news. mb. com. ph/2019/07/ 25/dutertes – midterm – report – includes – foi – human – security – investments – among – legislative – priorities/; Presidential Communications Operations Office of the Philippines, *The President's Mid – term Report to the People* 2016 – 2019, Presidential Communications Operations Office of the Philippines Website, July 2019, https：//pcoo. gov. ph/downloads/2019 – PRP – RRD. pdf.

② Senate of the Philippines, *Special Economic Defense Economic Zone（SPEDEZ）Act*, Senate of the Philippines Website, February 5, 2020, https：//www. senate. gov. ph/lisdata/3230229149！. pdf.

③ National Security Council of the Philippines, 2018 *National Security Strategy*, p. 56, National Security Council of the Philippines Website, http：//www. nsc. gov. ph/images/NSS_ NSP/NSS_ 2018. pdf.

控能力。值得注意的是，该项目的成像与瞄准系统由英美合资的 Triton 通信系统提供支持，同时还包括从英国购入的两架反潜直升机。此外，海军还将从美国进口指挥自动化系统（C4ISTAR），并从韩国购入 8 艘两栖舰艇、2 艘导弹动力护卫舰，以填补海军在两栖作战装备上的空白；① 空军方面，大部分的资金则将用于从瑞典等欧洲国家购置多用途战机。②

三 强化网络安全与防御力量建设

网络安全与防御在菲律宾的国家安全与国防战略中的重要性日益突出。2017 年以来，菲律宾出台多项政策聚焦网络安全与防御力量建设，并将其正式纳入国家安全战略的重点行动中，"保护核心设施免遭网络攻击与信息渗透"成为菲律宾国家安全的"紧要关切"。③ 在 2018 年菲律宾政府的部分网站遭受系列反复攻击之后，2019 年，菲律宾国防部正式提出网络空间是"第四维度的战场"，将制定网络安全战略。这标志着菲国网络安全维护从科技信息与执法领域，延伸至军事领域，从而进一步推动国防军事部门成为国家网络安全建设的核心力量。

首先，进一步强化国防部承担国家网络防御的职能。近年来，菲律宾政府通过出台多项政策文件，进一步优化国防部和军队在国家网络安全保障中的作用，提升应对网络恐怖主义与信息攻击的能力。2017 年 5 月发布的最

---

① Rene Acosta, "Military Rolls Out 'Dramatic' Capability Upgrade," Business Mirror, November 11, 2018, https://businessmirror.com.ph/2018/11/11/military – rolls – out – dramatic – capability – upgrade/; Renato Cruz De Castro, "The Next Phase of Philippine Military Modernization: Looking to External Defense," Asia Maritime Transparency Initiative, July 12, 2018, https://amti.csis.org/the – next – phase – of – philippine – military – modernization – looking – to – external – defense/.

② Renato Cruz De Castro, "The Next Phase of Philippine Military Modernization: Looking to External Defense," Asia Maritime Transparency Initiative, July 12, 2018, https://amti.csis.org/the – next – phase – of – philippine – military – modernization – looking – to – external – defense/.

③ National Security Council of the Philippines, 2018 National Security Strategy, p. 65, National Security Council of the Philippines Website, http://www.nsc.gov.ph/images/NSS_ NSP/NSS_ 2018.pdf.

新版《菲律宾国家网络安全计划（2022）》对菲律宾2017～2022年的网络安全建设进行了统筹布局和规划，提出核心目标之一是完善网络反应措施以增强应对威胁和受袭击后的恢复能力。① 因此，国防部门（军队）作为保障国家网络安全的四大国家机构之一，其安全保障职能得到了进一步明确，具体内容包括：保卫国家免受网络攻击，搜集外国网络攻击情报，保卫国家安全与军队系统，在军队管辖范围内调查网络犯罪等。② 2019年11月27日，菲律宾国防部召开了首届"网络安全意识会议"，以增强国防人员的网络安全意识。菲律宾国防部副部长卡多佐·卢纳（Cardozo Luna）称，网络空间和网络安全已成为国防部的战略优先领域。③

其次，强调跨部门合作，搭建集中化的网络防御基础。菲律宾致力于建立"可靠且具有防御性的网络基础设施"，重点包括2019年1月正式推出的"网络管理系统"项目（CMSP），并建立起"国家网络情报平台"（National Cyber Platform），实现"实况感知共享"。该项目由菲律宾信息与通信技术部门主导，将在第一阶段调动十个政府部门的力量，配合执法和国防部门监控暗网中的网络攻击活动，旨在实现网络基础设施中的信息共享、安全威胁监控与防御功能。④

---

① The Philippines Department of Information and Communication Technology, *National Cybersecurity Plan* 2022, p. 17, The Philippines Department of Information and Communication Technology Website, July 1, 2019, https：//dict. gov. ph/wp – content/uploads/2019/07/NCSP2022 – rev01Jul2019. pdf.

② The Philippines Department of Information and Communication Technology, *National Cybersecurity Plan* 2022, p. 24, The Philippines Department of Information and Communication Technology Website, July 1, 2019, https：//dict. gov. ph/wp – content/uploads/2019/07/NCSP2022 – rev01Jul2019. pdf.

③ The Philippines Department of National Defense, "DND Holds First Cyber Security Awareness Conference," The Philippines Department of National Defense Website, November 28, 2019, http：//www. dnd. gov. ph/PDF2019/DND – PAS% 20 – % 20Press% 20Release% 20 – % 2020191128% 20 – DND% 20Cybercon. pdf.

④ The Philippines Department of Information and Communication Technology, "DICT Unveils National Cyber Intelligence Platform," The Philippines Department of Information and Communication Technology Website, January 16, 2019, https：//dict. gov. ph/dict – unveils – national – cyber – intelligence – platform/.

最后，借助外部力量参与网络安全合作的趋势增强。一方面，菲律宾国防部门与私营企业合作意愿增强，推动"外脑"力量参与网络防务议题。2018年11月，菲律宾国防部与菲律宾武装部队联合举行"网络安全会议"，邀请了包括微软公司在内的一批国际互联网科技企业参加会议。[①] 在2019年的"网络安全会议"上，杜特尔特再次强调将积极推进国家网络安全领域的"公私伙伴关系"，以增强国家网络防御能力。[②] 另一方面，继续利用现有的双边或多边机制与其他国家展开网络安全合作，包括在"东盟防长扩大会议"机制下与东盟国家展开网络安全对话、专家组桌面推演，以及继续在美菲双边战略对话机制中发挥"联合网络安全工作小组"（创立于2016年）的作用。

四　调整与美国的同盟关系

2019年以来，菲美军事同盟关系突出表现为屡遭冲击与深化合作两种趋势并存。一方面，伴随着"大国平衡"与"务实外交"理念的推进，菲律宾在对美军事合作上的独立性和自主性倾向不断增强，对现有同盟条约的质疑层出不穷，甚至于2020年2月提出终止《菲美访问部队协议》（VFA），导致两军关系深陷龃龉。另一方面，菲美防务合作在杜特尔特执政初期历经低谷后已逐渐回温，实质性合作深度和广度不断增强，双方关系在波动中"明降暗升"。整体而言，当前菲律宾对美军事关系呈现出去协议化、反复性、灵活化和多边化的特点，谋求在中美军事竞争中取得平衡。

首先，军事合作协议面临终止危机，菲美同盟分歧公开化。1951年《共同防御条约》（MDT）、1988年《菲美访问部队协议》（VFA）、2014年《加强防务合作协议》（EDCA）是菲律宾与美国军事合作的三项支柱性文件，而2019年以来，MDT和VFA都先后面临存废困境或重审之争。2020

---

① Priam Nepomuceno, "DND, AFP Hold Cybersecurity Conference," Philippines News Agency, November 12, 2018, https://www.pna.gov.ph/articles/1053579.

② Azer Parrocha, "Duterte Reorganizes National Cybersecurity Inter‐agency Panel," Philippines News Agency, November 20, 2019, https://www.pna.gov.ph/articles/1086632.

年 2 月 11 日，菲律宾总统杜特尔特单方面宣布终止 VFA。该协议允许美国军队与菲军队举行联合军演、美方军舰停靠菲律宾港口、同意美军上岸访问等，如若终止将导致美国运抵菲律宾的武器关税、停靠费用等的重新谈判，更有可能美国原本计划于未来两年内提供的 2 亿美元的军事物资被取消。① 在此之前，2018 年 12 月菲国防部部长洛伦扎纳曾表示，已指示国防部律师审查菲律宾与美国的 MDT，以进一步决定"是否维护、加强或废除该条约"。② 近年来，菲律宾还有部分舆论认为该条约为菲国带来的利益和优势正在减少，反而如若将其废除则"至少能在中国面前表现'独立的外交政策'，以在磋商中争取更多的让步"。③ 在菲律宾看来，现行 MDT 未能保证冲突发生时美国作为盟友第一时间介入，而需要"依宪法程序"经国会批准后介入；同时，条约只规范了菲遭受"武装攻击"的情况，而未对"武装冲突"门槛以下的其他危害菲律宾国家安全的外部威胁进行说明。VFA 的终止危机以及 MDT 的重审讨论都反映出当前菲美同盟在共同防御范围和内容上的巨大分歧，以及"印太战略"布局之下，菲律宾对美国"印太"防务重心的不信任感。如菲律宾学者所言，"美国为盟友提供支持的意愿难以捉摸，然而其支持本身也为盟友带来了一定的风险和不确定性"。④

其次，强调美国的盟友地位，双边防务合作规模不减反升。虽然菲美军事同盟关系面临部分协议的存废危机，但短期内美国仍然是菲律宾军事发展的关键伙伴。《2017～2022 年国家安全政策》特别增加了"美国是菲律宾的

① Lucio Blanco Pitlo III, "Cambodia, Indonesia, Vietnam: Which Defence Model Will Philippines Follow as US Ties Wither?", South China Morning Post, February 20, 2020, https://www.scmp.com/week-asia/opinion/article/3051471/cambodia-indonesia-vietnam-which-defence-model-will-philippines.

② Jelly Musico, "Lorenzana Orders Review of 67-year-old US-PH Military Pact," Philippines News Agency, December 28, 2018, https://www.pna.gov.ph/articles/1057639.

③ Gregory Poling and Eric Sayers, "Time to Make Good on the U.S.-Philippine Alliance," War on The Rocks, January 21, 2019, https://warontherocks.com/2019/01/time-to-make-good-on-the-u-s-philippine-alliance/.

④ Aileen S. P. Baviera, "Is the Philippines Moving to Active Middle Power Diplomacy?", East Asia Form, March 27, 2020, https://www.eastasiaforum.org/2020/03/27/is-the-philippines-moving-to-active-middle-power-diplomacy/.

唯一条约盟友"的表述（阿基诺三世时期的国家安全政策文件并未强调这一点），并指出美国作为"唯一的超级大国"，其在亚太地区的存在是一股"稳定力量"。[①] 可见，现阶段杜特尔特政府虽屡次公开化与美国的防务分歧，其目的却并非与美国"脱钩"，而是以此要求美国提高对菲律宾的重视、明确其作为盟友的安保义务。因此，2019 年菲美防务合作在多方面都取得了突破。一是增加联合军演数量并扩大规模。菲美联合军演的次数从 2017 年的 258 场，增加到 2019 年的 281 场。其中，以"海上安全"为主题的 2019 年菲美年度"肩并肩"军演（Balikatan）是 2016 年起规模最大的一次，总参与人数达到 7500 人，并且恢复了曾一度被搁置的、敏感度较高的战争场景演习。[②] 据菲媒报道 2020 年联合军演次数计划将增至 319 场，[③] 但由于新冠肺炎疫情的影响，部分演习将或将被取消。二是两国进一步深化反恐领域的合作。在 2017 年马拉维危机期间美国提供了武器和情报支持之后，2019 年第八届美菲双边战略对话中，两国高级官员共同提出改善信息共享、港口和航空航天安全，以打击国外恐怖主义在菲律宾境内的渗透。[④]

最后，防务合作呈现多边化趋势，拉拢"印太"伙伴参与美菲军事安排。2019 年菲美"肩并肩"联合演习有 50 名澳大利亚士兵参加，加拿大、英国、新西兰、韩国、泰国和越南等国也都派出了观察员参与。[⑤] 2019 年 5

---

① National Security Council of the Philippines, *The National Security Policy* 2017 – 2022, p. 13, National Security Council of the Philippines Website, http：//www. nsc. gov. ph/attachments/ article/NSP/NSP – 2017 – 2022. pdf.

② Renato Cruz De Castro, "Balikatan 2019 and the Crisis in Philippine – China Rapprochement," Asia Maritime Transparency Initiative, April 23, 2019, https：//amti. csis. org/balikatan – 2019 – and – the – crisis – in – philippine – china – rapprochement/.

③ Frances G. Mangosing, "VFA Breathing Its Last：11, 000 Troops Set to Take Part in 2020 Balikatan," Inquirer, March 4, 2020, https：//globalnation. inquirer. net/185879/vfa – breathing – its – last – 11000 – troops – set – to – take – part – in – 2020 – balikatan.

④ US Department of State, *Joint Statement from the 8th Philippines – United States Bilateral Strategic Dialogue (BSD)*, US Department of State Website, July 17, 2019, https：//www. state. gov/joint – statement – from – the – 8th – philippines – united – states – bilateral – strategic – dialogue – bsd/.

⑤ 任远喆：《杜特尔特时期美菲防务合作的调整及其局限》，《国际问题研究》2020 年第 1 期，第 126 页。

月，美国、菲律宾、日本、印度四国海军展开了首次"四方海上编队航行"行动，其间进行了编队演习、通讯演习、船员转移和指挥官交流等活动，以促进"自由开发的印度太平洋"区域的海上合作。①

五 平衡发展与多国的防务合作

伴随着美国"印太战略"的推进实施、中美全面竞争日趋激烈化，菲律宾积极拓展与多国的防务合作关系，以谋求更多的防务和军事自主性成为"区域大国"②，避免在中美军事竞争中选边站的局面。近年来，国际战略界和学界不乏关于菲律宾作为"中等强国"地位的研究和探讨。根据澳大利亚洛伊政策研究所（Lowy Institute）发布的2019年度"亚洲国家指数"，菲律宾的综合国力在25国中仅排名第17位，但仍被定义为"中等强国"（Middle Power）。③ 报告显示，菲律宾最具有优势的领域是"防务网络"（排第11位，2018年指数为第12位），包括强大的"区域盟友网络"和"区域内非同盟防务伙伴关系"，其中外国军力部署、武器进口、联合军事行动等方面表现突出，这表明菲律宾正加紧构建自己的亚太防务伙伴网络。

首先，强调以东盟为中心参与区域防务秩序建设。有菲律宾学者认为，东南亚地区的国际秩序是包容而非排他性的，弱小国家的影响力有限，而

① Ankit Panda, "US, India, Japan, Philippine Navies Demonstrate Joint Presence in South China Sea," The Diplmat, May 11, 2019, https://thediplomat.com/2019/05/us – india – japan – philippine – navies – demonstrate – joint – presence – in – south – china – sea/.

② 菲律宾科技部于2018年5月31日在其官网转载了澳大利亚洛伊政策研究所的报告，并称菲律宾为"区域大国"（Regional Power）。Philippine Department of Science and Technology, "How Does the Philippines Stack up as a Regional Power?", Philippine Department of Science and Technology Website, May 31, 2018, http://dost.gov.ph/knowledge – resources/news/56 – infographics/infographics –2018/1457 – how – does – the – philippines – stack – up – as – a – regional – power.html.

③ Lowy Institute, "Asia Power Index 2019," Lowy Institute Website, May 2019, https://power.lowyinstitute.org/lowy – api – page – files/lowy – institute – asia – power – index – 2019 – pocket – book.pdf.

"中等强国"则倾向于借助多边机制维护本国的自主权。[①] 因此，东盟组织能为菲律宾提供一个有效平台以构建其防务网络，尤其是东盟防长对话会、东盟防长扩大会议、东盟区域论坛等机制，成为菲律宾参与区域防务建设的主要方式。近年来，菲律宾通过区域多边框架表达其国防利益诉求的趋势不断增强，并倾向于通过东盟的防务合作机制解决海洋防务问题。2018年菲律宾《国家安全战略》以官方文件的形式明确在应对亚太地缘政治竞争以及区域安全威胁中的"东盟的中心地位"。2019年，菲律宾国防部部长洛伦扎纳在东盟防长会议上积极提议采纳"东盟防长会议海上互动准则倡议"，称其有助于避免区域内的海上突发争端。[②]

其次，重视与亚太非同盟国家的双边防务伙伴关系，着眼军事技术合作与引进。菲律宾《国家安全战略》将澳大利亚、印度、韩国、俄罗斯称为实现"印太地区"和平、稳定与繁荣的关键大国，并明确日本为菲律宾在政治、安全与防务方面的战略伙伴。[③] 2019年，菲律宾显著加强了与亚太地区多国的防务关系，在军事经济、外交、技术等方面实现多元合作布局。

一是全面提升与日本、俄罗斯、印度等国的战略伙伴关系，升级军事技术输入与争取武器生产合作。据菲媒报道，作为"坚固且全面"战略伙伴的俄罗斯将为菲律宾提供武器生产技术，并从菲律宾进口轻型先进武器，同时向菲律宾出口潜艇、直升机等重型武器，[④] 而两国也将突破性地展开武器生产合作；菲律宾还将于2020年向日本采购价值9000万美元的空中雷达系

① Aileen S. P. Baviera, "Is the Philippines Moving to Active Middle Power Diplomacy?", March 27, 2020, https：//www. eastasiaforum. org/2020/03/27/is－the－philippines－moving－to－active－middle－power－diplomacy/.

② Martin Sadongdong, "Lorenzana Raises Recto Bank Incident in ASEAN Defense Ministers' Meet," Manila Bulletin, July 14, 2019, https：//news. mb. com. ph/2019/07/14/lorenzana－raises－recto－bank－incident－in－asean－defense－ministers－meet/.

③ National Security Council of the Philippines, 2018 National Security Strategy, p. 90, National Security Council of the Philippines Website, http：//www. nsc. gov. ph/images/NSS_ NSP/NSS_ 2018. pdf.

④ JC Gotinga, "Russia Eyes Joint Weapons Production with the Philippines － envoy," Rappler, October 23, 2019, https：//www. rappler. com/nation/243170－envoy－says－russia－eyes－joint－weapons－production－philippines.

统，这也将是日本50年以来首次对外输出雷达技术。①

二是创建新型国防工业对话机制，加强与区域内国家的军事工业与贸易交流。2019年8月，菲律宾在与韩国举行首届"菲韩国防工业合作研讨会"后，又于10月与日本举行首届"菲日国防工业论坛"，以此增进菲国与伙伴国家的国防军事工业互补合作。

六　中菲军事关系走向：开展积极而有限度的合作

自2016年杜特尔特执政以来，菲律宾即转向以"对冲"战略同步推进与中国和美国的防务关系，推动两国防务合作回温。2018年11月中国国家主席习近平访问菲律宾期间，两国一致同意将双边关系提升为全面战略合作关系，为2019年以后中菲防务合作的进一步升级奠定了基础。中菲联合声明中提出，双方应加强在反恐、人道主义救援、灾难应急响应以及维和行动中的务实合作，并将继续深化现有的海警、防务领域的双边对话机制，以建立两国防务机构之间的互信。②

2019年，中菲军事互动继续以低敏感度领域的防务合作为主，集中于海上救灾、反恐、反海盗、军队互访等方面，明显呈现出"军对军"互动的多层级化和军事演习的多边化特点。

首先，"军对军"（Mil-to-Mil）互动成为中菲军事合作的重要特点。一是国防高级官员就两军关系进行对话。2019年1月，中国国防部部长魏凤和会见了来访的菲律宾国防部副部长卢纳（Cardozo Luna），进一步增强两国军队的互信合作。二是中菲海军双边互访。2019年1月，中国海军第三十批护航编队对菲律宾进行了为期5天的访问，其间菲律宾国防部部长洛伦

① Jiji Kyodo, "Mitsubishi Electric to Export Radar to Philippines in First Defense Package Deal since Ban Lifted," The Japan Times, March 27, 2020, https：//www.japantimes.co.jp/news/2020/03/27/national/mitsubishi - electric - philippines - radar/#.XpXcLS2tY0o.

② 《中华人民共和国与菲律宾共和国联合声明》，新华网，2018年11月21日，http：//www.xinhuanet.com/world/2018 – 11/21/c_ 1123748479.htm。

扎纳登舰参观并检阅了中国海军舰艇仪仗队。2019 年 4 月，菲律宾派出该国现役最大的舰船——载有 400 名船员的战略运输舰"丹辘号"（BRP Tarlac）参加中国海军成立 70 周年阅航活动，这也是菲律宾首次派军舰参加由中国主办的国际阅航仪式。① 三是继续推进海上"准军事"双边对话，合作内容进一步升级。2020 年 1 月，中国海警与菲律宾海警展开了为期五天的首次联合海上演练，内容包括海上救援与救灾等，以促进两国的"海上协作"。② 其间双方还举行了第三届"中菲海警对话会"，共同商讨继续加强在打击海上跨国犯罪和海上缉毒、海上搜救、人道主义救援等重点领域的合作。四是中菲军队人员交流密切，开展军事教育合作。2019 年，约 10 位菲律宾军方的高级将领、指挥官和士兵完成了在中国为期一年的军事学习，所修课程包括中国军事战略与军事技术等；据报道，中国也同时派出了一位军官在菲律宾国防学院交流学习。③

其次，以"中国—东南亚国家"的多边形式开展中菲防务演习与对话。一是菲律宾参与由中国主导的多边军事演习。继 2018 年 10 月中国军队与东盟十国海军举行为期首次联合海上军演后，时隔半年，中国于 2019 年 4 月与东南亚国家军队举行"海上联演‒2019"行动。该演习以联合应对海盗威胁和海上应急医疗救援为主题，菲律宾军舰"丹辘号"也在参加阅航仪式后加入了此次联演行动。二是在"东盟防长扩大会"机制下展开防务对话，聚焦菲律宾国防安全议题。2019 年 9 月，中国和泰国联合主办东盟防长扩大会反恐专家组桌面推演，各国参谋人员和军事专家围绕"菲律宾城

① Priam Nepomuceno, "PH Navy Sends off Ship for China Fleet Review," Philippines New Agency, April 16, 2019, https：//www. pna. gov. ph/articles/1067434.

② Jeoffrey Maitem, "Philippine, Chinese Coast Guards Stage Joint Drill in South China Sea," Benarnews, January 15, 2020, https：//www. benarnews. org/english/news/philippine/coast‒guards‒joint‒drill‒01152020135718. html.

③ Raissa Robles, "Why Don't Manila and Beijing Have Closer Military Ties, Despite Duterte's 'Pivot to China'?", South China Morning Post, October 5, 2019, https：//www. scmp. com/week‒asia/politics/article/3031629/why‒dont‒manila‒and‒beijing‒have‒closer‒military‒ties‒despite.

市地区反恐经验和教训"展开研讨和演练。① 目前，中菲反恐合作仍以中国向菲律宾提供武器装备和弹药支持为主，此次聚焦菲律宾国内反恐形势的桌面推演可为两国未来进一步展开反恐联合演习奠定基础。

对于中菲军事关系的发展趋势，菲律宾舆论相较政府行动和态度转向具有一定的"滞后性"，部分菲媒宣扬的"中国军事威胁论"可能影响菲国民众对于中国军事发展的认知，进而挫伤中菲两军正在恢复的互信关系。例如，2020年3月菲律宾《每日问询者报》曾发表文章《十年内，中国将建成世界第一大海军》，称中国海军已经在"印太"地区建立起了主导权，以"对抗其他海洋小国"，并认为只有美军的存在才能避免中国"占据整个区域"。② 这种现象进一步说明，中菲两国军事关系仍有较大的增进空间，尤其需要增加两军互动以及互信。

一直以来，由美国主导的亚太国际关系研究和涉东南亚防务研究，一贯将菲律宾军事和外交发展与南海问题直接挂钩。再加上2018年以来美国"印太战略"推出后对华战略认知的全面"对抗化"，国际关系战略家往往以"抗衡中国的军事扩张"来解读菲方的军事发展和军事现代化的主要动机。但本研究发现，菲律宾在保障国内安全、反恐、应对非传统安全威胁等方面均有重要的国防利益，同时积极构建独立于美国之外的亚太防务伙伴网络，而这些议题则由于缺少"对抗性"较少被美国学界和战略研究界所关注。2019年以来，菲律宾军事发展的独立性和自主性显著增强，具体表现在其国防安全重心"向内转"趋势加强、国防工业自主化进一步加快、对美军事同盟调整、亚太防务伙伴多元化发展等方面，在大国军事竞争态势中采取"对冲"战略。对于中国而言，一方面应继续借助"中国—东盟防长非正式会晤""东盟防长扩大会"等现有多边机制与菲律宾发展军事合作关

① 《东盟防长扩大会反恐专家组桌面推演举行》，中华人民共和国国防部，2019年9月8日，http：//www. mod. gov. cn/action/2019 – 09/08/content_ 4849983. htm。

② Jaime Laude，"China's Navy to Be 'World's Largest in 10 Years'，"Pilstar，March 2，2020，https：//www. philstar. com/headlines/2020/03/02/1997470/chinas – navy – be – worlds – largest – 10 – years.

系，发挥在军事技术等方面的优势为菲律宾提供防务公共产品，推动两国防务合作从低敏感度领域（低阶政治）逐渐向敏感领域（高阶政治）发展。另一方面抓住菲美关系调整期的机遇，强化各层级的"军对军"互动交流机制，增进两军互信，推动中菲军事议题与南海问题脱钩。此外，还需警惕美国及菲律宾部分舆论对中国军队与海上军事发展的污名化，主动推进"中国军事故事"的国际传播与军事文化的交流，强化中国军队作为维护区域和平稳定、促进共同安全力量的形象，为中菲军事关系的深入发展构建有利而稳定的国际舆论环境。

B.5

2019~2020年的菲律宾外交发展趋势：践行"大国平衡"和独立外交政策

刘锋 马超*

摘　要： 2019年是菲律宾国家发展和中菲关系发展具有重要意义的一年。这一年，菲律宾总统杜特尔特两次访华，延续了他上任总统以来对华友好关系的总基调和方向，中菲关系在各个领域的合作得到进一步深化。同时，菲律宾整体外交方略也保持了"大国平衡"和"独立自主"的特点。对美关系方面，菲律宾继续在南海问题、中菲关系、中美菲三边关系等关键议题上保持谨慎、低调的处理方式。在菲律宾内政问题上对美国的指责之声保持强硬，彰显出一定的独立自主外交风格。在与其他大国关系发展方面，菲律宾与俄罗斯军事防务领域合作是菲对外合作的新动向。与日本关系方面，菲律宾希望获得更紧密的菲日经贸关系，成为菲日关系发展的主线，但两国在海洋问题上的"共识"与合作也值得关注。展望菲律宾对外关系发展，突如其来的新冠肺炎疫情和两年后的菲律宾总统大选，将成为2020年菲律宾内政外交重要的影响因素，未来有待进一步深入观察和分析。

关键词： 菲律宾外交　大国平衡　独立自主外交战略

---

* 刘锋，博士，海南师范大学菲律宾研究中心执行主任、研究员；马超，博士，海南师范大学菲律宾研究中心副研究员。

2019年菲律宾继续沿袭杜特尔特总统上台以来的务实外交理念，深入践行"大国平衡"和独立外交政策，在外交方面取得了一系列积极进展。

一 菲律宾大国平衡外交的特点和独立外交政策的内涵

当前菲律宾外交上践行的大国平衡政策有几个特点：一是存在军事同盟关系的大国平衡外交。菲美依然保持军事同盟关系，这对菲律宾维持中美平衡外交具有重要的影响。二是注重协调的大国平衡外交。一方面，菲律宾在政治、安全与经济依然保持与美国的密切联系；另一方面，菲律宾不断加强与中国在政治、经济和安全领域的联系与合作。菲律宾对中美的大国平衡外交，已经超越了此前不少学者认为的"经济倚华、安全倚美"的态势，而是注重统筹协调，实现在多个领域的交叉平衡。三是通过灵活手腕实施大国平衡外交。菲律宾当局在对外政策方面，既有强硬的一面，同时很多时候身段又比较灵活，特别是对外界对菲律宾内政方面的某些批评声音，菲律宾当局展现出了强硬姿态，甚至通过表现出主动疏离的姿态来调整菲美关系。四是务实主义的大国平衡外交。杜特尔特政府注重务实主义的外交政策，实施积极的中美大国平衡外交，既有助于提升菲律宾在本地区的国际地位，同时菲律宾与中美保持密切联系，也使菲律宾获得巨大的实际收益，包括经济利益、政治支持和安全保障。

杜特尔特独立自主的菲律宾外交政策包括以卜儿个方面，首先是与美国亚太再平衡战略的疏远，不希望菲律宾因此卷入战争。相较于其前任总统阿基诺三世把菲律宾绑在美国"战车"上，充当美国亚太再平衡的急先锋，并变相提供军事基地供美军作为前沿部署的做法，现任总统杜特尔特充分认识到，菲律宾与中国军力相差过大，与中国的对抗很大程度上给菲律宾带来更大的不安全。① 美国利用菲律宾提出南海仲裁，让菲律宾打前锋，但如果

---

① 《制造噱头？日媒称菲拟在南海建立新军事基地，专家：挑拨中菲关系》，中国经济网，2019年12月26日，http://intl.ce.cn/qqss/201912/26/t20191226_33983001.shtml。

中美之间有冲突，菲律宾国家利益会第一个受损。此外，菲美同盟框架过分强调安全合作，但在帮助菲律宾国家发展方面作用有限。菲律宾的有识之士认识到其盟国美国只是利用菲律宾的地缘位置抑制中国，巩固其亚太霸主地位，而无意帮助菲律宾经济发展。因此，杜特尔特认为菲律宾应追求独立自主的外交国防政策，不应在美国的战车上绑得太紧，他甚至主动提出，菲律宾不再与美国在南海联合巡逻。①

其次，与中国对话，改善双边关系，在搁置分歧的基础上加强合作。杜特尔特认识到，为避免战争，必须与中国进行双边对话，缓和紧张关系。当前对杜特尔特总统有利的是菲律宾国家安全委员会已达成共识：不挑衅中国，而是寻求对话。② 这为杜特尔特总统力主的推进菲中持续对话合作创造了有利条件。此外，菲律宾还有发展经济，缓解人口压力的重要任务。杜特尔特政府把中国的发展看成是菲律宾的机会，希望菲律宾能够同中国共同发展，促进更多的双边贸易与经济合作。菲律宾还需要对基础设施投资以发展经济，中国已表示愿意以官方发展援助形式，支持菲律宾政府的重点项目。双方在海上合作、扫毒、打击恐怖主义、旅游、农业、扶贫等方面还有很多合作空间。

最后，菲律宾总统虽然在对外决策中具有很强的话语权，但是菲律宾在独立自主的这条路上还面临重重险阻：在内部，有军方、政客、已经由菲律宾最高法院裁定合法的菲美《加强防务合作协议》（EDCA）等方面的阻力；在外部，菲律宾当局不积极参加美国对华的"围堵"战略，中菲发展合作关系会受到美国的猜忌和施加某些方面的阻力。如果菲律宾当局不能借发展经济、改善民生得到广大民众的支持，不能向菲律宾民众以及政坛精英们证明中菲关系的密切发展促进了菲律宾国家利益的话，面对国内民众的不理解以及既得利益集团与国内亲美政治势力的联手反攻，独立自主的外交政策也难以得到延续。

---

① 《菲暂停"南海联合巡逻"计划》，《人民日报》2016年10月9日，第3版。

② 《菲媒：菲要求访华特使在与中方对话南海问题时"避免对峙"》，环球网，2016年7月30日，https://world.huanqiu.com/article/9CaKrnJWMJl。

二 菲律宾大国平衡外交政策发展

1. 菲律宾对美关系发展

菲律宾总统杜特尔特主张"再平衡"和"独立外交"的外交政策，试图摆脱对美国的过度依赖，进而与俄罗斯、中国、日本等国家建立友好的关系，以期实现国家利益最大化。在中菲南海问题上，杜特尔特主张和平解决争端，共同开发南海油气资源。双方就南海问题进行了5次双边磋商会，分别是2017年5月19日在贵阳，2018年2月13日在北京，2018年10月18日在北京，2019年4月3日在马尼拉和2019年10月28日在北京，通过磋商机制，双方最近海上务实合作增加互信，为中菲关系进一步发展奠定了基础。

杜特尔特总统调整对中、美政策的原因主要有三个，首先，其个人经历使得他存在一定的反美情绪，且杜氏的强硬性格让他想摆脱美国控制，行使独立自主的外交。因此，他多次拒绝美国提出的访美邀请，如奥巴马时期邀请杜氏访美和特朗普时期邀请其访美，杜氏均用"太远了""太冷了""没钱过去"等借口表达了对访美兴趣不高的态度。其次，菲律宾国内的恐怖主义、毒品犯罪、贪污腐败等诸多问题制约着菲律宾的发展，杜特尔特的执政目标主要以发展菲律宾经济，解决国内弊病为主，所以杜特尔特希望能搭乘中国发展的快车来振兴菲律宾经济，并获得中国的帮助来打击恐怖主义与毒品犯罪。与中国对杜特尔特禁毒、反恐等政策表示支持不同，美国在上述政策上都对菲律宾采取了批评甚至是反对的态度。如美国一些议员以杜特尔特的反恐、禁毒战争为由，不断抨击菲律宾政府和杜特尔特本人，干涉菲国内司法进程，甚至禁止部分菲国内官员访美等。这对杜特尔特权衡美菲关系产生重要影响。最后，对中国及美国行为的判断与认知是杜特尔特决定改变中美政策最主要的原因。杜特尔特对中、美政策的调整让菲律宾加强了与中国在多个领域的合作，提高了菲律宾的经济，完善了菲律宾的基础设施，加速了菲律宾解决恐怖主义问题与毒品

犯罪问题的进程，让菲律宾在外交上获得了更大的自主性。但与杜特尔特不想在南海挑起中菲对抗相反的是，美国不断怂恿和挑动中菲之间在南海问题上发生新的冲突，这与杜特尔特对华战略和南海策略存在严重冲突。

因此，杜特尔特曾公开批评美国"总是怂恿我们与中国开战"。[①] 对中国来说，杜特尔特政策的调整缓解了中国在南海的军事安全及外交的压力。杜特尔特对美国的疏远影响了美国亚太战略的实施，削弱了美国在亚太地区的地位。

2. 菲律宾对华关系发展

2019 年，菲律宾对华关系延续了两国领导人在 2018 年互访后的积极、平稳、合作基调。中菲双边关系实现了转圜后的进一步发展。

第一是政治层面，两国高层交往密切，首脑外交引领了中菲两国的总体发展方向。2019 年 4 月，杜特尔特总统参加第二届"一带一路"国际合作高峰论坛，习近平主席在第一时间会见了杜特尔特总统。这次会见意义重大。首先，习近平主席肯定了中菲关系在过去三年的巨大变化，即中菲关系完成转圜、巩固、提升"三部曲"，步入新的发展阶段。其次，会见中，习近平指出，他与杜特尔特总统"每次交谈都推心置腹，坦诚相见"，[②] 表达出彼此的高度信任。再次，这次会见中，习近平主席点明了中菲关系在未来发展中极具合作价值的诸多领域，如共建"一带一路"和菲"大建特建"计划、两国及地区间的互联互通行动、南海和平稳定的保持、海上合作、菲国内关心的禁毒与反恐等问题，体现出两国领导人对两国未来发展的谋划。最后，对菲方采取的国内政策方面，尤其是禁毒和反恐这两项备受菲国内国际关注的政策方面，中方强调了这两项政策是"正义事业"，中方将"全力

---

① 《杜兰特怒斥美国怂恿菲律宾与中国开战》，中评网，2019 年 7 月 8 日，http：//www.crntt.com/doc/1054/7/9/2/105479250.html？coluid＝2&kindid＝4&docid＝105479250& mdate＝0708144028。

② 《习近平会见菲律宾总统杜特尔特》，《人民日报》2019 年 4 月 26 日，第 2 版。

支持"。①

从菲方来看，这次杜特尔特总统参加第二届"一带一路"高峰论坛，也体现了他对中国的信任和善意。此次访华，杜氏不仅受到了习近平主席接见，还与李克强总理会谈。在会谈中杜氏也表示"我到中国是为了和平与发展而来"的善意，并声明"中国是菲律宾持久可靠的好朋友"，②同时向中方释放了自己的外交政策为"菲方将坚持独立自主的外交政策"。而针对中国关心的问题，如共建"一带一路"、海上问题，杜氏也强调"使友好合作始终成为菲中关系的主流""不使其影响两国关系的发展"的态度。③由此表明了杜氏促进中菲交往合作的诚意。

在中菲两国2019年的高层交往过程中，一个突出的特点是两国能够就双方之间存在的分歧进行良性的互动，真正有效地管控了中菲在敏感领域，尤其是南海问题上的矛盾分歧，约束了两国国内激进民族主义对中菲友好关系的干扰。如2019年6月，中菲发生渔船相撞事件，菲国内反对派借助该事件大肆炒作对华、对杜氏不利信息，制造反华、反杜舆论，试图破坏中菲关系。对该事件，中菲两国政府总体保持了冷静、客观、低调的处理态度，有效解决该事件对中菲关系的影响，为杜特尔特总统时隔四个月，即当年8月再次访华创造了良好氛围。

第二是中菲两国经贸联系更加紧密，双方人文往来更加密切。2019年，中菲经贸合作再上新台阶，全年双边进出口额达到609.5亿美元，增长9.5%，其中中国对菲出口407.5亿美元，增长16.3%，对菲进口202亿美元，略下降2%。④经贸关系热络的直接影响是中菲之间人文往来更加密切。2019年，中国大陆共有174万人次赴菲旅游，比2018年增长了38.58%，中国大陆

① 《习近平会见菲律宾总统杜特尔特》，《人民日报》2019年4月26日，第2版。
② 《习近平会见菲律宾总统杜特尔特》，《人民日报》2019年4月26日，第2版。
③ 《习近平会见菲律宾总统杜特尔特》，《人民日报》2019年4月26日，第2版。
④ 《2019年12月进出口商品国别（地区）总值表（美元值）》，海关总署网站，2020年1月23日，http://www.customs.gov.cn/customs/302249/302274/302277/302276/2851396/index.html。

已经成为菲律宾第二大游客来源地，仅次于韩国的 198 万人次。[①] 而双方的旅游服务贸易合作潜力仍有更大空间可以挖掘，根据中国旅游管理部门的数据显示，中国游客在菲律宾平均花费 233 美元（11900 比索），仅为中国游客在其他地方消费的四分之一。[②] 访菲的中国大陆游客在中国总出境游客（2019 年 1.55 亿人次）中占比也仅仅 1.1%。

3. 菲律宾对其他大国关系发展

在菲律宾大国平衡外交中，俄罗斯与日本是其平衡地区大国力量对比，避免菲外交滑向任一大国阵营的重要外部力量。2019 年，菲律宾与俄罗斯和日本的国家间关系发展各有侧重。首先，菲俄关系侧重安全与军事方面交流合作。杜特尔特执政尤其是开始其反恐、禁毒战争以来，菲俄关系就在安全与军事两个层面展开了诸多合作。进入 2019 年，上述两方面的合作更进一步。第一个表现是俄高层不断释放支持菲律宾和杜特尔特政府反恐、禁毒战争的支持信号。2019 年 1 月，菲律宾苏禄省一座天主教堂爆炸造成百余人死伤后，俄罗斯总统普京迅速向杜特尔特致慰问电，表示愿意与菲方进一步加强反恐合作，打击各种形式的恐怖主义。[③] 10 月，杜特尔特受邀访俄期间，普京又在两人会面时表达对杜特尔特两年来反恐与禁毒战争的肯定，再次表示愿意与菲律宾在反恐领域发展伙伴关系，分享俄方经验和做法。[④] 第二个表现是菲俄军队之间交流往来更趋密切，两国海军联演联训成为菲俄军事交流新动向。2019 年 4 月，俄海军太平洋舰队舰艇编队访问菲律宾，并与菲海军在南海区域进行战术和通讯训练军演。随后的 7 月，菲海军舰艇即受邀访问俄海军太平洋舰队司令部所在地的符拉迪沃斯托克，参加俄罗斯海

① 《2019 年赴菲律宾中国大陆游客同比增长近四成》，中国金融信息网，2020 年 2 月 18 日，http：//world. xinhua08. com/a/20200218/1914606. shtml。
② 《中国游客正在带动菲律宾旅游业》，商务部网站，2019 年 8 月 13 日，http：//www. mofcom. gov. cn/article/i/jyjl/j/201909/20190902899430. shtml。
③ 《普京：俄方愿与菲律宾加强反恐合作》，俄罗斯卫星通讯社，2019 年 1 月 27 日，http：//sputniknews. cn/politics/201901271027490711/。
④ 《俄罗斯拟与菲律宾发展反恐合作》，俄罗斯卫星通讯社，2019 年 10 月 3 日，http：//sputniknews. cn/russia/201910031029735239/。

军日庆祝活动。值得注意的是，当年12月，菲律宾驻俄罗斯大使在回应俄政府总理梅德韦杰夫提议俄罗斯与东盟进行海军联合演习时，不仅认为这是"可行的"，还表示"与俄罗斯建立更加紧密的政治和军事关系，这是有助于加强双边关系、加强区域安全的好事"。① 反映出俄罗斯在菲律宾大国平衡外交战略中愈加吃重的地位和作用。第三个表现是菲俄间军事贸易意愿较往年更加强烈。杜特尔特总统反恐、禁毒战争之初，俄罗斯就向菲律宾援助了大量轻型武器。进入2019年，俄罗斯军火因其便宜、耐用、维护成本低继续受到菲律宾的青睐，两国军事贸易意愿上升明显。菲律宾国防部高级官员多次表示希望购买俄式直升机，并对购买俄罗斯潜水艇表示出兴趣。②

其次，菲日关系方面，日本加重了对菲律宾外交资源和经济援助的投入力度，菲律宾则在双边货物贸易、服务贸易方面对日本有更多诉求及合作。这主要体现为菲日高层往来间经济议题占据主导。2019年2月，日本外相河野太郎访问菲律宾。此行，日本外相不仅出席日本驻达沃总领馆开馆仪式，河野太郎还代表日本政府向菲律宾表达了对菲处理棉兰老岛政策的支持，表示日本将援助菲律宾棉兰老岛道路网络发展计划，援助金额高达2.02亿美元。③ 此外，菲日间还通过高级别经济对话形式，不断协调两国在日本投资援助菲律宾基础设施建设上的立场和诉求。2019年，菲日间基础设施发展与经济合作联合委员会共举行3次会议，议题涉及菲日间合作五年计划、菲律宾国内基础设施，如马尼拉大都会地铁项目、南北通勤铁路扩建项目、棉兰老岛基建恢复和医疗保健领域合作等。菲日间基础设施合作更加热络，可见日本对参与菲律宾"大建特建"计划兴趣浓厚。菲律宾对日本经济合作除希望日本提供更多援助外，还在农产品货物贸易上不断呼吁日本降低对菲关税。2019年，菲律宾总统杜特尔特访日期间，菲香蕉种植者和出口商协会

---

① 《菲律宾大使：菲方认为俄罗斯与东盟举行联合演习是好事》，俄罗斯卫星通讯社，2019年12月13日，http://sputniknews.cn/politics/201912131030224692/。

② 《菲律宾国防部：菲律宾希望今年采购俄米-171直升机》，俄罗斯卫星通讯社，2019年6月26日，http://sputniknews.cn/military/201906261028849482/。

③ 日本外务省，2019年2月10日，https://www.mofa.go.jp/s_sa/sea2/ph/page3e_000994.html。

（PBGEA）即呼吁杜特尔特重视日本对菲律宾香蕉贸易的高关税状况，希望两国首脑切实解决这个影响菲律宾香蕉在日本市场竞争力的问题。^① 但此问题在日本首脑会晤上并未得到解决，以至于该协会在当年 10 月菲日农业高官会晤时再次呼吁菲政府尽快就降低香蕉关税与日本谈判，稳定菲律宾香蕉在日本的地位。^② 除经贸和人文关系外，菲日间在防务、南海等领域上展开更深入合作的趋势日益抬头。2019 年初日本外相访菲时，两国外长会议表示国防设备和技术转让以及联合演习的实施标志日菲双边安全合作取得重大进展，两国还将恢复在日本举办的政治军事对话和海上对话。^③ 在日本首相安倍晋三与杜特尔特总统 2019 年的两次会谈上，也多次提及南海问题，表示反对任何试图单方面改变现状的尝试等。^④

从菲俄、菲日关系发展的不同面向来看，菲律宾大国平衡与独立自主政策体现出较强灵活性。首先是安全与防务关系上，菲俄两国的迅速走近为杜特尔特摆脱对美国防务依赖提供了机会。作为美国传统盟友，菲律宾防务、安全对美依赖惯性强大。发展与俄罗斯的防务安全合作，一方面能够抵消菲美关系下行后菲律宾的防务安全短板，另一方面也能够安抚菲国内批评杜特尔特恶化对美关系可能造成菲国家安全受到威胁的反对派，避免更大国内压力。此外，由于俄罗斯与中国关系发展密切，菲律宾积极发展对俄防务关系，也在一定程度上使中方无法或不宜对菲俄防务关系给予公开干涉或关注，有利于菲利用中美俄三边关系获取自身安全利益。其次，在经贸关系上，菲美政治关系受影响后，菲国内贸易集团仍希望维持对美这一菲农产品最大出口市场地位，^⑤ 但对东亚国家出口寄予更多希望，避免"把鸡蛋都装

---

① 梁容：《菲律宾：希望降低对日香蕉出口关税》，《中国果业信息》2019 年第 6 期，第 49 页。

② 童彤：《菲律宾：要求日本取消香蕉进口关税》，《中国果业信息》2019 年第 11 期，第 38 页。

③ 日本外务省，2019 年 2 月 10 日，https：//www. mofa. go. jp/s_ sa/sea2/ph/page3e_ 000994. html。

④ 日本外务省，2019 年 11 月 4 日，https：//www. mofa. go. jp/s_ sa/sea2/ph/page3e_ 001124. html。

⑤ 《菲律宾推动和美国更多的农产品贸易》，《世界热带农业信息》2019 年第 11 期，第 30 页。

在一个篮子里"。日本市场尤为重要。由于菲律宾是日本主要的 ODA 对象。日本则是菲律宾最大的 ODA 提供国，菲律宾对日本扩大与菲贸易，尤其是农产品进口寄予更高期望也在情理之中。

4. 菲律宾在东盟中的角色

2019 年，菲律宾与东盟关系继续保持既往以来的发展现状。在东盟框架下，菲律宾继续寻求东盟对其经济建设、禁毒、反恐等国内政策的支持。同时，菲劳就业，东部增长区四国互联互通，菲与越南、印尼、马来西亚等国之间在南海问题上的部分纠葛也是菲对东盟持续发挥内部协调作用的需求点。东盟在涉及菲国内政引起争议的政策上，也表现出延续"东盟方式"的协调姿态，继续保持低调和谨慎发声的态度。在中、菲、东盟三边关系中，菲律宾自 2018 年起将连续三年担任中国—东盟关系协调国，在涉及敏感的南海岛礁争议、渔业资源争夺、渔船冲突等议题上，一定程度上存在菲主导东盟议题设置的可能性。

三 2020年菲律宾对外关系现状与展望

进入 2020 年，菲律宾与亚洲各国一样遭到突如其来的新冠肺炎疫情严重影响。尽管在疫情发生之初，菲律宾就迅速暂停了与中国内地及港澳台地区的直航航线，但菲国内疫情依然在中国成功控制新冠肺炎疫情后出现较大幅度增长。一方面原因是菲国内面临巨大的经济增长压力，对是否采取中国式防控模式菲国内各派势力争议较大，影响了有效控制疫情的时机。另一方面，菲政府为大量滞留在海外的菲劳务人员敞开了回国的大门，一些疫情感染者在回国后并未及时受到隔离和检测，造成了菲部分地区暴发社区型感染。

1. 新冠肺炎疫情对菲律宾的影响

疫情影响菲国内经济，菲政府重新审视旅行禁令政策。首先是疫情影响菲经济增长的形势更加严峻。尽管菲央行行长曾称新冠肺炎对菲经济影响不大，但随着旅游人数下降和菲劳旅行禁令限制，他同时承认第一季度菲国内经济增长可能会小幅下降约 0.2 个百分点，第二季度为 0.4 个百分点。国际

货币基金组织（IMF）驻菲代表则称，受中国国内疫情影响，中国经济放缓对菲经济负面影响集中于旅游业放缓和全球价值链对菲律宾市场情绪造成的负面影响，IMF 预计考虑到新冠肺炎疫情等因素，菲律宾 2020 年第一季度的经济可能增长接近 6.3%。①

其次，菲国内重要经济支柱的旅游、劳工受到旅行禁令政策影响承压较大，呼吁重新审视旅行禁令政策声音不断。疫情期间菲劳工部长呼吁解除旅行禁令，让菲劳返回海外岗位。菲旅游部长则称，疫情和对中国内地、港澳台地区的旅行禁令预计将使菲旅游业在 2020 年 2~4 月将损失估计 429 亿比索。② 此后，菲国内针对放宽旅行限制的呼声不断，至今仍成为朝野内外争议较大的话题。

再次，菲国内发展的疫情对中菲关系也造成一定影响。中菲之间密切的经贸往来在一定程度上对菲国内实施的防疫检疫措施产生利益影响，菲各政府部门在政策制定中虽多从本机构利益考虑，但中菲之间密切的经贸和人员往来影响其防疫检疫政策。如为避免菲境内民众和支柱旅游业遭受疫情损失，菲国内出台了针对中国地区游客的旅行禁令，但禁令同时伤害了菲自身产业发展，菲国内如旅游部门、劳工部门、华人社团等对旅行禁令的检讨声音不断。未来，伴随中国国内高强度的防疫抗疫措施取得重大成效，菲政府或将在短期内逐步放宽针对中国内地和港澳地区的旅行禁令，以允许中国游客入菲，便利菲劳前往中国大陆地区和港澳地区复工。

2. 2022 年菲律宾总统大选因素的影响

目前，杜特尔特总统任职已过一多半，2022 年菲律宾总统大选将成为影响当前和今后两年菲律宾内政外交政策的重要因素。按照要求，菲国内参选总统、副总统、议员和其他国家机构人员等各职位的候选人必须在 2021 年 10 月前提交候选文件。距离此时间节点不足两年，菲国内各派政治势力

---

① 《国际货币基金组织维持对菲律宾的经济增长预测》，商务部网站，2020 年 2 月 25 日，http：//www.mofcom.gov.cn/article/i/jyjl/j/202002/20200202938894.shtml。
② 《对华旅游禁令严重影响菲律宾旅游业》，商务部网站，2020 年 2 月 14 日，http：//www.mofcom.gov.cn/article/i/jyjl/j/202002/20200202936003.shtml。

正在积极鼓动合适的候选人增加曝光度和参选可能性。这其中以杜特尔特执政集团内竞争最为激烈。菲律宾2022年总统选举有力的竞争者有5位，分别是：现任总统杜特尔特之女、现任菲律宾达沃市市长萨拉·杜特尔特（Sara Duterte-Carpio），菲律宾前总统马科斯之子、前参议院参议员小费迪南德·马科斯（Ferdinand Marcos, Jr.），政坛实力派、现任参议院参议员格蕾丝·波因（Grace Poe），菲律宾政治新星、现任马尼拉市市长伊斯科·莫仁洛（Isko Moreno），菲律宾传奇拳手、现任参议院参议员曼尼·帕奎奥（Manny Pacquiao）。据菲律宾国内2019年12月公布的民调显示，在21名潜在的总统参选人中，35%的受访者选择了杜特尔特总统的女儿萨拉，帕奎奥赢得了5.5%的支持率，位列第四。①

尽管上述五人均为呼声较高的有力竞争者，但五人却形成了以现任总统杜特尔特为中心的菲律宾泛执政联盟，仅有参议员格蕾斯属于非常温和的反对派，但其政策倾向几乎全力支持杜特尔特。目前杜特尔特在菲律宾的民意支持率很高，新的总统参选人要竞争上位，势必要得到杜特尔特总统的首肯。值得关注的是，自2016年杜特尔特总统任职以来，其不仅看到了菲律宾国内问题、社会"痼疾"之所在，关键是敢于下重手整治，杜特尔特总统上台以后引人瞩目的铁腕施政行动，包括大规模禁毒、反腐败、反恐怖主义、反激进武装分子、打击网络博彩，无一不是向菲国内多年的积弊宣战。基层政治出身的杜特尔特具有平民情怀，尤其关注经济发展、就业和民生改善，在促进农产品出口、推进劳工就业、加强交通基础设施建设以及反贫困方面取得积极成效，因此备受菲律宾民众特别是贫民阶层的极大支持。杜特尔特极具个性的执政风格自然对后继者和菲政界产生较深影响，菲律宾对外关系发展走向，将有待进一步深入观察和研判。

---

① 《总统府不排除总统父女联手竞选正副总统可能性》，菲律宾商报网站，2019年12月20日，http：//www.shangbao.com.ph/fgyw/2019/12－20/87387.shtml。

双边关系报告

Bilateral Relations Reports

B. 6
2019年中国与菲律宾关系发展：
政治对话、经贸合作与人文
交流的全面提升

杨静林 *

摘　要：　2019年中菲两国高层互动频繁，双边在全面战略合作关系的
　　　　　框架下打造合作亮点，稳步地推进双边与多边的政治对话、
　　　　　经济合作与人文交流，增进了双方的政治互信与民心相通，
　　　　　两国在基础设施建设、金融、产业等合作及经贸关系上全面
　　　　　发展。同时，双方有效处理领土争议，推进海洋合作，南海
　　　　　双边磋商等机制得到了有序推进。在反恐、维和、减灾救助
　　　　　及国际事务等领域密切合作，这为双边关系的稳定发展注入
　　　　　了活力。

* 杨静林，博士，广西民族大学东盟学院副教授，主要从事中菲关系及华侨华人研究。

关键词： 政治互信　经贸合作　中菲关系　人文交流

2019 年是中菲关系提升至全面战略合作关系的开局之年，双方安全、发展、人文的交流与合作持续展开，两国高层互访与多边政治对话增强了双方的政治互信；双边打造中菲合作亮点，在产业合作、基础设施建设、金融合作等领域合作成效显著，有效实现"一带一路"倡议同菲律宾杜特尔特"大建特建"规划的战略对接，中菲经贸与投资关系更加紧密，中国成为菲律宾最大贸易伙伴、第一大进口来源地和第三大出口目的地。人文交流是中菲两国关系发展的支柱之一，在菲律宾的中资企业履行社会责任，开展自然灾害的救助和公益扶贫援助，两国人员往来增多，中国仅次于韩国，是菲律宾第二大游客来源地。菲律宾华人社团开展两国之间的经济与人文教育，加强了菲律宾华社与中国侨乡及中菲关系的发展，增进了两国的民心相通。2020 年是中菲建交 45 周年，两国关系将在 2019 年取得的成效之上进一步深化和拓宽各领域的合作，疫情后中菲两国国内经济重建，恢复经贸关系与人文交流是中菲两国政府面临的共同议题。

一　中菲外交关系的友好推进

随着杜特尔特执政后的菲律宾政府调整大国关系，菲中关系发展经历了转圜、巩固、提升的演变过程，南海局势的缓和菲律宾发挥了积极的影响。2018 年 11 月习近平主席对菲律宾进行国事访问，中菲关系提升为全面战略合作关系。2019 年菲律宾杜特尔特总统两次访华，两国外长在双边外交及多边外交中多次会晤，全国政协副主席万钢、郑建邦，国务院副总理胡春华先后访菲，两国政府、政党、议会、社团等各领域交往得到深化，推进了双方安全、发展、人文的交流与合作。在外交方面，两国政府积极探索海上合作的新模式，共同维护南海局势的和平稳定；在经济发展方面，双方积极推进"一带一路"与杜特尔特的"大建特建"的战略对

接，旅游、社团及文化交流的推进助推了中菲关系提质升级。中菲关系的提升得益于两国领导人的重视及双方高层的密切沟通，增强了双边的政治互信。

（一）中菲两国高层的政治互访与对话

2019 年 3 月菲律宾外长洛钦（Teodoro Locin）、执行部长梅迪亚尔德亚（Mediyardeya）、财长多明格斯（Diminguez）等组成的菲律宾政府代表团访华，中国国家副主席王岐山和外长王毅会见了代表团，共商双边深化务实合作、和平解决领土争议问题，肯定菲律宾在推进中国与东盟关系中发挥了积极的作用。王毅表示，菲律宾作为中国—东盟关系协调国，积极推进中国—东盟关系和东亚区域合作，中方愿同包括菲律宾在内的东盟国家一道，争取在三年内完成"南海行为准则"（COC）磋商，积极探讨商签"一带一路"合作文件，深化智慧城市合作，加强两国人文交流，提升中国与东盟防务合作，力争年内完成区域全面经济伙伴关系协定谈判，推动中国与东盟合作关系进一步深化。①

3 月 28～31 日，"中菲高峰论坛"在马尼拉举行。4 月，杜特尔特总统应邀来华出席第二届"一带一路"国际合作高峰论坛，他成为出席会议的40 多个国家领导人之一，与中国高层商讨赠款、软贷款、文化、人文和海关合作等协议。菲律宾众议长阿罗约（Arroyo）出席博鳌亚洲论坛，在会上阿罗约表示，中国是菲律宾的伙伴，绝不是威胁。菲律宾等发展中国家应进一步加强与中国的关系。②

4 月，中国农业农村部副部长余欣荣率团访问菲律宾，会见了菲农业部副部长戈尔戈尼奥（Gorgonio）和国际水稻研究所副所长杰奎琳（Jacqueline），全面了解中菲农业合作的共识及可能性，重点就召开中菲农

---

① 《王毅同菲律宾外长洛钦会谈》，中国外交部官网，https://www.fmprc.gov.cn/web/wjbzhd/t1646923.shtml。
② 《余欣荣副部长访问菲律宾》，中国农业农村部官网，http://www.moa.gov.cn/xw/zwdt/201904/t20190429_6288134.htm。

业渔业联委会、农产品准入及贸易、农业基础设施建设以及深化渔业合作等交换意见，探讨水稻技术研发以及水稻种质资源保存等工作，与在菲的农业企业举行座谈会，到援菲中菲农技中心以及菲律宾新希望集团实地调研。深入菲农村和农民家中，了解菲农业发展、农村建设和农民生活情况。[1] 6月全国政协副主席万钢出席在马尼拉组织召开的"一带一路经贸合作与创新"座谈会，鼓励在菲律宾的中资企业践行"一带一路"倡议，建设睦邻友好关系，为构建人类命运共同体作出积极贡献。[2]

8月底杜特尔特总统再次访华，受邀观看2019年国际篮联篮球世界杯比赛。习近平主席会见杜特尔特总统，双方共同商讨了南海领土问题、投资项目合作、安全合作及香港问题等议题。习近平指出，持续推进"一带一路"倡议同菲方"大建特建"规划对接，实施好基础设施建设、工业园区、电信、能源等领域重大合作项目。在人权等问题上，中方将继续坚定支持菲方维护国家主权、抵御外部干预的努力。在南海问题上，搁置争议，共同开发海上油气，共同维护地区稳定。杜特尔特祝贺中华人民共和国成立70周年，表示中国成功发展的经验值得菲律宾学习借鉴，提出加强两国元首之间的沟通，共同推动两国全面战略合作关系发展，实现互利共赢，希望中方继续助力菲经济发展和基础设施建设，感谢中国对菲人权事业、灾区重建、反恐、禁毒等方面给予的支持。在香港问题上，菲律宾完全尊重中国的法律以及依法维护法治的权利。[3] 两国元首共同见证了双边合作文件交换仪式，宣布成立油气合作政府间联合指导委员会和企业间工作组，共同开发南海和油气管道建设项目谈判取得一定的进展。

（二）中菲外交关系发展的成效

第一，两国积极推进"一带一路"倡议同菲律宾杜特尔特提出的"大

---

① 《中国是菲律宾的伙伴，绝不是威胁》，菲律宾《世界日报》2019年4月1日。

② 《全国政协副主席万钢出席"一带一路经贸合作与创新"座谈会》，中国商务部官网，http：//www. mofcom. gov. cn/article/i/jyjl/j/201906/20190602875921. shtml。

③ 《习近平会见菲律宾总统杜特尔特》，中国驻菲律宾大使馆官网，https：//www. fmprc. gov. cn/ce/ceph/chn/zfgxzgdmgx/t1700796. htm。

建特建"规划的战略对接,打造中菲合作亮点,深化中菲两国合作关系。菲律宾是海上丝绸之路的重要枢纽,是共建"一带一路"的伙伴之一,杜特尔特政府重视和支持"一带一路"倡议。中菲在共建"一带一路"合作框架下合作建设菲北部吕宋和南部达沃两大重点合作带及打造中菲克拉克工业园的三方合作。中国在菲律宾承建重大基础设施建设项目,以基建和工业园区的建设拉动当地就业,改善菲律宾滞后的公共设施,惠及菲律宾民生。此外,双方加强中国—东盟东部增长区合作和"陆海新通道"建设合作,深化中菲两国和本地区各国的发展战略对接,互利合作共赢,使中菲关系具有更广阔的发展前景。4月周小川出席博鳌亚洲论坛马尼拉会议,鼓励中资企业拓展思路,用好各种融资渠道,积极参与菲律宾经济建设,推进中菲经贸合作,助力"一带一路"国际合作。6月中国驻菲律宾大使馆召开在菲中资企业座谈会,近20家中资企业负责人参加,研讨新形势下推进双边经贸合作。江建军参赞指出,在菲中资企业要积极参与"一带一路"建设与"大建特建"计划,推动中菲经贸合作关系再上新台阶及中菲关系的发展。①12月4日中国驻菲律宾新任大使黄溪莲到任,向杜特尔特总统递交国书,表示他将全力落实两国领导人共识,推进"一带一路"倡议同"大建特建"规划对接,不断拓宽中菲实务合作。②

　　第二,双边开展中国—菲律宾南海问题双边磋商机制,推进海上合作。4月初,中国外交部副部长孔铉佑和菲律宾外交部部长助理兼亚太司司长蒙特亚莱格雷(Montealegre)率团出席在马尼拉举行的南海问题双边磋商机制第四次会议,就加强海上合作进行会谈,涉及南海地区政治安全形势、海上搜救、海事安全、海洋科研与环保、海洋渔业合作等议题,双方还探讨了海上油气开发问题。菲律宾国防部部长洛伦扎纳公开表示,在南海问题上菲律宾相信中国,两国妥善管控分歧,南海问题不是菲中关系的全部,两国还可

①《江建军参赞主持召开中资企业座谈会》,中国商务部官网,http://www.mofcom.gov.cn/article/i/jyjl/j/201906/20190602872554.shtml。
②《菲律宾总统对菲中关系良好发展表示满意》,新华网,http://www.xinhuanet.com/world/2019 - 12/05/c_ 1125309060.htm。

以在经贸、旅游、人文交往等更广阔的领域展开合作。①

第三，推进东亚区域合作。7月23日，外交部副部长罗照辉在马尼拉同菲律宾外交部副部长马纳罗（Manaro）共同主持第22次中菲外交磋商，这是2018年双方建立全面战略合作关系以来举行的首次外交磋商。在会议上，中方重视菲方作为中国—东盟关系协调国的重要作用，积极支持菲方履行协调国职责，同菲方加强沟通协调，推动中国—东盟关系，推动东亚区域合作的进展。

第四，推进多边合作。菲律宾支持中国倡导的区域全面经济伙伴关系协定谈判，中菲双方在地区与国际会议上共同维护多边合作，维护以联合国为核心的国际体系，倡导以规则为基础的世界贸易体系。7月30日至8月3日，王毅外长在曼谷出席中国—东盟外长会议、东盟与中日韩外长会议、东亚峰会及东盟地区论坛外长会议。在会议期间，王毅部长与菲律宾外长洛钦会晤，表示中国始终把菲律宾作为中国周边外交的优先方向之一，愿同菲律宾深化政治互信，同菲律宾在内的东盟国家密切配合，共同促进地区繁荣稳定。②

第五，开展公共安全与国家治理的合作。杜特尔特政府致力于打击走私、反腐、禁毒、反恐、粮食安全等国内问题，中国从经济援助、技术支持及信息分享等方面全力支持菲律宾政府的国家治理。菲律宾政府加强对其国内非法烟草贸易监管，中国帮助菲律宾海关阻止未经授权的卷烟机器进入市场，菲律宾海关与中国海关签署谅解备忘录，共同打击非法卷烟贸易，制止卷烟机器的非法交易。4月中国援菲律宾阿古桑戒毒中心项目完工，正式移交棉兰老岛南阿古桑省，这是中国援助建成的第一个成套项目，也是南阿古桑省首个戒毒中心。7月菲律宾外长洛钦与香港行政长官林郑月娥会面，寻求与香港合作打击腐败。11月国家市场监督管理总局局长肖亚庆率团访问

---

① 《菲律宾各界高度评价杜特尔特访华成果》，环球网，https：//world. huanqiu. com/article/9CaKrnKmD2V。

② 《王毅会见菲律宾外长洛钦》，中国驻菲律宾大使馆官网，https：//www. fmprc. gov. cn/ce/ceph/chn/zfgxzgdmgx/t1686076. htm。

菲律宾，会见菲农业部部长威廉·达尔（William Vegeta），就农业和食品安全合作与菲方交换意见并签署有关合作谅解备忘录；双方就知识产权、环保标准、消费者权益保护等议题交换意见，双方就反垄断合作交换意见并签署有关合作谅解备忘录。同月，中国海关总署副署长王令浚率团访问菲律宾，与菲律宾海关局副局长迪·布科就重点加强缉私执法、贸易统计、风险管理、集装箱检查设备应用等议题进行交流；还与菲律宾农业部副部长卡亚南（Kayanan）就深化中国—东盟检验检疫（SPS）合作、中国禽肉输菲以及菲律宾多种农食产品输华等议题交换意见。[①]

二 中菲经贸关系的热络与增长

中菲经贸关系随着菲律宾政府重视发展对外经济合作、拓展贸易伙伴得以全面提升与增长，双边投资与贸易热络，不仅金融合作、产业合作及基础设施建设合作全面铺开，而且在中美贸易摩擦中菲律宾坚持支持华为、倡导国际多边自由贸易体系和RECP的谈判。

（一）投资与贸易的增长

1. 中国对菲律宾投资的增长。2018年菲外国直接投资（FDI）净流入下降，外国直接投资净流入总额仅为98.02亿美元，同比上年102.56亿美元下降约4.4%，大幅低于104亿美元的原定年度目标。菲律宾政府实施一系列改善投资环境的措施，简化政府流程、放宽外资限制等。菲律宾央行预设2019年外国直接投资净流入目标为102亿美元。[②] 受中美贸易摩擦的影响，2019年1~4月外国对菲直接投资净流入总额为29亿美元，同比下降14%。与此同时，净股本投资为7.12亿美元，同比下降44.5%，资金回流

---

① 《王令浚率团访问菲律宾》，中国海关总署官网，customs. gov. cn/customs/302249/hgzssldzj/302340/302381/302384/2718534/index. html。

② "Pihippine Department of Finance: The Temporary Phenomenon of FID Decline in 2018," *Economic World（Philippines）*, March 14th, 2019.

为3.77亿美元，同比增长204%。1～4月对菲股权投资前五大来源国为日本、美国、中国、新加坡和韩国，投资流向主要为金融保险、房地产、制造业、电力、运输仓储以及酒店餐饮服务业等领域。① 根据菲律宾贸工部统计，中国以总计480亿比索的投资高居2018年菲律宾外国投资者名单榜首，而投资委员会批准的新投资在同年实现了两位数的增长。2019年新批准的中国投资包括：中国电信赢得了菲律宾第三个电信运营商许可证的投标，并承诺在五年内投资约50亿美元；投资卡加延德奥罗的钢铁厂35亿美元；中国海洋石油集团有限公司（CNOOC）在八打雁投资液化天然气项目。② 中国企业在菲承包工程新签合同62.4亿美元，完成营业额27.6亿美元。随着中国对菲律宾贸易与投资的增长，菲国内出现了一些对中国贷款的片面臆测，指责中国贷款为"债务陷阱"，高级法院大法官卡皮奥（Antonio Carpio）对贷款协议表示担忧，特别是价值36亿比索（约合人民币4.62亿）的奇科河灌溉项目贷款协议，担心如果菲律宾偿还不了贷款，中国会夺走菲律宾的油气资产。③ 菲律宾从中国的借款只占其借款总额的一小部分，截至2018年，菲律宾向中国借款仅占其总贷款额的0.66%，而向日本借款占到了9%。到杜特尔特总统任期结束，菲律宾向中国借款额将达总贷款额的4.5%。截至2019年12月，中国企业在菲律宾的投资累计超过10亿美元，中国电信、华为、中国国家电网等40多家中国大型企业在菲投资，直接雇用近2万人，间接创造2.6万个就业岗位，参与菲律宾互联互通建设。④

2. 中菲贸易增长迅速。中国是菲律宾最大贸易伙伴、第一大进口来源地和第三大出口目的地和最大外资投资来源地。菲律宾贸工部通过下属的国

---

① "Philippines Central Bank Released Figures Shows A Sharp Decline in Long – term Foreign Investment in Philippines from January to April," 2019, *Philippine Daily Inquire*, July 11th, 2019.

② 《金远商务参赞出席中菲高峰论坛》，中国驻菲律宾大使馆经济商务处，http: // ph. mofcom. gov. cn/article/jmxw/201904/20190402848759. shtml。

③ 《中国贷款利率于日韩相似》，菲律宾《世界日报》2020年4月3日。

④ 《中国—菲律宾投资贸易座谈会在马尼拉举行》：http: // www. bhi. com. cn/DynamicTopic/ newabroad/AbroadDetail. aspx？ id = 26079946&oid = 6。

际贸易博览中心（CITEM）组织邀请菲律宾食品公司参加中国国际进口博览会（CIIE），寻找对华出口商机，扩大对华贸易与出口。① 菲律宾企业在第二届进博会上共获得3亿美元订单，是首届进博会的2倍多。② 2019年，双边贸易额逾600亿美元，同比增长9.5%。③ 菲律宾的农产品在中国—东盟自由贸易协定下零关税，前三季度菲律宾对华出口香蕉110万吨，为菲律宾带来4.93亿美元的收入。④ 菲律宾矿产资源也非常丰富，铜、金、银、铁、铬、镍等20多种，成为中国原材料进口的主要来源之一。菲律宾从中国进口机械、运输设备以及材料分类的制成品及电子产品等。中菲两国投资与贸易合作的深入得益于双方政府及工商业界的推动。1月14日，海南省副省长沈丹阳推介中国（海南）自由贸易试验区的有关政策及最新进展，推介海南向外资开放的旅游业、现代服务业和高新技术产业等，鼓励菲律宾企业家到海南考察、投资、兴业，海南省商务厅与菲华青商会签署了合作备忘录。⑤

3. 金融合作。菲律宾政府放开外国资本进入菲律宾金融行业，吸引中国在内的外国资本。1月，中国银行助菲律宾政府发行为期10年的15亿美元全球债券，这是中国银行首次作为联席全球协调人，协助菲律宾发行美元债券，也是菲律宾首次聘任中资银行作为全球协调人参与其美元债发行工作，此次债券发行资金用于菲律宾一般性财政支出和政府预算项目开支。⑥ 4月菲司法部（DOJ）和中国银行间市场交易商协会（Nafmii）批准，菲律

① 《菲贸工部将组织企业在中国最大的贸易展之一推广出口产品》，中国驻菲律宾大使馆经济商务处，http://ph.mofcom.gov.cn/article/jmxw/201907/20190702880433.shtml。
② 《中菲全面战略合作关系行稳致远》，《中国东盟报道》2020年第5期，第11页。
③ 《中菲全面战略合作关系行稳致远》，《中国东盟报道》2020年第5期，第10页。
④ 《中国驻菲大使召开迎新招待会》，菲律宾《世界日报》2020年1月16日。
⑤ 《金远参赞出席中国（海南）·菲律宾经贸交流座谈会》，http://ph.mofcom.gov.cn/article/jmxw/201901/20190102827018.shtml。
⑥ 《中国银行助菲律宾发行15亿美元全球债券》，中国商务部官网，http://www.mofcom.gov.cn/article/i/jyjl/j/201901/20190102824883.shtml。

宾国库署发行5亿美元的熊猫债券。① 在贷款方面，中国2%~3%的贷款利率，而亚洲开发银行和世界银行的贷款利率是3%~4%。② 中国的贷款操作程序与日本等国不同，中国向菲方提供企业名单，菲律宾政府按规则招标确定承包商，之后菲财政部与中国就贷款条件等进行商谈，签署贷款协议。

4. 产业合作。菲律宾拥有丰富的人力资源，杜特尔特政府大力改善菲律宾的营商环境，大力招商引资。同时，菲律宾享有美国和欧盟的普遍优惠关税政策，中菲贸易结构互补性强，中菲关系的稳定与回升等诸多有利因素，使得菲律宾成为中资企业投资的热土，劳动密集型产业合作日趋紧密。1月中国纺织品进出口商会副会长张新民率领中国纺织商会代表团访菲，考察菲律宾纺织服装市场和产业情况，计划在菲律宾举办纺织服装展览会，促进双边纺织品进出口贸易。新希望公司决定继续加大在生猪养殖业务的投资力度，将建设9个生猪养殖项目，项目总投资额为89.52亿元，其中20%为公司自有资金，80%为银行贷款。拟在菲律宾新建年出栏16.5万头商品猪项目：总投资为2.8亿元，其中固定资产2亿元，土地费用2千万元，生物性资产和流动资金投资6千万元。③ 菲律宾成为供给侧结构性改革中产能转移及商品销售的巨大市场。笔者于2019年6月在马尼拉开展菲律宾广西华商的调研中了解到，近年来马尼拉城市扩建，其中公共交通轨道建设90%的配件及机械设备来自广西玉柴集团。

5. 基础设施合作。大马尼拉地区严重交通拥堵，当局将通过增加12座横跨帕西格河（Pasig River）、马利金纳河（MarikinaRiver）和Manggahan防洪道的桥梁，以减轻大马尼拉地区的交通压力。中国积极承建菲律宾大型基建项目或为菲律宾基建项目提供资金贷款援助。埃斯特热拉—潘塔里恩大桥的扩建是大马尼拉地区交通物流网络的一部分，也是交通管理总体规划的一

① 《菲政府拟在4月底发行5亿美元熊猫债券》，中国商务部官网，http://www.mofcom.gov.cn/article/i/jyjl/j/201904/20190402852228.shtml。
② 《菲官员：中国贷款利率不高，中国也没有因为利率低而获得任何优待》，菲律宾《世界日报》2019年3月5日。
③ 《新希望拟投近九十亿元建生猪养殖项目，一个位于菲律宾》，农博网，http://www.aweb.com.cn。

部分。比诺多—因特拉穆罗斯大桥、赤口河灌溉、新世纪水源卡利瓦大坝、菲国家铁路南线等一系列中国援建菲律宾的 10 个重大合作项目稳步推进。中国为重建连接马卡蒂市（Makati）和曼达卢永市（Mandaluyong）的埃斯特热拉—潘塔里恩（Estrella - Pantaleon）大桥提供了 12 亿比索的赠款。① 此外，菲"大建特建"项目已经从中国取得两项贷款，即 43.7 亿比索的赤口河灌溉项目中的 6209 万美元及 122 亿比索的新世纪卡利瓦大坝工程中的 2.112 亿美元。② 投资 36 亿比索的赤口河灌溉项目贷款以西菲律宾海里德海岸油气资源作为贷款保证。

6. 中国放宽对菲律宾农产品的进口限制。2 月中国海关总署发布 2019 年第 30 号公告，宣布允许进口符合《进口菲律宾冷冻水果检验检疫要求》的菲律宾香蕉、菠萝和芒果。③ 菲统计局（PSA）数据显示，自 2018 年中国成为菲律宾香蕉出口的首要地之后，中国取代日本成为菲律宾最大香蕉的出口国。2019 年 1 月至 9 月菲律宾向中国出口了 115.7 万吨香蕉，比上年同期增加 52.25%，占菲香蕉出口总量的 36.88%；菲香蕉总出口量达到 320 万吨，这一数字史无前例，达到历史最高水平，与上年同期的 221.1 万吨相比，增加了 45.12%。香蕉出口收入达到 14.48 亿美元，比上年同期增长了 47.76%。④ 2019 年菲律宾椰子实现了首次对华出口，双方就菲律宾鳄梨对华出口达成一致。

（二）中美贸易摩擦对菲律宾经济的影响及菲律宾的回应

在新一轮的中美贸易摩擦中，美国特朗普政府对中国包括 5G 在内的先进通信技术进行围堵，以从事间谍活动为名，对中国华为公司进行无理的制

---

① 《中国为菲大桥提供赠款"无附加任何条件"》，https：//mini. eastday. com/a/190116000045780. html。
② 《第二届"一带一路"峰会在即，菲中官员期待两国合作跃升》，中国驻菲律宾大使馆经济商务处，http：//ph. mofcom. gov. cn/article/jmxw/201903/20190302846208. shtml。
③ 《中国允许进口菲冷冻水果》，菲律宾《商报》2019 年 2 月 15 日。
④ "Philippine's Banana Exports May Reach History Record High," Driven by Chinese Market Demand, Business Mirror (Philippines)，Nov. 23rd，2019.

裁。迫于压力，澳大利亚等国纷纷禁止华为设备。美国声称华为的 5G 方案可能给菲律宾的国家安全带来威胁，并向菲方施压，要求禁用华为相关技术和设备，菲律宾信息通信技术部负责网络安全的助理部长亚兰·加兰董（Ram·Garland）称，在没有证据的情况下，不会把华为视作安全威胁，也不会阻碍华为的设备或技术进入任何菲方通信网络。① 菲律宾电信巨头 Globe 和 PLDT－Smart 使用华为的无线网络设备和基础设施。菲律宾电信运营商 Globe 公司首席执行官 Ernest Cu 表示尽管美国政府将华为列入黑名单，但 Globe 公司会继续销售华为手机并使用华为的网络设备。② 同时，OPPO 在菲律宾未受到影响，它与菲律宾两大通信公司 Smart Communications 和 Globe Telecom 合作，通过 Globe 和 Smart 在菲律宾推销新款手机，另外，还计划与菲律宾第三大电信运营商 Mislatel 开展业务往来。

美国是菲律宾第一大出口目的地，中国是菲最大进口来源地和第一大贸易伙伴，菲律宾密切关注美国对中国产品实施的新一轮高额关税对菲国内经济的影响。摩根大通发布的最新研究报告显示，中美贸易摩擦仍处于谈判磋商阶段，预期不明确，越来越多的企业正考虑搬迁。其中，东盟国家是产业转移的最大获益者，40% 的公司提及拟将工厂和生产地移至该地区。越南和马来西亚是最大的两个受益国，它们的提及率为 9%。印度尼西亚和菲律宾各获得 8% 的提及率，泰国仅获得 5% 的提及率，多数公司拟在 2～3 个季度内进行产业转移。③ 然而，中菲两国对外贸易结构不同，在世界市场中两国商品不存在竞争关系，菲律宾并不能从美国加征中国产品的关税中获益。为抵消中美贸易摩擦的负面影响菲律宾政府积极与其他亚洲国家国家，特别是欧洲国家签署自由贸易协定，增加出口产品种类，寻找更为广阔的出口市场。

此外，菲律宾反对贸易保护主义，支持与参与中国倡导的多边贸易体系

① 《无视美警告，菲力挺华为：应采用最优技术》，菲律宾《世界日报》2019 年 4 月 1 日。
② "Philippine Telecom Operator Globe Says It Will Continue to Work with Huawei," *Philippine Daily Inquire*, May 24th, 2019.
③ "Philippines Will Benefit from the Shift in Industry Caused by USA－China Trade War," *Philippine Star*, July 3rd, 2019.

谈判，肯定中国对东盟地区贸易和投资自由化的支持。在多边贸易体系面临挑战的背景下，菲律宾对区域全面经济伙伴关系协议谈判持乐观和肯定的态度，希望通过加入 RCEP 增加全球价值链的参与度，吸引外资，发展当地产业，创造就业机会。① 11 月，菲律宾财政部部长多明计斯在广州举行的国际金融论坛上表示，期待签署 RCEP 协议，这对于加强东南亚地区贸易、投资和经济增长至关重要。RCEP 不仅改善中国与东盟之间的协同合作，而且还确保该地区经济继续保持，甚至在贸易保护主义政策中也能得到快速发展。② 在第 35 届东盟峰会全体会议上，杜特尔特总统公开讲到，与贸易有关的紧张局势和贸易保护主义不仅将拉低菲经济增长，还将对发展中国家的粮食安全产生深远的影响，东盟成员国加强经济一体化，应对不断上升的贸易保护主义和贸易紧张局势，并对中美贸易摩擦提出警告，它破坏了东南亚国家的进步，呼吁东盟通过达成 RCEP 协议快速推进其经济一体化。③

中美贸易摩擦使受美国关税升级影响的企业向东南亚转移。因美国加收中国商品关税，中国生产成本上升，中国投资者也将一些产业迁移到邻国，菲律宾承接中国产业的转移，从 2016 年以来中国对菲投资增加到 10 亿美元。④ 越南、缅甸等国家采取激励措施，放宽外国所有权法律并简化繁重的劳工法规，中国汽车和汽车零部件的部分生产企业已转移到越南、马来西亚和泰国；陶瓷电容器和光学产品行业已转移到泰国；半导体设备制造业正迁往马来西亚；碱性电池和微控制器制造业正转移至新加坡。⑤ 菲律宾、马来

① RCEP 的谈判始于 2012 年，完成后将成为世界上最大的贸易协定，东盟十国以及澳大利亚、中国、印度、日本、韩国和新西兰等 16 个贸易伙伴占全球人口的近 50%，几乎占世界贸易的 1/3。"RCEP Negotiations May End in November," *Philippines Star*, Aug. 5th, 2019.

② "Philippine Finance Minister: RCEP Will Help ASEAN's Economic Development," *Philippine Star*, Nov. 27th, 2019.

③ "The President of Duterte Calls on ASEAN to Speed up Integration through RCEP in Response to Trade Frictions," *Business Mirror*（*Philippines*），Nov. 4th, 2019.

④ 《菲官员：杜特尔特上台后，中国投资从 5000 万加到 10 亿美元》，https://www.guancha.cn/internation/2019_ 06_ 30_ 507629. shtml。

⑤ 《菲律宾将受益于中美贸易战导致的产业转移》，中国驻菲律宾经商参赞处，http://www.mofcom.gov.cn/article/i/jyjl/j/201907/20190702878347. shtml。

西亚和泰国等国承接电机和办公设备等制造业的转移具有一定的优势，菲律宾受益于半导体设备、电子器件、电力设备和电气元件等的产业转移。另外，菲律宾向中国进口了大量产品，之后再出口到美国。菲律宾虽然不似新加坡或泰国严重依赖出口，对外贸易拉动菲经济增长的重要因素，但是为改善出口，菲律宾政府正致力于出口产品和市场多元化，最大限度地拓展菲律宾对外贸易伙伴。

三　中菲两国人文交往的扩大与深化

民间投资、文化教育及社团之间的人文交流成为中菲两国关系发展的三大支柱。中菲民间交往的深化体现在四个方面：第一，在菲律宾的中国企业履行社会责任，开展自然灾害的救助和加大公益援助项目，改善菲律宾民生及帮助菲律宾减贫。第二，两国之间人员往来增多，提升了菲律宾旅游业的增量，拉动菲律宾民航业的发展。第三，菲律宾华人社团开展两国之间的经济与人文教育，加强了菲律宾华社与中国侨乡及中菲关系的发展。第四，菲律宾华文教育的发展与中菲夏令营活动的持续开展。截至 2019 年，中菲两国已经结成 30 多对友好城市，在菲律宾设有 5 家孔子学院开展汉语教学，双方就菲律宾英语教师来华及互设文化中心等保持良好的沟通。①

1. 中国对菲律宾自然灾害的救助与公益事业的援助。菲律宾棉兰老地震、台风巴蓬等自然灾害袭击菲律宾，造成菲律宾巨大的经济损失和人员伤亡，中国政府提供 420 万元人民币援助灾民重建家园。② 中国在棉兰老地区共援建 14 所学校，为当地 2000 多名学生提供 50 余间教室。③ 1 月，中国国家电网公司、菲电气化管理局及当地电力合作社签署三方合作协议，菲律宾

---

① 《中菲全面战略合作关系行稳致远》，《中国东盟报道》2020 年第 5 期，第 10~11 页。
② 《中国向菲律宾棉兰老岛地震灾区提供援助》，国际在线，http：//news. cri. cn/20191101/64477d7d－7868－e933－d545－75c8ff16d655. html。《驻菲使馆举办迎新春暨黄溪连大使到任招待会》，https：//www. sohu. com/a/367192230_ 123753。
③ 《中菲全面战略合作关系行稳致远》，《中国东盟报道》2020 年第 5 期，第 10 页。

三描礼士省（Zambales）圣马赛利诺市（San Marcelino）巴里特村（Baliwat）"光明乡村"扶贫项目由国家电网公司捐赠，华为公司负责设备供应、网线铺设和网络覆盖等方案设计工作，对该地区采用光伏集中供电方式，中国企业还向当地学生捐赠了书包、电脑、手机、文具等学习用品。6月，项目竣工，并移交给当地电力合作社委托管理和维护。菲律宾能源部副部长贝尼托（Benito）、菲电气化管理局局长埃德戛杜（Edgardo）、中国国家电网公司副总工程师朱光超等中菲政商媒体各界以及本地居民等 800 余人参加仪式。"光明乡村"项目采用太阳能微网集中供电，发电容量 76 千瓦，电池储能容量 432 千瓦时，将惠及人口 1000 余人，包含两所小学 108 名学生。项目投运后，中国国家电网有限公司还将提供 2 年的免费运维及长期质保和技术支持服务。除电力覆盖外，华为菲律宾公司将为学校和附近村民提供手机信号和因特网覆盖。①

2. 中菲双边人员、物流增多，旅游业的发展与航班的加密。随着两国外交与经贸关系的密切及双方人员往来的增多，促进了中国赴菲旅游人数的增加及菲律宾航空服务业的发展。2018 年有大约 125 万名入菲的中国游客，同比增长近 30%。菲旅游部数据显示，2019 年共计 826 万人次外国游客来菲旅游，同比增长 15.2%。其中，韩国游客 198.9 万人次，同比增长 22.5%，继续保持为菲第一大游客来源地；中国大陆游客 174.3 万人次，同比增长 38.6%，继续排名第二；其后依次为美国（106.4 万人次，增长 2.9%）、日本（68.3 万人次，增长 8.1%）、中国台湾地区（32.7 万人次，增长 35%）、澳大利亚、加拿大、英国等国家和地区。② 随着来往两国人员增多，菲律宾航空服务业的增线扩容。亚洲航空菲律宾公司已开辟了飞往澳门、香港、广州、上海、杭州和深圳的航线。2019 年初在卡里波、阿克兰

---

① 《国家电网菲律宾光明乡村扶贫项目竣工并移交》，中国新闻网，http：//www.chinanews.com/m/gj/2019/06 - 27/8876869.shtml。

② 《2019 年赴中国大陆游客同比增长近四成》，新华丝路数据库，https：//www.imsilkroad.com/db#/searchresult/% E8% 8F% B2% E5% BE% 8B% E5% AE% BE/article/401625。

与澳门、昆明和成都之间开通了航线。① 2019 年，福建晋江国际机场新增泉州至克拉克、宿务加上原先已开通的马尼拉、达沃航线，泉州通航菲律宾的航点达到 4 个，泉州成为中国国内开通菲律宾航点最多的城市，航点的增加将进一步促进泉州与菲律宾的经贸、文化、旅游交流合作，同时，泉州石狮石湖海港增开至菲律宾港口的新航线。

3. 两国之间的文化教育与宗亲会、商会之间社团联系密切。中菲两国热络的人文交流加强了菲律宾华社与中国侨乡及中菲关系的发展。在国家层面的社团活动有：6 月，国侨办主任许又声在马尼拉出席全球华侨华人促进中国和平统一大会，对海外华侨华人在新时代共促中国和平统一大业提出三点意见：一是坚持一个中国原则和"九二共识"，维护两岸关系和平发展的政治基础；积极推动台湾各党派、团体和人士就两岸政治问题和推进祖国和平统一进程开展对话沟通，探索"两制"台湾方案，不断丰富和平统一实践。二是推动两岸融合发展，夯实两岸同胞心灵契合的民意基础。广大海外侨胞发挥在两岸关系中的桥梁纽带作用，加强与海外台湾省籍侨胞的联谊交往和交流，共同传承中华优秀文化，增进和平统一认同，夯实和平统一基础，让两岸同胞有更多的认同感、亲近感和获得感。三是讲好中国统一的故事，塑造有利于推进中国和平统一的国际环境。广大海外侨胞充分发挥融通中外、人脉广泛的优势，加强与住在国主流社会和民众沟通交流，讲清楚国家统一的坚强意志，讲清中国统一将带来亚太地区和世界稳定，巩固国际社会对一个中国原则的理解、认同和支持。②

全球首个海外"'一带一路'咨询中心"在马尼拉揭牌，菲华商联总会专门成立了一个 20 人的"一带一路"委员会，提供五方面的社会服务：为来菲律宾考察、投资的商人提供菲律宾有关"一带一路"政府和私人项目

---

① "Air Asia Is Committed to Routes between the Philippines and China," *Philippine News Agency*, (PNA), Aug. 20th, 2019.

② 《国侨办主任许又声马尼拉寄语海外华侨华人共促中国和平统一大业》，中国新闻网，http://www.chinanews.com/gn/2019/06-23/8872780.shtml。截至 2019 年全球 100 多个国家和地区成立了 200 多个反"独"促统组织，自 2000 年在德国柏林召开首届"全球华侨华人促进中国和平统一大会"以来，已举办了 19 届。

菲律宾蓝皮书

的资讯；提供有关菲律宾投资和经商的法律资讯；提供菲律宾相关政府部门的资料和资讯；提供行业商会的资料和信息；提供免费的相关法律咨询服务等。① 同时菲律宾中国洪门致公总会成立 119 周年及菲律宾中国洪门会党总部换届，中国致公党中央，北京、湖南、四川、广西、福建等地致公党及福建地方的厦门、福州、泉州、晋江等地各社团，还有港澳台地区以及北美、南美、欧洲、澳大利亚等地区各国致公党、洪门组织及民治党的代表共千余人参加庆典，世界洪门组织共商"一带一路"建设。② 9 月，在马尼拉举办"千岛之国与华人文化足迹"国际研讨会，这是第三届华文旅游文学旅居文化国际论坛，探讨菲华文化的旅居文化内涵及海外华人的奋斗史，以及对旅居地经济、社会、文化的贡献传播。

　　菲律宾华人社团自发组织在中国侨乡开展各种社团活动，加强了祖籍地与菲律宾华社的社会交往与文化联系。5 月，菲律宾"华支"退伍军人总会主办，福建省菲律宾归侨联谊会、菲律宾"华支"后裔联谊会承办新中国成立 70 周年暨菲律宾华侨抗日游击支队（简称"华支"）成立 77 周年大会在福州举行，弘扬"华支"精神，包含四个方面：一是坚持党的领导，二是为世界和平献身，三是将国际主义和爱国主义相结合，四是不怕牺牲。③ 9 月，福建省侨联副主席翁小杰率团出访菲律宾，与菲华各界联合会、菲律宾华商经贸联合会、菲律宾世福青年总会等侨领会面，参加华商经贸联合会常务理事就职庆典，还与海外侨胞交流当地投资经营、生产生活和权益保障情况，宣讲《福建省华侨权益保护条例》，推介福建"多区叠加"的政策优势，鼓励华侨华人回国投资创业。④ 此外，南安市侨联赴菲律宾开展侨务交

① 《全球首个海外"一带一路"咨询中心马尼拉揭牌》，中新网，https://www.chinanews.com/gn/2019/06-22/8872199.shtml。
② 笔者受邀作为广西壮族自治区致公党代表团成员于 2019 年 6 月底 7 月初赴菲律宾马尼拉参加此次洪门庆典活动，开展菲律宾洪门历史的社会调查。
③ 《菲律宾华侨抗日游击支队成立 77 周年大会在福州举行》，福建省侨联网，http://fjsql.fqworld.org/qlyw/56324.jhtml。
④ 《福建省侨联副主席翁小杰率团出访马来西亚、菲律宾》，http://fjsql.fqworld.org/qlyw/58923.jhtml。

流，同菲律宾南安同乡总会及宿务分会社团联合会等签订加强合作交流协议，进一步拓宽与海外南安籍社团的合作领域，服务两地经济发展、文化交流。一是建立联谊互访制度，进一步加强联系，增进往来。开展南安海外侨胞及其社团的联谊和服务工作；加强南安海外华侨华人社团及重点人士的联络；组织协调南安籍旅外侨胞及重点华侨华人社团代表回乡参访或出席南安市重大节庆活动等工作；联合举办夏（冬）令营活动，对接联谊联络等活动。二是搭建合作交流平台，进一步加深合作，互促共赢。侨联做好南安籍海外侨胞回乡创新创业服务工作；侨团开展好华文教育工作，协助编写《南安华侨史料》；双方牵线搭建商贸、投资、教育和文化交流等活动平台。三是履行为侨服务宗旨，进一步提升服务，贴心为侨，为归侨侨眷和海外侨胞提供法律和政策咨询，帮助侨胞维权，双方共同做好贫困侨帮扶工作，服务海外侨胞寻根谒祖，侨团积极推动新移民融入当地主流社会。[1] 11月，菲华最大同乡会菲律宾晋江同乡总会（简称晋总）举行庆祝成立二十六周年暨第十四届理事会职员就职典礼，施永昌就职新一届理事长。同时还举行菲律宾晋江同乡总会第九届青年组、菲律宾晋江商会总会第三届职员就职典礼。[2] 11月，世界林氏始祖坚公文化促进会第二届理监事会就职典礼、世界林氏宗亲总会第十一届第二次会员代表大会2日、3日分别在福建省晋江市永和镇举行。来自菲律宾、马来西亚、印尼等20多个国家和地区的3000多名林氏宗亲相聚一堂，开展寻根祭祖、联谊交流活动。[3] 菲律宾宗亲会、同乡会等社团组织发挥菲中交往的桥梁作用，加强菲律宾与中国侨乡之间的文化联系。

4. 菲律宾华文教育的发展与中菲夏令营活动的持续开展。菲律宾华社保持着传承中华文化及发展华文教育的历史传统，加之近年来中菲两国经贸

---

[1] 《南安市侨联与海外南安籍社团签订加强合作交流协议》，中国侨联网，http://www.chinaql.org/n1/2019/0726/c419645-31258112.html。

[2] 晋总成立于1983年，积极推动菲律宾晋江乡亲融入主流社会。

[3] 1981年世界林氏宗亲总会在中国台湾地区台北市成立，它以宗亲组织为平台，发扬宗族文化，致力民族团结，推动林氏宗亲寻根问祖，增强海峡两岸宗亲文化交流。

合作及民间交往的加深，菲律宾当地青年重视学习华文的重要性，两国之间的留学生教育与夏令营活动持续开展。2011年起汉语被列入菲律宾公立中学选修外语课程之一。目前，菲律宾全国共有93所公立中学开设汉语课程，约有1.1万名公立中学学生学习汉语。① 5月，由中国侨联主办，福建省侨联、福建师范大学承办，旅菲各校友会联合会协办的2019年"寻根之旅"夏令营——菲律宾华裔青少年福建师大营在福建师范大学旗山校区开营。夏令营活动为期10天，在福州、莆田、晋江等地展开学习、参访、交流活动。菲律宾杰出侨领陈永栽极力推动华文教育发展，中国侨办授予其"2019全球华侨华人年度人物"称号。从2001年起，陈永栽先生每年都组织1000名菲律宾青少年参加"中国寻根之旅——菲律宾华裔学生学中文夏令营"，捐助本土汉语教师培训，从华裔、菲裔中选拔优秀学生，送到中国高校进修汉语教学专业，回到菲后担任华校汉语老师。② 2018年福建师范大学和菲律宾友好基金联合创办福建师范大学索莱达学院，2019年正式招生，在菲律宾招收60名全额奖学金硕士学位研究生。索莱达学院以菲律宾总统杜特尔特的母亲索莱达·罗亚·杜特尔特（Soledad Roa Duterte）名字命名。③ 菲律宾教育部和中国孔子学院总部12月3日在马尼拉签署协议，双方同意启动合作项目，选拔菲律宾公立中学本土汉语教师在菲攻读汉语师范教育硕士，以推动该国汉语教学持续发展。根据协议，未来5年菲律宾公立中学将选拔出300名本土汉语教师，他们将在中国孔子学院总部和菲律宾红溪礼示大学联合在该校设立的汉语师范教育硕士专业学习两年，其间将赴福建师范大学学习半年，取得硕士学位后将回到原中学继续任教。④ 中国在菲留学生有一千

① 《中菲将联合培养菲律宾本土汉语师范教育硕士》，新华网，http：//www.xinhuanet.com/2019－12/03/c_1125304534.htm。
② 《华商巨擘陈永栽：让中华文化在海外"后继有人"》，海外网，http：//huaren.haiwainet.cn/n/2020/0114/c232657－31699278.html。
③ 《福建师范大学菲律宾籍全额奖学金研究生赴华》，中国侨网，http：//www.chinaqw.com/zhwh/2019/03－25/218554.shtml。
④ 《中菲将联合培养菲律宾本土汉语师范教育硕士》，新华网，http：//www.xinhuanet.com/2019－12/03/c_1125304534.htm。

余名，就读菲律宾知名高校的管理学、医疗护理和教育学等专业。

两国民间交往推进了中菲关系发展的社会基础。2018年美国皮尤研究中心（Pew Research Center）在菲律宾进行民意调查，显示50%的菲律宾人对美国和中国领导人都十分信任，对美国和中国都持有正面的观点。48%的菲律宾人对美国和中国都发表了积极的评论，9%的人只信任美国，11%的人只信任中国，7%的人对两国都没有积极的看法。[①] 两国之间互利共赢合作惠及民生与民心相通，增强了中菲外交关系的民意基础，夯实中菲政治关系与经济联系的基础。

四　2020年中菲关系的走势与展望

2019年中菲两国政治对话、经贸合作与人文交流全面推进，杜特尔特总统实现了在一年内两次成功访华，双边高层互访及海关、商务、农业、外交等部委之间对话密切，涉及双方政府、政党及政协与议会之间的密切交流，深化两国在南海开发、灾区重建、反恐、禁毒、反腐等多领域的合作，增强了政治互信。两国政府极力将"一带一路"倡议与菲律宾的"大建特建"战略有机衔接，中国援助菲律宾基础设施建设项目陆续在建设中或已经实现了完工与交付，有助于菲律宾改善城市与农村公共设施落实的状况。在中美出现贸易摩擦的背景下，菲律宾坚持支持中国高科技技术企业，并在国际社会支持中国倡导的多边自由贸易与RECP谈判；双边经贸与投资快速增长，菲律宾成为中国产业转移及中资企业投资的热土，中国是菲律宾最大贸易伙伴、第一大进口来源地和第三大出口目的地。政治与经贸关系的发展促进了中菲民间交往的热络，两国之间的人文交流与民心相通取得很大的进步。

2020年是中菲两国邦交45周年，除了双方将开展一些庆祝活动外，双边的外交关系与政治交往将进一步持续与深化。在疫情之下，菲律宾政府与

---

① 《信任中国的菲人超过信任美国的菲人》，菲律宾《世界日报》2019年6月13日。

中国及世界卫生组织合作，遏制新型冠状病毒传染。中国政府及时地为菲律宾提供救助，除了募集捐款、捐赠医疗物资外，还较早地向菲律宾派出医疗专家组援菲抗击疫情，分享中国防疫与治疗疫病的经验。同时，两国在东盟地区论坛上开展防疫公共卫生合作的双边与多边对话，深化中菲关系的发展，也有效推动了中国与东盟国家之间公共卫生的国际合作。菲律宾政府非常关心疫情对菲律宾经济的影响，中菲两国贸易与投资及人员往来的节奏被临时打断，给菲律宾经济造成了不利的打击，导致经济增长减速与对外贸易萎缩。杜特尔特政府继续推进扩大对外贸易及自由贸易谈判，扩大菲律宾的出口。2020年中菲继续开展南海油气资源的合作开发及进行扩大菲律宾农产品、人力资源进入中国市场的谈判。菲律宾华侨华人在中菲两国抗击疫情中发挥着积极的救助与援助作用。首先，菲律宾华人社团、华人商会密切关注国内疫情，为中国侨乡募资捐款，参与中国抗击疫病的救助。同时，菲律宾华侨华人加大对菲律宾当地主流社会的救助。菲律宾华侨华人和华人社团对菲律宾当地社会的援助。他们向菲律宾医院、民众捐赠资金和口罩等在内的医疗物品，还向菲律宾贫民发放社会救济。其次，菲律宾华侨华人加强华社内部的相互援救与救助，对抑制菲律宾疫情的扩散做出了贡献。同时，菲律宾华人社会联合抵制以美国为首的西方国家散播的中国病毒扩散论，驳斥西方国家对华污名化谣言和不当言论。受疫情影响，中菲两国的人文交流大幅度削减，社团、教育交流及旅游等人员流动中断，菲律宾航空、旅游业、酒店、交通等行业衰退，菲律宾的粮食危机与经济危机苗头初显。疫情过后，如何快速恢复国内经济、发展对外贸易及开展有效的社会文化交流是中菲两国政府共同面临的问题。

2019~2020年菲美关系：
双边关系低位运行，发展前景晦暗不明[*]

冯 雷 王晓燕[**]

摘 要： 2019~2020年度，菲美关系发展不断受到冲击，甚至下探同盟关系底线。特朗普政府坚持"美国优先"，对菲美同盟关系重视度降低，而赢得中期选举胜利的杜特尔特政府进一步稳定了国内政治版图，其"亲中俄、远美国"的外交政策得到延续发展，导致菲美双边政治关系总体稳步在低位运行。菲单方面提出废止《访问部队协议》，让逐步回暖的菲美双边军事合作关系遽然受挫。但美在菲殖民历史、紧密的经贸联系及美对菲援助关系以及菲民众普遍亲美的心理等因素，共同构建了菲美同盟关系的坚实基础，加之美方近年来在菲开展的各种民间互动，也巩固了菲亲美的民心民意。美国即将迎来总统选举，菲杜特尔特政府也在苦战新冠疫情，这些都为菲美两国关系发展变化带来变数。

关键词： 菲律宾 美国 《访问部队协议》

杜特尔特出任菲律宾总统以来，菲美两国的关系跌宕起伏。在就任之

* 本报告系2018年度国家社科基金一般项目"一带一路"倡议在东南亚实施的安全环境研究（项目批准号：18BGJ068）的阶段性成果。
** 冯雷，中山大学"一带一路"研究院研究员；王晓燕，中山大学国际关系学院研究助理。

初，杜特尔特在国内开展扫毒行动，引发了菲律宾与西方国家的法治人权争议，菲美之间的关系出现僵局，菲美关系骤然降温，而中菲关系迅速实现"转圜、巩固"以及"提升"。特朗普上台之后，美国采取"反建制"的政策取向并明确将中国当作美国的战略对手，菲律宾的战略地位得到较大的提高，菲美之间的合作关系在特朗普的极力推动下也得到改善。① 在处理中菲美三国的关系上，杜特尔特政府整体上呈现出灵活性，在中美之间维持一种平衡，以满足菲律宾在经济和安全上的需求。②

2019 年，中美贸易摩擦进入白热化阶段，特朗普在多方面采取对华强硬政策，同时希望菲律宾能够配合美国在南海问题上对华施压，中美关系的紧张、中菲关系的稳定"高走"使得走务实和强硬路线的杜特尔特政府在菲美关系上展现出新的政策偏好。2020 年初，菲美关系进一步低位运行，并因菲方单方面提出终止《访问部队协议》（Visiting Forces Agreement, VFA）而为关系发展前景蒙上阴影。总体来看，2019～2020 年，菲美关系的发展出现了以下新动向。

一 菲美双边政治关系稳步低位运行

杜特尔特就任总统后，践行竞选誓言，在国内开展铁腕扫毒，冀望荡涤该国猖獗的吸贩毒及滋生的犯罪现象。美国时任总统奥巴马（Barack Hussein Obama）及政府高官多次对杜特尔特政府扫毒"法外执行"进行批评，国际社会及人权组织也就此向杜特尔特政府施压，敦促菲政府在打击罪案的过程中切实维护人权。杜特尔特对此极为不满，两国元首原计划借东盟系列峰会平台实现会晤，而时任总统特朗普在 2016 年美国大选时，就曾高调肯定菲律宾的战略重要性，并批评奥巴马欠缺对其他国家领导人的了解，为菲美关系进入"独特（杜特尔特—特朗普）"时期的向好发展创造了较好

---

① 宋清润：《杜特尔特执政后美菲同盟关系演变》，《和平与发展》2019 年第 4 期，第 55～57 页。
② 陈麒安：《菲美关系：跌宕起伏》，载张宇权主编《菲律宾发展报告（2017～2018）》，社会科学文献出版社，2019，第 96 页。

条件。特朗普入主白宫之后，很快就向杜特尔特发出访美的邀约。

自菲律宾1946年恢复独立后，当选总统访美就成为双方互动的惯例，通过访美来强调菲美同盟的重要性，争取美国的经济、军事等方面支持。在菲美互动的历史上，双方签署《美菲共同防御条约》（US-Philippines Mutual Defense Treaty，MDT）、商讨及确定菲律宾追随美国参加越战等重大决定，普遍都是在菲时任总统访美期间作出并向外界公布。冷战结束前后，美国撤出在菲律宾的军事基地及驻菲美军，即使在这个双边关系趋冷时期，阿基诺夫人（Corazon Aquino）、拉莫斯（Fidel Ramos）、埃斯特拉达（Joseph Ejercito Estrada）、阿罗约（Gloria Macapagal Arroyo）都无一例外访美，甚至多次访美。①

2017年1月，特朗普宣誓就任美国总统后，菲美关系迎来调整的契机，但是菲美各界期待已久的拐点却迟迟没有出现。4月29日，特朗普致电杜特尔特，白宫方面称，"特朗普邀请杜特尔特到访白宫，商讨目前正积极发展的美菲同盟的重要性"。② 2017年年底，在特朗普抛出"印太战略"概念后，美政府发布特朗普政府第一份《国家安全战略》（National Security Strategy），明确"菲律宾和泰国是美国的重要同盟及市场"，以及美在印太地区的军事安全合作优先领域中，仍将高度重视菲律宾与泰国的重要价值，"我们将重振我们与菲律宾和泰国的联盟，加强我们与新加坡、越南、印度尼西亚、马来西亚和其他国家的伙伴关系，帮助他们成为海上合作伙伴"。③ 换言之，美特朗普政府的印太战略，将东南亚国家进行了分级分类，将菲、泰两同盟国家作为美印太战略的东南亚两大支点国家，其次是新加坡、越

---

① 参见美国国务院历史办公室及相关资料，https：//history. state. gov/departmenthistory/visits/ philippines。

② "Readout of President Donald J. Trump's Call with President Rodrigo Duterte of the Philippines," April 29, 2017, https：//www. whitehouse. gov/briefings－statements/readout－president－donald －j－trumps－call－president－rodrigo－duterte－philippines/？utm_ source = link，最后访问日期：2020年4月27日。

③ "National Security Strategy of the United States of America," December 2017, https：//www. whitehouse. gov/wp－content/uploads/2017/12/NSS－Final－12－18－2017－0905. pdf，最后访问日期：2020年4月27日。

南、马来西亚及印尼，作为美印太战略落实中的安全及经济伙伴，最后是老挝、柬埔寨等国。

2019年，特朗普政府再次向杜特尔特发出了访美的邀约橄榄枝。3月，在菲律宾中期选举前①，杜特尔特曾表示考虑选后赴美，但中期选举胜利后的杜特尔特并未访美，再次选择了访华，开启其任期内的第五次访华，而再一次令美国特朗普政府为此表示遗憾。中期选举后，中菲关系得到进一步巩固，杜特尔特对于访美考虑也不再用"太远了，没钱去呀"调侃口吻，而是正式予以明确的拒绝。② 2020年1月29日，杜特尔特在参加国内纪念活动时，明确表示其本人不会赴美国参加原定3月在美国拉斯维加斯举行的美国—东盟峰会，也不会派遣代表参会。③ 2020年2月11日，菲律宾对外宣布已经正式决定终止与美国签署的《访问部队协议》（VFA），并表示可能还会终止《菲美共同防御条约》（MDT）和《增强防务合作协议》（Enhanced Defense Cooperation Agreement，EDCA）。④ 2020年初，新型冠状病毒肆虐全球，中美全球博弈从经贸、科技领域进一步扩展到公共卫生领域，两国对菲防疫援助的态度和实际举措具较大差异，这使得菲美关系进一步冷却。

二 军事安全领域合作从增强到骤然受挫

2019年，从双方开展军事演习的数量和质量上看，菲美双方的军事合

---

① 2019年5月13日，菲律宾进行中期选举投票，此次选举产生约1.8万个职位，其中包括国会参议院的12个席位，以及众议院的245名众议员，以及众多省市官员。菲律宾国会包括参众两院，参议院由24名参议员组成，任期6年，每3年改选半数席位，即12席。

② 王博雅琪：《菲媒曝杜特尔特将正式拒绝访美邀请，英媒：他毫不掩饰对美鄙视》，环球网，2019年12月29日，https：//world.huanqiu.com/article/9CaKrnKoBbU，最后访问日期：2020年4月25日。

③ 杨柯、袁梦晨：《菲律宾总统称将禁止内阁成员赴美国参加活动》，新华网，2020年1月30日，http：//www.xinhuanet.com/world/2020－01/30/c_1125511356.htm，最后访问日期：2020年4月26日。

④ 郑昕、袁梦晨：《菲律宾决定终止与美国的〈访问部队协议〉》，新华网，2020年2月12日，http：//www.xinhuanet.com/mil/2020－02/12/c_1210470462.htm，最后访问日期：2020年4月25日。

作得到了增强，但是双方军事条约中的内容对菲美同盟关系产生了一定的影响，2020年，菲美关系因《访问部队协议》（VFA）的终止骤然受挫。

（一）菲美军事合作有增无减

2014年4月28日，美驻菲大使古德博格（Philip Goldberg）代表奥巴马政府，与菲阿基诺三世政府代表——国防部部长加斯明（Voltaire Gazmin）签署为期10年的《增强防务合作协议》（EDCA）。该协议内容主要就是菲律宾允许美国军队使用菲国军事基地，允许美军增加在菲律宾的轮换部署，从而为美军扩大在菲律宾的存在提供条件，协定自2016年3月开始落实。美菲双方确定在菲国内的5个用于落实合作协定的地点：包蒂斯塔空军基地（Antonio Bautista Air Base）、巴萨空军基地（Basa Air Base）、麦格赛赛堡军事基地（Fort Magsaysay Military Reservation）、伦比亚空军基地（Lumbia Air Base）、麦克坦埃布恩空军基地（Mactan Benito Ebuen Air Base）。5个军事基地分布在菲北部吕宋岛、中部米沙鄢群岛及南部棉兰老岛。

2019年6月1日，美国国防部出台《印太战略报告》（Indo-Pacific Strategy Report），报告显示2019年菲美有280项双边防务合作活动安排，这是菲美自2016年以来的高峰，也高于2018年度的261项合作项目。此外，该报告也透露《增强防务合作协议》（EDCA）下第一期项目已经在2018年完成，另外12项已批准，待2019年和2020年完成。①

菲美"肩并肩"联合军演是菲美双方军事合作程度的重要体现，在2019年4月1日的菲美"肩并肩"军事演习中，据菲军方介绍，美军派出约3500名参演人员，菲军派出约4000名参演人员，美国首次派出"黄蜂号"两栖攻击舰，并载搭美军F-35战机在靠近南海的巴拉望岛附近进行国土防卫演习。②

---

① "The Department of Defense Indo-Pacific Strategy Report," June 1, 2019, https://media. defense. gov/2019/Jul/01/2002152311/ - 1 - 1/1/DEPARTMENT - OF - DEFENSE - INDO - PACIFIC - STRATEGY - REPORT - 2019. PDF，最后访问日期：2020年4月27日。

② 郑昕：《美军F-35战机首度加入菲美年度联合军演》，新华网，2019年4月1日，http://www. xinhuanet. com/2019 - 04/01/c_ 1124313311. htm，最后访问日期：2020年2月1日。

2019 年菲美"肩并肩"军演规模与 2018 年相比基本持平，但美国派出的攻击舰和战斗机极大提高了此次军演的质量，美国军方演习发言人指出："黄蜂及其 F – 35B 轰炸机参加 2019 年巴厘岛战斗演习表明，一旦发生危机或自然灾害，他们有能力向前部署以支持盟友。"①

（二）军事条约适用性得以明确

1951 年 8 月 30 日，菲美两国签署《美菲共同防御条约》（MDT），双方正式缔结军事合作条约，成为标准的军事同盟。该条约虽然规定"武装进攻应包括对缔约国任何一方的本土、或对在它的管辖之下的太平洋岛屿领土、或对它在太平洋的军队、公共船只、飞机的武装进攻"，② 但是适用范围却长期模糊，菲方一直希望美方对该条约的适用范围清晰化，但从未得到美方的具体承诺。

2019 年 3 月 1 日，访菲的美国国务卿蓬佩奥（Michael R. Pompeo）首次明确《美菲共同防御条约》（MDT）在南海的适用性，将一贯模糊条约适用性问题予以清晰表达，提出"由于南海是太平洋的一部分，任何对菲律宾部队、飞机或公共船只在南海的武装攻击都将引发根据《美菲共同防御条约》（MDT）第 4 条承担的共同防御义务"。③

2019 年 3 月 5 日，就在蓬佩奥访菲后不久，菲律宾国防部部长洛伦扎纳提议，菲美两国应重新审查双方的《美菲共同防御条约》（MDT），他表示，自 68 年前《菲美共同防御条约》（MDT）制定以来，该地区安全环境变得"复杂得多"，他说："菲律宾与任何人都没有发生冲突，将来也不会与任何

---

① Renato Cruz de Castro，"Balikatan 2019 and the Crisis in Philippine-China Rapprochement," The Center for Strategic and International Studies，April 23，2019，https：//amti. csis. org/balikatan – 2019 – and – the – crisis – in – philippine – china – rapprochement/，最后访问日期：2020 年 4 月 26 日。

② 《国际条约集（1950～1952）》，世界知识出版社，1959，第 325 页。

③ "Remarks with Philippine Foreign Secretary Teodoro Locsin，Jr. at a Press Availability," March 1，2019，https：//www. state. gov/remarks – with – philippine – foreign – secretary – teodoro – locsin – jr/，最后访问日期：2020 年 4 月 26 日。

人发生冲突"，"让我们担心的不是（美国）不履行承诺，而是它正让我们卷入一场我们并不寻求也不想要的战争中去"。①

2019 年 7 月，菲美在马尼拉举行第八次双边战略对话会，这是杜特尔特就任以来该对话会首次在菲律宾举行。此次对话会重申了双方对深化双边同盟关系及扩大合作的承诺，再次就《美菲共同防御条约》（MDT）的适用范围发表声明，确认条约适用范围包括南海。②

（三）菲美军事合作受到冲击

冷战时期，《美菲共同防御条约》（MDT）、《美菲军事基地协定》（RP-US Military Bases Agreement，MBA）及《美菲军事援助协定》（RP-US Military Assistance Agreement，MAA）共同构成了菲美军事同盟的法律基础。随着 1991 年菲律宾参议院投票以微弱多数终止《军事基地协定》（MBA），以及随后美军撤出在菲的苏比克海军基地及克拉克空军基地人员，菲美军事合作的法律性文件仅存《美菲共同防御条约》（MDT）。1998 年，菲美双方签署《访问部队协议》（VFA），根据该协议，菲律宾同意美国军队与菲军队举行联合军演、允许美方军舰停靠菲律宾国内港口、同意美军上岸访问等；2014 年美菲双方签署《增强防务合作协议》（EDCA）。这一个条约（MDT）与 3 个行政协定［VFA、Mutual Logistics Support Agreement（MLSA）、EDCA］，共同构成目前菲美军事安全机制性合作的法律基础。

2020 年 2 月 11 日，菲律宾总统发言人帕内洛（Salvador Panelo）宣布终止菲律宾和美国之间的《访问部队协议》（VFA），杜特尔特指示菲文官长梅地亚尔蒂（Salvador Medialdea），通知外交部部长洛钦（Teddyboy Locsin）起草并向美驻菲大使馆递交外交照会，告知菲方终止协定情况。各

---

① 朱梦颖：《菲防长提议重新审查美菲〈共同防御条约〉，称"不想卷入战争"》，环球网，2019 年 3 月 5 日，https://world. huanqiu. com/article/9CaKrnKiJrZ，最后访问日期：2020 年 4 月 2 日。

② 南博一：《美菲举行第八次战略对话，系杜特尔特上台后首次在菲举行》，澎湃新闻网，2019 年 7 月 6 日，https://www. thepaper. cn/newsDetail_ forward_ 3927760，最后访问日期：2020 年 4 月 27 日。

界普遍认为，美方取消了与杜特尔特关系密切的政治盟友罗纳德·德拉罗萨（Ronald dela Rosa）参议员的赴美签证是杜特尔特欲终止《访问部队协议》（VFA）的直接诱因，因为德拉罗萨在杜特尔特的"扫毒"战争中扮演重要角色，正是其扫毒举措招致美方取消其签证。① 杜特尔特一贯不满美方对菲国内事务指手画脚的"长臂管辖"，2020年1月初就曾强硬表态会终止该协定，只不过这次不是放放空炮，而是言出必行而已。② 帕内洛未谈及德拉罗萨与协定终止之间的关系，仅转述杜特尔特"是时候依靠我们自己了，我们将加强我们自己的防御，而不是依靠任何其他国家"的说法，但表示"（菲美）联系依然热络（warm），希望会更加热络（warmer）"。③

杜特尔特此举给菲美军事合作带来了巨大的冲击，特朗普对此轻描淡写，表态以"我并不介意，这样还省钱了"，④ 但美国军方并不这样认为。2月11日，美国国防部部长马克·埃斯珀（Mark Esper）对菲律宾单方面取消与美国的《访问部队协议》（VFA）表示"不幸"（unfortunate），"我确实认为，在这个大国竞争的时代，在我们菲美双方及地区盟友、伙伴共同敦促中国遵守国际秩序与准则之时，这（菲律宾的做法）将是朝着错误方向迈进"。⑤ 太平洋舰队司令约翰·阿奎利诺（John Aquilino）在面对记者提问时，虽冀望"重视与菲律宾的同盟关系，会继续与菲律宾海军进行合作，

---

① "Palace：Duterte Orders Termination of Visiting Forces Agreement，"Philshtar，February 11, 2020，https：//www. philstar. com/headlines/2020/02/11/1992234/palace - duterte - orders - termination - visiting - forces - agreement，最后访问日期：2020 年 4 月 26 日。

② 许振华：《杜特尔特一怒终止美菲访问部队协议，专家：未实质影响同盟》，澎湃新闻网，2020 年 2 月 13 日，https：//www. thepaper. cn/newsDetail_ forward_ 5944042，最后访问日期：2020 年 4 月 26 日。

③ "Palace：Duterte Orders Termination of Visiting Forces Agreement，"Philshtar，February 11，2020，https：//www. philstar. com/headlines/2020/02/11/1992234/palace - duterte - orders - termination - visiting - forces - agreement，最后访问日期：2020 年 4 月 26 日。

④ 南博一：《菲律宾终止美菲访问部队协议，特朗普：我不介意，还省钱》，澎湃新闻网，2020 年 2 月 13 日，https：//www. thepaper. cn/newsDetail_ forward_ 5957205，最后访问日期：2020 年 4 月 27 日。

⑤ Dempsey Reyes，"Terminating VFA Wrong Move-US Defense Chief，"The Manila Times，February 13，2020，https：//www. manilatimes. net/2020/02/13/news/top - stories/terminating - vfa - wrong - move - us - defense - chief/685520/，最后访问日期：2020 年 4 月 19 日。

并关注事态发展"，但难掩失落，直言"有一些失望，幸亏关系还没丧失"。① 与此巧合的是，美航空母舰经行南海时通常停靠菲律宾，但2020年第一季度罗斯福号（USS Theodore Roosevelt）航空母舰编队在印太地区的巡航航程却意外地停靠越南，而非传统锚地菲律宾。美国会研究服务局（CRS）报告分析指出，菲方行为会给菲美合作军事合作的未来带来不确定性，会破坏美国在该地区的同盟网络，不利于解决中菲南海争端以及开展在菲南部的反恐活动，进而影响美在整个地区的人道主义援助和救灾。②

杜特尔特此举，在菲国内也招致抨击。菲军方公开表态支持杜特尔特的外交政策，并表示该国可以实现独立，但私下却对杜特尔特损害菲美事同盟关系表示不满，也否认菲具备独立自主国防与外交的能力；菲国防部前部长奥兰多·默卡多（Orlando Mercado）就表示其接触到的军官透露"很需要《访问部队协议》（VFA）"；菲高院前大法官安东尼奥·卡比奥（Antonio Carpio）也认为，终止《访问部队协议》（VFA）影响巨大，将使《共同防御条约》（MDT）和《增强防务合作协议》（EDCA）毫无用处，因为"如果终止《访问部队协议》（VFA），《共同防御条约》（MDT）将空洞无用，因为如果不允许美军进入该国，则将不再进行军事演习"，同样，《增强防务合作协议》（EDCA）也将一无所用，"因为将不再有美军在该国建造和维护拟在该国部署的军事设施"，卡比奥担心，杜特尔特此举最终导致菲高度"依赖"中国，以及沦为俄罗斯的"保护国"（protectorate）；阿基诺三世时期持强硬对华立场的外交部部长阿尔伯特·德尔·罗萨里奥（Albert Del Rosario），公开批评杜特尔特毫不顾及菲国情及国内意见，"我不信一个人就能替全国民众作出这种伤害性抉择"，"这是一场民族悲剧，应予以抵制"；菲驻美大使罗穆亚尔德斯（Jose Manuel Romualdez）则对菲美军事合

---

① JC Gotinga, "U. S. admiral on VFA Repeal: A Little Disappointing But Relationship Not Lost," Rappler, March 7, 2020, https://www.rappler.com/nation/253651 – us – admiral – says – vfa – repeal – disappointing, 最后访问日期：2020年4月26日。

② "What If the Philippines End the Visiting Forces Agreement?", March 17, 2020, https://crsreports.congress.gov/product/pdf/IN/IN11248, 最后访问日期：2020年4月26日。

作前景表示乐观，认为"大门仍未完全关闭"，菲政府向美方递交照会后双方有 180 天的时间妥善解决，其表示"（该协议）可能会被取消，或者以其他新协议取代它"，"我相信我们与美国的关系将继续下去"。①

三 "亲美"得到巩固

杜特尔特执政期间，菲美政治关系发展出现一定波动，中菲关系取得较好发展，但应该看到，菲国内民众的普遍对美友好心理并未发生实质性转变，从菲国内两大主要民调机构社会气象站（SWS）及亚洲脉搏（Asia Pulse）定期发布的民调结果就能清楚看到这一事实。对华友好逐渐增加、对美好感有所降低的趋势能否维持，还有待进一步观察。在目前阶段，民心向美仍然是菲亲美外交政策的坚定民意基础，而美对菲的持续援助以及双方民间的良好互动也将进一步巩固"亲美"民意。

（一）举办菲美共同历史记忆的纪念活动

2020 年 2 月 19 日，在菲美围绕《访问部队协议》（VFA）存废问题举行争议的关键时间，美国驻菲律宾大使馆组织了一次特别的升旗活动，以纪念麦克阿瑟（Douglas MacArthur）将军在 1945 年马尼拉战役期间升旗仪式 75 周年，并特邀菲律宾国防部助理部长劳尔·卡瓦雷斯（Raul Caballes）、菲律宾国家历史委员会主席雷内·埃斯卡兰特（Rene Escalante）和马尼拉市副市长德拉克纳邦甘（Dra Lacuna-Pangan）等人，以及菲律宾二战参战老兵和家属参加，以此唤起菲国民对于菲美共同历史的深刻记忆，2020 年正值二战结束 75 周年，美方还将在菲举行系列纪念活动。②

---

① Carmela Fonbuena, "Choose U. S. or China? Carpio Offers 3rd Way," Rappler, February 28, 2020, https：//www. rappler. com/nation/252929 - choose - united - states - china - carpio - offers - third - way，最后访问日期：2020 年 4 月 25 日。

② "U. S. Embassy Commemorates 75th Anniversary of U. S. Flag Raising after Battle of Manila," February 20, 2020, https：//ph. usembassy. gov/us - embassy - commemorates -75th - anniversary - of - us - flag - raising - after - battle - of - manila/，最后访问日期：2020 年 4 月 26 日。

（二）自然灾害及疫情防治援助

2020 年年初，菲律宾塔尔（Taal）火山爆发，美国国际发展署（U. S. Agency for International Development）提供了 10 万美元人道主义援助，支援菲律宾救灾，款项涵盖向 7600 名被暂时安置在菲八打雁省（Batangas）灾区疏散中心灾民提供救灾物资等保障。① 2020 年，随着新冠疫情在菲发生和蔓延，美方也对菲开展各种捐款及物资援助工作。3 月 17 日，美驻菲大使馆宣布，美政府将通过开发援助署（USAID）向菲方提供 1.39 亿菲律宾比索（270 万美元），以支持菲律宾卫生部（DOH）应对新冠疫情。②

4 月 22 日，美国驻马尼拉大使馆宣布，美国政府批准了额外的健康和人道主义援助 2.69 亿菲律宾比索（530 万美元），以帮助支持菲律宾打击"2019 冠状病毒"（COVID - 19），使美国对菲律宾的援助总额超过 4.7 亿菲律宾比索（930 万美元），马尼拉大使馆表示美国政府正通过美国国际开发署（美援署）与菲律宾政府合作，实施国际公认的预防、控制和应对战略，以预防传染病。③ 因受新冠疫情影响，美印太司令部 3 月 26 日向菲方通知，取消原定 5 月 4～15 日在菲举行的"2020 肩并肩演习"（Exercise Balikatan 2020），4 月 10 日，美驻菲大使金成（Sung Kim）将原定用于演习使用的 1300 套折叠行军床（Cots）转赠给菲卫生部门及民防部门，用于应对新冠

---

① "U. S. Ambassador Kim Announces Php 5.1 Million in Relief Assistance for Communities Affected by Taal Volcano," January 22, 2020, https：//www. usaid. gov/philippines/press - releases/jan - 22 - 2020 - us - ambassador - kim - announces - php - 51 - million - relief - taal - volcano，最后访问日期：2020 年 4 月 26 日。

② "U. S. , DOH Partner to Combat COVID - 19 in the Philippines," March 17, 2020, https：// ph. usembassy. gov/us - doh - partner - to - combat - covid - 19 - in - the - philippines/，最后访问日期：2020 年 4 月 19 日。

③ "U. S. Provides Php269 Million in New COVID - 19 Assistance, Total Aid Exceeds Php470 Million," April 22, 2020, https：//ph. usembassy. gov/us - provides - php269 - million - in - new - covid - 19 - assistance - total - aid - exceeds - php470 - million/，最后访问日期：2020 年 4 月 23 日。

疫情，而据美驻菲大使馆统计，2000 年以来，美方向菲累计提供了约 295 亿比索（约合 5.82 亿美元），专用于发展公共卫生服务事业。①

（三）民间机构持续良好的互动

在菲推动菲美民间往来还有一个值得重视的美方项目（机构）——美国和平队（Peace Corps）。该项目创立于 1961 年的肯尼迪政府时期，由肯尼迪总统颁布 10924 号行政令而设立，旨在通过向外国派遣志愿者参与当地教育、文化交流等项目，向全球扩展美国的影响力。② 菲律宾是美国第一批"和平队"项目的目的地，第一批志愿者在菲从事英语、数学等知识，先后累计有 8800 多名美国志愿者在菲从事"和平队"项目，这些项目提高了菲偏远地区民众的英语能力，也启迪了菲民众的民主意识和民主参与能力，在过去的十年中，和平队关注环境保护项目，同时也侧重于对弱势菲律宾人群体的教育和援助。目前美国和平队在菲主要开展教育、环境保护、青年发展及社区经济发展四方面活动，有 180 名志愿者在菲工作。③ 应该看到，以"和平队"为代表的美非政府组织（NGO）在菲深耕多年，对于夯实筑牢菲民心向美，稳定菲美政治、经济、社会交往等关系发挥了不可忽视的作用。

四 菲美关系波动原因剖析及前景展望

菲美关系在过往几年中波动起伏，总体在历史低位上运行。究其原因，一方面是特朗普政府外交政策对菲投入不够，争取不够。特朗普政府较倾向

---

① "U. S. Donates COVID－19 Relief Supplies," April 10, 2020, https：//ph. usembassy. gov/us－donates－covid－19－relief－supplies/，最后访问日期：2020 年 4 月 23 日。

② "Executive Order 10924," https：//www. archives. gov/global－pages/larger－image. html? i＝/historical－docs/doc－content/images/peace－corps－l. jpg&c＝/historical－docs/doc－content/images/peace－corps. caption. html，最后访问日期：2020 年 4 月 27 日。

③ Peace Corps, https：//www. peacecorps. gov/philippines/about/，最后访问日期：2020 年 4 月 19 日。

于孤立主义的外交政策，更重视国内问题，大幅调整原有同盟政策，双边、多边同盟关系普遍受到冲击。特朗普指斥"几乎全世界的盟友都在占美国的大便宜"，[①] 提出需要改造原有的"不公平同盟"（Unfair Alliance）关系。[②] 菲律宾及日韩等东亚盟友，被美方视为"求助者"（Supplicant）而非"盟友"（Ally），而特朗普眼中的合格盟友，首先就应该承担更多防务费用，以补偿美国的军事支持。特朗普政府加大对北约及日韩等同盟国的施压，胁迫盟友承担更多防务支出，造成美各缔约同盟国对美政府践约意愿出现疑虑。特朗普政府虽抛出"印太战略"，但重心在于应对东北亚局势及拓展在印度洋地区的影响力，对东南亚地区的关注度相对减低。

另一方面，菲杜特尔特政府内政外交政策取得积极成效，降低了对美依赖度。杜特尔特政府外交政策更符合菲国家利益，经过三年施政，2019年菲中期选举结果[③]也充分证明了杜特尔特内政外交政策深得民心，取得超预期的成效。中期选举后，杜特尔特进一步巩固其国内执政地位，坚定了其延续对中俄友好外交政策的信心。

在菲美关系发展的前景上，《共同防御条约》（MDT）是双边同盟关系的"根本大法"，是双方缔约（Treaty）同盟国的基石所在，只要该条约未受影响，《访问部队协议》的存废问题就不是菲美军事同盟关系的"不可承受之重"，不会对菲美缔约同盟关系带来实质性影响，在180天的过渡期内，菲美双方能以新协定或其他灵活方式解决该协议的存废问题。[④] 而2020

---

① 闫齐：《特朗普质疑日美同盟？日专家：日本要做好"独立"准备》，参考消息网，2019年7月12日，http://column.cankaoxiaoxi.com/2019/0712/2385236.shtml？bsh_bid=4843683907，最后访问日期：2020年4月26日。

② 路路：《想达到美国"理想盟友"标准，难度不小咧……》，参考消息公众号，2019年11月21日，https://mp.weixin.qq.com/s/jFZVi2plAo5vOyvm16hl2Q，最后访问日期：2020年4月26日。

③ 2019菲律宾中期选举结果：杜特尔特执政党及其阵营在参议院选举中获得压倒性优势，成功控制参众两院，避免施政中受到反对派掣肘而成跛脚总统的不利局面。

④ 许振华：《杜特尔特一怒终止美菲访问部队协议，专家：未实质影响同盟》，澎湃新闻网，2020年2月13日，https://www.thepaper.cn/newsDetail_forward_5944042，最后访问日期：2020年4月27日。

年是美国总统选举之年，美国民主党候选人拜登（Joseph Robinette Biden）及共和党候选人特朗普忙于选战，对菲关注会更加不足，2021 年 1 月，美国大选结果也可能将为菲美关系发展带来新变数。新冠疫情暴发并在全球广泛蔓延，菲杜特尔特政府的应对已取得一定成效，但随着疫情发展变化，杜特尔特政府在疫情应对中的得失成败，以及在菲抗击疫情背景下中美对菲医疗及其他必要援助，可能会给杜特尔特政权及菲政局走向、外交政策走向带来影响。

B.8
菲律宾和俄罗斯关系：
历史、现状与未来

王树春　王陈生*

摘　要： 早在 1976 年菲律宾和苏联就正式建立了外交关系，而菲俄
关系是在继承菲苏关系的基础上发展的。冷战后，由于两国
相距较远以及政治原因等，菲俄关系长期处于停滞状态。直
到 2016 年杜特尔特总统上台后，菲俄关系才迎来转折。在
菲俄两国共同推动下，双边关系快速升温，呈现出政治互动
频繁、经济合作加强、军事技术合作逐步发展的新态势。展
望未来，菲俄关系将保持稳定向前发展的良好势头，发展前
景比较乐观、潜力较大。但同时，菲俄关系也面临一些挑
战，不排除在短时间内出现波折和反复，需要菲俄两国共同
维护。

关键词： 菲俄关系　杜特尔特　普京

菲律宾和俄罗斯关系（下文简称："菲俄关系"）是一组在国际关系中
长期被忽视、极不起眼的双边关系。菲俄关系是在继承菲苏关系的基础上
发展起来的。早在 1976 年，尚在冷战期间，菲律宾和苏联便跳出"冷战"

---

* 王树春，广东外语外贸大学国际关系学院教授，广东外语外贸大学俄罗斯研究中心主任，博士
生导师，研究方向：俄罗斯国情、俄罗斯对外政策；王陈生，广东外语外贸大学西方语言文化
学院博士研究生，研究方向：俄罗斯国情、俄罗斯对外政策。

窠臼、克服重重困难建立了正式外交关系。但菲俄关系的发展并不顺利，在经历建交的短暂热络期后，便重归"寂静"。冷战后，由于距离和政治原因，这组双边关系甚至曾长时间不被彼此重视，双边关系发展的潜力一直被封冻，进展缓慢。[①] 直至2016 年 6 月菲律宾杜特尔特总统上台后，菲俄两国互动日渐频繁，双边关系进展迅猛，似乎一夜间进入了新的"蜜月期"。正因如此，这对在国际关系中并不起眼的双边关系开始受到国际社会的普遍关注。俄罗斯和菲律宾都是中国的邻国，两国在新时代中国特色大国外交布局中占有重要地位。[②] 于中国而言，无论是出于国家安全、地区局势，抑或是全球政治力量对比等考虑，两个重要邻国的突然走近都值得我们跟踪关注。本报告对菲俄关系发展史进行简要梳理，重点明晰杜特尔特总统执政后菲俄关系发展的新态势，并对菲俄关系发展的未来前景进行展望。

一 菲俄关系的历史回顾

据俄史料记载，俄罗斯和菲律宾人最早的接触发生在 19 世纪初，当时获得俄国籍的美国商人彼得·多贝尔（Peter Dobell）在西班牙殖民菲律宾期间被任命为俄罗斯驻马尼拉的非官方代表。[③] 菲俄间的正式外交关系可以追溯到 1976 年 6 月 2 日苏联和菲律宾建交，而菲俄两国间的互动史实际上在 1946 年菲律宾独立后就开始了。如 1949 ～ 1951 年，大约有 6000 名"白

---

① Панарина Д. С., "Новый этап дружественных Российско-Филиппинских отношений," *Юго-Восточная Азия*：*актуальные проблемы развития*，Выпуск XXXVII № 37，2017，С. 159.

② 新时期，中国提出了外交的"四个布局"，即："大国是关键，周边是首要，发展中国家是基础，多边是重要舞台"。在中国特色大国外交布局中，俄罗斯占据了两个半，即：周边、发展中国家和半个大国（军事政治大国，而经济上存在短板）。菲律宾也同为中国周边的发展中国家。两国的重要性无须多言。

③ Эрлинда Ф. Базилио（Заместитель министра иностранных дел Республики Филиппины），"35 – летие филиппино-российских дипломатических отношений: прогресс в великую эпоху перемен"，*Международная жизнь*，Архив 7 номера 2011 года.

色"俄国难民居住在菲律宾。① 据此计算，菲俄两国建交已逾40载，而菲俄两国的交往史至今也有70多年。从菲俄关系互动的70年看，菲俄关系发展极具戏剧性，经历从敌人到朋友再到伙伴的转变。根据菲俄关系的不同互动态势，可以从以下几个时期加以论述。

（一）1946～1965年菲俄（苏）敌对期

1946年7月4日菲律宾正式宣告独立，正是从此时起，菲俄两国开始其关系互动史。但从1946年至1965年占据菲俄两国关系互动的主流是紧张敌对与相互仇视。在冷战的大背景下，苏联和菲律宾分属不同的阵营，这样的关系不难理解。从独立到20世纪60年代中期菲律宾在政治、经济、外交、军事等方方面面完全唯美国马首是瞻，选择了加入以美国为首的资本主义阵营，积极推行反苏反共的政策。准确地说，这一时期，菲律宾的外交政策是由美国主导。菲律宾的一切外交活动都必须首先征得美国的同意，甚至在任何国际会议上，菲律宾缺席的情况下，美国政府都有权直接代表菲律宾。② 在美国的操纵下，菲律宾推行不与一切社会主义国家发生任何关系的反共、反苏的外交政策。军事上，菲律宾与美国签订了《美菲共同防御条约》，同美国建立了军事同盟关系，为美国提供军事基地对抗苏联。此外，菲律宾还支持美国发动了一系列侵略社会主义阵营国家的战争，并直接派雇佣军参与了朝鲜战争和越南战争。越南和朝鲜都是苏联的"小兄弟"，虽然苏联担心同美国爆发大规模战争并未直接卷入这两场战争，但菲律宾伙同美国对朝鲜、越南的侵略无异于直接向苏联宣战。概言之，这一时期，菲苏关系处于激烈的敌对关系中，虽然两国并未发生直接武装冲突，但在朝鲜战争、越南战争中都不乏两国在政治、军事方面的较量。同时，两国官方几乎没有任何交往，有的只是相互威胁、相互仇视。

---

① 所谓的"白色"俄国难民是指布尔什维克政权的反对者，他们在1917年布尔什维克政权革命后逃离俄罗斯。参见 Эрлинда Ф. Базилио（Заместитель министра иностранных дел Республики Филиппины），"35 – летие филиппино-российских дипломатических отношений: прогресс в великую эпоху перемен，" *Международная жизнь*，Архив 7 номера 2011 года.

② 沈红芳：《菲律宾外交政策的演变和主要对外关系》，《南洋问题》1983年第4期，第54页。

（二）1966～1986年菲俄（苏）关系解冻、建交时期

20世纪60年代中后期到80年代末期，菲苏关系开始出现转折，先后经历了解冻、建交和短暂热络等几个阶段。

菲苏关系的解冻从1966年开始。1966年菲律宾方面首先取消了不与共产党国家发生直接往来的禁令，而苏联随后果断抓住机会向菲律宾频频释放善意，争取早日与之建立外交关系。如，当时苏联以高于国际市场的价格购买菲律宾椰产品，购买菲律宾铜精矿和马尼拉麻等。① 在双方共同意愿推动下，两国的互动日渐增多。菲律宾于1967年第一次派出官方代表团和两个民间贸易代表团访问了苏联。1968年苏联塔斯社在马尼拉设立了分社，并于1973年6月向菲律宾派出了常驻记者。1974年双方在菲律宾建立联合企业"菲苏航运公司"等。② 这一系列的互动无疑表明了一个事实，那就是菲苏关系已经开始解冻，实现了由之前的敌对、仇视向接触、合作转变。

随着两国关系的解冻和互动的增多，两国的建交问题被提上日程。1976年5月31日至6月7日，菲律宾总统马科斯（Ferdinand Marcos）和夫人应苏联最高苏维埃主席团和苏维埃政府的邀请，对苏联进行正式访问。③ 访问期间，苏联最高苏维埃主席团主席和菲律宾共和国总统签署了关于建立苏联与菲律宾共和国外交关系的联合公报，宣布两国基于和平共处的原则正式建立外交关系。菲苏一致认为，外交关系的建立为两国在各个领域的稳定合作创造了新的机遇，双方均表示愿意朝这个方向采取实际步骤。④ 后来的历史

---

① 沈红芳：《菲律宾外交政策的演变和主要对外关系》，《南洋问题》1983年第4期，第58页。

② 沈红芳：《菲律宾外交政策的演变和主要对外关系》，《南洋问题》1983年第4期，第58页。

③ "Совместное советско-филиппинское заявление о визите в Советский Союз президента республики Филиппины," Известия, 7 июня 1976 г. № 135 (18283).

④ "Совместное советско-филиппинское заявление о визите в Советский Союз президента республики Филиппины," Известия, 7 июня 1976 г. № 135 (18283).

证明，自 1976 年菲苏建交至苏联解体，两国关系确实迎来了一段蜜月期，最好的例证便是马科斯总统夫人伊梅尔达（Imelda Marcos）女士先后四次对苏联进行了访问。其中，在伊梅尔达 1978 年对苏联进行第三次访问时与苏联签订了"菲苏文化交流协定"，而 1982 年第四次访问苏联时又签署了为期五年的"菲苏科技合作协定"。[①] 此外，值得一提的是，1976 年的菲苏建交公报中明确表明，苏联领导人接受了马科斯总统的邀请将在不久的将来访问菲律宾。[②] 而在 1983 年苏联副外长贾丕才（Михаил Степанович Капица）访问菲律宾时，马科斯总统也再次接受了苏共总书记安德罗波夫（Юрий Владимирович Андропов）邀请其访苏的邀请。遗憾的是，由于一些原因，这两次高层互访并未最终实现。尽管如此，双方频繁邀请、爽快应邀等历史事实都表明这一时期是菲苏关系史的蜜月期。

这一时期菲苏关系的转变或者说菲律宾改变对苏联的态度是有着特定的历史原因，主要表现在国际、地区与国家三个层面。从国际上看，20 世纪 60 年代，由于美国深陷越战泥潭，美苏争霸呈现"苏攻美守"的态势，菲律宾感觉到苏联在东南亚的强大存在。此外，到 70 年代，资本主义和社会主义阵营各自分化，1972 年尼克松访华发表上海公报使菲为之震惊，开始思考同社会主义国家建立关系。从地区层面看，1969 年，美国"尼克松主义"出台，美国开始调整其亚洲的战略部署，并从亚洲收缩其力量。从国家层面看，菲独立时同美国签订的美菲总关系条约侵犯菲国家主权独立。60 年代，菲国内反美情绪激化，新上台的马科斯总统为摆脱美国的控制，加快了与苏联等社会主义国家改善关系的步伐。[③]

（三）1991~2016 年菲俄关系发展停滞期

1991 年 12 月 25 日，随着戈尔巴乔夫辞去苏联总统职务，苏联解体为

---

① 沈红芳：《菲律宾外交政策的演变和主要对外关系》，《南洋问题》1983 年第 4 期，第 59 页。

② "Совместное советско-филиппинское заявление о визите в Советский Союз президента республики Филиппины," Известия, 7 июня 1976 г. № 135 (18283).

③ 沈红芳：《菲律宾外交政策的演变和主要对外关系》，《南洋问题》1983 年第 4 期，第 58 页。

15 个国家。苏联解体后，俄罗斯联邦承担了与菲律宾达成的所有双边协定所规定的义务，菲律宾于 1991 年 12 月 28 日正式承认了俄罗斯联邦为苏联继承国地位，并在此基础上发展菲俄关系。① 但遗憾的是，自冷战后至 2016 年的长时间里，菲俄关系的发展并未受到双方重视，双方在彼此的对外关系中均被边缘化，菲俄关系发展陷入了一段漫长的停滞期。

从俄罗斯方面看，叶利钦时期（1991～1999 年），俄罗斯全面倒向西方，力图加入"西方发达民主国家"行列，对独联体国家尚且执行甩包袱政策，更谈不上远在东南亚地区的菲律宾。普京前两个任期（2000～2008 年），虽然俄改变了完全倒向西方的政策，开始执行全方位的外交政策，但西方仍旧是俄对外政策的重点。梅德韦杰夫时期，俄致力于与美国、西方关系重启。直到 2012 年普京开启第三任期，由于乌克兰危机引发与西方国家关系紧张，推行"转向东方"（поворот на восток）战略，尽管如此，菲律宾仍不是转向东方战略中的重点国家。而菲律宾方面，冷战后历任总统（杜特尔特总统之前）均注重维持同美国的同盟关系，俄罗斯被长期忽视。尤其是在阿基诺三世时期，由于其主动挑起同中国在南海地区的纠纷，为对中国施压，其推动美菲军事同盟关系达到了空前繁荣状态。② 正如杜特尔特总统所言，冷战后由于菲律宾外交政策的惯性（亲美）、盲目守旧，宏观政策的失误等原因，俄罗斯始终处于菲律宾外交的边缘。③

需要指出的是，这一时期，菲俄关系虽然停滞不前，但并不意味着菲俄关系的倒退、不接触。实际上是两国关系在俄罗斯—东盟框架下发展进

① Перфекто Р. Ясай-мл.（Министр иностранных дел Республики Филиппины），"Мир и процветание в уязвимом，но все же прекрасном мире. К 40 - летию установления дипломатических отношений между Российской Федерацией и Республикой Филиппины，" Международная жизнь，22. 08. 2016，https：//interaffairs. ru/news/show/15835，最后访问日期：2020 年 4 月 11 日。

② Золотухин И. Н.，"Филиппины на пути к «независимой внешней политике» через призму отношений с великими державами Пацифики，"Ойкумена. 2017. № 3，С. 158.

③ "Дутерте назвал недостаточно активный диалог с РФ недосмотром филиппинской дипломатии，" Тасс，4 октября 2019，https：//tass. ru/mezhdunarodnaya - panorama/6961176，最后访问日期：2020 年 4 月 15 日。

程缓慢，可圈可点之处不多而已。在此期间，菲俄两国曾有过几次高层互访。1997 年菲德尔·拉莫斯（Ramos Pentagon）总统访俄；2009 年格洛丽亚·马卡帕加尔·阿罗约（Gloria Macapagal Arroyo）总统访问俄罗斯参加第十三届圣彼得堡国际经济论坛。1998 年俄总理叶夫根尼·普里马科夫访问菲律宾；2015 年俄总理梅德韦杰夫赴菲律宾参加亚太经合组织领导人非正式会议等。[1]

二 2016年杜特尔特总统执政以来菲俄关系

2016 年 6 月 30 日菲律宾迎来其第 16 任总统罗德里戈·杜特尔特。杜特尔特上台伊始便对菲律宾的对外政策进行了调整，一改过去一味追随美国、忽视中俄的做法，奉行独立自主的外交政策。[2]

（一）2016年以来菲俄关系进入"黄金时期"

杜特尔特总统上台后希望摆脱对美国的片面依赖，致力于发展同俄罗斯、中国等非传统盟友的关系。在对俄关系方面，杜特尔特总统本人毫不掩饰对俄罗斯和普京总统的青睐，多次在公开场合表达了加强菲俄合作关系的意愿，甚至公开向普京总统示好，称之为"偶像"和"最喜爱的领导人"。[3] 在此背景下，菲俄关系迎来了冷战后的关键转折，两国关系快速升

---

① Перфекто Р. Ясай-мл.（Министр иностранных дел Республики Филиппины）， "Мир и процветание в уязвимом，но все же прекрасном мире．К 40 - летию установления дипломатических отношений между Российской Федерацией и Республикой Филиппины，" Международная жизнь，22. 08. 2016，https：//interaffairs. ru/news/show/15835，последний访问日期：2020 年 4 月 11 日。

② "Duterte Trumpets 'Remarkable Progress' of PH-Russia Ties in Putin Meeting," Rappler, October 04, 2019, https：//www. rappler. com/nation/241729 - duterte - putin - bilateral - meeting - russia - october - 2019，最后访问日期：2020 年 4 月 16 日。

③ "Duterte Trumpets 'Remarkable Progress' of PH-Russia Ties in Putin Meeting," Rappler, October 04, 2019, https：//www. rappler. com/nation/241729 - duterte - putin - bilateral - meeting - russia - october - 2019，最后访问日期：2020 年 4 月 16 日。

温，呈现出政治互动频繁、经济合作加强、军事技术合作逐步发展的新态势。① 毫不夸张地说，当前菲俄关系已经进入了其双边关系发展的"黄金时期"，处于菲俄双边关系史上的最好时期，主要体现在以下几个方面。

第一，两国政治交往密集。2016 年以来，菲俄两国间的政治互动日益频繁，不断引领两国关系向前发展。领导人的互访和国家领导人的直接会晤在国家双边政治互动中最为引人夺目，也最直观反映国家间关系的亲疏。杜特尔特总统上台至今不到四年的时间，已经两度对俄罗斯进行了国事访问，杜特尔特和普京也已经成功进行了四次会晤。② 值得一提的是，在杜特尔特总统之前，即菲俄建交的 40 年时间里，总共只有三位菲律宾总统对俄罗斯进行了三次访问。第一次 1976 年马科斯总统访俄是促成建交的首次访问，第二次是拉莫斯总统 1997 年访俄，而第三次 2009 年阿罗约总统访俄，严格意义上讲并不是对俄罗斯进行的国事访问，其主要目的是为了参加第十三届圣彼得堡国际经济论坛。相比之下，前三次访问时间相隔都在十年以上，而杜特尔特总统仅在三年内就对俄进行了两次访问。更为有趣的是，杜特尔特总统至今尚未对其传统盟友美国进行访问，并多次拒绝美国方面的访美邀请。③ 俄罗斯方面，截至目前虽然普京总统没有访问菲律宾。但据俄外长拉夫罗夫表示，早在 2017 年杜特尔特总统第一次访俄期间，杜特尔特总统就向普京总统发出了访菲邀请，并且得到了普京总统接受。④ 目前，两国的外交部门正在协调相关事宜，相信不久的将来可以看到普京总统访问菲律宾。

---

① "Рабочий визит в Россию Министра иностранных дел Филиппин А. Каетано，" Посольство Российской Федерации в Королевстве Таиланд，15 мая 2018，http：//thailand. mid. ru/key － issues/4251 － rabochij － vizit － v － ros siyu － ministra － inostrannykh － del － filippin － a － kaetano，最后访问日期：2020 年 4 月 16 日。

② 四次会晤分别为：2017 年、2019 年杜特尔特两次访问俄，2016 年秘鲁亚太经合组织领导人非正式会议期间和 2017 年越南 APEC 峰会期间。

③ 《一点面子都不给！杜特尔特三拒访美邀请：我与美国结束了》，上观新闻，2018 年 10 月 28 日，https：//pit. ifeng. com/c/7hMZXoN9WSG，最后访问日期：2020 年 4 月 17 日。

④ "Рабочий визит в Россию Министра иностранных дел Филиппин А. Каетано，" Посольство Российской Федерации в Королевстве Таиланд，15 мая 2018，http：//thailand. mid. ru/key － issues/4251 － rabochij － vizit － v － ros siyu － ministra － inostrannykh － del － filippin － a － kaetano，最后访问日期：2020 年 4 月 16 日。

总之，无论是杜特尔特总统两度访俄，还是"普杜"四次成功会晤，折射出的菲俄关系友好互动态势都是不言自明的。

第二，经济合作显著提升，且潜力较大。菲俄两国经贸合作一直以来都不理想。根据俄罗斯联邦海关总署的数据（见表1），2013年为菲俄进出口贸易额的历史最好数据，贸易额仅为17.78亿美元。而2013～2016年，受乌克兰危机影响菲俄贸易额一度锐减至4.39亿美元。2016年以来，随着菲俄关系的升温，两国的经贸合作也在快速恢复，2018年较2017年翻了一番，再次超过10亿美元。虽然目前双边贸易额总体规模偏低，但在俄罗斯受西方国家制裁的背景下，菲俄贸易额快速回弹的良好势头无疑值得肯定。

表1 俄罗斯对菲律宾贸易一览

单位：百万美元，%

年份＼类别	菲俄贸易成交量	俄出口量	俄进口量	占俄对外贸易比重
2019	1122.8	695.4	427.4	0.2
2018	1217	799.6	417.4	0.2
2017	602.3	196.3	294.2	0.1
2016	439.7	145.5	294.2	0.1
2015	587.5	321.3	266.2	0.1
2014	1437.9	1059.5	378.4	0.2
2013	1778.4	1323.9	454.5	0.2

资料来源：Федеральная таможенная служба，http：//customs. ru/folder/511，最后访问日期：2020年4月10日。

此外，菲俄两国经贸合作的潜力巨大，主要体现在能源领域合作。其一，在核电领域，2017年5月25日菲律宾科学技术部已与俄罗斯联邦国家原子能公司之间就和平利用原子能领域合作签署了谅解备忘录。尽管菲律宾是东南亚地区唯一拥有核电站的国家，但核电站已经荒废超过30年。[①] 而

[①] Ефимова Лариса Михайловна，"К 40 - летию дипломатических отношений между Российской Федерацией и РеспубликойФилиппины，"03. 06. 16，https：//mgimo. ru/about/news/experts/k - 40 - letiyu - diplomaticheskikh - otnosheniy - mezhdu - rf - i - respublikoy - filippiny/，最后访问日期：2020年4月17日。

菲律宾最大的岛屿棉兰老岛和巴拉望岛都几乎没有发电厂，因此同俄罗斯在核能利用方面展开合作可以加速菲律宾开发出其急需的替代能源。① 其二，在油气资源勘探和开采方面合作潜力大。菲律宾本土岛内以及海域拥有丰富的油气资源，但以菲律宾的技术尚不能独立进行开采，而俄罗斯则拥有成熟的油气开发技术。当前，菲俄两国正在积极谋求相关领域合作。如杜特尔特总统邀请俄罗斯能源巨头俄罗斯石油公司进行石油和天然气联合勘探。②2019 年杜特尔特总统访俄期间在莫斯科专门会见了俄罗斯石油公司首席执行官伊戈尔·谢欣（Igor Sechin）和其他公司高管等。而俄罗斯石油公司也明确表达了与菲律宾建立互惠互利的合作关系的强烈意愿。③

第三，军事合作蓬勃发展。菲俄两国对军事领域的合作都抱有极高的期待，目前已经在军火交易、军舰互访、联合军事演习等方面取得一定成绩，并且开创了多个首次。军火贸易方面，2016 年以来，菲俄两国的军火贸易从无到有，进展十分顺利。由于 2016 年美国终止向菲律宾出售枪支等武器，菲律宾转而寻求同俄罗斯合作。针对菲方的需求，俄罗斯抓住机会进行了积极回应。如 2017 年免费向菲方赠送了 5000 把 AK－47M 突击步枪、100 万发子弹、20 辆军用卡车以及 5000 顶钢盔等。2017 年 10 月，俄罗斯国防部部长谢尔盖·绍伊古（Шойгу Сергей Кужугетович）访问菲律宾，双方签署了菲俄关系历史上的第一份武器供应合同（俄罗斯向菲律宾）。④ 同时，

① Золотухин И. Н., "Филиппины на пути к «независимой внешней политике» через призму отношений с великими державами Пацифики," *Ойкумена.* 2017. № 3, C. 164.

② JC Gotinga, "Russia Eyes Joint Weapons Production with the Philippines-envoy," Rappler, October 22, 2019, https：//www. rappler. com/nation/243170 － envoy － says － russia － eyes － joint － weapons － production － philippines，最后访问日期：2020 年 4 月 17 日。

③ JC Gotinga, "Team from Russian Energy Firm Visited Manila for Oil Exploration Talks-envoy," Rappler, October 22, 2019, https：//www. rappler. com/nation/243148 － envoy － says － team － russian － energy － firm － visited － manila － oil － exploration － talks，最后访问日期：2020 年 4 月 17 日。

④ Сергей Грачев, "Филиппины поворачиваются к России и КНР：СМИ Филиппин о визите Сергея Шойгу," Информационное агентство Инфорос, 26. 10. 2017, https：//inforos. ru/ru/？ module ＝ news ＆action ＝ view＆i d ＝55348，最后访问日期：2020 年 4 月 17 日。

这次访问也是历史上俄罗斯国防部部长首次访问菲律宾，是一个历史性时刻。① 此外，俄罗斯于 2018 年首次参加了菲律宾国际防务展。② 虽然菲俄军事贸易起步晚，且规模有限，但于俄方而言，象征意义大于经济效益。因为在杜特尔特总统之前，菲俄之间从未进行过军火贸易，③ 这是开启新市场的历史性事件。

2016 年以来，菲俄两国军舰也进行了密集互访，举办系列友好交流活动。据不完全统计，2016 年以来三年多的时间里俄罗斯军舰对菲至少进行了六次访问。④ 菲俄两军的首次交流是 2017 年 1 月俄罗斯太平洋舰队两艘军舰抵达马尼拉南港码头展开为期 6 天的友好访问。此后，两军互访频繁，如 2019 年俄罗斯太平洋舰队分别于 1 月和 4 月两度到访菲律宾。值得注意的是，2019 年 4 月俄军结束访问离开之际，俄太平洋舰队与菲海军在南海进行了联合战术行动与组织通信演练，而此时恰逢美菲军演刚刚结束，还一度引发媒体广泛关注。⑤ 菲律宾方面也对俄进行了回访，2018 年 10 月菲战略运输舰"丹辘号"（BRP Tarlac）抵达符拉迪沃斯托克港访问，2019 年 7 月菲律宾海军"南达沃号"（BRP Davao del SurLD–602）直升机船坞登陆舰完成了对符拉迪沃斯托克的友好访问，并在那里参加了俄罗斯海军日庆祝活动。需要强调的是，2018 年 10 月这是菲律宾军舰史上首次访问俄港口。

---

① Сергей Грачев，"Филиппины поворачиваются к России и КНР：СМИ Филиппин о визите Сергея Шойгу，"Информационное агентство Инфорос，26. 10. 2017，https：//inforos. ru/ru/？ module = news &action = view&i d = 55348，最后访问日期：2020 年 4 月 17 日。

② "Россия и Филиппины подписали соглашение о военно-техническом сотрудничестве，" РИА Новости，18. 06. 2018，https：//ria. ru/20180618/1522930715. html，最后访问日期：2020 年 4 月 17 日。

③ "Россия и Филиппины подписали соглашение о военно-техническом сотрудничестве，" РИА Новости，18. 06. 2018，https：//ria. ru/20180618/1522930715. html，最后访问日期：2020 年 4 月 17 日。

④ 郭涵：《与美国联合军演后一天，三艘俄罗斯军舰访问菲律宾在南海联合演习》，观察者网，2019 年 4 月 13 日，https：//www. guancha. cn/internation/2019_ 04_ 13_ 497539. shtml，最后访问日期：2020 年 4 月 17 日。

⑤ 郭涵：《与美国联合军演后一天，三艘俄罗斯军舰访问菲律宾在南海联合演习》，观察者网，2019 年 4 月 13 日，https：//www. guancha. cn/internation/2019_ 04_ 13_ 497539. shtml，最后访问日期：2020 年 4 月 17 日。

概言之,菲俄军事合作开创了多个历史首次:首次进行军火交易、首次进行军舰互访以及俄国防部部长首次访菲等。菲俄军事合作既得益于菲俄关系的升温,同时也进一步促进了菲俄两国的交好。

(二)2016年以来菲俄关系升温的动因分析

冷战后二十多年的时间里,菲俄关系曾长期处于停滞之中。直到2016年杜特尔特总统上台,双边关系才迎来转折,不断向前发展。究其原因,菲俄关系的升温即得益于杜特尔特总统的主动示好,也得益于俄方的积极回应。应该说,当前菲俄关系发展有其历史必然性的一面,[①] 但更多是菲俄双方基于各自内政外交需求共同努力的结果。

从菲律宾方面看,杜特尔特总统力推菲俄关系发展主要是基于外交政策调整和维护国家安全两点考虑。

其一,发展菲俄关系是菲外交政策调整的必然选择。长期以来,菲律宾的外交政策都是以美国为中心,致力于发展美菲同盟关系,同俄罗斯的关系一直被忽视。然而,尽管菲律宾在对外政策方面长期青睐甚至依赖美国,但却并没有换来美国的尊重。杜特尔特总统曾直言,美国并不尊重菲律宾的国家主权,对菲国内事务加以干涉,将菲律宾视为其在亚洲的附庸。[②] 正因如此,杜特尔特总统上台伊始便向全世界公开宣布,菲律宾将奉行独立自主的外交政策。所谓独立外交政策是指,菲律宾意图在国际事务中走一条独立、多元化和更加平衡的路线。[③] 具体而言,其关键要素就是在外交政策中与美国分离,即在维持与美国同盟关系的同时减少对华盛顿的依赖,侧重加强同

---

① 菲俄交好的历史必然性表现在菲俄两国没有任何历史和现实的冲突,两国对全球和地区问题立场的相近等。

② Иван Рощепий, "Дутерте сравнил отношение России и США к Филиппинам," Парламентская газета, 24 января 2020, https://yandex.ru/turbo? text = https%3A%2F%2Fwww.pnp.ru%2Fpolitics%2Fduterte - sravnil - otnoshenie - rossii - i - ssha - k - filippinam.html, 最后访问日期:2020年4月22日。

③ "Посол РФ на Филиппинах: Москва и Манила обсуждают различные формы оборонного сотрудничества," Интерфаксе, 14 февраля 2017, https://www.interfax.ru/interview/549741, 最后访问日期:2020年4月22日。

俄罗斯、中国、印度等非传统伙伴的关系。① 因此，菲律宾改善及加强同俄罗斯的关系是其新政府外交政策调整的必然选择。

其二，加强菲俄关系是菲维护国家安全的现实需要。菲律宾可以从俄罗斯获得武器装备供应、学习相关反恐经验打击国内恐怖主义以及平衡中美在南海地区的活动等。由于历史、地理、宗教等诸多原因，包括"阿布沙耶夫"武装、"穆特组织"等在内的菲极端武装组织长期盘踞在其南部地区。在 IS 国际恐怖组织在全球扩散的当下，菲南部地区也成了 IS 在东南亚地区的首选之地。国内外极端恐怖势力相互勾结，菲律宾的安全形势较为严峻。而就在菲律宾国内艰难打击恐怖主义之时，美国等西方国家以菲侵犯人权为由对其大加指责，美国还直接停止对菲律宾的武器装备供应。昔日盟友在菲律宾危难时刻落井下石，也促使菲律宾寻求其他武器供应商来满足国内反恐工作的需要。在此背景下，杜特尔特总统选择了作为全球武器出口大国且有丰富反恐经验的俄罗斯。2017 年杜特尔特总统第一次访俄期间向普京表示，菲律宾需要可靠的合作伙伴和现代武器供应商来打击恐怖主义，希望俄罗斯提供帮助。② 事实证明，菲律宾通过加强菲俄关系不仅得到了俄罗斯的武器供应，还收到了俄方免费赠送的武器弹药以及相关反恐经验的分享。③ 此外，菲律宾还意图加强俄罗斯在亚太地区的政治和军事存在，以平衡中美在该地区的活动增长，④ 维护国家战略安全。菲前外长亚赛因（Perfecto Yasay Jr.）曾表示，俄罗斯凭借其国际权威、丰富的预防和解决冲突经验，可以

---

① Золотухин И. Н.，"Филиппины на пути к «независимой внешней политике» через призму отношений с великими державами Пацифики，" *Ойкумена.* 2017. № 3，С. 157.

② "Russia & Philippines Sign Defense Cooperation Agreement, Reaffirm Unity against Terrorism，" RT News，26 May，2017，https：//www. rt. com/news/389766 – philippines – russia – defense – cooperation/，最后访问日期：2020 年 4 月 22 日。

③ "Duterte Trumpets 'Remarkable Progress' of PH – Russia Ties in Putin Meeting，" Rappler，October 04，2019，https：//www. rappler. com/nation/241729 – duterte – putin – bilateral – meeting – russia – october – 2019，最后访问日期：2020 年 4 月 22 日。

④ Ефимова Лариса Михайловна，" К 40 – летию дипломатических отношений между Российской Федерацией и РеспубликойФилиппины，" 03. 06. 16，https：//mgimo. ru/about/news/experts/k – 40 – letiyu – diplomaticheskikh – otnosheniy – mezhdu – rf – i – respublikoy – filippiny/，最后访问日期：2020 年 4 月 17 日。

为维护亚太地区的和平与稳定作出重大贡献。在亚太地区，特别是在南海地区，建立稳定、可预测与和平的秩序是亚太地区的紧迫任务之一。①

从俄罗斯方面看，俄罗斯推进菲俄关系升温虽有经贸合作方面的考虑，如出口武器弹药、军工技术以及油气探勘技术等实现创收，但相比俄罗斯所获得的政治、战略等宏观层面的收益，经贸合作收入则颇显力微。

首先，发展菲俄关系是俄罗斯突破美国制裁的有力举措。乌克兰危机以来，俄罗斯与美国等西方国家的关系陷入了旷日持久的对抗之中。由于俄罗斯推动克里米亚入俄，美国及其盟友对俄罗斯采取了政治上孤立、经济上制裁、军事上威胁等系列惩罚性制裁措施。由于制裁，俄罗斯不仅面临巨大的政治压力，经济发展也一直处于低迷之中。因此，自2014年以来突破美国领导的对俄制裁一直是俄罗斯亟待解决的重要问题之一。菲律宾作为美国在亚太地区的传统盟友，冷战期间及冷战后长期追随美国，参与对俄罗斯（苏联）的围堵与封锁。菲俄关系的发展无疑向世界表明，美国在亚太方向围堵、制裁俄罗斯的企图已经破产，其政治象征意义重大。

其次，发展菲俄关系有助于俄罗斯推进"欧亚战略"。俄罗斯"欧亚战略"包括俄罗斯提出的"转向东方"战略、大欧亚伙伴关系、俄罗斯—东盟伙伴关系，等等。如前文所述，无论是双边关系还是经贸合作，菲律宾长期在俄罗斯视野里都是无足轻重的角色，但菲律宾在俄欧亚战略中的地位则十分重要。2015年俄罗斯提出"转向东方"战略，正是凭借该战略俄有效缓解了西方制裁的压力。但俄国内一直有声音认为，俄"转向东方"战略过度依赖中国，对俄罗斯的长远发展不利，主张俄罗斯应加强同其他亚洲国家关系，如菲律宾、韩国、日本等。因此，菲俄关系在俄"转向东方"战略调整中意义重大。大欧亚伙伴关系是俄欧亚战略的最新表现形式，旨在以

① Перфекто Р. Ясай-мл. （Министр иностранных дел Республики Филиппины）, "Мир и процветание в уязвимом, но все же прекрасном мире. К 40 - летию установления дипломатических отношений между Российской Федерацией и Республикой Филиппины," Международная жизнь, 22. 08. 2016, https: //interaffairs. ru/news/show/15835, 最后访问日期: 2020 年 4 月 11 日。

俄罗斯为关键纽带连接欧亚两洲实现一体化发展，菲律宾作为太平洋岛国也是该构想的重要一环。此外，俄十分重视发展同东盟的关系，希望推进欧亚经济联盟与东盟对接合作。如在俄方的努力推动下，2016 年 5 月索契第三届俄罗斯—东盟峰会推出了"俄罗斯与东盟 2016～2020 年发展合作综合行动计划"，该计划旨在深化双方各领域的合作关系。菲律宾在俄罗斯和东盟关系发展中的地位不容小觑。因为菲律宾不仅是东盟的成员，而且还是五个东盟创始成员国之一，其在东盟中的影响力不言自明。菲俄关系的发展对于俄罗斯深化与东盟伙伴关系大有裨益。历史上，菲律宾就曾于 2006～2009 年担任东盟—俄罗斯对话协调员。在菲律宾的协调下，俄罗斯与东盟关系取得了较大发展。2010 年在国立莫斯科国际关系学院成立了"东盟中心"（Центра АСЕАН）就是菲律宾工作的成果之一。[①]

　　最后，深化菲俄关系有助于提高俄罗斯在亚太地区的地缘政治影响力。历史上苏联在亚太地区有着强大的影响力，如苏联在中国旅顺有驻军，越南的金兰湾曾是苏联海外最大的军事基地等，其影响力并不亚于美国。作为苏联继承国的俄罗斯，在亚太地区的影响力一直在弱化，直至 2002 年俄罗斯关闭金兰湾军事基地后，其在亚太地区的影响力已无足轻重。反观美国，其对亚太地区重视程度在不断提升，无论是奥巴马时期的"重返亚太"，抑或是特朗普时期的"印太战略"，其本质都旨在加强美国对亚太地区的掌控能力和影响力。乌克兰危机后，俄罗斯提出"转向东方"战略，意图重新获取其对亚太地区的影响力。显然，加强菲俄关系，菲俄间的军舰互访等合作于俄罗斯而言是个不可多得的机遇。正如俄军事专家斯特列比茨基（Стрельбицкий）所言，由于莫斯科的短视，俄失去了金兰湾基地。在这样的背景下，我们深化同菲律宾的合作关系意义重大，菲俄关系的加强不仅显

---

①　Перфекто Р. Ясай-мл.（Министр иностранных дел Республики Филиппины），"Мир и процветание в уязвимом, но все же прекрасном мире. К 40 – летию установления дипломатических отношений между Российской Федерацией и Республикой Филиппины，" Международная жизнь，22.08.2016，https：//interaffairs. ru/news/show/15835，最后访问日期：2020 年 4 月 11 日。

著增加了俄罗斯军舰活动范围,而且向世界展现了俄作为世界大国在南海地区的回归和军事存在。①

三 菲俄关系的前景展望

菲俄关系的快速升温引起了国内外学术界的普遍关注,其未来的发展前景如何也引发热烈讨论。如前文所述,历史上菲俄关系分别经历了敌对仇视、短暂热络、停滞不前等几个时期。虽然当前菲俄关系处于黄金时期,两国关系发展不断升温,但回顾菲俄关系发展历史,杜特尔特时期的菲俄关系是否也将是昙花一现?在经历短暂热络期后便重归寂静。从理论上说,未来菲俄关系发展前景存在以下三种可能,即敌对对抗、陷入停滞和向前发展。

第一种前景,菲俄关系陷入敌对对抗中。国家间没有永恒的朋友,也没有永恒的敌人。在国际关系中,此时为友,彼时为敌的案例不胜枚举。任何一组双边关系,无论其多么友好密切,都有可能因国家利益的冲突而陷入敌对关系中,菲俄两国也不例外。客观而言,菲俄两国没有领土纠纷,也没有任何历史积累矛盾,应该说两国出现难以调和利益冲突的可能性极低。但历史已经表明,从1946年到1965年菲俄关系曾长期处于紧张敌对和相互仇视之中。虽说当时菲俄相互敌视有特殊的时代背景,即是冷战大环境下的产物。如今,冷战虽已不复存在,但冷战时期的国家关系互动态势并未根本改变。俄罗斯和美国仍然处于关系紧张之中,而菲律宾和美国的军事同盟条约也依旧有效。倘若俄美两国在太平洋地区发生冲突,菲律宾将不得不参照《菲美共同防御条约》的规定参与对俄罗斯的军事行动之中。在此背景下,菲俄两国必然将再次"拔刀相见",双边关系的发展也将急转直下,陷入紧张对抗之中。

需要明确的是,这种情况发生的可能性很低。首先,在核武器时代俄美

---

① "Россия вернулась в южные моря: эксперт о визите военных кораблей на Филиппины," 11 Января 2019, https://nation – news. ru//425069 – rossiya – vernulas – v – yuzhnye – morya – ekspert – o – vizite – voennykh – korablei – na – filippiny, 最后访问日期:2020年4月26日。

两国发生正面军事冲突的概率极大降低了；其次，全球化时代菲俄两国的交往比冷战时期频繁得多，利益相互交织；最后，菲律宾正在寻求独立自主的外交，不排除未来完全脱离美国。因此，从理论上说，未来菲俄两国不排除会陷入敌对状态，但可能性是微乎其微的。

第二种前景，菲俄关系将再次陷入停滞。菲俄关系发展的一个显著特征就是两国关系发展的外生动力强于内生动力。也就是说，菲俄关系发展受外部因素的影响较大。当菲俄两国同西方关系发展密切时，双方都忽视菲俄关系发展；而当菲俄两国同美国等西方国家关系恶化或处于疏远之际时，双方才致力于推动菲俄关系发展。例如，历史上1976年菲苏两国建交时，两国同美国的关系均处于恶化或疏远之际，对此前文已有论述，在此不做赘述。而随后，1991~2016年，由于菲俄一方或双方同时致力于发展同西方国家的关系，菲俄关系陷入了长时间停滞。历史总是惊人的相似，2016年以来，也正是由于菲俄两国同西方关系尤其是同美国关系恶化，两国才共同推动双边关系升温。菲俄关系未来是否还将重蹈覆辙陷入长期停滞之中？实际上这种情况是可能出现的，如未来菲俄一方或双方再次回归亲西方的外交政策，菲俄关系有被搁置的风险。俄罗斯方面，普京总统的任期将于2024年结束，后普京时代俄罗斯外交政策走向何方还有待观察。菲律宾方面，杜特尔特总统任期也将于2022年结束，其继任者的外交政策偏好也还不得而知。因此，未来菲俄关系再次陷入停滞是可能发生的事件。

需要强调的是，虽然未来菲俄关系可能会因双方中的一方和双方政策调整而再次陷入停滞，但出现这种情况的可能性并不高。从俄罗斯方面看，虽然2024年普京将任期结束，但并不影响俄罗斯的政策连续性。其一，俄罗斯目前正在推进宪法修正案工作，普京总统任期清零后可能会再次参加总统选举；其二，即便普京离任总统职位，如苏尔科夫在《长久的普京之国》一文所言，"普京主义"以及普京时期的内政外交方针将会得到继承。① 概

---

① Владислав Сурков，"Долгое государство Путина，" Независимая газета，11 февраля 2019，https：//yandex. ru/t urbo? text = http%3A%2F%2Fwww. ng. ru%2Fideas%2F2019 - 02 - 11% 2F5_ 7503_ surkov. html，最后访问日期：2020年4月27日。

言之，亚太地区是当今世界充满活力的地区，未来俄罗斯不可能也不会顾此失彼，再次投入西方而放弃东方。

从菲律宾方面看，独立自主的外交政策更符合菲国家利益。后杜特尔特时代，无论谁上台执政都不太可能再回到"亲美去俄"的旧时代。原因主要有以下几点：首先，菲律宾亲美政策并不成功，美国作为盟友不支持反而批评菲国内禁毒、反恐工作便是明证。其次，菲国内民意支持推行独立外交政策，支持发展菲俄关系。有菲律宾学者对杜特尔特总统发展菲俄关系的社会反应进行了研究，研究结果主要有三点：其一，美国是不被信任的，因为美国只追求自身的利益，视菲律宾为其殖民地，因此杜特尔特总统发展对俄关系是正确的。其二，认可美国是菲忠实的盟友，但同时认为，俄罗斯是一个未知的、充满希望且潜力无限的盟友。其三，认为菲律宾应该热衷于解决国内问题，不应该参与大国的政治博弈，应与世界所有国家和睦相处。[①] 可见，三种观点哪一种都支持发展菲俄关系。最后，发展菲俄关系符合菲国家利益要求。菲律宾通过加强对俄关系，可以在没有任何附加政治条件的情况下获得其急需的武器装备供应、相关军工技术以及油气资源勘探和开采技术等。[②]

第三种前景，菲俄关系将逐步向前发展。菲俄关系逐步向前发展是指，在可预见的将来，菲俄关系稳步向前发展的积极态势将得到保持，在短时间里可能出现一定的波折和反复，但不会出现长时间的明显的恶化、停滞或倒退。冷战后，由于菲俄两国均将对外关系的重点放在发展同西方国家的关系上，加上两国相距较远、历史联系不紧密等原因，菲俄双边关系的发展被长期忽视。2016 年以来菲俄关系快速发展，已经打破两国关系疏远的历史惯

① Панарина Д. С.，"Новый этап дружественных Российско-Филиппинских отношений," Юго-Восточная Азия：актуальные проблемы развития, Выпуск XXXVII № 37, 2017. С. 164.

② JC Gotinga， "Russia Eyes Joint Weapons Production with the Philippines-envoy," October 22, 2019, Rappler, https：//www. rappler. com/nation/243170 – envoy – says – russia – eyes – joint – weapons – production – philippines，最后访问日期：2020 年 4 月 27 日。

性，为未来菲俄关系发展开启了良好的开端。① 菲俄两国没有领土纠纷、没有历史矛盾，因此没有客观的障碍可以干扰两国的建设性合作。双边关系的发展主要取决于双方的政治意愿，目前看双方都有这样的意愿。② 未来，菲俄双方仍有推进两国关系发展的强烈意愿，因为菲律宾和俄罗斯的友谊是建立在相互尊重和共同利益的坚实基础上。③ 无论菲俄双方政权是否更替，无论谁上台执政，都不会对菲俄关系良好发展势头的造成颠覆性的影响。

综上所述，第三种前景，即菲俄关系将逐步向前发展是最为可能的情况。需要强调的是，这里菲俄关系逐步向前发展指的是在未来较长的历史时间段内，菲俄关系将呈现稳步向前发展的态势，在某一较短的时间里可能会出现停滞，但不会对菲俄关系发展的大势产生颠覆性的影响。此外，虽然菲俄关系发展的前景是乐观的，但并不意味着菲俄关系发展不存在挑战。如美国的干扰，未来美国很有可能会以军事安全为由干涉菲俄军事合作以及其他合作。又例如，菲俄两国的经贸合作关系十分脆弱，菲俄两国的双边贸易额规模一直不高，2013 年是菲俄贸易额最佳年份，但也仅有十几亿美元。显然，菲俄两国低迷的经贸合作也将在一定程度上限制双边关系的发展。总而言之，未来菲俄关系将继续向前发展，但也存在一定挑战，甚至不排除在短时间内出现反复和停滞，但双边关系向前发展的大趋势不会变，菲俄关系发展的潜力巨大。应该说，菲俄关系发展的前途是光明的，但道路未必是坦途。

---

① Ефимова Лариса Михайловна, "К 40 - летию дипломатических отношений между Российской Федерацией и РеспубликойФилиппины," 03.06.16, https：//mgimo. ru/about/news/experts/k – 40 – letiyu – diplomaticheskikh – otnosheniy – mezhdu – rf – i – respublikoy – filippiny/，最后访问日期：2020 年 4 月 17 日。

② Ефимова Лариса Михайловна, "К 40 - летию дипломатических отношений между Российской Федерацией и РеспубликойФилиппины," 03.06.16, https：//mgimo. ru/about/news/experts/k – 40 – letiyu – diplomaticheskikh – otnosheniy – mezhdu – rf – i – respublikoy – filippiny/，最后访问日期：2020 年 4 月 17 日。

③ Перфекто Р. Ясай-мл. （Министр иностранных дел Республики Филиппины）, "Мир и процветание в уязвимом, но все же прекрасном мире. К 40 – летию установления дипломатических отношений между Российской Федерацией и Республикой Филиппины," Международная жизнь, 22. 08. 2016, https：//interaffairs. ru/news/show/15835，最后访问日期：2020 年 4 月 11 日。

B.9
菲日关系发展现状评析：稳定向好

张宇权　陈准*

摘　要： 杜特尔特就任总统以来，实现大国平衡、独立自主成为其外交政策的主要特点。安倍晋三在巩固国内的执政基础之后，出于发展国内经济和平衡地缘政治的考虑，更加重视与东南亚各国外交关系。在此背景之下，菲日两国在巩固传统的经济关系的基础上拓展和加深了双边联系和合作，使得近年来的两国关系呈现出经贸合作不断加强、高层交往日益频繁、防务合作更加突出的趋势。此外，近年来的菲日两国关系表现出涵盖范围广、援助外交重点突出的特点。总体而言，菲日两国出于各自国家的发展战略，都加强了与对方的交往和合作，双边关系呈现稳定向好的态势。

关键词： 菲律宾　日本　外交关系

引　言

　　菲律宾与日本自 1956 年 7 月建立外交关系后，日本就凭借经济援助和战争赔款等形式发展与菲律宾的经济关系，20 世纪 70 年代，日本又通过对菲贸易与投资、政府开发援助（ODA）等方式逐渐超越美国成为菲律宾的

---

* 张宇权，中山大学国际关系学院副教授、博士生导师，中山大学东南亚研究所菲律宾研究中心主任；陈准，中山大学国际关系学院研究助理。

最大投资国和贸易伙伴。安倍晋三和杜特尔特上台后都调整了各自的国家战略，两国关系的发展出现一些新的动向和特点。

一　菲日关系的新动向

自 2011 年菲日建立战略伙伴关系以来，菲日关系就一直保持了稳定发展的局面。杜特尔特上台以后，其外交政策展现出了更加务实的风格，[1] 为了给国内发展创造一个稳定的外部环境，其在对外关系的处理上更加体现了独立自主的特点。在处理与周边大国的关系上，杜特尔特采取"大国平衡"的战略，力图在处理与周边大国的外交关系活动中谋取更多的资源和利益。安倍政府执政以来，出于发展经济、提升政治影响力以及平衡中国对东南亚国家日益广泛的影响的现实需要，对东南亚实行了更加积极的外交政策。在安倍政府的外交战略中，周边外交是其重要支柱之一，而加强与东盟的关系则是其外交的优先方向，基于此，安倍对杜特尔特领导下的菲律宾给予高度重视。[2] 因此，近年来菲日关系在保持了传统友好关系的基础上，获得了进一步发展，具体表现为双方经贸关系进一步密切、高层交往进一步频繁和防务合作进一步突出。

（一）经贸关系不断加强

进入 21 世纪以来，菲日关系长期保持稳定向好的趋势，2006 年菲日两国签署了涵盖货物和服务贸易、金融、人员交流、知识产权保护、政府采购等广泛内容的《菲日经济合作协议》。这是菲律宾签署的第一份双边自由贸易协定，《菲日经济合作协议》的签署为两国经贸关系的发展提供了稳定的基础。2011 年双方又将双边关系提升为战略伙伴关系，进一步促进了菲日

---

① 张宇权、洪晓文：《杜特尔特政府对华政策调整及其影响》，《现代国际关系》2016 年第 12 期，第 49 页。

② MOFA（日本外务省），"Diplomatic Bluebook 2019," https://www.mofa.go.jp/policy/other/bluebook/2019/html/index.html，最后访问日期：2020 年 2 月 23 日。

经贸关系的快速发展。从2016年杜特尔特执政以后，日本虽然在2017年被中国超越成为菲律宾第二大贸易伙伴，但是菲日两国的双边贸易总量仍然保持增长。据菲律宾统计局统计，截至2019年12月，日本仍是菲律宾的第二大进口市场，同时还是菲律宾的第四大出口市场。①

在菲日双边经贸关系保持稳定发展的同时，菲日双方还在积极地为双边经贸关系的进一步发展寻找新的契机。2017年1月，安倍访问菲律宾期间，日本提出了将要在五年内对菲律宾提供1万亿日元的经济援助，同时双方签订多项经济合作协议。② 同年10月，在杜特尔特第二次访问日本时，菲日双方签署了《菲日五年间双方合作的共同声明》，正式确定日本将在2017～2022的五年内对日本提供1万亿日元的援助，菲日双方将在基础设施建设、棉兰老岛和平开发、能源开发、环境保护、信息技术、人才培养和交流等方面展开合作。③ 与此同时，菲日两国之间设立高级别基础设施建设和经济合作委员会以协调双方合作事宜，根据日本外务省发布的资料统计，双方已经举行9次会议，④ 菲日双方的这些经济合作新举措无疑将为双方经贸合作进一步发展拓展新的空间。

（二）高层交往日益频繁

在安倍政府最新发布的《外交蓝皮书2019》中介绍了日本外交政策的六大优先方向，其中加强与周边国家关系排在第二，"构建自由与开放的印

---

① 菲律宾统计局，https：//psa. gov. ph/statistics/foreign – trade/fts – release – id/160273，最后访问日期：2020年4月5日。

② 中国驻菲律宾大使馆经商处：《日本首相安倍访菲宣布一万亿日元援助》，http：//ph. mofcom. gov. cn/article/jmxw/201701/20170102501378. shtml，最后访问日期：2020年4月19日。

③ MOFA, "Japan-Philippines Joint Statement on Bilateral Cooperation for the Next Five Years," https：//www. mofa. go. jp/region/asia – paci/philippine/index. html，最后访问日期：2020年2月23日。

④ MOFA, "Japan-Philippines Relations (Archives)," https：//www. mofa. go. jp/region/asia – paci/philippine/archives. html，最后访问日期：2020年4月17日。

度太平洋战略"排在第六，① 足可见安倍政府对周边外交的重视。从地缘政治学的角度看，菲律宾处于太平洋和印度洋的交界地带，是日本进出口海运航线的关键节点，同时也是距离日本最近的东盟成员国。因此，菲律宾不仅是安倍政府加强与周边国家关系的重要国家，也是安倍政府构建"自由与开放的印度太平洋战略"的关键地区。基于此，日本政府近年来与菲律宾政府的高层交往也呈现日益频繁的趋势。

日益频繁的高层交往本身就是菲日关系不断深入发展的直接体现。从杜特尔特上任至今，菲日两国高层交往频繁，其中仅菲日两国政府首脑的会谈就有7次。（1）2016年10月杜特尔特访问日本，这期间双方举行了三次首脑会晤，菲日双方就两国间贸易、投资、地区安全、海洋合作、防务合作等多项内容达成共识。② 杜特尔特的第一次日本之行不仅打消了日本对于菲律宾外交政策转变的疑虑，更为双方未来合作打下良好基础。（2）2017年1月安倍晋三访问菲律宾，访问期间双方重申进一步加强两国间的战略伙伴关系。安倍晋三还造访了杜特尔特的家乡达沃市，安倍不仅成为杜特尔特执政后第一个到访的外国领导人，而且还是第一个造访杜特尔特家乡的外国领导人，这充分体现了菲日两国高层的亲密关系。值得一提的是正是在安倍晋三这次访问日本期间第一次提出了要向菲律宾提供一万亿日元的援助计划，此项计划的提出也是为两国近年来的合作开辟了新的空间。（3）2017年10月，杜特尔特应日本政府的邀请再次访问菲律宾，这次访问双方落实了之前安倍访菲期间达成的共识，两国共同发表了《菲日两国间合作五年计划声明》，并签署了一系列的合作协议。在此次访问期间，杜特尔特高度评价了近年来的菲日关系，并声称日本是坚定支持菲律宾繁荣发展的真朋友，两国关系进入战略伙伴期的"黄

---

① MOFA，"Diplomatic Bluebook 2019，" https：//www.mofa.go.jp/policy/other/bluebook/2019/html/chapter1/c0102.html，最后访问日期：2020年2月23日。

② MOFA，"President of the Republic of the Philippines to Visit Japan，" https：//www.mofa.go.jp/s_sa/sea2/ph/page3e_000603.html，最后访问日期：2020年2月25日。

金时代"①，安倍在两国元首晚宴上则将菲律宾比作"家人"。② 从两国领导人的表态中体现了菲日两国对双边关系认可和赞赏。（4）2017年11月，在东盟峰会期间，安倍晋三与杜特尔特举行了会谈，双方就两国在共同关心的问题上交换了意见，并就两国在东盟框架内展开合作达成共识。③ （5）2018年11月，两国领导人在新加坡举行东盟与中日韩领导人会议上再次进行会谈，菲律宾国内和平建设和基础设施建设合作成为这次双边会谈的重点领域。此外，双方就双边关系和共同关心的问题交换了意见，并将两国间关系应继续保持密切合作达成共识，安倍在此次会谈上再次对双边关系的"黄金时代"给予肯定；④ （6）2019年5月，杜特尔特再次访问日本，访日期间双方签署了一系列重要文件，日菲首脑承诺将进一步深化战略合作伙伴关系，共同建设"自由开放的印太"；⑤ （7）2019年11月，菲日两国领导人再次在泰国举行会谈，其间安倍表示会进一步加大对菲投资，支持杜特尔特的"建设、建设、再建设"国家发展计划，愿与菲律宾就港口建设、铁路、海洋执法等方面展开进一步合作。杜特尔特则感谢了日本政府对于菲律宾国家基础设施建设的支持，并表示期待两国进一步合作。⑥ 菲日两国日益频繁的高层交往中，除了最高领导人的密集会谈和访问外其他政府高层官员的外交活动也相当频繁，如副部级的战略对话、外交部长会议以及菲日高级别基

① "Japan's Aid Signals Golden Age of Partnership," https：//www. manilatimes. net/2017/10/31/news/top - stories/japans - aid - signals - golden - age - partnership/359694/，最后访问日期：2020年4月19日。

② "Duterte Says PH, Japan Reach 'Golden Age of Strategic Partnership'," https：//globalnation. inquirer. net/161288/philippine - news - updates - president - duterte - japan - prime - minister - shinzo - abe - marawi，最后访问时间：2020年4月20日。

③ MOFA，"Japan-Philippines Summit Meeting," https：//www. mofa. go. jp/s_ sa/sea2/ph/page3e _ 000784. html，最后访问日期：2020年4月20。

④ "Peace，Infra Top Agenda in Duterte-Abe Meeting," https：//www. manilatimes. net/2018/11/17/news/top - stories/peace - infra - top - agenda - in - duterte - abe - meeting/468842/，最后访问日期：2020年4月21日。

⑤ 卢昊：《突破ODA禁区，日本将向菲提供自卫队装备》，《世界知识》2019年第21期，第28页。

⑥ MOFA，"Japan-Philippines Summit Meeting," https：//www. mofa. go. jp/s_ sa/sea2/ph/page3e _ 001124. html，最后访问日期：2020年3月3日。

础设施建设和经济合作委员会等特定的政府部门之间的合作。根据日本外务省发布的信息统计，仅杜特尔特上台后至2020年2月期间双方的政府间互动就多达47次，次数远多于菲律宾前任领导人执政期间的互动次数。[①] 菲日两国政府间高层日益密切的互动本身就反映了两国关系稳步向前的良好态势。

（三）防务合作更为突出

菲日两国的防务合作在菲律宾前任总统阿基诺三世在任期间就已经深入开展，杜特尔特上台后在外交战略方面虽然疏离美国的倾向明显，但是这并未妨碍菲律宾与日本开展安全、防务等方面的合作。从日本方面看，菲律宾地理位置极为重要，是日本石油进口和其他战略物资运输的海运航线上的关键地区。此外，加强与菲律宾防务合作可为日本军事装备出口创造条件。安倍上台后，提出"自由与开放的印度太平洋战略"，这其中就有通过防务合作和军事合作来维护地区安全的主张。[②] 从菲律宾方面看，杜特尔特上台在国内推行反恐、禁毒、平叛等政策；在外交政策方面采取独立自主原则和大国平衡的策略，[③] 与此同时菲律宾由于国内军事力量薄弱，加强与其他国家的防务合作，提升菲律宾防务能力也是杜特尔特执政后的现实需求。基于此，杜特尔特上台后，菲日两国间的防务合作也获得了快速的发展，其主要表现在防务装备援助、舰队访问和军事演习、构建合作机制三个方面。

1. 装备与军事技术援助

早在2016年2月，日本与菲律宾之间就签订了《防卫装备转移和技术

---

① MOFA, "Japan-Philippines Relations（Archives）," https：//www. mofa. go. jp/region/asia – paci/philippine/archives. html，最后访问日期：2020年2月25日。

② MOFA, "Free and Open Indo-Pacific," https：//www. mofa. go. jp/files/000430632. pdf，最后访问日期：2020年3月3日。

③ 张宇权、洪晓文：《杜特尔特政府对华政策调整及其影响》，《现代国际关系》2016年第12期，第49页。

合作协定》，同年东盟峰会期间，在菲日两国领导人会谈时，安倍承诺向菲律宾提供两艘大型海上巡逻舰艇和五架 TC－90 教练机，用以加强菲律宾海上警备能力。杜特尔特则向安倍对日本提高菲律宾在南海的能力表示感谢。① 这是杜特尔特上台后日本对菲律宾的首次防务装备援助。2017 年 3 月，日本又向菲律宾移交了两架 TC－90 教练机，菲律宾防长和日本防务副大臣都出席了此次的交付仪式，双方在交付仪式上再次强调了两国之间的防务合作对于维护地区安全和和平的重要性，双方表示愿与对方进一步加强防务合作以维护地区安全与稳定。② 2017 年 8 月日本外相在华盛顿出席记者会时表示未来三年将向菲律宾和越南提供 16 艘舰船，以提高相关国家的海上巡逻执法能力。③ 2017 年 10 月，日本宣布向菲律宾无偿捐赠 5 架 TC－90 教练机，与之前移交的两架一起于 2018 年 3 月无偿交付菲律宾，还承诺向菲律宾军方提供 UH－1 武装直升机零件。这是日本修改《自卫队法》后首次向他国免费转让防卫装备。④ 2018 年 3 月菲日举行 TC－90 教练机交付仪式，其间两国防长举行会谈，双方同意进一步加强合作。同年 8 月日本再次向菲律宾交付两艘大型多用途快速反应舰艇，同时日本还宣布将在未来再次向菲律宾军方建造和交付两艘大型巡逻艇，帮助菲律宾军方增强海上执法力量。⑤ 2018 年 12 月，日本政府就探讨过向菲律宾提供防空雷达装备，用于菲律宾军方应对他国战机，以提升菲律宾防空能力。⑥ 2019 年 9 月，有媒体

---

① 《安倍会晤菲总统，向菲提供两艘大型巡逻艇》，http：//news. cctv. com/2016/09/07/ARTI2G6L5xMkCmXR9PIPxUad160907. shtml，最后访问日期：2020 年 4 月 20 日。

② 《日本正式向菲律宾交付两架教练机》，http：//www. chinanews. com/gj/2017/03－27/8184619. shtml，最后访问日期：2020 年 3 月 20 日。

③ 顾全：《再论日本的南海政策——基于对近年来〈外交蓝皮书〉的解读》，《亚太安全与海洋研究》2019 年第 5 期，第 18 页。

④ 卢昊：《突破 ODA 禁区，日本将向菲提供自卫队装备》，《世界知识》2019 年第 21 期，第 28～29 页。

⑤ "JICA Hands Over Last Two Multi-role Response Vessels to PCG as Support to PH Maritime Security and Safety," https：//www. jica. go. jp/philippine/english/office/topics/news/180823. html，最后访问日期：2020 年 3 月 3 日。

⑥ 《日本拟向菲律宾出口防空雷达 买卖能否做成？》，https：//www. jica. go. jp/philine/english/office/topic/news/180823. html，最后访问日期：2020 年 4 月 20 日。

报道，日本还计划将日本海上自卫队用于救援的装备提供给菲律宾海军，用于增强菲律宾军方的海上救援能力。①

2. 舰队访问和军事演习

在菲日两国的防务合作中，军舰访问和联合军事演习是重要组成部分，近年来菲日两国间舰队访问和军事演习频繁，这也反映了两国在防务合作上的紧密关系。2016年日本海上自卫队的"亲潮"级常规潜艇访问菲律宾苏比克军事基地，这是日本潜艇15年来首次停靠苏比克湾。② 2017年6月，日本海上自卫队最大舰艇，直升机准航母"出云"号访问菲律宾，在4天的访问期间杜特尔特还亲自登上了"出云"号直升机航母，这是日本"出云"号直升机航母自服役以来第一次迎来外国元首，③ 2018年9月日本另一艘直升机航母"加贺"号停靠菲律宾，杜特尔特再一次登上了日本海军的舰艇，④ 足见杜特尔特对菲日两国之间防务合作的重视。2019年7月，日本海上自卫队"出云"号完成为期两个月的军事任务后再一次停靠菲律宾苏比克湾，这是日本海军主力旗舰"出云"号对菲律宾的第二次访问，更加凸显了菲日两国海军在防务合作上的密切关系。⑤ 从杜特尔特上台以来，日本海上自卫队就频繁造访菲律宾，日本军舰对菲律宾的频繁接触是两国军队友好关系的直接展现。

除了舰队访问外，两国间的军事演习也是菲日两国军事友好合作的另一个表现。菲日两国之间的军事演习既有菲日双边军事演习，也有多边框架下的联合军事演习，两国参加的军事演习包含海上联合执法、人道主义救援、海上危机处理等多个方面。据日本防卫省资料统计，自杜特尔特上台至今，由菲日两

---

① 《日本突破禁区向菲提供军援》，https：//www. phhua. com/news/31623. html，最后访问日期：2020年4月20日。

② 《日本潜艇时隔15年首访菲律宾为哪般》，http：//cjkeizai. j. people. com. cn/n1/2016/0317/c368504-28207722. html，最后访问日期：2020年4月20日。

③ "Duterte：I Know We Will Be with Them for All Time," https：//globalnation. inquirer. net/157611，最后访问日期：2020年4月5日。

④ 张宇权、洪晓文：《杜特尔特政府对华政策调整及其影响》，《现代国际关系》2016年第12期，第49页。

⑤ MOFA, "Indo-Pacific Deployment 2019（IPD19），" https：//www. mod. go. jp/msdf/en/operation/IPD19. html，最后访问日期：2020年4月20日。

国参加的双边和多边演习就多达 8 次。① 尽管菲律宾对于日本和美国所声称的维护南海航行自由态度不置可否，但是菲日两国间的军事演习也并未减少。

3. 构建合作机制

除了装备转移、舰队访问和军事演习之外，菲日两国间紧密的防务合作得以维系和深入发展的一个关键因素是两国为双方开展防务和军事合作建立了比较完备的机制。菲日两国防务和军事合作机制包括两个层面：一是两国防务部门的高级别对话机制；二是完备的防务合作框架。其实早在杜特尔特上任之前，菲日两国之间就已经搭建起了国防部长级的防务对话机制。杜特尔特上任以来，两国国防部门高级长官就多次举行会谈。这其中既有菲日两国双边的部长级会谈，也有类似"东盟—日本"国防部副部长级论坛（目前已经举行了 11 届）以及 ADME-Plus（东盟十国和中国、美国、俄罗斯等国家组成的防长会谈）② 等对话机制，这些高级别的军队官方对话机制为菲日两国的军事合作起到了引导的作用，有利于双方将防务合作走向深化。除了高级别的国防长官对话对话外，还有支撑菲日防务合作多个框架，这些框架包括：（1）菲日两国军方和防务部门的定期交流机制；（2）以日本为主导的两国之间覆盖陆海空部门的"能力构建协助"机制；③（3）共同训练和联合演习机制；（4）以反恐、打击犯罪为重点的非传统安全合作机制；（5）地区安全对话与协商机制。④ 菲日之间这些较为完善的防务合作机制为两国的军事合作提供了良好的制度框架，正是有了这些机制支撑，菲日两国间的防务合作才得以稳定发展。

---

① MOFA, "Defense Cooperation & Exchange," https：//www. mod. go. jp/c/d ＿ act/exc/bilateral. html，最后访问日期：2020 年 3 月 3 日。

② MOFA, "Multilateral Security Dialogues," https：//www. mod. go. jp/e/d ＿ act/exc/multilateral. html，最后访问日期：2020 年 3 月 3 日。

③ 日本防卫省："Capacity Building Assistance," https：//www. mod. go. jp/e/d＿ act/exc/index. html，最后访问日期：2020 年 3 月 4 日。

④ 卢昊：《突破禁区，日本将向菲提供自卫队装备》，《世界知识》2019 年第 21 期，第 28 ~ 29 页。

二 菲日关系的特点

（一）涵盖范围广

2006 年《菲日经济合作协议》签署以后，菲日关系快速发展，特别是 2011 年两国将双边关系提升为战略伙伴关系后，菲日双边关系从传统的经济关系演变为以经济为中心的全方位战略伙伴关系，在巩固传统的经济关系的基础上，菲日两国关系发展为涵盖经济、政治、文化、军事、人员交流、非传统安全合作等多个领域的全方位合作关系，按照安倍晋三和杜特尔特的说法，菲日关系两国关系进入"黄金时期"。①

安倍政府执政后，在"积极和平主义"的外交理念的指导下修改了日本的 ODA 大纲，ODA 从外交手段上升到战略高度，成为安倍政府外交战略的重要支柱，新一轮的调整在援助目的上更加注重对外交、安保的支持效应，在领域上突破限制开展军事援助，在援助对象上突破了发展中国家界限，更加看重对日本具有战略意义的国家。② 根据日本政府 2015 年发布的《开发合作大纲：为和平、繁荣，以及每个人更好的未来》，日本政府新版的 ODA 大纲具有三个新的特点：一是援助的领域扩大，不再局限于狭隘的经济发展，同时包括和平建设、政府治理、促进基本人权和人道主义援助，这其中着重强调要加强发展中国家的能力建设，包括执法机构和海军能力建设；二是援助的对象和内涵有所扩大。除了继续重视和加强传统的经济合作和基础设施建设外，还强调教育、人力资源、科学技术、私有部门、健康卫生等领域的合作，通过对受援国的能力建设援助来提高援助质

---

① "Duterte：Puilippines，Japan Enter 'Golden Age of Strategic Partnership'，" https：// news. mb. com. ph2017/10/30/duterte – ph – japan – enter – golden – age – of – strategic – partnership/，最后访问日期：2020 年 3 月 4 日。

② 王箫轲：《"积极和平主义"背景下日本 ODA 政策的调整与影响》，《东北亚论坛》2016 年第 4 期，第 37 页。

量；三是加强了与日本民间资本的合作，强调除了日本政府的对外援助外，要利用日本公司、企业的力量开展对外援助。① 根据日本新的开发合作大纲，日本对菲律宾进一步扩大了菲日关系的涵盖领域。2017 年 10 月杜特尔特第二次访问日本时，双方达成合作共识，共同发表《菲日双边合作五年计划声明》，就菲日双方未来五年的合作提供文件基础。其主要内容如下：马尼拉大都会区基础设施投资（包括铁路、公路、桥梁、灾害预防设施等）；能源合作（包括电力、石油、天然气等）；增加就业与提高生活水平（人力资源合作、产业人才培养等）；棉兰老岛开发（马拉维地区重建、和平秩序建设、政府人才培养）；公共安全（海洋安全、打击恐怖主义、禁毒、反海盗等）；防务合作（海军技术交流合作、装备援助）；信息和通信技术合作（数字广播、国家宽带建设）；环境保护；农业合作；防灾减灾。②

与此同时，为了确保这些项目的快速有效实施，菲日两国之间建立了相关的合作对话机制，以机制保证这些项目的有效推进。③ 菲日两国关系涵盖范围如此之广反映了两国关系目前处于良好状态。

（二）以援助外交为依托

始于 20 世纪七八十年代日本经济快速发展时期的 ODA 是日本政府开展对外关系、增强日本影响力和塑造日本"大国形象"的重要手段。自日本政府的援助开发诞生至今，尽管其对外援助的对象、手段规模和重点几经变化，但是对东南亚地区的援助一直都是日本 ODA 计划的重点地区。日本认为菲律宾经济持续快速发展，对东亚地区的和平和繁荣都至关重要，并且菲

① 包霞琴、李文悦：《日本对东南亚 ODA 外交中的海上防务合作》，《复旦国际关系评论》2018 年第 1 期，第 112 ~ 113 页。
② MOFA, "Japan-Philippines Joint Statement on Bilateral Cooperation for the Next Five Years," https：//www. manilatimes. net/2017/10/31/news/top – stories/japans – aid – signals – golden – age – partnership/35969，最后访问日期：2020 年 4 月 20 日。
③ MOFA, "President of the Republic of the Philippines to Visit Japan," https：//www. mofa. go. jp/s_ sa/sea2/ph/page3e_ 000603. html，最后访问日期：2020 年 3 月 5 日。

日两国在民主法治、自由市场以及价值观相近，两国拥有共同的战略利益和地区安全关切。因此在落实《菲日经济合作协定》的同时，利用日本的ODA，在经济建设、防务合作、人员交流等方面加强强化与菲律宾的关系非常必要。① 与此同时，在安倍政府的外交政策支柱当中，无论是出于加强与周边国家外交关系的考虑，还是为了推进"自由与开放的印太战略"都必须加强与菲律宾的关系，而援助外交则可以成为安倍政府外交的重要依托。

杜特尔特上任后，安倍政府就一直与其保持密切的联系，在菲日双边关系中，安倍政府对菲律宾的援助一直都是两国间合作的重点，目前日本对菲律宾的援助计划正按照两国间共同发布的《菲日双边合作五年计划声明》务实开展，双方已经举行了九次委员会会议来协调双方之间达成的合作协议。根据日本国际协力机构（JICA）的整理，目前日本对菲律宾的援助主要包含：科技合作援助、援助贷款、无偿援助、公众参与项目、应急灾害救助、社会援助、培训计划、发展研究等几个方面。② 根据JICA最新的2019年度统计，菲律宾在日本对东南亚整个地区的3266亿日元的援助中占比18.4%，达601亿日元。③ 2017～2022年日本对菲律宾的主要援助项目如表1。

表1　2017～2022年日本对菲主要援助项目

援助类别	项目名称	援助形式
交通运输	宿务地铁交通系统	技术合作
	马尼拉大都圈地铁	有偿贷款
	干线道路附属设施系统	有偿贷款

---

① MOFA, "Country Development Cooperation Policy for the Republic of the Philippines," https://www.ph.emb-japan.go.jp/files/000393849.pdf, 最后访问日期：2020年4月3日。

② JICA, "Assistance Schemes for Philippines," https://www.jica.go.jp/philippine/english/activities/activity_01.html, 最后访问日期：2020年4月21日。

③ JICA, "Annual Report 2019," https://www.jica.go.jp/english/publications/reports/annual/2019/index.html, 最后访问日期：2020年4月3日。

援助类别	项目名称	援助形式
电力能源	万萨摩罗地区电网更新	无偿援助
防灾减灾	加维特工业地区防洪	有偿贷款
	菲律宾极端天气监视和信息系统	技术合作
地区开发	达沃市基础设施建设和城市管理	技术合作
	农村开发	有偿贷款
文化教育	国民电视广播网建设	无偿援助
电力能源	万萨摩罗地区电网建设	无偿援助
医疗卫生	药物依存症治疗	技术合作
环境保护	格拉诺三角区生态保障与服务	技术合作

资料来源：JICA，"Rolling Plan for the Republic of the Philippines，"https：//www. ph. emb - japan. go. jp/files/000393854. pdf，最后访问日期：2020 年 4 月 20 日。

三　菲日关系的稳定发展的驱动力分析

结构现实主义者认为，国际后果的形成是由国际体系的结构造成的，而体系的结构则是国际社会中单位的实力对比形成的，因此，国际后果的原因存在相互作用的单位层次上，同时还有某些原因存在结构层次上，存在单位层次上的原因与存在结构层次上的原因是相互作用的。① 菲日之间的关系稳定向前发展的状况也是如此，既有菲日两国单位层次驱动的原因，同时也有国际体系结构驱动力的作用。

（一）安倍政府外交政策的推动

自日本明治维新后，重视海权的思想就一直占据日本战略思想的主流地位。近代以来无论是二战时期的"大东亚共荣圈"思想还是安倍政府推出的"自由与开放的印度太平洋战略"，东南亚都在日本的国家战略中占有重

---

① 陈岳：《国际政治学概论》，中国人民大学出版社，2010，第45页。

要地位。① 从经济层面看，菲律宾属于发展中国家，同时也是新兴市场国家，近几年来菲律宾的国民经济保持快速发展，菲律宾不仅是日本对外贸易中重要的出口市场，也是日本农产品和原材料进口的主要国家，推动菲日关系稳定向前发展是提振日本经济的必然要求；从地缘政治的视角看，菲律宾加强与菲律宾之间的关系事关日本战略安全、平衡中国日益增长的影响力、扩大日本军事影响力。此外，菲日两国自冷战时期就已经建立了稳固的经济、防务和地区安全合作关系，这也为当前安倍推动菲日关系向前发展奠定了良好基础。

安倍政府上台后，贯彻"积极的和平主义"安保理念，主张国际安全密不可分，要求日本更加主动地介入国际社会和地区安全的建构之中，向国际社会宣扬日本的安全主张。② 与此同时，安倍政府将加强与周边国家关系作为其外交政策的三大支柱之一，积极推进"自由与开放的印太战略"。从安倍的外交政策中不难看出其对周边外交的重视以及对印太地区的关切。对于安倍政府来说，无论是出于加强与周边国家关系的考虑，还是推进"自由与开放的印太战略"，菲律宾都是安倍政府施展外交战略的必然选择。具体而言，安倍政府加强与菲律宾的关系可能有以下几个考量。首先，加强与菲律宾的关系是促进日本经济发展的必然需求，日本作为一个典型外贸出口型经济体，原材料供应市场的稳定和对外出口对于日本经济而言都至关重要，而作为新兴市场国家的菲律宾近年来经济快速发展，基础设施建设需求巨大，加强与菲律宾的关系对于日本经济发展而言必不可少。其次，近年来中国无论是经济还是军事实力都与日俱增，中菲关系自杜特尔特上台后出现反转，加强与菲律宾的关系以增强日本在东南亚不断增长影响力成为安倍政府的政策选择。最后，日本自安倍政府上台以后，在军事和外交政策上动作频频，加强与菲律宾之间的防务合作和军事关系对于试图解

---

① 朱晓琦：《日本海权思想演进中东南亚认知的变迁》，《日本学刊》2019 年第 S1 期，第 213 ~ 214 页。
② MOFA，"Nation Security Strategy，" http：//japan. kantei. go. jp/96_ abe/documents/2013/__ icsFiles/afieldfile/2013/12/17/NSS. pdf，最后访问日期：2020 年 4 月 6 日。

禁集体自卫权、增强军事影响力和妄图成为正常国家的日本而言是非常重要的战略手段。

（二）菲律宾的发展需求

从菲律宾国内发展的角度看，作为一个有着过亿人口、国土面积和经济总量都居于世界中位的国家，尽管菲律宾资源丰富、交通位置优越，但是其经济发展却长期滞后。根据 IMF2019 年 4 月出版的《世界经济展望数据库》数据，2018 年菲律宾人均 GDP 约 3597 美元，世界排名 121 位。[①] 长期以来菲律宾一直面临基础设施落后、资金和技术短缺的问题，此外，还有国内政局不稳、毒品犯罪、恐怖主义和分裂主义的影响，这些都严重迟滞了菲律宾的国家发展。杜特尔特作为一个务实的政治家，多年的地方治理经验使杜特尔特把执政改革的重心放在内政上。[②] 杜特尔特执政以来，先后提出了"菲律宾雄心 2040"战略和"2017～2022 年菲律宾国家发展计划"、"大建特建"等国家发展计划，以发展菲律宾经济，提升国家实力。与此同时，先后发起扫毒、打击分裂、反腐败等政策，为国家发展扫除内部障碍。[③] 但是尽管如此，菲律宾国家发展仍面临资金和技术以及基础设施建设落后等问题。日本作为全球第三大经济体，经济发达、科学技术先进，此外菲日关系经过长时间发展一直保持良好状态。因此，加强与日本的合作似乎是菲律宾必然的选择。从杜特尔特的外交政策看，其上台后一改前任阿基诺一边倒的依赖美国的外交政策，推行其大国平衡的外交战略，力图为菲律宾国家发展创造更好的外部环境，使菲律宾化解了过于单向依赖某一大国的风险，[④] 使菲律宾在推行外交战略上拥有更多的自主选择性。菲律宾虽然

---

① 世界经济信息网，http://www.8pu.com/gdp/per_capita_gdp_2019.html，最后访问日期：2020 年 4 月 6 日。

② 张宇权、洪晓文：《杜特尔特政府对华政策调整及其影响》，《现代国际关系》2016 年第 12 期，第 49 页。

③ 黄耀东：《菲律宾：2017 年回顾与 2018 年展望》，《东南亚纵横》2018 年第 2 期，第 36 页。

④ 孙西辉、吕虹：《小/弱国的"大国平衡"外交机理与菲律宾的中美"再平衡"》，《东南亚研究》2017 年第 2 期，第 156～157 页。

疏远美国，但是并没有解除和美国的军事同盟关系，其仍然保持了与美国在军事上的合作。与此同时，菲律宾积极发展与日本关系对于其来说既可以获得经济效益，又能平衡对中国日益增长的经济依赖。此外，在菲日关系中，菲日双方的防务和军事合作对于提升菲律宾的海上执法能力、打击国内恐怖主义、分裂势力以及毒品犯罪而言至关重要。总而言之，加强与日本的关系对于菲律宾的国内发展和外交选择都是必不可缺的选择。

（三）菲日关系的结构性驱动力

进入 21 世纪以来，特别是近 10 年来，由于中国综合实力的上涨，冷战后以美国为主导的国际格局正在逐渐发生改变，这种国际格局的改变在东亚地区凸显得更加明显。[1] 随着中国对东盟国家影响力日益加强，而美国面临着国际国内问题的牵制，美国在这一地区的相对实力下降使背负美日同盟关系的日本不得不主动填补美国影响力下降留下的权力真空。[2] 权力结构变化的驱动力迫使日本在外交、防务合作上更加积极主动加强与菲律宾之间的关系。对于菲律宾而言，为了避免在经济上过分依赖美国或者中国，加强与日本之间的合作关系为菲律宾外交战略选择提供了更多的灵活性，即在不解除与美国的共同防御条约的条件下，加强与日本的经济和防务合作，这样才能使得菲律宾在获得安全保障的同时，从当前的权力格局中获取最大的经济和安全利益。

总而言之，菲日关系在近年来获得稳定向好发展，不仅是安倍政府所推行的对外政策的驱动的作用，还与菲律宾国内发展的现实需求有关。由此可见，在世界格局发生百年未有之大变局的今天，菲日之间这种稳定的双边关系在杜特尔特政府执政时期还将继续稳定发展。

---

① 朱锋：《国际格局与中美战略竞争》，《亚太安全与海洋研究》2020 年第 2 期，第 133 页。

② 孙西辉、吕虹：《小/弱国的"大国平衡"外交机理与菲律宾的中美"再平衡"》，《东南亚研究》2017 年第 2 期，第 156～157 页。

专题报告

Special Reports

B.10

菲律宾南部安全局势总体回顾与展望

薛 亮 郑先武*

摘 要: 菲律宾南部安全问题已绵亘数十年之久。它具备持续性强、涉及面广、难以治理等特征,曾对菲律宾政府造成长期的困扰。杜特尔特上台后,与南部主要反叛组织的谈判持续推进,但同时面临"伊斯兰国"力量在南部投射引起的暴力极端主义风险,在各类安全风险的交织下,局势进一步复杂化。本报告以"弱国安全困境"为视角,透析菲南部安全问题的本质,把握其当前呈现的总体态势,并对其治理与前景作出判断和展望。

关键词: 菲律宾南部 安全困境 恐怖主义

---

* 薛亮,南京大学国际关系研究院硕士研究生;郑先武,南京大学国际关系研究院教授、博士生导师,中国南海研究协同创新中心研究员。

菲律宾南部安全问题（以下简称"菲南部安全问题"）对菲律宾的国家建设构成了重大的、持续的负面影响，它具备复杂、持久和难以治理等特征，是自费迪南德·马科斯（Ferdinand Marcos）总统执政（1965～1986年）以来菲律宾历届政府的心头之患。① 本报告以"弱国安全困境"为视角，透析菲南部安全问题的本质和根源，把握其演进的脉络及当前呈现的总体态势，从而对其治理与前景作出分析和展望。

一 背景：菲律宾南部安全问题的根源

（一）菲南部安全问题根植于弱国安全困境的演化

菲南部安全问题根植于其所形成的弱国安全困境的演化。弱国安全困境是国际关系中经典的"安全困境"概念在国家内部的发展和延伸。自20世纪50年代赫伯特·巴特菲尔德（Herbert Butterfield）和约翰·赫兹（John Herz）首倡以来，在罗伯特·杰维斯（Robert Jevis）、杰克·斯奈德（Jack Snyder）、尼古拉斯·惠勒（Nicholas Wheeler）、肯·布斯（Ken Booth）和亚历山大·温特（Alexander Wendt）等人所发展的国际关系中的安全困境概念具备的悲剧性、不确定性、政策的自相矛盾性、螺旋式上升的恐惧和怀疑等关键要素的基础上，经巴里·波森（Barry R. Posen）、斯图尔特·考夫曼（Stuart Kaufman）、巴里·布赞（Barry Buzan）、布莱恩·乔布（Brian L. Job）、穆罕默德·阿约伯（Mohammed Ayoob）、卡洛琳·托马斯（Caroline Thomas）、乔尔·米格代尔（Joel S. Migdal）、约翰·格伦（John Glenn）和保罗·罗（Paul Roe）等人在国内层面上的运用和修缮，形成了注重弱国政权与社会群体间安全张力及多个安全领域交织作用并导致广义螺旋式冲突过程的"不安全困境"（insecurity dilemma），与侧重主导族裔政权与其他族

---

① 菲律宾南部的摩洛地区被广泛定义为棉兰老岛的领土以及苏禄群岛的周边岛屿。主要包括棉兰老岛中部和西南部、巴西兰、苏禄和塔威塔威等群岛地区，一直遭受各种类型的相互交织的暴力，包括叛乱、部族间暴力和最近的暴力极端主义。

裔群体间安全张力并以身份认同和彼此误解为核心从而导致严格意义上的悲剧性螺旋模式的"社会安全困境"（societal security dilemma）两大类弱国安全困境。总体而言，弱国安全困境预测，在一个出于种种原因而在"基础结构能力"（国家机构执行基本任务和制定政策的能力）、"强制性能力"（国家使用武力应付对其权威的挑战的能力）和"民族身份认同与社会向心力"（民众认同民族国家并在生活中接受其合法角色的程度）三个维度上较为虚弱的"弱国"背景（类无政府状态）下，基于主导性强势群体的政权会与基于某些相对弱势群体认同的团体间形成互动的、螺旋式上升的、难解难分的恶性冲突，从而使国家整体陷入一种内部的安全困境之中。①

菲南部正是综合了"不安全困境"与"社会安全困境"两种要义的典型的弱国安全困境。其基于两大前提。首先，由于内外多重原因，菲南部处于典型的弱国情境之下。一是西班牙和美国的殖民历史，形成分别由伊斯兰教和基督教文化群体所主导的具备内在张力的南北两大社会，此种张力因北部社会垄断政权和南北地理隔阂而加大。二是前宗主国美国的政治遗产，导致选举和代议制机构先于现代成熟官僚制度的建立，促成北部主导的"领袖民主"的精英统治和庇护政治。三是对国家地位的要求主要基于反殖民情绪，缺乏南北共同的历史经验、认同纽带和建国资源，"菲律宾"和"摩洛"名称共同的西班牙来源和常年的预算赤字便是其直接体现。四是外部力量的干预，美国在政治安全领域的长期担保使其回避了艰难的制度建设，而邻国在特定时期的定向干预又加大了在南部建设国家的

① Alan Collins, *The Security Dilemmas of Southeast Asia*, Singapore: ISEAS, 2000, pp. 2 – 178; Paul Roe, *Ethnic Violence and the Societal Security Dilemma*, New York: Routledge, 2005, pp. 57 – 163; Ali Bilgic, "Towards a New Societal Security Dilemma: Comprehensive Analysis of Actor Responsibility in Intersocietal Conflicts," *Review of International Studies*, Vol. 39, No. 1, 2013, pp. 185 – 208; Richard Jackson, "Regime Security," in Alan Collins, ed., *Contemporary Security Studies*, 4th edition, Oxford: Oxford University Press, 2016, pp. 200 – 212; Andreas Krieg, "Regime Security," in Alan Collins, ed., *Contemporary Security Studies*, 5th edition, Oxford: Oxford University Press, 2019, pp. 206 – 219.

难度。五是全球化进程的影响，放大了菲律宾社会的多样性，加剧了多元认同的分化。以上合力促成了菲南部"不完全主权"或"类无政府状态"的弱国形态。①

其次，由于多种历史因素，菲南部穆斯林群体形成了相对稳定而有力的"摩洛"身份认同。一是伊斯兰教的引入和传播通过一种共同的信仰加强了族裔间的认同，并且在宗教传播的同时，引入了政治、法律、制度等伊斯兰文化综合体。二是与土著信仰、传统习俗的有机结合，在家族、领地、联姻等纽带作用下，形成本土化的穆斯林社会，即所谓"家园"。三是美国通过"摩洛省"、"棉兰老和苏禄部"及"非基督教部落局"等机构的殖民管理，构建了相对于北部基督教社会文化群体的"菲律宾穆斯林"身份认同。四是主要由北部主导的南北社会文化群体间以冲突为主的互动，在历史记忆中沉淀并在历史主义中复兴，形成具有明显离心倾向和外部指向的南部集体认同。五是跨国认同的支持，主要是传统东南亚马来文化区域和20世纪50年代以来中东伊斯兰世界的文化、政治和经济支持。以上因素共同导致具备较强凝聚力，可作为有力集体行动框架的"摩洛"身份认同。② 但与此同时，"摩洛"身份认同又具备内在分散和可塑的特质。这主要表现为分别集中在棉兰老岛中部和苏禄群岛的马京达瑙人、马拉瑙人、陶苏格人和萨马尔人等十三个摩洛民族语言群体之间，以及本土与区域的和当代中东进口的伊斯兰文化系统及其所影响的不同受众之间的内在张力。

---

① Paul D. Hutchcraft and Joel Rocamora, "Strong Demands and Weak Institutions: The Origins and Evolution of the Democratic Deficit in the Philippines," *Journal of East Asian Studies*, Vol. 3, No. 1, 2003, pp. 265 – 266; Rommel C. Banlaoi, *Philippine Security in the Age of Terror: National, Regional, and Global Challenges in the Post – 9/11 World*, Boca Raton: CRC Press, 2010, pp. 4 – 37; Melissa M. Lee, "The International Politics of Incomplete Sovereignty: How Hostile Neighbors Weaken the State," *International Organization*, Vol. 72, No. 2, 2018, pp. 1 – 11.

② Jeffrey Ayala Milligan, "Teaching between the Cross and the Crescent Moon: Islamic Identity, Postcoloniality, and Public Education in the Southern Philippines," *Comparative Education Review*, Vol. 47, No. 4, 2003, pp. 470 – 476; 史阳：《全球视野中的菲律宾伊斯兰化历史进程》，《东南亚研究》2006 年第 2 期，第 69 ~ 71 页; David Joel Steinberg, *The Philippines: A Singular and a Plural Place*, 4th edition, New York: Routledge, 2018, pp. 3 – 5。

（二）费迪南德·马科斯政府触发了菲南部安全困境的作用机制

在弱国情境和历史认同的基础上，费迪南德·马科斯政府触发了以政治安全和社会安全为核心的菲南部安全困境。首先，马科斯时期菲律宾政治经济社会现代化加速推进，使多民族国家在社会政治经济发展中的整合与少数民族社会安全认知的矛盾成为主要矛盾。以人口南迁及土地占有、城市化和产业发展、科学官僚机构扩张、世俗教育及扫盲运动和马科斯实施的大型基础设施项目为主的现代化建设在政府对南部社会安全诉求不敏感的情况下高速开展。其次，北部群体主导政权推行旨在维护自身安全，却基于南方群体不安全感的霸权政策。一方面是将北部寻求土地的农民叛乱分子不断转移到棉兰老岛，其结果是穆斯林土地的异化和政治与经济的边缘化；另一方面又在南部大量驻军，推行集权政治，并严厉惩治苏禄群岛的走私活动，加深了南方政治家族和社会整体的怀疑和恐惧。再次，一系列裹挟误解的突发事件激化了矛盾，使"邦萨摩洛"认同与双方的不信任感达到了制高点，在"寻求国家未能提供的安全"驱动下，分离主义运动如火如荼地展开。1968 年 3 月贾比达事件（Jabidah Accident）被上升到"种族屠杀"的高度，其实际上是介于政府和邦萨摩洛的极端叙事之间；1970 年 3 月发生在哥打巴托（Cotabato）的群体暴力事件亦被上升到"宗教战争"的高度；1971 年失控的马尼利清真寺屠杀事件和地方势力导致的司法不公，以及标志双方政治力量失衡的 11 月选举运动，进一步点燃了穆斯林的愤怒。①复次，马科斯政权的军事色彩与摩洛认同不可分割的土地属性产生了恶性互动，给南部安全局势增添了浓厚的军事维度。1972 年 9 月，马科斯军政府

---

① 1971 年马尼利大屠杀，约有 65 名穆斯林男子、妇女和儿童在北哥打巴托省的马尼利清真寺被基督教武装团体杀害。因其发生在清真寺而具备独特的意义，被穆斯林视为不可饶恕的宗教羞辱行为；1971 年的选举运动表明，社会结构已经发生了决定性的变化，特别是在北拉瑙省和哥打巴托省等穆斯林和基督教政治家竞争激烈的地区，基督教投票人数愈益占优，引起穆斯林政治家和民众的恐慌。Lela Garner Noble, "The Moro National Liberation Front in the Philippines," *Pacific Affairs*, Vol. 49, No. 3, 1976, p. 410; Primitivo Cabanes Ragandang Iii, "Philippines: Factors of Century-Old Conflict and Current Violent Extremism in the South," *Conflict Studies Quarterly*, Issue 22, January 2018, pp. 86 – 89.

意在无限延长总统任期并获得美国赠款而正式宣布实际内容"共产主义叛乱占八成以上而棉兰老岛暴力事件涉及很少"的戒严令①，但其对合法政治活动的限制和对枪支的收缴使穆斯林群体别无选择，地方军队和警察的镇压也被视为国家对基督教群体的单方面袒护。于是，穆斯林的怀疑彻底转化为对菲律宾国家的有组织武装对抗，源于苏禄群岛（与贾比达事件的受害者身份相对应）的"摩洛民族解放阵线"组织迅速成为南部分离运动的中枢，而其分离主义议程又被视为对菲律宾国家根本的政治安全的严重威胁。最后，外部力量，尤其是马来西亚及沙巴州政府、利比亚卡扎菲政府、伊斯兰会议组织的早期干预，助推了菲南部安全困境的长期性。②

由此，马科斯政府触发了菲南部安全困境。在马科斯时期的最后一次选举中，尽管摩洛分离组织再次秉持不参与的立场，其社区成员仍大量参与投票，以压倒性多数支持科拉松·阿基诺（Corazon Aquino）胜选。

（三）后马科斯时期历届政府与社会群体间的互动发展了菲南部安全困境

后马科斯时期历届政府与社会群体间的互动使菲南部安全困境复杂化。

首先，在摩洛伊斯兰解放阵线的领导下，本土性宗教框架与邦萨摩洛身份认同发挥到了极致。其通过新的激进宗教议程、丰富的宗教资源、贴近大众的社会动员、在南部最大穆斯林群体的扎根、对地方选举的主

---

① Stuart J. Kaufman, "Symbols, Frames, and Violence: Studying Ethnic War in the Philippines," *International Studies Quarterly*, Vol. 55, No. 4, 2011, pp. 937 – 939.

② 陈衍德：《马科斯时期菲律宾的穆斯林问题》，《世界民族》2004 年第 3 期，第 25 ~ 30 页；Astrid S. Tuminez, "This Land Is Our Land: Moro Ancestral Domain and Its Implications for Peace and Development in the Southern Philippines," *SAIS Review of International Affairs*, Vol. 27, No. 2, 2007, pp. 79 – 80; Sietze Vellema, Saturnino M. Borras Jr, and Francisco Lara Jr, "The Agrarian Roots of Contemporary Violent Conflict in Mindanao, Southern Philippines," *Journal of Agrarian Change*, Vol. 11 No. 3, 2011, pp. 303 – 317; Syed Muhd Khairudin Aljunied and Rommel A. Curaming, "Mediating and Consuming Memories of Violence: The Jabidah Massacre in the Philippines," *Critical Asian Studies*, Vol. 44, No. 2, 2012, pp. 227 – 248。

导性参与、对外国支持的低依赖度、对全球恐怖组织泛伊斯兰议程的官方回避和对"邦萨摩洛合法家园"的始终坚守，赢得了广泛的社会支持。①

其次，后马科斯时期菲律宾历届政府对南部的综合治理缺乏根本性的改观，致使"弱国"特征长期存续。主要表现为贫困和失业长期远高于全国水平、适应经济和政治自由化方式的腐败政治、司法公正的缺乏、军队在棉兰老的不当行为及其有罪不罚的文化等。而政府治理又面临主导性摩洛组织在各级建立自身政治、经济、司法甚至文化教育机构的挑战。但与持续冲突有关的不利条件，如财产损失、教育中断和缺乏可持续生计，又损耗了南部穆斯林对摩洛组织的厚望。②

再次，恐怖主义在菲南部"复兴"及其全球和区域联动为该地安全动态注入了新的不确定性。恐怖主义在该地区汲取了几个世纪以来针对欧洲人或当地基督徒"自杀式圣战"的传统资源，在政府高调介入美国领导的"全球反恐战争"之后愈益升级，呈现出反叛组织与恐怖主义相互支持、"恐怖主义—有组织犯罪"共生体不断演进、南部恐怖主义与北部大马尼拉区紧密关联、陆地海洋联动、有限全球化和有力区域化等重要态势。尽管如此，其始终秉持"邦萨摩洛的斗争"，从未脱离当地的安全困境和最根本的

---

① Sukanya Podder, "Legitimacy, Loyalty and Civilian Support for the Moro Islamic Liberation Front: Changing Dynamics in Mindanao, Philippines," *Politics, Religion & Ideology*, Vol. 13, No. 4, 2012, p. 507; Alexander De Juan and Andreas Hasenclever, "Framing Political Violence: Success and Failure of Religious Mobilization in the Philippines and Thailand," *Civil Wars*, Vol. 17, No. 2, 2015, pp. 202 – 214; Joseph Chinyong Liow, *Religion and Nationalism in Southeast Asia*, Cambridge: Cambridge University Press, 2016, pp. 71 – 74.

② Shamsuddin L. Taya, "The Political Strategies of the Moro Islamic Liberation Front for Self-Determination in the Philippines," *Intellectual Discourse*, Vol. 15, No. 1, 2007, pp. 63 – 66; Björn Dressel, "The Philippines: How Much Real Democracy?" *International Political Science Review*, Vol. 32, No. 5, 2011, pp. 531 – 536; Mark R. Thompson, "Bloodied Democracy: Duterte and the Death of Liberal Reformism in the Philippines," *Journal of Current Southeast Asian Affairs*, Vol. 35, No. 3, 2016, pp. 44 – 50; Dennis Quilala, "Narratives and Counter-Narratives: Responding to Political Violence in the Philippines," *Southeast Asian Affairs*, 2018, pp. 286 – 288.

社会和政治安全诉求。①

复次，各类安全领域间的紧密交织和互动助推菲南部安全困境的长期运作和自我维持。法律多元化背景下的菲南部土地和部族纠纷常常因其首领和成员在各组织的广泛分布而上升为政治和社会安全冲突；以制毒贩毒、洗钱、绑架勒索、贩卖人口、非法制造和贩运军火、抢劫和海盗、资源走私等活动为主的有组织犯罪集团对该地区的政治稳定、社会结构和经济福祉构成严重威胁，而其又与当地部族、反叛团体、恐怖主义组织乃至政府官员和军警有着千丝万缕的联系；南部较为丰富的矿产资源哺育了各类武装团体、加剧了地方政府的腐化、降低了各方谈判的"善意"认知，其项目开发及在附近地区的军事化又滋生与社区的矛盾；包括南部在内的该国整体地理多发的台风、火山喷发、地震和海啸与气候变化、社会脆弱和治理不善相交织，在此方面，棉兰老易发生冲突的省份有一些最高的风险指标。②

最后，即便政府与主要的摩洛叛乱组织日渐达成一种在菲律宾统一的民族国家框架下的"邦萨摩洛家园"的共识，但为棉兰老岛带来和平与发展的长期探索仍未带来足够的相互信任，而实质性政治自治、社会经济不满和

---

① Rommel C. Banlaoi, *Philippine Security in the Age of Terror: National, Regional, and Global Challenges in the Post-9/11 World*, Boca Raton: CRC Press, 2010, pp. 31 – 67; McKenzie O'Brien, "Fluctuations Between Crime and Terror: The Case of Abu Sayyaf's Kidnapping Activities," *Terrorism and Political Violence*, Vol. 24, No. 2, 2012, pp. 321 – 333; Virginia Page Fortna, "Do Terrorists Win? Rebels' Use of Terrorism and Civil War Outcomes," *International Organization*, Vol. 69, No. 3, 2015, pp. 525 – 530; Kumar Ramakrishna, "The Growth of ISIS Extremism in Southeast Asia: Its Ideological and Cognitive Features—and Possible Policy Responses," *New England Journal of Public Policy*, Vol. 29, No. 1, 2017, pp. 2 – 3; 戴瑾莹、郑先武：《东南亚海上恐怖主义威胁及其治理》，《东南亚纵横》2019 年第 4 期，第 58 ~ 68 页。

② Jeroen Adam, "A Comparative Analysis on the Microlevel Genealogies of Conflict in the Philippines' Mindanao Island and Indonesia's Ambon Island," *Oxford Development Studies*, Vol. 41, No. 2, 2013, pp. 167 – 168; Joseph Chinyong Liow, *Religion and Nationalism in Southeast Asia*, Cambridge: Cambridge University Press, 2016, p. 95; Nathan Gilbert Quimpo, "Mindanao: Nationalism, Jihadism and Frustrated Peace," *Journal of Asian Security and International Affairs*, Vol. 3, No. 1, 2016, pp. 7 – 10; 杨静林：《菲律宾的毒品安全问题与杜特尔特政府禁毒运动研究》，《中国—东盟研究》2018 年第 1 期，第 51 ~ 53 页。

贫困、主导民族的歧视和疏远也未得到根本解决。此种前景因各类叛乱和恐怖主义组织的松散和分化（主要是摩洛伊斯兰解放阵线从摩洛民族解放阵线中分化，以及 2010 年 12 月成立、2011 年 2 月更名的"邦萨摩洛伊斯兰自由战士"从摩洛伊斯兰解放阵线分化），复杂的关联性和高度的流动性，不明朗的战略合作与战术协作关系，内部族裔竞争和冲突，加深了主导民族和摩洛民族双方整体的不确定性和错误认知。[①]

以上情况共同致使双方签订的重要历史协定常面临信任不足、共识不够、赋权不力、代表不强、治理不善、监督不严的困境。

二　演进：菲律宾南部当前总体安全态势

（一）"邦萨摩洛"穆斯林自治区正式成立，南部安全基本盘暂趋稳定

2019 年 3 月 29 日，菲律宾总统罗德里戈·杜特尔特宣布，当天在菲南部正式成立棉兰老穆斯林邦萨摩洛自治区，取代原有的棉兰老穆斯林自治区，覆盖菲南部原有的五省一市，标志着菲南部安全大局暂趋稳定。

此前，摩洛伊斯兰解放阵线（"摩伊解"）已具备火器工业制造突击步枪、火箭榴弹、狙击炮和机枪等常规和游击战武器的能力，并在三宝颜、巴西兰、苏禄和塔威塔威等地区与阿布沙耶夫组织和摩洛民族解放阵线（"摩解"）剩余武装派别及棉兰老岛多数武装犯罪团体建立了行动联系。与此同时，"摩伊解"官方秉持与基地组织和随后的伊斯兰圣战组织保持距离并公开弃绝恐怖主义的战略路线。随着该组织最杰出的领导人进入战斗生涯的尾声、其受众对连年征战的疲乏和对政府诚意与能力的感知，确

---

① Ariel Hernandez, *Nation-building and Identity Conflicts*：*Facilitating the Mediation Process in Southern Philippines*, Leipzig：Springer VS, 2014, pp. 19 – 28；Chih Yuan Woon, "Popular Geopolitics, Audiences and Identities：Reading the 'War on Terror' in the Philippines," *Geopolitics*, Vol. 19, No. 3, 2014, pp. 665 – 675；Joseph Chinyong Liow, *Religion and Nationalism in Southeast Asia*, Cambridge：Cambridge University Press, 2016, pp. 71 – 83.

保和平谈判圆满结束亦成为"摩伊解"的最佳选择。2012 年 10 月 15 日，前总统贝尼尼奥·阿基诺三世（Benigno Aquino III）与"摩伊解"主席哈吉·穆拉德·易卜拉欣（Al-Haj Murad Ibrahim）在马尼拉签署了《邦萨摩洛框架协议》（Framework Agreement on the Bangsamoro），2014 年 1 月 25 日签署最后一份附件，2014 年 3 月 27 日双方签署《邦萨摩洛全面协定》（Comprehensive Agreement on the Bangsamoro）。其间，2013 年 2 月和 3 月，苏禄苏丹后裔入侵马来西亚东部，激活长期搁置的沙巴争端；7 月和 8 月，棉兰老岛中部暴力事件急剧增加；9 月，"摩解"的米苏阿里派别与政府军在三宝颜对峙三周，各方表达不满，亦显示出"摩伊解"在苏禄群岛代表性不足。[①] 2015 年 1 月，阿基诺三世政府一项名为"出埃及记作战计划"的特别反恐行动因与"摩伊解"沟通不畅而弄巧成拙，给和平进程蒙上了一层阴影。[②] 直至杜特尔特当选初期，《邦萨摩洛基本法》（Bangsamoro Basic Law）法案仍面临反对。2017 年，举世震惊的"马拉维危机"推动杜特尔特获得和注入了更多的政治资本，终于在 2018 年 7 月 27 日批准了修订后的《邦萨摩洛组织法》。[③] 2019 年 1 月和 2 月，两次公投批准了《邦萨摩洛组织法》（Bangsamoro Organic Law，由"邦萨摩洛基本法"更名），3 月 29 日，菲律宾总统杜特尔特宣布，当天在菲南部正式成立"邦萨摩洛"穆斯林自治区，取代原有的棉兰老穆斯林自治区。[④] 新成立的自治区政府在行政管理、立法司法、财政税收等方面享有更大自治权，其主要官员由"摩伊解"和"摩解"及菲政府共同提名，首席部长由"摩伊

---

① Bryony Lau, "The Southern Philippines in 2013: One Step Forward, One Step Back," *Southeast Asian Affairs*, Vol. 2014, pp. 266 – 269; Maria Ela L. Atienza, "The Philippines in 2018: Broken Promises, Growing Impatience," *Asian Survey*, Vol. 59, No. 1, 2019, pp. 186 – 187.

② Nathan Gilbert Quimpo, "Mindanao: Nationalism, Jihadism and Frustrated Peace," *Journal of Asian Security and International Affairs*, Vol. 3, No. 1, 2016, pp. 11 – 18.

③ Department of National Defense, Republic of the Philippines, "Solid Gains in Peace and Order Highlighted in SJPC Pre-SONA Report," July 18, 2019, https://dnd.gov.ph/PDF2019/DNDPASPressRelease20190717PRESONAForum.pdf, 最后访问日期：2019 年 12 月 31 日。

④ 《菲律宾总统宣布成立"邦萨摩洛"穆斯林自治区》，新华网，http://www.xinhuanet.com/world/2019 – 03/30/c_ 1124303488. htm，最后访问日期：2019 年 12 月 31 日。

解"主席担任。基本盘的稳定，也是遏制菲南部伊斯兰暴力极端主义最为关键的手段。

（二）"伊斯兰国"力量注入，自杀式恐怖袭击再度升级

在菲律宾政府持续的分化战略下，温和派与极端派更加界线分明，宗教极端主义恐怖分子亦采取全球化和区域化的资源，走向更为极端的路线。与此同时，其仍然扎根于菲南部安全困境和"邦萨摩洛的斗争"。

2016 年，"伊斯兰国"在菲律宾南部宣布建立"伊斯兰国菲律宾维拉亚（省）"（Islamic State's Wilayah Philippines）并迅速覆盖东南亚的基地组织附属网络，体现了其"转向"东南亚的新战略。2017 年 5～10 月，数百名支持"伊斯兰国"的战斗人员对菲律宾南部城市马拉维进行为期五个月接管的"马拉维围困事件"，更标志着长期作为"恐怖主义—有组织犯罪"共生体的菲南部恐怖组织的一次强有力的"信仰飞跃"，表明其直接反对菲律宾政府的意图和能力。除阿布沙耶夫和邦萨摩洛伊斯兰自由战士以外，"穆特集团"（Maute Group）、"安萨尔·希拉法·菲律宾"（Ansar al-Khilafah Philippines）等"达伊什启示团"（Daesh-inspired Entities）共同组成了菲南部的暴力极端主义网络，并建立了包括来自区域国家和部分中东国家的多国性质的圣战部队。而制作精良的宣传互动视频、魅力四射的年轻激进宗教人员、环环相扣的紧密社会关系和对棉兰老岛旷日持久和平进程的怀疑等因素，又促进了对"伊斯兰国"相关团体的支持。①

其后果是近年暴力极端主义威胁的持续上升，而其最新表现则是在先前

---

① Sidney Jones, "Radicalisation in the Philippines: The Cotabato Cell of the 'East Asia Wilayah'," *Terrorism and Political Violence*, Vol. 30, No. 6, 2018, pp. 933 – 941; Andrew T. H. Tan, "Evaluating Counter-terrorism Strategies in Asia," *Journal of Policing, Intelligence and Counter Terrorism*, Vol. 13, No. 2, 2018, pp. 163 – 164; Bilveer Singh and Jasminder Singh, "From 'Bandit' to 'Amir': The Rise of the Abu Sayyaf Group as a Jihadi Organization in the Philippines," *Asian Politics & Policy*, Vol. 11, No. 3, 2019, pp. 404 – 410; Kenneth Yeo Yaoren, "Philippines' Foreign Fighter Phenomenon," *Counter Terrorist Trends and Analyses*, Vol. 11, No. 7, 2019, pp. 16 – 20.

招募外国自杀式炸弹袭击者进行袭击而保留训练有素的当地战斗人员进行武装战斗的基础上，2019 年 6 月 28 日明确确认了一起本土菲律宾人直接进行自杀式恐怖袭击的事件。2018 年 12 月 31 日，菲南部棉兰老岛地区哥打巴托市一个商场入口发生炸弹爆炸事件。① 2019 年 1 月 27 日，苏禄省霍洛市卡梅尔山圣母大教堂遭受 2 起连环自杀式炸弹袭击，造成约 20 人遇难、逾 80 人受伤，"伊斯兰国"宣称负责，1 月 29 日，菲律宾国防部部长洛伦扎纳表示系阿布沙耶夫武装策划并实施。② 2019 年 1 月 31 日，棉兰老岛中部政府军处于戒备状态，有情报报告显示，30 ~ 40 名外国恐怖分子已经进入陆军第六步兵师管辖区。③ 2019 年 5 月 25 日，阿布沙耶夫武装分子在苏禄省对政府军发动袭击，交火导致 8 人死亡、14 人受伤，包括 2 名儿童遇难。④ 2019 年 6 月 28 日，苏禄省发生一起自杀式爆炸袭击事件，造成包括 3 名士兵和 2 名自杀式袭击者在内的 8 人死亡，22 人受伤，"伊斯兰国"宣称负责，经确认，其中一名自杀式袭击者为菲律宾本地人，直接推动菲反恐法案的修改，标志着先前以外国人为主的自杀式恐怖袭击上升到新的层面。⑤ 2019 年 7 月在巴西兰的拉米坦市，8 月和 9 月在苏丹库达拉省和桑托斯将军市接连发生爆炸事件，据称与邦萨摩洛伊斯兰自由战士组织有关，年底，哥打巴托市的一个购物中心又发生爆炸，同时自年初起便不断有报道称，阿布

① 《菲律宾南部一商场发生爆炸致 2 死 21 伤》，新华网，http：//www.xinhuanet.com/world/2018 -12/31/c_ 1123931721.htm，最后访问日期：2019 年 12 月 31 日。
② 《菲律宾防长称阿布沙耶夫武装策划实施苏禄省爆炸袭击》，新华网，http：//www.xinhuanet.com/world/2019 -01/29/c_ 1124061205.htm，最后访问日期：2019 年 12 月 31 日。
③ Edwin Fernandez，"Military on Alert vs. Foreign Terror Cells in Mindanao，"January 31，2019，https：//www.pna.gov.ph/articles/1060591，最后访问日期：2019 年 12 月 31 日。
④ 《阿布沙耶夫武装袭击菲律宾政府军致 8 死 14 伤》，新华网，http：//www.xinhuanet.com/world/2019 -05/26/c_ 1210143946.htm，最后访问日期：2019 年 12 月 31 日。
⑤ Priam Nepomuceno，"Sulu Attack Changes Extremism Level in PH：Lorenzana，"July 2，2019，https：//www.pna.gov.ph/articles/1073803；Christopher Lloyd Caliwan，"AFP，PNP Confirm 1 of 2 Sulu Suicide Bombers to Be Filipino，"July 10，2019，https：//www.pna.gov.ph/articles/1074565，最后访问日期：2019 年 12 月 31 日。

沙耶夫的萨瓦贾恩继任"伊斯兰国维拉亚"领导人……①

与此同时，政府军与阿布沙耶夫和邦萨摩洛伊斯兰自由战士武装发生着持续的交锋，相伴随的还有层出不穷的绑架勒索事件。对此，杜特尔特在提交菲律宾国会的报告中，认为棉兰老岛是"暴力极端主义的温床"，从而为宣布戒严令辩护，认为将有助于防止在菲律宾建立"伊斯兰国"的省份，并将其三次延长直至 2019 年 12 月 31 日，三次都获得了国会的通过。② 其间，自马拉维围困结束后，政府逐步从全面军事作战和执法行动转向冲突后重建和发展。根据社会福利和发展部的报告，国内流离失所者总数已达 35 万以上，为此在北拉瑙省和南拉瑙省的各市建立了 69 个疏散中心。此外，住房和城市发展协调委员会确认，马拉维主要战区内的排雷行动于 2018 年 6 月完成。③ 同时，为了应对苏禄群岛日益增长的军事活动，菲律宾总统罗德里戈·杜特尔特部署了新的第 11 步兵师，于 2018 年 12 月 18 日派驻至三宝颜，其任务是在该地区消灭伊斯兰国特工。④ 2019 年 1 月 25 日，政府军呼吁穆特集团发源地的剩余"穆特—伊斯兰国"战士投降。⑤ 2019 年 6 月 3 日，另有 1700 名士兵被部署到苏禄，以补充苏禄联合特遣部队，棉兰老岛西部司令部收到增援部队后，加强对苏禄省阿布沙耶夫集团的重点军事行

---

① Department of National Defense, Republic of the Philippines, "Statement of Defense Secretary Delfin Lorenzana on Sawadjaan Reportedly Becoming the Next ISIS Emir," February 7, 2019, https：//dnd. gov. ph/PDF2019/DNDPASPressRelease20190207OnSawadjaan. pdf；《菲律宾南部发生爆炸 7 人受伤》，新华网，https：//www. xinhuanet. com/world/2019 - 09/07/c _ 1124972319. htm，最后访问日期：2019 年 12 月 31 日。

② Department of National Defense, Republic of the Philippines, "Statement on the Termination of Martial Law in Mindanao," December 31, 2019, https：//dnd. gov. ph/PDF2019/DND - PAS - Press Release - 20191231 - Statement on the termination of martial law in Mindanao. pdf，最后访问日期：2019 年 12 月 31 日。

③ Ricardo F. De Leon, Marlon V. Rufo and Mark Davis M. Pablo, "Preventing and Countering Violent Extremism in the Philippines： Grassroots Empowerment and Development of Homeland Security Framework," *Counter Terrorist Trends and Analyses*, Vol. 10, No. 8, 2018, p. 11.

④ Kenneth Yeo Yaoren, "Philippines' Foreign Fighter Phenomenon," *Counter Terrorist Trends and Analyses*, Vol. 11, No. 7, 2019, pp. 20 - 21.

⑤ Divina Suson and Richel Umel, "2 Maute Remnants Yield in Lanao Sur," January 25, 2019, https：//www. pna. gov. ph/articles/1060001，最后访问日期：2019 年 12 月 31 日。

动，并在苏禄部署陆军第一旅战斗队，增加新启用的陆军第 11 步兵师所需的人员和装备。① 2019 年 11 月 12 日，马京达瑙省政府进行的一项随机调查显示，马京达瑙省的 36 名镇长都赞成继续实行戒严，认为这是对极端分子的先发制人措施。省长曼古达达图说，除非邦萨摩洛伊斯兰自由战士被击败，否则应继续戒严。哥打巴托市市长萨亚迪表示，戒严令导致该地区犯罪率大大降低。② 2019 年 12 月 31 日午夜，棉兰老岛的戒严宣告结束。自 2017 年 5 月 23 日戒严令首次宣布以来，共计戒严两年零七个月。③

总体而言，"伊斯兰国"力量的注入，不仅为菲南部极端主义组织提供了新兴的生存模式和技术手段，更是为该地区"领土分离主义"、"恐怖主义"和"有组织犯罪"三股势力的合流增添了新的动力，是对菲政府及邦萨摩洛穆斯林自治区治理能力的持续考验。反之，邦萨摩洛领导下的菲律宾穆斯林的有效自治可以有力地反驳"伊斯兰国"及其支持团体错误和简单化的言论——穆斯林只能在哈里发统治下茁壮成长。

（三）多安全领域互动频仍，持续考验政府治理能力

在菲南部安全基本盘暂趋稳定、叛乱和暴力极端主义持续的同时，各安全领域亦互相交织，持续考验政府治理能力。

首先，2018 年以来，贫困仍然普遍存在，平均失业率、未充分就业率和通胀率未有显著降低，预计在不久的将来不会有明显的变化。据菲律宾统计局数据，2018 年菲律宾各地区经济增长中，棉兰老穆斯林自治区增长 7.2%，居全国中位偏下水平，而在 2018 年各地区人均家庭支出中，棉兰老

---

① Teofilo Garcia, Jr. , "Westmincom Gets Augmentation Force vs. Abu Sayyaf," June 3, 2019, https：//www. pna. gov. ph/articles/1071405，最后访问日期：2019 年 12 月 31 日。

② Edwin Fernandez, "Maguindanao Guv Favors Martial Law Extension in Mindanao," November 13, 2019, https：//www. pna. gov. ph/articles/1085860，最后访问日期：2019 年 12 月 31 日。

③ Department of National Defense, Republic of the Philippines, "Statement on the Termination of Martial Law in Mindanao," December 31, 2019, https：//dnd. gov. ph/PDF2019/DND – PAS – Press Release – 20191231 – Statement on the termination of martial law in Mindanao. pdf，最后访问日期：2019 年 12 月 31 日。

穆斯林自治区成为全国唯一的负增长区（－0.4%，同时期中吕宋为5.3%）。按2019年呈现的经济增长趋势，在主要经济部门中，服务业增长最快，工业增长其次，农、林、渔业尤为缓慢。[1] 在棉兰老岛，除了传统的出口作物菠萝和香蕉等之外，国内和跨国公司都加大了对棕榈油、橡胶、可可等投资，这些项目愈益侵占高地，对土著人民和其他边缘农民的生计构成严重威胁。[2]

其次，有组织犯罪问题仍然突出，包括贩毒、绑架勒索、拐卖妇女儿童、非法移民和劳工、非法捕鱼和偷猎、走私武器、洗钱、海盗等。2018年11月26日，菲律宾国家警察表示，他们继续核实棉兰老岛一些政客的信息，这些政客涉嫌通过与从事绑架勒索的有组织犯罪集团和恐怖组织阿布沙耶夫合谋，为2019年的中期选举筹集资金。绑架通常发生在棉兰老岛西部，特别是在巴西兰和三宝颜地区。在7月发生了一系列地方官员被杀事件后，菲律宾政府打击了雇佣枪支和私人武装组织，自8月以来，国家警察已经解除了82名持枪团伙成员的职务，并没收了35支各式枪支。这些活跃的私人武装组织绝大多数在棉兰老穆斯林自治区活动。[3] 然而，据国防部声明显示，仍有军队人员参与枪支和弹药的走私或盗窃，并受到棉兰老穆斯林邦萨摩洛自治区首席部长哈吉·穆拉德·易卜拉欣的控诉。[4]

再次，菲律宾整体受气候变化影响较大。菲律宾《国家安全政策

---

① "Central Luzon Registers the Highest Per Capita Household Spending in 2018," May 30, 2019, https://psa. gov. ph/grde/grde－id/138706，最后访问日期：2019年5月31日；"All Regional Economies Grow in 2018," Release Date：25 April 2019, https://psa. gov. ph/grdp/grdp－id/138508，最后访问日期：2019年12月31日。

② Magne Knudsen, "Agrarian Transition in the Southern Philippines：More than Poverty, Dispossession, and Violence," *Critical Asian Studies*, Vol. 51, No. 2, 2019, p. 236.

③ Christopher Lloyd Caliwan, "PNP Probes Mindanao Politicians' Link to Criminal Groups," November 26, 2018, https://www. pna. gov. ph/articles/1054930，最后访问日期：2019年12月31日。

④ Department of National Defense, Republic of the Philippines, "Statement on MILF Chair's Claim That the Military Is the Main Source of Loose Firearms in Mindanao," September 18, 2019, https://dnd. gov. ph/PDF2019/DNDPR60419Statementonloosefirearmsin Mindanao. pdf，最后访问日期：2019年12月31日。

（2017～2022）》认为，气候变化带来的"更极端的温度、更频繁的强降雨、更灾难性的热带气旋、更多厄尔尼诺天气事件和水资源短缺"增加了该国武装冲突的风险，与暴力冲突风险较高相关的贫困和经济冲击等因素本身就对气候变化很敏感，特别是对贫困和弱势人口的巨大影响，可能加剧现有的冲突和不安全。① 同时，菲律宾日益受到气候领域"新常态"的压力，促使政府大力加强防灾减灾能力。使这类情况更加复杂的是，在灾害情况下犯罪、混乱和无法无天的威胁增加。② 近年来，菲南部灾害高发。2018 年 12 月 29 日，据美国地质调查局地震信息网消息，菲律宾棉兰老岛以南海域发生 7.2 级地震，太平洋海啸预警中心称部分地区存在海啸威胁；③ 2019 年 3 月 29 日，菲律宾国家经济发展署表示，受厄尔尼诺现象影响，降雨量远低于常年水平，截至 3 月下旬，菲律宾 81 个省中有 71 个不同程度地遭受持续干旱影响，部分地区农作物减产，居民用水出现紧张状况；④ 2019 年 5 月 31 日，菲律宾南部棉兰老岛以南海域发生 6.2 级地震，震中位于棉兰老岛东达沃省以南约 75 公里的海域；⑤ 2019 年 10 月 17 日，菲南部棉兰老岛 16 日晚发生的 6.3 级地震已造成至少 5 人死亡，多人受伤，菲律宾国家减灾管理委员会发言人表示，震中附近的南达沃省、北哥打巴托省和马京达瑙省等地均有人员伤亡报告，至少 5 人因地震引发的房屋倒塌或山体滑坡遇难，另有

① The Government of the Republic of the Philippines, *National Security Policy 2017 – 2022*, Manila：Republic of the Philippines, 2017, p. 17. http：//nsc. gov. ph/attachments/article/NSP/NSP – 2017 – 2022. pdf，最后访问日期：2019 年 12 月 31 日。

② The Government of the Republic of the Philippines, *National Security Policy 2017 – 2022*, Manila：Republic of the Philippines, 2017, p. 31. http：//nsc. gov. ph/attachments/article/NSP/NSP – 2017 – 2022. pdf，最后访问日期：2019 年 12 月 31 日。

③ 《菲律宾棉兰老岛以南海域发生 7.2 级地震》，新华网，http：//www. xinhuanet. com/asia/2018 – 12/29/c_ 1123924095. htm，最后访问日期：2019 年 12 月 31 日。

④ 《持续干旱困扰菲律宾》，新华网，http：//www. xinhuanet. com/world/2019 – 03/30/c_ 1210095605. htm，最后访问日期：2019 年 12 月 31 日。

⑤ 《菲律宾南部海域发生 6.2 级地震》，新华网，http：//m. xinhuanet. com/2019 – 05/31/c_ 1124569823. htm，最后访问日期：2019 年 12 月 31 日。

27 人受伤;① 据美国地质调查局地震信息网消息,菲律宾棉兰老岛 2019 年 12 月 15 日发生 6.9 级地震,据菲律宾国家减灾委 2019 年 12 月 18 日晚 6 时发布的消息,15 日在菲律宾发生的 6.9 级地震的死亡人数已上升至 11 人,另有 111 人受伤,1 人失踪,截至 18 日下午 4 时,共记录余震 826 次,172 所学校在地震中受损……②此外,有学者感叹,珊瑚礁和红树林地区的生态退化对菲民生活和安全构成的威胁与炸弹制造者、绑架者、海盗和走私者构成的安全威胁同样紧迫。③

扎根于菲南部安全困境的总体安全态势,将是对菲政府综合治理能力的持久考验。

三 展望:菲律宾南部安全治理与挑战

(一)近阶段菲南部安全的治理

在菲南部安全治理的愿景方面,首先,菲政府发布的《国家安全政策(2017~2022)》对南部安全治理的相关指导主要包括:综合化的安全治理方法、兼顾人和政治安全、社会文化安全、军事和边界安全、经济和金融安全、环境安全、海洋和领土安全等 12 项国家安全议程;强调经济发展作为“国家内部和外部安全的先决条件”;确立“维护菲律宾的民族统一”、“维护和保护国家主权、领土完整和制度”及“保护财产、基础设施和人民免于国内外各种形式的威胁”三大安全支柱和“促进海上安全与合作”、“推进包容性创新

---

① 《菲律宾南部地震致至少 5 人死亡》,新华网,http://www.xinhuanet.com/world/2019 - 10/17/c_ 1125118367. htm,最后访问日期:2019 年 12 月 31 日。

② 《菲律宾棉兰老岛 15 日发生 6.9 级地震》,新华网,http://www.xinhuanet.com/2019 - 12/15/c_ 1125348874. htm,最后访问日期:2019 年 12 月 31 日。

③ Antonio P. Contreras, "The Seas of Our Insecurity: Ordinary versus State Discourses on Maritime and Human Security in the Philippines," in Nicholas Tarling and Xin Chen, eds. , *Maritime Security in East and Southeast Asia: Political Challenges in Asian Waters*, Singapore: Springer, 2017, pp. 114 - 122.

驱动增长"与"加强东盟韧性"等优先事项。[1] 其次，菲《国防战略（2018～2022）》确定了"捍卫和维护国家主权和领土完整"和"确保海上和空域安全"等国家安全目标和内部与外部两类防御任务，将菲外部政治安全挑战置于美中地缘战略竞争的广泛范围内，重申了菲联盟和安全伙伴关系以及东盟在多边架构中的核心地位，确立了菲武装部队能力升级计划、现代化计划和发展自力更生防御态势计划等。[2] 再次，杜特尔特总统寻求政治解决的愿望众所周知，其作为达沃市的前市长，调动了反对"马尼拉市长"的共同情绪，带着基于棉兰老岛根源的冲突担任总统，亦得到"摩解"和"摩伊解"组织较高的尊重。在其首次国情咨文中，他承诺加强菲武装部队和国家警察，呼吁安全部队成员进行生活方式检查，消除腐败，作为向恐怖主义、犯罪和非法毒品宣战的先决条件。带着"真正的变革"（tunay na pagbabago）竞选口号，杜特尔特亦有意治理菲南部安全问题。最后，菲国防部部长在概述"2019年国家安全展望"重点提到恐怖主义、海洋和领土争端、气候变化影响、生化材料的犯罪使用等安全关切，强调政府正采用"全国办法"和国家和平框架进行局部和平谈判，需要军事行动和"善政"的结合，以及国家安全的政治层面、经济层面、社会文化层面、科技层面与环境层面的综合治理。[3]

在菲南部安全治理的实践近期主要表现为在以下几个方面。

首先，促进菲武装部队现代化，推动军队建设和平。近期，菲宽松的民主空间使得面向改革的政策能够与邦萨摩洛和平进程相互塑造。[4] 2019年，

① The Government of the Republic of the Philippines, *National Security Policy 2017 - 2022*, Manila: Republic of the Philippines, 2017, http://nsc. gov. ph/attachments/article/NSP/NSP - 2017 - 2022. pdf, 最后访问日期：2019年12月31日。

② Mico Galang, "The Philippines' National Defense Strategy Analysis," Eurasia Review News & Analysis, December 20, 2019, https://www. adas. ph/2019/12/20/the - philippines - national - defense - strategy - analysis, 最后访问日期：2019年12月31日。

③ Benjamin Espiritu, "National Security Outlook," February 14, 2019, https://tribune. net. ph/index. php/2019/02/14/national - security - outlook，最后访问日期：2019年12月31日。

④ Janjira Sombatpoonsiri, "Securing Peace? Regime Types and Security Sector Reform in the Patani (Thailand) and Bangsamoro (the Philippines) Peace Processes, 2011 - 2016," *Strategic Analysis*, Vol. 42, No. 4, 2018, pp. 390 - 391.

根据杜特尔特总统 2018 年 4 月第 10 号行政命令成立的巴利克·卢布特遣工作队（Task Force Balik Loob）显著推进，由内政和地方政府部、国防部、总统办公室、国家住房管理局和总统和平进程顾问办公室等机构牵头，推行"强化综合地方融合计划"，完善武装反叛者解除武装、复员和重返社会政策，并通过该项目的另一个主要组成部分，支付 14 亿比索，用于棉兰老冲突地区的道路和桥梁建设。① 2019 年 4 月 17 日，在巴西兰伊莎贝拉市陆军第四特种部队营总部，棉兰老穆斯林自治区时任州长穆吉夫·哈塔曼领导了"为和平铺路"的整体性方案的启动仪式，旨在建立一个"善政、执法和社区参与的相互作用"反暴力极端主义和平计划的战略框架，后经各地指挥官不断完善。② 2019 年 6 月 4 日，《武装冲突情况下儿童特别保护法》的实施细则和条例在奎松市签署，旨在武装冲突局势中保护儿童，特别是棉兰老儿童，免遭一切形式的虐待、暴力、残忍和歧视，并由儿童福利理事会主持"武装冲突局势中儿童问题机构间委员会"。③ 2019 年 7 月 17 日，国防部部长洛伦扎纳作为"安全、正义与和平小组"主席，强调了该小组的政府机构在执行和平、国家安全、国际参与、国内有效司法以及确保海外菲律宾人福利的方案、项目和倡议方面取得的坚实成果。据其报告，该小组促进武装部队在 2018 年完成了 25 个现代化项目，促进执法机构有力取缔了非

---

① Department of National Defense, Republic of the Philippines, "Former Rebels in Bicol Receive Enhanced Comprehensive Local Integration Program Benefits from the Government," October 9, 2018, https://dnd. gov. ph/PDF2018/10October2018DNDTFBLPRonMasbate. pdf; Department of National Defense, Republic of the Philippines, "Defense Chief Lauds Success of Task Force Balik-Loob Efforts for Former Rebels," February 1, 2019, https://dnd. gov. ph/PDF2019/TFBLPressRelease – 01February2019 – TFBLMeeting. pdf, 最后访问日期：2019 年 12 月 31 日。

② Teofilo Garcia, Jr. , "Westmincom Proposes Reform Program vs. Violent Extremism," December 21, 2019, https://www. pna. gov. ph/articles/1089290, 最后访问日期：2019 年 12 月 31 日。

③ Department of National Defense, Republic of the Philippines, "DND Joins Signing of IRR on Law Protecting Children in Armed Conflict," June 5, 2019, https://dnd. gov. ph/PDF2019/DND – PAS – Press Release – 20190605 – Signing of the IRR for law on the Protection of Children in Armed Conflict. pdf, 最后访问日期：2019 年 12 月 31 日。

法毒品和有组织犯罪①。2019 年底，国防部报告，其在 2019 年投入资源，通过菲退伍军人事务办公室、退伍军人纪念医疗中心以及各人力资源办公室提供的福利方案，确保现役人员和退役士兵的福利，提高"平民辅助力量单元"的效益，向苏禄士兵发放危险税，并通过加强和扩大"国家安全与发展军事准备融合方案"改善安全设施，走向更加自力更生的现代化路线。②

其次，与多国开展防务合作，并主要在东盟框架下开展打击跨国犯罪和恐怖主义合作。2019 年，分别在 3 月 11 日、3 月 11 ~ 14 日、4 月 1 ~ 5 日、4 月 14 日、4 月 17 日、4 月 23 日、6 月 10 日、6 月 21 日、10 月 2 日、11 月 8 日、11 月 16 日，与越南国防部、柬埔寨国防部、东盟防务高官、克罗地亚国防部、日本防卫大臣、印度尼西亚国防机构、韩国国防机构、俄罗斯国家安全高级官员、日本国防部国际合作部、韩国官员及现代重工、澳大利亚国防部，就国防和安全政策、双边防务关系、军事培训和能力建设、国防工业技术设备和物流、内部安全问题、反恐怖主义和暴力极端主义、人道主义援助和救灾、维和行动以及海上安全威胁等领域交换了意见，探讨进一步推进防务合作和三军的各类接触活动，提出东盟防长会议海事互动等准则，签署国防合作谅解备忘录和加强各类既有合作协定等文件。③ 在东盟框架下既有打击跨国犯罪和恐怖主义合作的宣言和协定基础上，菲政府加快与其他国家的合作步伐，并加强了合作机制，推进保护海上边界和打击海盗与恐怖主义等共同问题，坚持与马来西亚和印度尼西亚开展包括三方海上和空中巡逻、建立海上指挥中心及海盗信息和情报共享等内容在内的《三边合作安排》（Trilateral Cooperative Arrangement）海上安全合作

① Department of National Defense, Republic of the Philippines, "Solid Gains in Peace and Order Highlighted in SJPC Pre-SONA Report," July 18, 2019, https：//dnd. gov. ph/PDF2019/DNDPASPressRelease20190717PRESONAForum. pdf，最后访问日期：2019 年 12 月 31 日。

② Department of National Defense, Republic of the Philippines, "2019 Year-End Message of Secretary Delfin N. Lorenzana, Secretary of National Defense," December 2019, https：//dnd. gov. ph/PDF2019/2019 Year-end Message of the SND. pdf，最后访问日期：2019 年 12 月 31 日。

③ 根据菲国防部官网 2019 年新闻整理。

协议。该合作始于三国外长2016年的联合宣言，在应对三国主要在苏禄海的海上安全威胁方面得到持续有效的执行，使近年有关绑架和海盗事件急剧减少。三国防长还将在未来的东盟防长会议上继续探讨其进一步的改进。① 此外，杜特尔特总统和东盟国家领导人誓言加强边境合作，打击恐怖主义、激进主义和暴力极端主义的抬头以及以贩毒和人口贩运为主的跨国犯罪。在打击恐怖主义方面，杜特尔特和其他9位东盟领导人表示，将继续遵循2017年《马尼拉宣言》和2018年《东盟行动计划》，让所有部门切实参与防止导致暴力极端主义和恐怖主义的极端化进程。东盟领导人在可持续发展伙伴关系愿景声明中表示，他们还将继续"按照国内法律和政策管理边境，以更好地保护日益相互关联和一体化的东盟共同体"。② 另外，菲积极推进双边非传统安全领域的合作，除与美国一年一度的"巴里卡坦（肩并肩）"演习等传统合作项目以外，③ 2018年7月16日与澳大利亚在苏禄海展开联合军演，增强打击"恐怖主义及海上劫持活动"的能力；④ 2019年5月2日与印度尼西亚在菲南部城市达沃启动在两国附近海域的联合海上巡航，以遏止该海域日益蔓延的海盗、走私等跨国犯罪活动及恐怖主义威胁；⑤ 同

---

① Department of National Defense, Republic of the Philippines, "Solid Gains in Peace and Order Highlighted in SJPC Pre-SONA Report," July 18, 2019, https：//dnd. gov. ph/PDF2019/DNDPASPressRelease20190717PRESONAForum. pdf; Berita Terkini, "Malaysia Indonesia Yakin Keberkesanan Trilateral Cooperative Arrangement（TCA）," January 24, 2020, http：//www. mod. gov. my/ms/mediamenu/berita/610 – malaysia – indonesia – sepakat – tingkat – rondaan – menerusi – trilateral – maritime – patrol，最后访问日期：2020年1月25日。

② Allan Nawal, "ASEAN OK's Border Cooperation vs Terror, Other Crimes," June 23, 2019, https：//www. pna. gov. ph/articles/1073095; Department of National Defense, Republic of the Philippines, "2019 Year-End Message of Secretary Delfin N. Lorenzana, Secretary of National Defense," December 2019, https：//dnd. gov. ph/PDF2019/2019 Year-end Message of the SND. pdf，最后访问日期：2019年12月31日。

③ Priam Nepomuceno, "'Balikatan' Instrumental to Pacific Region's Stability," April 1, 2019, https：//www. pna. gov. ph/articles/1066142，最后访问日期：2019年12月31日。

④ 《菲律宾与澳大利亚在苏禄海展开联合军演》，新华网，http：//www. xinhuanet. com/asia/2018 –07/16/c_ 1123134497. htm，最后访问日期：2019年12月31日。

⑤ 《菲律宾与印尼启动联合海上巡航打击跨国犯罪》，新华网，http：//www. xinhuanet. com/world/2019 –05/02/c_ 1124444954. htm，最后访问日期：2019年12月31日。

时也与中国通过双边互访和"东盟＋3"机制、东盟地区论坛等平台，继续推进反恐和打击跨国犯罪等非传统安全领域的合作。最后，在杜特尔特总统对外访问期间，就协助菲打击恐怖主义的承诺等内容，获得了美国、日本、俄罗斯、中国、印度等国的支持。①

最后，与棉兰老穆斯林自治区、非政府组织等各方推进南部安全综合治理，取得成效。继阿基诺三世前政府与"责任投票教区牧师理事会"及当地媒体和一系列穆斯林非政府组织合作，成功推进2012年7月的棉兰老穆斯林自治区选民重新登记运动剔除近60万"幽灵选民"等改革以来，菲政府、棉兰老自治区与非政府组织的三方治理合作愈益取得成效。② 在南部经济和基础设施建设方面，自成立巴西兰机构间工作队制定和执行促进社会经济发展的短期和中期计划直至"大建特建"大规模基础设施投资计划以来，历届政府持续推进，并在修建道路、改善学校、医院和清真寺方面获得美国等国的援助和支持。2019年12月10日，菲社会福利和发展部牵头签署了《"菲律宾社会援助计划"法案》，将面向贫困家庭的"菲律宾社会援助计划"制度化。③ 自拉莫斯前总统推动菲南部加入"东盟东部增长区"以来，该增长区亦起到灵活、高效的支持作用。④ 另外，棉兰老岛铁路系统的建设也有序开展，近期菲运输部公布总长约830公里的三期棉兰老岛铁路项目，贯穿达沃、塔古姆等要地并形成环路。⑤ 在警察和司法建设方面，2018年

---

① Azer Parrocha, "Russia Reaffirms Commitment to Help PH Combat Terrorism," January 31, 2019, https：//www. pna. gov. ph/articles/1060704；Azer Parrocha, "Japan Vows to Assist PH in Fight vs. Terrorism," February 11, 2019, https：//www. pna. gov. ph/articles/1061597；Ruth Abbey Gita-Carlos, "PH, India Vow Greater Cooperation vs. Terrorism," October 18, 2019, https：//www. pna. gov. ph/articles/1083618，最后访问日期：2019年12月31日。

② John T. Sidel, "Achieving Reforms in Oligarchical Democracies：The Role of Leadership and Coalitions in the Philippines," *DLP Research Paper* 27, Birmingham：DLP, 2014, pp. 17 – 23.

③ 《菲律宾减贫取得积极进展》，新华网，http：//www. xinhuanet. com/asia/2019 – 12/17/c_1210399015. htm，最后访问日期：2019年12月31日。

④ 中华人民共和国商务部：《中国—东盟东部增长区合作机制升级并召开首次部长级会议》，2018年11月30日，http：//www. mofcom. gov. cn/article/ae/ai/201811/20181102812081. shtml，最后访问日期：2019年12月31日。

⑤ 菲运输部工程清单，https：//www. gov. ph/project – list，最后访问日期：2019年12月31日。

12 月 17 日，中国援建的一座戒毒中心在棉兰老岛萨兰加尼省举行移交与揭牌仪式，并于 2019 年正式投入使用。[1] 2019 年 10 月 1 日，菲律宾国家警察高层对棉兰老穆斯林邦萨摩洛自治区警察局提出了更高的要求。[2] 2019 年 12 月 19 日，菲律宾一家地方法院宣布，判处十年前策划并实施马京达瑙屠杀案的数十名嫌犯有罪，他们被判处终身监禁和不同刑期的有期徒刑，同时遇难者家属将获得赔偿金，菲总统发言人就此案获宣判表示，菲政府对法院的裁决表示欢迎并尊重。在建设和平方面，非政府组织在面对解决族群冲突议题时显示出其特有的组织引导和解、营造和平舆论、支持社会变革等作用。除传统的"主教—乌力马会议"等议程外，2019 年 10 月 22 日，陆军第六步兵师与来自不同宗教部门（清真寺事务、耶稣基督联谊会等）的宗教人士一同举行宗教间感恩仪式，分享以团结与和平为中心的话语，敦促宗教领袖帮助其他部门参与寻求和平与繁荣。[3] 2019 年 11 月 14 日，棉兰老岛基金会与当地政府合作实施"促进和维持善治和社区行动促进恢复力和赋权"方案，帮助来自巴西兰的恐怖组织阿布沙耶夫共 40 名前成员重返社会，并对受影响的社区予以援助。[4]

（二）菲南部安全的前景与挑战

在菲政府同社会各方的努力下，以及域内外各方势力的博弈下，菲南部安全呈现出大盘趋稳、局部风险较高的态势。此种状态在不久的未来仍会持续。菲南部安全前景是否能长期向好，则取决于政府和各方对以下挑战的应对。

---

[1] 《中国援建的菲律宾萨兰加尼省戒毒中心举行移交仪式》，新华网，http://www.xinhuanet.com/asia/2018–12/17/c_ 1123866251. htm，最后访问日期：2019 年 12 月 31 日。

[2] Edwin Fernandez, "PNP Exec Tells BARMM Police to 'Surpass Triumphs'," October 1, 2019, https：//www. pna. gov. ph/articles/1081949，最后访问日期：2019 年 12 月 31 日。

[3] Edwin Fernandez, "6ID Leads Interfaith Service for Peace, Unity," October 22, 2019, https：// www. pna. gov. ph/articles/1083816，最后访问日期：2019 年 12 月 31 日。

[4] Jose Cielito Reganit, "Ex-Abu Sayyaf Group Members Visit Congress," November 14, 2019, https：//www. pna. gov. ph/articles/1086045，最后访问日期：2019 年 12 月 31 日。

一是棉兰老穆斯林邦萨摩洛自治区的良治愿景在权力过渡阶段所面临的治理恶化,有重蹈其前身之覆辙的风险。其间,冲突后地区的恢复与建设和平,基督教社会群体、穆斯林社会群体和土著卢马德社会群体之间及其内部传统与现代张力的扩散和升级,围绕选举等政治活动而发生的法外杀害、武装斗争和其他犯罪的发酵等问题,都需要谨慎应对。

二是反叛、暴力极端主义和有组织犯罪的合流对安全大盘震动所构成的持续风险。历史经验表明,采用极端主义手段的反叛组织难以取得最终胜利,但类似手段的采取,会使其生存更久、持续性更强。其间,需要仔细地分辨、审慎地分化、克制的处理,避免其风险扩散,从而影响安全大局。需要加强反恐法律武器,更多在法治的框架内作出应对。同时,在区域层面,亦需要在秉持原则的基础上,与相关方一同灵活地应对其高度区域化的风险。

三是经济发展与资源开发使用的严重区域失衡,及整体经济发展模式的限制,增大对南部经济发展的负面影响,并使安全治理、民族建设及利益分配所需的相关政治经济社会资源严重受限所带来的长期风险。为此,高技能、高质量、高附加值的发展路线及更为均衡的区域分配亦须提上日程,在建设广泛联盟的同时,对政治边缘化群体作出补偿。

四 结语

菲南部安全问题根植于其所形成的以政治安全和社会安全为核心的弱国安全困境的演化。在弱国情境和历史认同的基础上,为马科斯政府所触发,并在后马科斯时期历届政府与社会群体间的互动中进一步复杂化。根植于此种困境,当前菲南部总体安全态势因棉兰老穆斯林邦萨摩洛自治区的正式成立、"伊斯兰国"力量的引入和多个安全领域的持续互动,而呈现出安全基本盘暂趋稳定但局部安全风险高发的态势,持续考验政府治理能力。菲南部安全前景是否能长期向好,则取决于政府和各方对自治区治理恶化、极端主义风险扩散和经济发展长期受限等中长期挑战的应对。在此之前,菲南部安全局势仍会持续动荡。

B.11
从拉普勒新闻网主编被捕事件看
杜特尔特政府与主流媒体的冲突

马宇晨　吴杰伟*

摘　要： 菲律宾总统杜特尔特上任后，当地多家主流媒体从禁毒战争、操纵社媒以及涉嫌腐败等方面对政府进行负面报道，导致双方不断发生冲突。2019年初，双方冲突升级，菲律宾拉普勒新闻网创始人雷萨因网络诽谤和违反《反傀儡法》两次被捕，随后总统发言人又指责拉普勒新闻网参与颠覆政府的阴谋。同时，菲律宾政媒冲突也受到国际社会的普遍关注。正确解构杜特尔特政府与当地主流媒体的冲突，需要以菲律宾当下的媒介环境、法律框架以及政治生态作为语境，更需关注到杜特尔特政府所面对的国际政治环境。

关键词： 杜特尔特政府　菲律宾媒体　政媒冲突

引　言

　　自2016年上任以来，菲律宾总统杜特尔特与当地多家主流媒体产生冲突。一些媒体从人权和人道主义角度批评杜特尔特在禁毒战争中的举措，还有媒体指出杜特尔特政府工作人员参与腐败和贩毒。作为回应，

---

* 马宇晨，北京大学外国语学院博士研究生；吴杰伟，博士，北京大学外国语学院副院长、东南亚系教授、博士生导师。

杜特尔特在公开场合多次对媒体进行斥责，同时政府通过行政和法律手段对一些媒体进行反制。面对政府的反击，菲律宾媒体以"压制新闻自由"和"滥用政府权力"为由进一步抨击政府。[1] 2019 年初，拉普勒新闻网（Rappler）创始人玛丽亚·雷萨（Maria Ressa）因涉嫌违反预《防网络诽谤法》和《反傀儡法》两次被捕，多数菲律宾主流媒体和一些国际媒体以及非政府组织一致将此举解读为对新闻自由的压迫，通过新闻报道对拉普勒进行声援。本报告拟通过梳理杜特尔特上任后与媒体的冲突过程，结合杜特尔特政府所处的国内以及国际环境，为解构菲律宾政媒冲突提供一种新的视角。

一　杜特尔特上任后与主流媒体的冲突——禁毒战争、操纵社媒与腐败

杜特尔特就任菲律宾总统后，在菲律宾全国范围内展开禁毒战争，旨在通过消灭毒贩彻底解决长久以来困扰菲律宾的毒品问题。根据政府发布的最新数据，截至 2019 年 12 月 26 日，禁毒战争已实施超 15 万次行动，击杀 5552 人，逮捕了 22 万余人，促使全国约 48 万名吸毒者自首，缴获价值超过 400 亿比索非法毒品，实现 16706 个村庄的"无毒化"。[2] 禁毒战争开展过程中，存在一定数量的"法外处决"现象，即缉毒人员在不经过审判的前提下对试图逃避追捕的嫌犯进行击杀。[3] 这样的现象在菲律宾饱受争议。多家主流媒体通过大量报道在禁毒战争中受到伤害的个体，以此作为对禁毒战争的反对。2016 年 7 月 24 日，《每日问询者报》（*Daily Inquirer*，以下简

---

[1] "Press Freedom after 2 Years of Duterte," Rappler, May 3, 2019, https：//www.rappler.com/newsbreak/investigative/206017 - attacks - against - philippine - press - duterte - second - year.

[2] Ruth Abbey Gita-Carlos, "Duterte's Relentless War on Drugs, Corruption, Crime," Philippine News Agency, Dec. 26, 2019, https：//www.pna.gov.ph/articles/1089333.

[3] Manuel Mogato, "Filipino Cops Describe 'Kill Rewards, Staged Crime Scenes' in Drug War," ABS - CBN, April 18, 2017, https：//news.abs - cbn.com/news/04/18/17/filipino - cops - describe - kill - rewards - staged - crime - scenes - in - drug - war.

称为"问询者报")在头版头条以照片和文字对禁毒战争中的受害者迈克尔·赛隆（Michael Siaron）进行报道。[①] 在照片中，四周挤满了围观的群众，在人群中间，赛隆的妻子珍妮琳·奥雷雷斯（Jennilyn Olayres）抱着尸体痛哭，尸体的旁边写着菲律宾语的"我是毒贩，不要学我"（Pusher ako, wag tularan）。遇难者是一位普通民众，以骑三轮车为生，与毒品交易无关，在没有得到任何审判的前提下即被缉毒人员执行了"法外处决"。这条针对禁毒战争的报道在菲律宾引起很大反响，菲律宾天主教会发起大型弥撒，得到了包括《菲律宾星报》（Philstar）和拉普勒在内多家媒体的报道，在菲律宾广泛传播。与此类似，阿尔托广播系统－纪事广播网（Alto Broadcasting System-Chronicle Broadcasting Network，以下简称为"ABS-CBN"）的资深记者小费尔南多·赛佩（Fernando G. Sepe Jr.）对在禁毒战争受到伤害的家庭进行了专题报道。该专题报道关注个体受害者被枪杀的过程以及受害者家属面临的困难，从个体的视角对禁毒战争进行描绘，以作为对杜特尔特政府禁毒政策的抨击。[②]

除了对政府的政策进行抨击外，还有一些媒体就杜特尔特操纵社交媒体、政府工作人员贪腐等问题进行报道。2016 年 10 月 3 日，拉普勒新闻网联合创始人兼首席执行官雷萨发表题为《宣传战争：将互联网作为武器》的报道，指责杜特尔特使用自动化程序以及虚假账户，在社交媒体的群组和主页大量传播假信息，以此达到操纵民意、攻击对手、影响选举甚至改善政府形象的目的。[③] 2018 年 4 月，拉普勒先后发表三篇报道，质疑杜特尔特在 2016 年选举中与非法掌握大量脸书（Facebook）用户数据的剑桥分析公司（Cambridge Analytica）合作，通过社交媒体影响选民的投票行为，其中一篇文章还报道杜特尔特的竞选经理何塞·加布里埃尔·拉维尼亚（Jose Gabriel

---

① 问询者报 7 月 24 日头版，详见，https：//www. inquirer. net/? page - one = july - 24 - 2016。

② Fernando G. Sepe Jr., "Healing The Wounds from The Drug War," ABS - CBN News, https：// news. abs - cbn. com/specials/healing - drug - war.

③ Maria A. Ressa, "Propaganda War：Weaponizing the Internet," Rappler, Oct. 3, 2016, https：// www. rappler. com/nation/148007 - propaganda - war - weaponizing - internet.

"Pompee" La Viña）曾与来自剑桥分析公司的亚历山大·尼克斯（Alexander Nix）交谈，暗指杜特尔特利用了来自该公司的用户信息以操纵 2016 年的选举。2018 年 10 月，《菲律宾星报》、问询者报以及 ABS – CBN 等媒体发布报道，称脸书发现并已屏蔽数十个虚假账户，这些虚假账户拥有大量粉丝，并且大量传播支持杜特尔特的信息。① 除此之外，一些媒体还多次通过报道指出杜特尔特下属存在贪腐问题。2018 年 1 月，拉普勒报道了总统特别助手吴蒙（Christopher Lawrence "Bong" Tesoro Go）涉足腐败的新闻，声称吴蒙通过在价值 150 亿比索的军舰系统采购项目中以指定供应商的方式施加影响。② 同年 6 月，拉普勒专门负责对马拉卡南宫进行报道的记者皮亚·拉纳达（Pia Ranada）撰文指出，杜特尔特政府新近任命的政府和军警成员中，有至少 16 人存在或疑似存在贪腐问题。拉纳达还进一步对杜特尔特的用人原则进行质疑，认为这一任命与之前总统所宣称的对贪腐"零容忍"相悖。③ 总体而言，自杜特尔特上任以来，菲律宾主流媒体围绕禁毒战争、操纵社媒以及涉足腐败等主题对杜特尔特及其政府的形象进行了大量负面报道。

面对国内媒体的负面报道，杜特尔特通过公开讲话、司法以及行政等多种方式进行反制。一方面，杜特尔特多次在演讲中指责媒体报道失实，以激烈的言辞抨击对他进行负面报道的媒体。2017 年 3 月，杜特尔特在一次公开演讲中批评了 ABS – CBN 以及问询者报，称这两家报纸所进行的报道都是不公正、被扭曲的，掌控两家媒体的洛佩斯（Lopez）家族和普列托 – 罗

---

① Faye Orellana, "Facebook Shuts Down 'Spammy' Pages Linked to Duterte, Imee Marcos," Inquirer, Oct. 23, 2018, https：//technology. inquirer. net/80533/facebook – removes – pages – linked – to – duterte – .

② Carmela Fonbuena, "Bong Go Intervenes in P15. 5 – B Project to Acquire PH Warships," Rappler, Jan. 16, 2018, https：//www. rappler. com/newsbreak/investigative/193733 – duterte – philippine – navy – warships – controversy.

③ Pia Ranada, "LIST: No to Corruption? Duterte's Controversial Reappointees," Rappler, June 11, 2018, https：//www. rappler. com/newsbreak/in – depth/204626 – list – rodrigo – duterte – controversial – reappointees.

穆亚尔德斯（Prieto-Romualdez）家族"充满恶臭"。① 5 月，杜特尔特在参加达沃市一处军营的奠基仪式时称，要对 ABS－CBN 进行起诉，因为在2016 年竞选期间这家电视台收了他和政治伙伴的竞选经费，却从未播放他们的政治广告。② 此外，他在其他场合还称拉普勒是一个"假新闻机构"，他们进行的新闻报道犹如向政府"扔垃圾"。③ 另一方面，杜特尔特政府通过司法和行政手段，对上述反对媒体进行了反制。菲律宾政府共对拉普勒进行了至少 11 项起诉，其中得到广泛关注的包括外资控股以及网络诽谤两项起诉。④ 2017 年 7 月，菲律宾证券交易委员会（Securities and Exchange Commission）展开对拉普勒新闻网及其母公司拉普勒控股（Rappler Holdings Corporation）的调查，以确认该网站是否违反了菲律宾就外国资本控股媒体机构的法律限制；2018 年 1 月 11 日，菲律宾证券交易委员会宣布拉普勒存在接受外国资本投资现象，违反了宪法和反傀儡法，因此撤销其营业执照，并向菲律宾司法部建议进行进一步调查。1 月 16 日，菲律宾司法部副检察长何塞·加里达（Jose Calida）称将就拉普勒涉嫌违反《反傀儡法》的行为进行调查。⑤ 另一桩受到广泛关注的案件是拉普勒的网络诽谤案。预防网络犯罪法对包括网络诽谤在内的多种行为进行了限制。在该法生效之前，拉普

① Audrey Morallo，"Duterte Blasts Media Organizations for 'Unfair, Twisted' Coverage," Philstar, March 30, 2017, https：//www. philstar. com/headlines/2017/03/30/1684331/duterte－blasts－media－organizations－unfair－twisted－coverage.

② The Philippine Star，"Duterte to File Multiple Syndicated Estafa vs ABS－CBN," Philstar, May 19, 2017, https：//www. philstar. com/headlines/2017/05/19/1701788/duterte－file－multiple－syndicated－estafa－vs－abs－cbn.

③ Pia Ranada，"Duterte Calls Rappler 'Fake News Outlet'," Rappler, Jan. 16, 2018, https：//www. rappler. com/nation/193806－duterte－fake－news－outlet.

④ Cristina Tardáguila，"Legal Battle between President Duterte and Maria Ressa's Rappler Shows the Philippines 'Dark Reality' and Sends Some Fact-checkers to Therapy," Poynter, Aug. 2, 2019, https：//www. poynter. org/reporting－editing/2019/legal－battle－between－president－duterte－and－maria－ressas－rappler－shows－the－philippines－dark－reality－and－sends－fact－checkers－to－therapy/.

⑤ Sofia Tomacruz，"TIMELINE：The Case of Rappler's SEC Registration," Rappler, Jan. 29, 2018, https：//www. rappler. com/newsbreak/iq/194702－sec－registration－case－timeline－press－freedom.

勒曾于 2012 年 5 月 29 日发布了一篇调查报道，称商人威尔弗雷多·耿（Wilfredo Keng）与一桩毒品交易有关。2017 年 10 月，耿提起对拉普勒的诉讼，指控其在报道中对自己进行了诽谤。随后耿与拉普勒围绕网络诽谤罪条款在本案中的适用性以及可追溯性提交了各自的动议。2018 年 3 月 2 日，菲律宾调查署（National Bureau of Investigation）确认反网络诽谤罪条款适用于该案件，且拉普勒的诽谤行为尚在追诉期内，由此开启了对这一案件的正式调查。此外，总统安全小组还在 2018 年 2 月 20 日对拉普勒驻马拉卡南宫记者皮亚实施了禁入令。① 对于 ABS－CBN，杜特尔特则通过阻止其许可证续期的方式进行反击。1995 年 3 月 30 日，时任菲律宾总统拉莫斯（Fidel V. Ramos）签署了 7966 号法案，给予 ABS－CBN 公司 25 年的特许经营权，亦即这一经营权将于 2020 年 3 月到期。2016 年 10 月，ABS－CBN 向第 17 届国会提出更新其经营许可证。针对许可证的续期，杜特尔特曾多次表示他将阻止经营许可证的续期，并点名批评 ABS－CBN 的荣誉总裁欧亨尼奥·洛佩兹三世（Eugenio Gabriel "Gabby" La'O López III），斥责这家电视台是"小偷"。②

二 2019 年政媒冲突再升级：拉普勒主编被捕 与"媒体矩阵"

2019 年初，拉普勒联合创始人兼首席执行官雷萨两次被捕，在菲律宾国内引起了广泛关注。2 月 13 日，菲律宾调查署以诽谤罪嫌疑对雷萨在拉普勒总部办公室实施逮捕，③ 一天后，雷萨获得保释，在接受媒体采访时表

---

① "Rappler's Pia Ranada Barred from Entering Malacañang Palace," Rappler, Feb. 20, 2018, https：//www. rappler. com/nation/196454 – pia – ranada – barred – malacanang – palace.

② CNN Philippines Staff, "Duterte Says He Will Object to Renewal of ABS – CBN Franchise," CNN Philippines, Nov. 9, 2018, http：//nine. cnnphilippines. com/news/2018/11/08/duterte – object – abs – cbn – franchise – renewal. html.

③ Aika Rey, "Rappler CEO Maria Ressa Arrested for Cyber Libel," Rappler, Feb. 13, 2019, https：//www. rappler. com/nation/223411 – maria – ressa – arrested – for – cyber – libel – february – 2019.

示，她保释所交的费用"比罪犯还多，甚至比伊梅尔达·马科斯（Imelda Marcos）还要多"，但是自己"不会被这样的骚扰吓到"；① 3 月 27 日，雷萨因拉普勒非法接受外国资本投资而涉嫌违反《反傀儡法》（Anti - Dummy Law），于阿基诺国际机场再次被捕，并于七小时后再次被保释。针对雷萨再次被捕一事，拉普勒发布题为《骚扰尚未停止》的文章，称雷萨本人迄今已收到 7 次逮捕令，包括雷萨在内的部分拉普勒员工自 2018 年 1 月以来共缴纳超过 152 万比索的保释费用。② 菲律宾国内多家媒体对雷萨在两个月内连续被逮捕一事进行了报道，其措辞与报道角度都明显倾向拉普勒和雷萨。其中，ABS - CBN 专门制作了案件的时间线，并在文中称雷萨是"记者老兵"；③ 而问询者报则在发布的报道中质疑了菲律宾调查署进行逮捕的时间，指出 2 月 13 日进行逮捕的时间恰好使得雷萨无法在当天进行保释，因而遭到隔夜拘留的待遇。④

2019 年 4 月初，比科伊（Bikoy）事件的爆发引起菲律宾国内媒体极大关注，成为杜特尔特政府与拉普勒冲突进一步升级的导火索，双方对对方的指责进一步加剧。4 月 2 日，一家名为都市新闻（Metro Balita）的网站发布了标题为《真正的毒枭名单》（Ang Totoong Narco-list）的视频。⑤ 视频中的主角比科伊身着帽衫，使用技术手段隐去了相貌，声称总统的儿子保罗·

① Hannah Ellis-Petersen, "Rappler Editor Maria Ressa Freed on Bail after Outcry," The Guardian, Feb. 14, 2019, https：//www. theguardian. com/world/2019/feb/14/rappler - editor - maria - ressa - freed - on - bail - after - outcry.

② "Rappler on Latest Case: Pattern of Harassment Has Not Stopped," Rappler, Mar. 29, 2019, https：// www. rappler. com/nation/225814 - statement - arrest - warrants - vs - maria - ressa - board - directors - anti - dummy - case - march - 2019.

③ Trisha Billones, "Timeline: Rappler, Maria Ressa's Cyber Libel Case," ABS - CBN, Feb. 14, 2019, https：//news. abs - cbn. com/news/multimedia/infographic/02/14/19/timeline - rappler - maria - ressas - cyber - libel - case.

④ https：//www. philstar. com/headlines/2019/02/13/1893414/look - cyber - libel - charge - vs - rappler - maria - ressa.

⑤ 该网站网址为 http：//www. metrobalita. net，域名已过期，最后访问日期：2020 年 5 月 5 日。网址以及相关视频信息获取于下述新闻：DR. DANTE A. ANG, "OUST - DUTERTE PLOT BARED", The Manila Times, 22 April 2019, https：//www. manilatimes. net/2019/04/22/news/headlines/oust - duterte - plot - bared/543609/。

杜特尔特（Paolo Duterte），总统助理、参议员候选人吴蒙，杜特尔特女婿的弟弟、农业部副部长沃尔多·卡皮奥（Waldo Carpio）等人参与贩毒并从毒贩处收取报酬。① 比科伊在视频中还称吴蒙背后文有一条龙，是其与毒品交易有关的证明。4月29日，都市新闻的域名创立者、视频的上传者罗德尔·杰姆（Rodel Jayme）被捕。5月3日，菲律宾国家调查署称杰姆愿意配合成为公诉方证人，指认制作视频的幕后推手。5月6日，彼得·阿德温库拉（Peter Joemel Advincula）主动现身，自称是视频中的主角比科伊，在菲律宾律师公会（Integrated Bar of the Philippines）举行媒体发布会，重申了自己在视频中的观点，坚称杜特尔特的家人及亲信参与了毒品交易。然而，5月23日事件发生反转，阿德温库拉向警察自首，称其在视频中宣传的都是假新闻，并指认菲律宾自由党（Liberal Party of the Philippines）和参议员安东尼奥·特里兰尼斯（Antonio Trillanes）是幕后推手。②

比科伊事件爆发后，菲律宾各主流媒体均进行了报道，而拉普勒在事件前后发表多篇详细报道，展现出自身鲜明的反杜倾向。杜特尔特政府对视频中的指控进行否认，同时指责拉普勒等机构"颠覆政府"。4月10日，吴蒙在内湖省的一场活动中主动在镜头前脱下上衣，露出后背，证明自己并没有视频中所提及的文身，以此证明自己与毒品交易无关。③ 4月16日，拉普勒发表题为《移除文身有多简单》的报道称，只要技术和资金充足，文身就可以被完全移除，并质疑吴蒙的举动只能证明他现在并没有文身，并不能证明自己与毒品交易没有关联，还称保罗·杜特尔特在面对同样的质疑时，并

---

① Kristine Joy Patag, "A Look at the Cyber Libel Charge vs Rappler, Maria Ressa," Philstar, Feb. 13, 2019, https：//newsinfo. inquirer. net/1102962/video－linking－polong－duterte－to－drugs－black－propaganda.

② Janine Peralta, "'Bikoy' Says Liberal Party Behind 'Ang Totoong Narcolist' Videos, Retracts Allegations vs. Duterte Family, Allies," CNN Philippines, May 23, 2019, https：// www. cnnphilippines. com/news/2019/5/23/bikoy－liberal－party－. html.

③ Llanesca T. Panti and Amita Legaspi, "Bong Go Shows Back to Prove He Has No Tattoo Linked to Illegal Drugs," GMA News, April 10, 2019, https：//www. gmanetwork. com/news/news/nation/690824/watch－bong－go－shows－back－to－prove－he－has－no－tattoo/story/.

未以这样的方式证明自己的清白。① 同时，在阿德温库拉初次现身后，拉普勒在 5 月 7 的报道中对其生平进行了详细介绍，在文中称其为"吹哨人"。②5 月 8 日，拉普勒又发布了比科伊事件的专题报道，对事件的时间线进行了详细整理。然而，在事件发生反转，阿德温库拉将矛头指向总统的反对派后，拉普勒又针对此事发表专题报道，对比比科伊两次的证词，讽刺其为政府的"明星证人"，所讲述的是"耸人听闻的故事"，以此质疑其指认的真实性。③ 杜特尔特政府第一时间否认视频中的指控，随后多次通过媒体和总统府新闻发布会，指出拉普勒参与了一场颠覆杜特尔特政府的阴谋。4月 22 日，《马尼拉时报》名誉总裁丹特·安敦（Dante "Klink" Ang Ⅱ）发表文章，称根据总统办公室的可靠消息，在菲律宾国内存在一个庞大的"媒体矩阵"，通过制作和散布假新闻，抹黑总统形象，降低政府公信力，以达到使杜特尔特下台的目的。这个矩阵以都市新闻网站和《真正的毒枭名单》视频为发起点，通过拉普勒等媒以及维拉文件④（Vera Files）等新闻组织进行传播。⑤

　　杜特尔特自 2016 年 6 月 30 日上任后，与当地主流媒体一直存在冲突。2019 年，随着雷萨两次被捕和比科伊事件的爆发，双方的冲突再次升级。杜特尔特政府与国内主流媒体持续的冲突，使得双方的关系处于低点。6 月7 日，杜特尔特在参与一档电视节目时，在谈到比科伊事件时表示，自己已

① Janella Paris, "How Easy Is It to Get a Tattoo Removed?", Rappler, April 16, 2019, https：//www. rappler. com/newsbreak/iq/228248 – how – easy – to – get – tattoo – removed.

② Chay F. Hofileña, "Alias 'Bikoy'：From Seminarian to Ex-con to Whistle-blower," Rappler, May 7, 2019, https：//www. rappler. com/newsbreak/profiles/229909 – alias – bikoy – from – seminarian – ex – convict – whistleblower.

③ Lian Buan, "Bikoy vs Bikoy：The Biggest Flip-flops of the Government's Star Witness," Rappler, Aug. 12, 2019, https：//www. rappler. com/newsbreak/in – depth/237169 – biggest – flip – flops – bikoy – government – star – witness.

④ 维拉文件 2008 年建立于菲律宾，是一家非营利性新闻机构，致力于调查性以及深度报道，其官方网址为 https：//verafiles. org。

⑤ Dr. Dante A. Ang, "Oust – Duterte Plot Bared," The Manila Times, April 22, 2019, https：//www. manilatimes. net/2019/04/22/news/headlines/oust – duterte – plot – bared/543609/.

经对媒体"完全失去信任",媒体只是"收报酬的政治写手"。① 杜特尔特还在另一次公开演讲中指出,菲律宾媒体中期选举期间接受反对党的报酬撰文对执政党的候选人进行攻击,这样做"只是在保护富人的利益,对真正想要改革的政客却进行打击"。②

三 菲律宾政府与媒体关系的核心因素: 媒介生态与法律框架

菲律宾实行三权分立的总统制,媒体被认为是监督政府运行的"第四权力"。菲律宾国内媒体时常对政府的政策进行批评,与历届政府均曾出现过冲突。事实上,在上任之初,杜特尔特就公开表达了自己对媒体批评的开放态度,对于媒体的质疑"并不生气"。③ 然而,杜特尔特政府与媒体之间的冲突依然愈发激烈。理解2016年以来激烈的政媒冲突,首先需要对杜特尔特政府所面对的媒介环境与法律框架进行了解。

杜特尔特对主流媒体的依赖较少,是两者之间产生冲突的基础之一。菲律宾是"东方民主的橱窗",民主政治是菲律宾的基本政治形态之一。④ 主流媒体与选举政治一直有着紧密的关系,主流媒体的宣传对总统候选人能否获胜有着重要作用。然而,随着移动互联网的发展,社交媒体对民意和舆论的影响逐渐加大,社交媒体平台成为选举中另一个重要的宣传手段。社交媒体在菲律宾非常受欢迎,菲律宾人每日平均上网时长为10小时2分钟,社交媒体使用时长为4小时,两项数据均位列世界第一。其中,社交媒体使用

---

① "Duterte Says He Has Lost His Trust in Philippine Media," Philstar, June 8, 2019, https://www.philstar.com/headlines/2019/06/08/1924740/duterte-says-he-has-lost-his-trust-philippine-media.

② Neil Arwin Mercado, "Duterte Blasts Media Anew: 'You Protect the Rich'," Inquirer, April. 14, 2019, https://newsinfo.inquirer.net/1106632/duterte-blasts-media-anew-you-protect-the-rich.

③ Nestor Corrales, "Duterte to Media: Go Ahead, Criticize Me", Inquirer, Sep. 10, 2016, https://newsinfo.inquirer.net/814366/duterte-to-media-go-ahead-criticize-me.

④ 黄明涛:《美式民主制度在菲律宾:历程、特征与展望》,《印度洋经济体研究》2017年第1期,第71~87、139~140页。

时长自 2015 年起一直居于首位。① 因此，菲律宾又被称为"世界社交媒体之都"。② 同时，2015 年起，社交媒体巨头脸书宣布在菲律宾为其用户提供免费数据流量。③ 这一举措使得脸书在菲律宾覆盖接近 100% 的移动互联网用户，成了重要的信息平台。④ 杜特尔特在 2016 年的大选初期民调支持率较低，后期支持率持续升高，最终胜选，社交媒体的宣传功不可没。杜特尔特在大选期间发布的 73 条社交媒体动态平均能够获得 40 万人的关注和讨论，显著高于其他候选人，对脸书主页的成功运营是其在选举中获胜的重要因素。⑤ 杜特尔特利用社交媒体扩大影响力进而塑造形象、获取选票的做法，使得其执政基础无须完全依赖主流媒体的宣传工具。同时，杜特尔特上任后还采取一系列举措，致力于增强官方媒体的公众影响力。2016 年 6 月 2 日，杜特尔特提名马丁·安达纳尔（Martin Andanar）出任其总统府通讯办公室主任。⑥ 安达纳尔此前是菲律宾第五频道电视公司（TV5 Network Inc.）一档新闻节目的制作人，曾担任主播、评论员、配音师等。上任后，安达纳尔表示要在国有媒体内推行改革，提升国有媒体在菲律宾的行业地位，重新回到 20 世纪 80 年代的"辉煌时期"。他还以英国 BBC、美国 PBS 为例，指出国有媒体可以覆盖许多

① ABS – CBN News, "Filipinos Still World's Top Social Media User-study," ABS – CBN, Jan. 31, 2019, https：//news. abs – cbn. com/focus/01/31/19/filipinos – still – worlds – top – social – media – user – study.

② Janvic Mateo, "Philippines Still World's Social Media Capital-study," Philstar, Feb. 3, 2018, https：//www. philstar. com/headlines/2018/02/03/1784052/philippines – still – worlds – social – media – capital – study.

③ Charmie Joy Pagulong, "Facebook Offers Free Internet Access in Phl," Philstar, Mar. 20, 2015, https：//www. philstar. com/headlines/2015/03/20/1435536/facebook – offers – free – internet – access – phl.

④ Jake Swearingen, "Facebook Used the Philippines to Test Free Internet, Then a Dictator Was Elected," New York Magzine, Sep. 4, 2018, https：//nymag. com/intelligencer/2018/09/how – facebooks – free – internet – helped – elect – a – dictator. html.

⑤ Aim Sinpeng, Dimitar Gueorguiev, and Aries A. Arugay, "Strong Fans, Weak Campaign：Social Media and Duterte in the 2016 Presidential Election," *Journal of East Asian Studies*, July 2020, pp. 1 – 22.

⑥ GMA News, "Bong Go to Head Palace Management Staff, Andanar to Head PCOO," GMA, June 2, 2016, https：//www. gmanetwork. com/news/news/nation/568586/bong – go – to – head – palace – management – staff – andanar – to – head – pcoo/story/.

商业媒体因各种原因并未报道的消息，因此发展国有媒体十分有必要。① 随着2016 年改革的进行，国有媒体逐渐获得更多赞誉，已经被民众视为可靠的消息来源。② 由此可见，随着社交媒体在菲律宾的兴起以及官方媒体的逐步改革，主流媒体已经不再是政府发声、与民众保持沟通的唯一途径。

　　菲律宾的法律环境为总统与媒体的冲突规定了行为框架，媒体需要依据宪法和法律给予的权利对政府进行报道和质疑，政府可以在法律规定的框架内对媒体进行限制和审查。在菲律宾，保护新闻自由的法理基础来自推翻马科斯统治后颁布的1987 年宪法。费迪南德·马科斯（Ferdinand Marcos）于1965 ~ 1986 年担任菲律宾总统，并曾于1972 ~ 1981 年在菲律宾全国实施军管法。在军管法期间，政府接管了新闻机构，逮捕了一批报纸发行人与专栏作家，对电台、电视台播放的内容采取审查制度。③ 1987 年宪法的第三条第四款对新闻自由、言论自由进行了明确的保护，同时在第七款中规定了公民拥有信息自由的权利。④ 在宪法的基础上，政府通过行政令对信息自由进行一定程度的限制。2016 年8 月28 日，杜特尔特签署了信息自由行政令，将涉及国家安全以及犯罪调查方面的166 种信息排除在信息自由覆盖的范围之外。⑤ 此外，政府还通过《外国投资法》《反傀儡法》对媒体的资本结构和资金来源进行约束。菲律宾作为前殖民地国家，具有一定的经济民族主义倾向，对外国资本在菲律宾的投资有着严格限制，这一限制在重要行业尤为严格。根据菲律宾7042 号法案即1991 年《外国投资法》的规定，在菲律宾注

---

① Hugo Hodge, "ABCs on ABC: Lessons from Australia's 'Aunty' for PTV4," ABS - CBN, July 10, 2016, https: //news. abs - cbn. com/focus/07/10/16/abcs - on - abc - lessons - from - australias - aunty - for - ptv4.

② 格雷吉·尤金尼奥、王晓波:《保持活力的菲律宾媒体》,《中国投资》2018 年第13 期, 第90 ~ 91 页。

③ 金应熙:《菲律宾史》, 河南大学出版社, 1990, 第769 页。

④ "The 1987 Constitution of the Republic of the Philippines-Article III," Official Gazette, https: //www. officialgazette. gov. ph/constitutions/the - 1987 - constitution - of - the - republic - of - the - philippines/the - 1987 - constitution - of - the - republic - of - the - philippines - article - iii/.

⑤ "Draft FOI Manual Includes List of 166 Exceptions," Rappler, Aug. 28, 2016, https: //www. rappler. com/nation/144442 - draft - freedom - of - information - foi - manual - exceptions - list.

册成立的公司需要菲律宾公民持股至少60%，意即外国投资人的持股比例不得高于40%；但是，出于国家安全、国防、保护中小企业等原因，该法案同时规定了一个"常规排除清单"（Regular Foreign Investment Negative List），进一步限制特定行业中外国人投资所占比例。① 菲律宾1987宪法第十六条第十一款明确规定，媒体作为对国家有重要影响的行业，其所有权和运营权必须全部由菲律宾公民或由菲律宾企业所拥有。② 因此，从1994年第1版到2018年第11版"常规排除清单"，"媒体"均位列第一项，禁止外国投资进入该行业。③ 在此基础上，菲律宾共和国108号法即《反傀儡法》规定，帮助外国人或外国公司违反、躲避外国投资法的菲律宾公民可能面临5～15年的监禁。④ 除此之外，随着互联网的发展以及传统纸媒的电子化，媒体行为也受到网络相关法律的约束。2012年9月12日，菲律宾10175号法（《预防网络犯罪法》）由时任菲律宾总统阿基诺三世签署。根据该法案，在网络上对他人进行恶意诋毁的行为属于网络犯罪，最高可面临12年监禁的处罚。⑤

四　政媒冲突的驱动力：国内斗争与国际压力

自2016年上任后，杜特尔特不仅频繁遭到当地主流媒体批评，菲律宾国内反对派人士、国际媒体、国际社会也不断对其施政方针进行质疑。因此，理解杜特尔特政府与当地主流媒体的冲突，有必要将杜特尔特政府在国内面临的政治斗争以及在国际社会遭遇的舆论与政治压力作为语境进行理解。

---

① "R. A. 7042 – 'Foreign Investments Act of 1991'," Philippine Board of Investments, http：// boi. gov. ph/r – a – 7042 – foreign – investments – act – of – 1991/.

② "The 1987 Constitution of the Republic of the Philippines," Official Gazette, https：// www. officialgazette. gov. ph/constitutions/1987 – constitution/.

③ "Executive Order No. 65," Official Gazette, https：//www. officialgazette. gov. ph/downloads/ 2018/10oct/20181029 – EO – 65 – RRD. pdf.

④ "Commonwealth Act No. 108," LawPhil, https：//lawphil. net/statutes/comacts/ca _ 108 _ 1936. html.

⑤ "Republic Act No. 10175 ," Official Gazette, https：//www. officialgazette. gov. ph/2012/09/12/ republic – act – no – 10175/.

与媒体对杜特尔特的批评相似，菲律宾国内反对党的指责也主要从禁毒战争以及家人涉毒两个方面入手。面对反对党批评，杜特尔特在2019年10月任命罗布雷多担任扫毒委员会联席主席，以验证反对党提出的解决方案。11月8日，在其主持的第一次工作会议上，罗布雷多就将现行的禁毒政策定义为"无意义的杀戮"，是一场"对穷人的战争"。① 同为自由党人的菲律宾前总统阿基诺三世在接受拉普勒新闻网采访时曾对禁毒战争中的人道主义危机表示关注，认为禁毒战争制造出的"禁毒孤儿"将会带来严重社会问题。② 除对禁毒战争质疑之外，还有反对派人士指出杜特尔特家族的涉毒嫌疑。2017年9月6日，在一场涉及价值64亿比索贩毒案的参议院听证会上，反对派参议员特里兰尼斯就展示了其所掌握的证据，声称保罗·杜特尔特参与了这起贩毒案，并在听证会对保罗·杜特尔特当面提出质疑。③ 可见，菲律宾反对派与主流媒体对杜特尔特政府的批评存在诸多相似之处，媒体也通过报道反对派批评的声音作为对政府的负面报道。因此，杜特尔特政府与当地媒体的冲突应当被置于菲律宾国内执政党与反对派的政治冲突背景之下。具体到2019年菲律宾政媒冲突的升级，2019年5月举行的中期选举以及由此引发的执政党与反对党冲突亦是重要语境。比科伊事件发生于4月初，距离中期选举的投票日仅一个月的时间。2019年中期选举于5月13日举行，参议院24个席位中的12个席位面临改选，同时全国所有省份也将选出众议院代表、市长以及副市长。比科伊在视频中所提到的总统特别助手吴蒙是执政党提名的参议员候选人之一，保罗·杜特尔特是达沃市第一区的众议员候选人。在事件引发关注后，吴蒙多次在公众场合展示自己的后背自证清白，同时指出《真正的毒枭名单》是在选举季这一特殊时间点对政府和

① Raymund Antonio, "Robredo Holds First Meeting as ICAD Co-chairperson," Manila Bulletin, Nov. 9, 2019, https://news.mb.com.ph/2019/11/09/robredo-holds-first-meeting-as-icad-co-chairperson/.

② Bea Cupin, "Noynoy Aquino on Drug War: What's in Store for the Orphans?", Rappler, July 19, 2017, https://www.rappler.com/nation/176090-drug-war-killings-aquino-reaction.

③ ABS-CBN News, "Trillanes, Paolo Duterte Face off at Senate Probe," ABS-CBN, Sep. 6, 2017, https://www.youtube.com/watch?v=RDuRKmsqomk.

执政党的刻意抹黑。① 在另一次活动中，吴蒙则直接将比科伊事件与中期选举相联系，称如果有人能证明自己见过比科伊，选民就无须给自己投票。② 2019年5月8日，距中期选举投票日仅5天，时任总统发言人帕内洛（Salvador Panelo）在新闻发布会展示了一幅更详细和庞大的网状图，指出包括自由党党主席、副总统莱尼·罗布雷多（Leni Robredo）以及反对党联盟提名的八位参议员候选人"八全胜"（Otso Diretso）在内的部分自由党人也参与了颠覆杜特尔特政府的阴谋。③ 2019年5月7日，菲律宾参议院公共秩序与危险药物委员会主席平·拉克森（Ping Lacson）直言，比科伊事件是一起政治事件，更是"选举事件"。由此可见，由比科伊事件引发的杜特尔特政府与媒体的冲突，与菲律宾国内党派冲突以及中期选举关系紧密。

面对与政府的激烈冲突，菲律宾媒体以"压制新闻自由"和"滥用政府权力"为由对政府进行抨击，多次在报道中将政府对媒体的管制称为"骚扰"。与大部分菲律宾主流媒体相似，一定数量的国际媒体以及非政府组织也一致将杜特尔特政府与媒体的冲突解读为对新闻自由的压迫，通过新闻报道对以拉普勒新闻网为代表的菲律宾国内媒体进行声援，向杜特尔特政府施加压力。2019年10月15日，《纽约时报》发表长篇报道《记者对决总统，命悬一线》，对拉普勒的建立、雷萨的生平以及拉普勒与杜特尔特政府的冲突过程进行详细描述，塑造出一位坚守新闻自由、无畏独裁统治，敢于揭露真相的记者形象。④《卫报》（The Guardian）在2019年7月的一篇报道

① Paolo Romeo，"Bong Go Strips Anew：No Tattoos, Just PSNBB，" Philstar, May 7, 2019，https：//www. philstar. com/headlines/2019/05/07/1915806/bong – go – strips – anew – no – tattoos – just – psnbb.

② Camille Elemia，"Bong Go, Bam Aquino Face off Over 'Bikoy,' Black Propaganda，" Rappler, May 6, 2019，https：//www. rappler. com/nation/politics/elections/2019/229841 – bong – go – bam – aquino – face – off – bikoy – black – propaganda.

③ CNN Philippines，"Malacañang Reveals Bigger Matrix of Alleged Duterte Ouster Plot，" Cnn Philippines，May 8, 2019，https：//www. youtube. com/watch？v = GzjAEZff9oY.

④ Joshua Hammer，"The Journalist vs. the President, With Life on the Line，" The New York Times, Oct. 15, 2019，https：//www. nytimes. com/2019/10/15/magazine/rappler – philippines – maria – ressa. html.

中，称雷萨是一位"广受尊敬"的记者。① 《时代周刊》则将雷萨评为2018年年度人物，并在采访报道中称其是一位敢于揭露腐败、与虚假新闻做斗争的优秀记者。② 众多国际媒体对拉普勒与杜特尔特政府的冲突进行报道时，均采取了倾向于雷萨的立场，以此作为对拉普勒的支持和对杜特尔特政府的声讨。在媒体之外，大赦国际（Amnesty International）、人权观察（Human Rights Watch）等非政府组织也地加入这一行列，不断发表文章对杜特尔特政府进行抨击。③ 此外，与新闻业相关的一些非政府组织还为拉普勒和雷萨颁发奖项，作为对其报道的认可。仅 2018～2019 年，世界报业协会④（World Association of Newspapers and News Publishers）、国际新闻学会⑤（International Press Institute）、保护记者委员会⑥（Committee to Protect Journalists）、斯坦福大学亚太研究中心⑦（Stanford University's Walter H. Shorenstein Asia-Pacific Research Center）以及全球深度报道网⑧（Global Investigative

---

① Hannah Ellis-Petersen, "Maria Ressa: Everything You Need to Know about the Rappler Editor," The Guardian, July 23, 2019, https://www.theguardian.com/world/2019/feb/14/maria-ressa-arrest-everything-you-need-to-know-about-the-rappler-editor.

② Maria Ressa, "TIME100 Most Influential People," https://time.com/collection/100-most-influential-people-2019/5567672/maria-ressa/.

③ Amnesty International, "Philippines: End Harassment of Prominent Duterte Critic Maria Ressa," Amnesty International, Dec. 3, 2018, https://www.amnesty.org/en/latest/news/2018/12/philippines-end-harassment-prominent-duterte-critic-maria-ressa/.

④ "Rappler's Maria Ressa Wins Global Press Freedom Award," Rappler, June 7, 2018, https://www.rappler.com/about-rappler/about-us/204262-golden-pen-freedom-2018-award-wan-ifra.

⑤ "Philippine News Site Rappler Recognized as 2018 Free Media Pioneer," International Press Institute, https://ipi.media/philippine-news-site-rappler-recognized-as-2018-free-media-pioneer/.

⑥ Maria Ressa, "International Press Freedom Awards," Committee to Protect Journalists, https://cpj.org/awards/2018/maria-ressa.php.

⑦ Noa Ronkin, "Philippines Investigative Journalist and Press Freedom Beacon Maria Ressa Wins 2019 Shorenstein Journalism Award," Stanford University, May 21, 2019, https://fsi.stanford.edu/news/philippines-investigative-journalist-and-press-freedom-beacon-maria-ressa-wins-2019-shorenstein.

⑧ Jodesz Gavilan, "Rappler Investigation into War on Drugs Wins 2019 Global Shining Light Award," Rappler, Sep. 29, 2019, https://prachatai.com/english/node/8231.

Journalism Network）等多家机构就先后为雷萨颁发了奖项。由此可见，国际媒体对菲律宾的政媒冲突给予了一定的关注，并且使用其报道或奖项对雷萨和拉普勒进行声援，同时对杜特尔特政府进行抨击。这部分国际报道与菲律宾当地主流媒体的报道共同形成对杜特尔特的负面报道，给予杜特尔特政府国内和国际上双重舆论压力。事实上，杜特尔特政府不仅受到国际舆论压力，一些国际组织和国家还采取实际行动，而杜特尔特政府也进行了相应反击。2018 年初，国际刑事法院开启对杜特尔特政府在禁毒战争中行动的调查，菲律宾随后于 2019 年 3 月 16 日正式退出该法庭。① 2019 年 7 月 11 日，联合国人权理事会通过提案，要求人权事务高级专员办事处调查在菲律宾存在的侵犯人权事件。作为回应，杜特尔特政府宣布暂停接受 18 个对提案投赞成票国家的援助，并在公开讲话中讽刺提出提案的冰岛"只会吃冰"。② 9 月 27 日，美国参议院一小组通过了一项预算修正案，授权国务卿阻止与拘捕德利马相关的菲律宾官员入境。③ 12 月 27 日，菲律宾总统发言人表示，杜特尔特正式拒绝来自美国总统特朗普的访问邀请，并已下令移民局禁止提出并推动修正案的两名美国参议员理查德·德宾（Richard Durbin）与帕特里克·莱希（Patrick Leahy）入境菲律宾，并威胁取消美国护照在菲律宾的免签政策。④

---

① Jason Gutierrez, "Philippines Officially Leaves the International Criminal Court," The New York Times, March 17, 2019, https：//www. nytimes. com/2019/03/17/world/asia/philippines – international – criminal – court. html.

② Ben O. de Vera, "Philippines Halts Loan, Aid Talks with 18 States Backing UN Rights Probe," Inquirer, Sep. 21, 2019, https：//globalnation. inquirer. net/180042/ph – halts – loan – aid – talks – with – 18 – states – backing – un – rights – probe.

③ 德利马是长期批评杜特尔特及其禁毒战争的菲律宾参议员，2017 年 2 月因接受毒贩贿赂被逮捕，相关新闻参见 Felipe Villamor, "Leila de Lima, Critic of Duterte, Is Arrested in the Philippines," The New York Times, Feb. 23, 2017, https：//www. nytimes. com/2017/02/23/world/asia/arrest – duterte – leila – de – lima. html。

④ Arianne Merez, "PH Bars Entry of 2 US Senators Backing De Lima：Warns of Visas for All Americans," ABS – CBN News, Dec. 27, 2019, https：//news. abs – cbn. com/news/12/27/19/ph – bars – entry – of – 2 – us – senators – backing – de – lima – warns – of – visas – for – all – americans.

菲律宾国内媒体、国际媒体与国际社会对杜特尔特政府的批评焦点趋同，并始终围绕在禁毒战争中的人权问题上，构成对杜特尔特政府的国内国际多重舆论和政治压力。这样的压力引发杜特尔特政府的反击，形成杜特尔特与国内主流媒体、反对派以及国际社会的冲突。国际媒体对雷萨和拉普勒的报道与嘉奖，既是对其进行声援与支持，也是其对杜特尔特政府批评的一种展现方式。可以说，雷萨和拉普勒新闻网的存在为国际舆论对杜特尔特政府的批评提供了支撑与证据。而雷萨能够长期活跃在菲律宾媒体界，并在拉普勒遭到杜特尔特政府的反制后依然保持其正常运转，并成为国际媒体和组织的声援对象，国际化人力与资本背景是重要原因之一。政治经济学家爱德华·S. 赫尔曼（Edward S. Herman）和诺姆·乔姆斯基（Noam Chomsky）在《制造共识》一书中指出，媒体为控制着它并为它提供资金支持的强大社会利益集团服务并代其从事宣传。利益集团对媒体的影响方式不是"简单的指令"，而是主要通过选择具有"正确思想"的人力向媒体间接施加影响。[①] 雷萨出生于马尼拉，9 岁时移民美国新泽西州，在美国普林斯顿大学取得学士学位。雷萨在美国有线电视新闻网（Cable News Network，以下简称"CNN"）工作近 20 年，曾长时间担任马尼拉和雅加达分社社长。2004～2010 年，在执掌 ABS－CBN 的新闻部门期间，雷萨继续为 CNN 撰稿。[②] 2012 年，雷萨建立并开始运营拉普勒新闻网。2015 年，拉普勒新闻网接受来自美国的基金奥米迪亚网络（Omidyar Network）和北基传媒（North Base Media）的投资。根据菲律宾证券交易委员会 2018 年的调查报告，仅奥米迪亚网络就通过购买债券的形式向拉普勒注资至少 100 万美元。[③] 这笔资金在 2018 年 2 月遭到菲律宾证券交易委员会调查后，被无

① 赫尔曼、乔姆斯基、邵红松：《制造共识：大众传媒的政治经济学》，北京大学出版社，2011。

② "Author Profile：Maria Ressa," Rappler, https：//www. rappler. com/authorprofile/maria－ressa.

③ "Commission En Banc In Re：Rappler, Inc and Rappler Holdings Corporation," Securities and Exchange Commission, http：//www. sec. gov. ph/wp－content/uploads/2018/01/2018Decision_RapplerIncandRapplerHoldingsCorp. pdf.

偿捐赠给 14 名拉普勒新闻网的经理。① 同时，美国国家民主基金会
（National Endowment for Democracy） 官网显示，该基金会 2018～2019 年对
拉普勒的资助合计达 284000 美元，资助项目描述为 "了解并解决虚假信息
对菲律宾民主的影响"。② 通过雷萨本人的经历以及拉普勒接受资助的情况
可以看到，在美国的成长和在 CNN 的工作经历使得雷萨成为具有 "正确思
想" 的新闻工作者。在杜特尔特政府与拉普勒的冲突中，雷萨通过她创建
的媒体拉普勒新闻网，接受来自他国基金会的资助，作为提供资金来源集团
的 "喉舌"，扮演质疑、消解现任政府形象的角色，成为与杜特尔特政府产
生冲突的 "先锋"，同时获得国际社会的关注，进而对杜特尔特政府施加更
多压力。

结语　强人政府在与媒体斗争中的主动性

媒体通过其对客观世界有选择性地报道，在为受众反映现实的同时，也
再造了 "现实"。主流媒体拥有通过报道的频次、位置、倾向影响受众对事
件认知的权力，即议程设置权。在传播实践中，为了自身利益的最大化，各
组织、利益集团都在积极争夺对这一权力的控制。③ 菲律宾当地主流媒体对
杜特尔特禁毒战争中的人权问题进行大量负面报道，而忽略或较少报道其执
政期间所取得的成果，是将这一权力政治化的具体体现。杜特尔特政府面对

① "Omidyar Network Donates Philippine Depositary Receipts to Rappler Staff," Omdyar Network，
　　https：//www. omidyar. com/news/omidyar－network－donates－philippine－depositary－receipts－
　　rappler－staff.

② "Awards Grand Search：Rappler," National Endowment for Democracy，https：//www. ned. org/
　　wp － content/themes/ned/search/grant － search. php? organizationName ＝ rappler&region ＝
　　&projectCountry ＝ &amount ＝ &fromDate ＝ &toDate ＝ &projectFocus% 5B% 5D ＝ &projectFocus%
　　5B% 5D ＝ &projectFocus% 5B% 5D ＝ &projectFocus% 5B% 5D ＝ &projectFocus% 5B% 5D ＝
　　&projectFocus% 5B% 5D ＝ &projectFocus% 5B% 5D ＝ &projectFocus% 5B% 5D ＝ &projectFocus%
　　5B% 5D ＝ &projectFocus% 5B% 5D ＝ &projectFocus% 5B% 5D ＝ &projectFocus% 5B% 5D ＝
　　&projectFocus% 5B% 5D ＝ &projectFocus% 5B% 5D ＝ &search ＝ &maxCount ＝ 25&orderBy ＝
　　Year&sbmt ＝ 1.

③ 陈赛男：《突发公共事件中媒介话语权重构》，《东南传播》2010 年第 10 期，第 45～47 页。

这一情况，需要在增强对自身正面宣传的力量，同时抑制负面宣传。因此，杜特尔特上台后一方面任命专业人士担任总统通讯办公室主任，通过发展壮大官方媒体，对禁毒战争进行正面报道。同时，杜特尔特政府增强在社交媒体平台的宣传声量，也是试图绕过主流媒体，直接触及民众、增强影响力的行为。另一方面，杜特尔特本人通过批评、抨击的方式削弱主流媒体的公信力，并在菲律宾国内法律框架内，对部分反对派媒体进行调查，以此削弱对其政府的负面批评力量。

观察菲律宾政媒冲突，需要从政府、媒体以及菲律宾国内外政治环境等多方面进行分析。杜特尔特是一名具有鲜明性格的政治强人，禁毒战争是其在 2016 年大选时所提出的重要施政方针，也是其执政期间的重要政绩。主流媒体具有强大的议程设置能力，媒体对政府的批评在对政府施政形成阻力的同时也有影响其民意支持的潜在风险。因此，杜特尔特政府与国内媒体产生冲突，既是双方对特定议题观点相左所导致的社会现象，也是强人政府与主流媒体对议程设置权进行持续争夺的具体体现。结合杜特尔特政府所面临的国际舆论环境可以发现，特定的媒体以及基金会通过舆论与资金的方式支持雷萨和拉普勒进行活跃的新闻报道进而引发政媒冲突，既是向杜特尔特政府直接施加压力的重要方式，也为国际社会对杜特尔特政府进行指责提供了证据与事实支撑。

杜特尔特政府与国内主流媒体仍然存在继续冲突的可能。一方面，双方冲突的焦点不减反增。杜特尔特仍然在坚定地执行其施政方针，对毒品的高压态势和法外处决现象依然存在，而以拉普勒为代表的一众菲律宾媒体仍然对杜特尔特保持着批评的态势；同时，随着 2020 年到来，ABS - CBN 针对经营许可证续期的申请已经提上了国会的议程，杜特尔特在 2019 年 12 月曾两次表示，他将确保 ABS - CBN 的许可证不被续期，[①]并劝股东

---

① Catherine S. Valente, "Duterte to ABS - CBN: 'I'll See to It That You're Out'," The Manila Times, Dec. 4, 2019, https://www. manilatimes. net/2019/12/04/news/latest - stories/duterte - to - abs - cbn - ill - see - to - it - that - youre - out/661505/.

"把公司卖掉"。[1] 杜特尔特与 ABS‐CBN 围绕许可证续期问题的争论，可能成为下一个冲突爆发点。另一方面，中期选举中执政党获得全面胜利，在参议院和众议院同时占据多数，而反对党联盟参议员候选人全部败选，在参议院仅剩 4 个席位。执政党在中期选举的胜利为其在国会和各级政府部门赢得了更多的施政空间，可以更有力地推行其政策。不仅如此，颇具成效的禁毒战争也得到了民众的支持。根据 2019 年 9 月菲律宾民调网站社会气象网（Social Weather Station）发布的数据显示，82%的菲律宾人对杜特尔特的禁毒战争表示满意，同时仅有 12%感到不满意。[2] 综合中期选举结果和民调数据看，杜特尔特以及菲律宾人民力量党的民众支持率依然保持在高位，且在国会两院中均占多数，仍然拥有对反对派媒体继续进行反制的基础与能力。

---

[1] Luchi de Guzman，"Duterte Tells ABS‐CBN Execs to Sell Company，"CNN Philippines，Dec. 30，2019，https：//www. cnnphilippines. com/news/2019/12/30/duterte‐abs‐cbn‐franchise‐sale. html.

[2] Social Weather Stations，"Second Quarter 2019 Social Weather Survey：Net satisfaction with Anti-illegal Drugs Campaign at 'Excellent' +70，"Social Weather Stations，Sep. 22，2019，https：//www. sws. org. ph/swsmain/artcldisppage/？ artcsyscode = ART‐20190922154614.

B.12
菲律宾的网络安全执法

葛悦炜*

摘　要： 迄今菲律宾已制定出台了与网络安全相关的 5 部法律，涉及
　　　　网络影音、电子商务及电子证据、网上儿童色情、网络诈骗、
　　　　入侵计算机信息系统、关键信息基础设施保护等。2012 年网
　　　　络犯罪法主要参照欧盟网络犯罪公约，全面、系统地规定了
　　　　网络犯罪及打击、惩治、防范措施。2013 年菲律宾警方成立
　　　　了专职打击网络犯罪的执法队伍。2019 年菲律宾警方与国际
　　　　刑警组织、美、澳、英、中等国开展了网络安全执法合作。
　　　　但是囿于所谓人权标准及菲律宾警察网络执法力量的薄弱，
　　　　菲律宾的网络安全执法任重道远。

关键词： 菲律宾　网络安全　执法力量　法律规章

　　2000 年 5 月，菲律宾 24 岁大学生古兹曼（Guzman）释放了名为"我
爱你"的蠕虫病毒，从中国香港开始，短短两天内造成全世界 4500 万台电
脑感染，造成至少 55 亿美元损失。[①] 但彼时菲律宾尚无相关法律可以制裁
这种行为，古兹曼被无罪释放。[②] 菲律宾由此开始制定网络安全相关法律，

＊　葛悦炜，浙江警察学院东盟非传统安全研究中心博士。

①　Mark Ward, "A Decade on from the ILOVEYOU Bug," BBC Website, May 4, 2010, http://
www.bbc.com/news/10095957.

②　Gilbert C. Sosa, "Country Report on Cybercrime: The Philippines," in Masaki Sasaki eds., *Resource
Material Series No. 79*, United Nations Asia and Far East Institute for the Prevention of Crime and
Treatment of Offenders, 2009, http://www.unafei.or.jp/english/pdf/RS_ No79/No79_ 00All.pdf.

逐步加强网络安全执法力量建设，加大打击网络安全犯罪力度，以维护本国网络安全。本报告对菲律宾警察的网络安全执法特别是《网络犯罪防治法》、《国家网络安全计划》和警方对计算机犯罪开展刑事调查程序进行解析，并对 2019 年菲律宾警察开展国际警务合作打击网络犯罪情况加以概述，以分析菲律宾网络安全执法的法律依据、战略规划和具体做法，为中国与菲律宾等东盟国家更好地开展打击电信网络诈骗犯罪等国际警务合作提供参考。

2010 年以来，中国警方历年侦破的特大跨境电信诈骗团伙案，几乎都涉及隐藏在菲律宾的犯罪嫌疑分子，在菲律宾警方的大力配合下，将查获的诈骗嫌犯从菲律宾押解回国。电信诈骗从受害人角度看，是接了一通诈骗电话或短信，所以名之为"电信"诈骗。但犯罪分子作案依托的是互联网环境，其"标配"作案道具"硬件"是服务器、假网站、电话卡、银行卡等，"软件"是任意显号软件、非法改号软件、"400"电话捆绑转接技术以及电话群拨、网络短信群发、网络电话对接等技术手段。[①] 2010 年 6 月，国务院批准建立由 23 个部门和单位组成的打击治理电信网络新型违法犯罪工作部际联席会议制度，将原来俗称的电信诈骗犯罪扩展为"电信网络新型违法犯罪"。目前，中国与菲律宾等东南亚国家开展反电信诈骗警务合作总体顺畅，但国际警务合作难的现实依然存在[②]。如在落地查实互联网协议地址、现场搜查抓捕和证据固定等，各方在办案程序（搜查令申请）、证据规格标准等方面存在差异，这就要求我们进一步深入了解各国法律包括菲律宾的网络安全执法情况。

一　菲律宾的网络安全相关法律

2012 年菲律宾着手制定和颁布《网络犯罪防治法》，依据此法，菲律宾

---

① 陈磊：《电信诈骗为何猖獗》，法制日报网，2015 年 11 月 16 日，http：//epaper. legaldaily. com. cn/fzrb/content/20151116/Articel08002GN. htm。
② 秦帅、陈钢：《近年来电信诈骗案件侦查研究综述》，《公安学刊》2015 年第 3 期，第 36 ~ 40 页。

司法部成立了网络犯罪办公室，信息与通信部成立了网络犯罪调查与协调中心。后者制定了《国家网络安全计划 2022》。菲律宾国家警察署制定了刑事调查手册和行动操作程序。

1.《网络犯罪防治法》内容

菲律宾《网络犯罪防治法》即共和国第 10175 号法案，全称为《网络犯罪规定、预防、调查、打击及处罚法》，共分 8 章。[①] 第 1 章序言，对一些重要的术语进行了定义。值得注意的是该法对"计算机"一词取广义定义，指一切电子、磁性、光学、电化等数据处理或通信装置，这些装置具备逻辑、算术运算功能或路由、存储功能，包括与之相联的存储、通信等操作设备。由此包括移动电话、智能电话、计算机网络及其他与互联网连接的设备。该法对"网络安全"的规定是："工具、政策、风险管理方法、行动、培训、最佳实践、保障，和用于保护网络环境、组织和使用者资产的技术的集合。"[②]

第 2 章对网络犯罪行为规定了 4 个大类、14 个小类，具体见表1。

表1　菲律宾《网络犯罪防治法》中的网络犯罪类别

大类	子类
1. 对计算机数据和系统的保密、完整和可用性犯罪	1. 非法进入
	2. 非法截取
	3. 数据扰乱，包括传播病毒
	4. 非法使用，包括非法使用未经授权的计算机程序
	5. 恶意占用，包括域名、商标、人名、知识产权

---

① "Cybercrime Prevention Act of 2012," Philippines Department of Justice Website, http://www.doj.gov.ph/files/cybercrime_office/RA_10175-Cybercrime_Prevention_Act_of_2012.pdf.

② "Cybercrime Prevention Act of 2012," Philippines Department of Justice Website, http://www.doj.gov.ph/files/cybercrime_office/RA_10175-Cybercrime_Prevention_Act_of_2012.pdf.

大类	子类
2. 利用计算机犯罪	6. 伪造
	7. 诈骗
	8. 盗窃身份
3. 内容相关的犯罪	9. 网络性犯罪
	10. 儿童色情
	11. 非法商业推广
	12. 网络诽谤
4. 其他	13. 共同、教唆
	14. 犯罪预备

第3章规定处罚。国家调查局（National Bureau of Investigation）和国家警察署（Philippines National Police）都有权开展网络安全执法。法案要求这两个执法部门必须成立专职打击网络犯罪的单位，配备专门的调查人员处理违反本法的案子。法案还规定，考虑到开展国际合作的程序，要求执法部门向司法部及时提交调查结果报告。

第4章规定执法。规定数据的搜集、获取或披露，均应事先取得法院许可状（Court Warrant）。法院许可状须书面申请，并经宣誓后审查，符合以下三个条件始得颁发：一是合理确信犯罪已经发生或正在发生或即将发生；二是合理确信此证据对定罪、破案或防范犯罪至关重要；三是穷尽其他获取证据的途径。执法部门取得法院许可状后，应即向拥有数据的个人或服务商发出数据提供令，后者须在72小时内提供。执法部门为检查数据可申请延长许可状规定的完成时间，但最长不超过30天。执法部门在许可状规定的截止日期后48小时之内，须将数据密封后送交法院保存，无法院命令不得拆封。执法部门和服务商在法庭许可状到期后，应立即、完全销毁保存和检查用的数据。未经有效许可状而取得的数据，不能作为呈堂证据，一律无效。

第 5 章规定了司法管辖。一是地区法院（The Regional Trial Court）对网络犯罪有管辖权。二是规定了属人、属地管辖，侵害行为、对象、结果发生地在菲律宾，菲法院也得管辖，体现了菲司法主权原则。该章还规定须有特别指定的网络犯罪法庭审理网络犯罪案件，法官须接受相关培训。

第 6 章规定了国际合作的总原则是在一致或对等的基础上，包括调查程序、电子证据收集等国际法或规则在菲国内均有效力、应予实施。

第 7 章规定菲司法部是开展国际司法协助的职能部门。法案生效 30 天内应成立网络犯罪调查和协调中心，由总统办公室直接领导，负责政策协调，监督本法案的执行，并制定和实施国家网络安全计划。该中心由科技部信息和通信技术办公室执行主任任主席，国家调查局局长任副主席，其他成员包括国家警察署署长、司法部网络犯罪办公室主任、私营企业和学术界代表各 1 名。

第 8 章规定了预算、效力等事项。

2.《网络犯罪防治法》实施条例主要内容

2015 年 8 月菲内政部、科技部、司法部联合颁发了《网络犯罪防治法》的实施条例，做了进一步的细化和补充。[①] 一是补充了一些术语定义。如"数字证据"（digital evidence），系指"案件中用于证据的数字信息，可通过扣押存储介质、网络监控、取证复制等收集获得"。[②] "电子证据"（electronic evidence）指"受证据规则约束，用于在司法程序中查明事实的电子化接收、记录、传递、存储、处理、检索或产生的证据"。[③]

二是细化了执法部门的职责和程序。国家调查局和国家警察署拥有如下

---

① "Cybercrime Prevention Act of 2012," Philippines Department of Justice Website, http：//www. doj. gov. ph/files/cybercrime_ office/Rules_ and_ Regulations_ Implementing_ Republic_ Act_ 10175. pdf.

② "Cybercrime Prevention Act of 2012," Philippines Department of Justice Website, http：//www. doj. gov. ph/files/cybercrime_ office/RA_ 10175 – Cybercrime_ Prevention_ Act_ of_ 2012. pdf.

③ "Cybercrime Prevention Act of 2012," Philippines Department of Justice Website, http：//www. doj. gov. ph/files/cybercrime_ office/Rules_ and_ Regulations_ Implementing_ Republic_ Act_ 10175. pdf.

职权：调查所有涉及计算机系统的网络犯罪；对获取的电子证据进行数据恢复和鉴定分析；制定调查、证据恢复和符合行业标准实践的取证分析指南；为执法单位对犯罪现场，和用于犯罪的计算机系统进行搜查、扣押、证据保存、数据恢复取证，提供技术支持，出庭作证；与公私各部门建立协作关系共同应对网络犯罪；建立必要的数据库便于统计和监督；加强能力建设；支持实施国家网络安全计划。强调执法部门应遵守有关保存、扣押、搜查、获取在线账户和身份、计算机证据勘验等规定。

三是细化了国际合作的程序及相关要求。向菲提出搜查、进入、扣押或披露计算机数据的司法互助请求，应载明职能部门、调查罪名、相关事实、拟获取的计算机数据与正在调查的犯罪之间的关系、获取数据的必要性。此项司法互助请求不以"双重归罪"为前提，即请求事项涉及的犯罪在菲律宾不被认为是犯罪，但菲司法当局仍可提供协助，除非涉及政治犯或危害菲律宾的国家主权、安全、公共秩序等国家利益。

四是补充规定网络犯罪调查和协调中心可得到移民局、反毒品局、海关、检察机关、反洗钱委员会、证券交易委员会、国家通信委员会等支持。表明菲政府认识到网络安全执法涉及走私、毒品、洗钱、金融、通信等各个方面，要求各主管部门协作配合。

五是规定建立计算机应急反应小组，并规定了其职责。还对运营商在配合执法过程中的义务做了详细规定。

3.《国家网络安全计划2022》

该计划制定了菲律宾国家网络安全的目标、指导原则、有关职责。愿景目标是保护信息基础设施和政府部门的网络安全，唤起企业和个人的网络安全意识，强化网络安全措施，应对网络攻击。指导原则是法治、自治、多方合作和国际合作、保护信息自由流动与保护个人隐私并重、强化风险管理。战略举措是强化政府网、公共网、军事网的安全弹性，能应对复杂的网络攻击；向企业和个人宣传网络安全重要性，采取各种安全措施；培育储备网络安全专家。

计划规定网络安全的范围包括软硬件基础设施及数据、服务的保护。其中关键领域包括信息安全、操作安全、政府网和公共网安全、互联网安全、关键信息基础设施。计划要求定期开展三个层面的评估：保护评估、安全评估和遵守评估。应建立国家级计算机系统入侵和事故监控与报告数据库，建立国家层面以及各级、各部门的计算机应急响应，并定期进行国家网络安全保护演练。

计划要求加强能力建设和人才培养。帮助和协调学术界和教育机构发展计算机网络安全课程，纳入高等教育和职业培训。培养网络安全专业人才。建立网络安全专家库和培训认证体系。加强执法和司法部门能力培训。

计划要求在军警等部门建立网络防御、情报分析、威胁研判中心。要保护政府电子政务数据的传输和加密。政府部门、国会、司法机构、公立大学和国有企业等要及时更新计算机软硬件。要建立政府部门之间，政府与学术界、产业界的合作，并加强国际合作。

计划规定要实施计算机信息系统安全评估和认证，保障计算机信息系统供应链安全。并要在印刷媒体、广播电视、互联网等广泛开展各种宣传，聘请形象大使，设立国家网络安全月活动，增强民众的网络安全意识。

4. 警察调查计算机犯罪的操作规程

菲律宾警察刑事调查手册和行动操作程序对计算机网络犯罪的受案、调查取证等做了较详细的规定。[①] 其中值得注意的有以下几点。一是对计算机等电子设备进行搜查和获取数据必须取得法院搜查令。获取的证据材料应交电子证据鉴定专家鉴定，才能作为提交法庭的证据。二是对犯罪现场要注意保护有可能落下指纹的区域以便提取指纹。三是对计算机屏幕拍照取证，对计算机的各种接口、网络线端等做出标记并拍照。计算机硬盘应由电子取证专家复制，原始硬盘应扣押保存作为将来提交法庭的证据，随后的数据搜查

---

① "Criminal Investigation Manual," PNP – ACG Website, http://didm.pnp.gov.ph/DIDM%20Manuals/Criminal%20Investigation%20Manual.pdf.

和分析应在复制后的硬盘映像上进行。同样，对手机屏幕显示的内容也要尽可能做好记录或拍照。

二　菲律宾的网络安全执法力量

2003 年菲律宾国家警察署在刑事调查局打击跨国犯罪处下成立网络犯罪科，当时既无电子取证装备和实验室，也无受过专门培训的网络犯罪调查警员和电子取证勘查人员。2011 年 12 月建立培训实验室，对网络警察开展系统培训。2013 年 2 月 27 日，在刑事调查局打击跨国犯罪处网络犯罪科基础上，正式组建菲律宾国家警察署打击网络犯罪局（Philippine National Police Anti-cybercrime Group）。① 其职责是：调查所有的网络犯罪，及利用或以信息与通信技术为目标的犯罪；进行数据恢复和电子取证分析；对信息和通信基础设施安全进行评估；为其他执法部门调查各类涉网络犯罪提供技术调查支持；建立和维护各类有组织犯罪利用的各种地下博客、论坛、聊天室等网络平台情报信息数据库；建立和维护现代化的电子取证实验室；组织各类培训班、研讨班，与培训部门一起开展打击网络犯罪业务培训；就打击网络犯罪事宜与其他部门、政府机构保持联系。②

该局设正副局长各 1 名、参谋长 1 名，3 个处和 4 个地方分局。其组织结构见图 1。

2019 年 1 月 1 日至 11 月 30 日，菲律宾国家警察打击网络犯罪局共调查涉计算机网络案件 4852 件，其中仅有 250 件移送法院起诉，有 2507 件（占 51%）仍在调查。③ 在线诈骗案和网络诽谤案约占总数的近一半，详情见表 2。

---

① PNP‐ACG Website，https：//acg.pnp.gov.ph/main/about‐us/our‐history.
② PNP‐ACG Website，https：//acg.pnp.gov.ph/main/about‐us/our‐history.
③ "PNP ACG Operational Accomplishment Report 2019，" PNP‐ACG Website，https：//pnpacg.ph/main/accomplishments/operational‐accomplishment‐report‐2019.

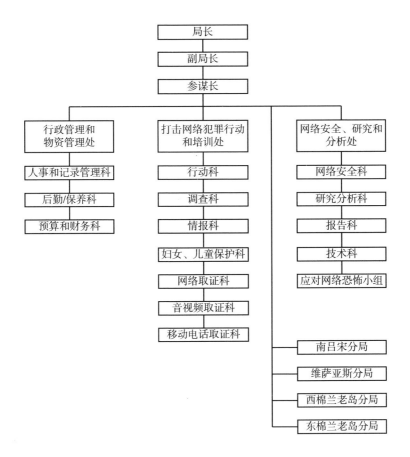

图 1　菲律宾国家警察打击网络犯罪局组织结构

表 2　菲律宾国家警察署 2019 年打击网络犯罪案件统计

类别	案件数(件)	占比(%)
网络诽谤	1166	24
在线诈骗	1016	21
偷窥偷拍照片视频	615	13
利用计算机盗窃身份信息	466	10
利用信息技术盗窃	394	8
干扰系统/黑客行为	299	6
恐吓骚扰	250	5
非法入侵计算机系统	230	5

续表

类别	案件数(件)	占比(%)
信用卡诈骗	119	2
恐吓抢劫	65	1
虐待儿童	62	1
儿童色情	59	1
对妇女儿童施加暴力	42	1
走私人口	19	0.4
网络恐吓	16	0.3
恶意抢注侵占域名	12	0.2
在线非法招聘	10	0.2
"钓鱼"诈骗	5	0.1
电子邮件诈骗	4	0.1
在线侵犯版权	3	0.1
破坏电子数据	0	0
合　计	4852	100

资料来源："PNP ACG Operational Accomplishment Report 2019," PNP – ACG Website, https://pnpacg. ph/main/accomplishments/operational – accomplishment – report – 2019。

从表 2 可以看出，在线诈骗案件占 1/5、盗窃身份信息案件占 1/10，属于大类案件。另外，网络诽谤案件占 1/4，是菲律宾警方侦办的第一大类网络案件。正是由于法案中的网络诽谤相关规定遭到国内外"人权"指责，使得菲律宾的《网络犯罪防治法》制定过程相当漫长，2012 年经国会通过、总统签署形成法案后，一度被菲最高法院审查，延迟到 2014 年才生效。

三　菲律宾打击网络犯罪国际警务合作

值得注意的是，菲律宾国家警察在开展网络犯罪调查和能力建设中，与国际刑警组织及美、澳、英等国开展了广泛的国际警务合作，见表 3。

表 3 菲律宾国家警察 2019 年国际合作情况

国家/国际组织	内容
国际刑警组织	比特币非法"挖矿"犯罪调查
美国	犯罪调查国际援助项目
澳大利亚、英国	合作建立打击对儿童网络犯罪中心
中国	网络赌博、电信诈骗合作调查、遣返、培训等

资料来源："INTERPOL-led Action Takes Aim at Cryptojacking in Southeast Asia," INTERPOL Website, https：//www. interpol. int/News – and – Events/News/2020/INTERPOL – led – action – takes – aim – at – crypto – jacking – in – Southeast – Asia, accessed April 12, 2020；"Philippines：ICITAP Strengthens Lead-ership Skills with Philippine National Police," The Department of Justice of the United States Website, https：//www. justice. gov/criminal – icitap/blog/philippines – icitap – strengthens – leadership – skills – philippine – national – police, accessed December 3, 2019；"Inauguration of the Philippine Internet Crimes Against Children Center," Australia Federal Police Website, https：// www. afp. gov. au/news – media/media – releases/inauguration – philippine – internet – crimes – against – children – center, accessed December 3, 2019。

2019 年 1 月，菲律宾交友婚恋网站 Cebunana 的服务器遭黑客入侵，90 多万用户信息资料泄露，表明菲律宾面临的网络犯罪形势相当严峻。① 国际刑警组织通过网络基金项目（Cyber Foundation Project）于 2019 年 6 月在东盟国家协调开展了"金鱼阿尔法"行动（Operation Goldenfish Alpha），以扫清被黑客劫持的路由器等互联网设备。② 黑客利用劫持的互联网设备进行比特币等电子货币挖矿活动，非法盗用不知情用户的电脑、服务器等上网设备，并构成非法获取电子货币、洗钱等犯罪产业链中的一个环节。

尽管美国对菲杜特尔特政府国内扫毒行动多有指责，但其犯罪调查国际援助项目（International Criminal Investigative Training Assistance Program, ICITAP）仍对菲律宾国家警察学院（Philippine National Police Academy, PNPA）的警员培训给予支持。2019 年在菲国家警察学院举办了为期 3 周、

---

① Janvic Mateo, "NPC to Probe Cebuana Lhuillier Data Breach," The Philippine Star, January 20, 2019, https：//www. philstar. com/headlines/2019/01/20/1886575/npc – probe – cebuana – lhuillier – data – breach.

② "INTERPOL-led Action Takes Aim at Cryptojacking in Southeast Asia," INTERPOL Website, https：//www. interpol. int/News – and – Events/News/2020/INTERPOL – led – action – takes – aim – at – crypto – jacking – in – Southeast – Asia, accessed April 12, 2020.

受训学员达 201 名的培训，这 201 名学员均为身处领导岗位的警官。①

菲律宾的儿童网络色情犯罪十分严重，菲律宾儿童是最大的受害者。据非政府组织儿童权益保护网（Child Rights Network）数据，仅 2018 年网络上即有 60 万件菲律宾儿童色情图片和视频。一些菲律宾家庭甚至自己拍摄儿童色情照片视频上传谋利。② 而儿童网络色情的"消费者"多来自西方发达国家。澳大利亚、英国警方为加强对此类跨国犯罪打击，援助对菲律宾警察网络调查、取证等能力的培训和装备提供。2019 年 2 月，澳大利亚联邦警察和英国打击犯罪局援助菲律宾警方成立了"打击对儿童网络犯罪中心"。③

近年来电信网络诈骗犯罪手段方式花样不断翻新，在中国政府的强力打击下，一些犯罪分子流窜到东南亚国家继续疯狂作案，尤以菲律宾、柬埔寨为烈。2019 年俗称"杀猪盘"的电信网络诈骗犯罪给国内民众带来巨额损失。该类诈骗先以微信、QQ 等社交网络交友入手，所谓"养猪"。待"感情"升温乃至"谈婚论嫁"即诱骗受害人进行"投资"或"赌博"，实际上所谓"投资""赌博"均为幌子，诈骗分子以欺骗话术一步步诱骗受害人，甚至一些受害人不惜卖房、抵押借款至倾家荡产。同时，诈骗团伙还以"优厚"工作条件"招聘"一些不知情民众前往菲律宾"打工"，实际到了菲律宾后挟持其充当一线"话务员"加入诈骗集团。这个网络诈骗行当的规模及"利润"如此惊人，以至于菲律宾首都马尼拉专为中国网络诈骗集团服务的色情业、房地产业也"兴旺发达"起来。据估计，在菲律宾网络

---

① "Philippines: ICITAP Strengthens Lead-ership Skills with Philippine National Police," The Department of Justice of the United States Website, https: //www. justice. gov/criminal – icitap/ blog/philippines – icitap – strengthens – leadership – skills – philippine – national – police, accessed December 3, 2019.

② Manila Bulletin, "Children's Rights Group Calls for 'Better Laws' on Child Protection," https: // news. mb. com. ph/2020/02/14/childrens – rights – group – calls – for – better – laws – on – child – pro – tection/, accessed December 3, 2019.

③ "Inauguration of the Philippine Internet Crimes against Children Center," Australia Federal Police Website, https: //www. afp. gov. au/news – media/media – releases/inauguration – philippine – internet – crimes – against – children – center, accessed December 3, 2019.

赌博从业人员中的中国人达 4 万~9 万之多。① 菲律宾警方在 2019 年 9 月的行动中，一周内即逮捕了 601 名从事电信网络诈骗犯罪的中国人。② 参与这些行动的菲律宾警察部门包括反绑架（Anti – Kidnapping Group）、网络警察（Cyber Fraud Division）、移民局（Bureau of Immigration）等。为合作打击这股猖狂的网络诈骗活动，中国与菲律宾达成协议，派中方警务工作组入驻菲律宾，同时菲律宾也派警员来华，双方加强相关情报信息交流，并且中方加强对菲警察相关能力培训。③

四　结语

2012 年菲律宾制定和颁布《网络犯罪防治法》以来（尽管该法延至 2014 年才生效），在国家层面建立起了总统直接管理的网络安全协调机构，司法部专门成立了网络犯罪办公室，菲律宾国家警察署则在刑事调查局打击跨国犯罪处网络犯罪科基础上，组建了打击网络犯罪局，从法律规范到执法力量基本齐备。菲律宾制定相关法律规范、建设警察队伍时得到美、欧等发达国家的帮助"指导"，因而其网络犯罪调查程序尤其是电子取证相当严格，至少在理论上接近美、欧的标准。另外，2012 年《网络犯罪防治法》刚出台时，其"网络诽谤罪"的相关规定受到西方国家的诟病而进行了修订，造成该法生效时间推迟了 2 年。杜特尔特就任总统后，继续前任关于申请加入《网络犯罪公约》（布达佩斯公约）的政策。菲律宾警察网络执法能力相对较弱，因此不断得到美、欧、澳等发达国家的援助培训。

---

① Alan Robles, "A Chinese Crime Wave Hits Duterte's Philippines as Pogos Grow Unchecked," South China Morning Post, https：//www. scmp. com/week – asia/economics/article/3043542/chinese – crime – wave – hits – dutertes – philippines – pogos – grow.

② Associated Press, "601 Chinese Arrested for Cybercrimes in the Philippines in Less than a Week," South China Morning Post, https：//www. scmp. com/news/asia/southeast – asia/article/3027741/more – 320 – chinese – arrested – philippines – illegal – online.

③ Raissa Robles, "Police from Philippines, China Plan Collaboration to Foil Casino-related Kidnappings in Manila," South China Morning Post, https：//www. scmp. com/week – asia/geopolitics/article/3024757/police – philippines – china – plan – collaboration – foil – casino.

为更进一步搞好与菲律宾等东南亚国家在打击新型电信网络诈骗，以及其他网络安全执法合作，中国应不断加强对菲律宾的网络警察能力建设投入，并深入了解菲律宾的网络安全法律实体及程序规定，在求同存异和对等、便利的基础上，探索中国与菲律宾等国在东盟层面打击网络犯罪法律制度性合作的可能性。

B.13
当前菲律宾海外劳工状况分析

张宇权　胡嘉静*

摘　要：　海外劳工对菲律宾有着重要的影响。本报告在分析菲律宾海
外劳工关于输入地、输出地、年龄、性别、职业分布、黏着
性等特点的同时，还从菲律宾国内社会经济背景、全球趋势、
劳工心理等角度分析了菲律宾海外劳工现有特点的形成原因。
本报告认为经过长足发展后，菲律宾海外劳工已逐渐体系化
及正规化，但其现在还面临不同层面的问题及问题所造成的
消极影响，如海外汇款投资有效率极低、人才浪费、非法人
口贩运问题，以及海外菲律宾人"重返社会难"问题和身份
认同问题等。

关键词：　菲律宾　海外劳工　身份认同

海外劳工对于菲律宾具有重要意义。菲律宾前总统菲德尔·拉莫斯
（Fidel Valdez Ramos）称菲律宾海外劳工是菲律宾的新国家英雄,[①] 菲律宾
前总统格洛丽亚·马卡帕加尔·阿罗约（Gloria Macapagal Arroyo）则称他们

---

*　张宇权，中山大学国际关系学院副教授、博士生导师，中山大学东南亚研究所菲律宾研究
中心主任，中山大学"一带一路"研究院研究员；胡嘉静，中山大学国际关系学院研究
助理。

① "Mga 'bagong bayani,' kinilala sa ika – 32 anibersaryo ng EDSA People Power," ABS – CBN,
https：//news. abs – cbn. com/news/02/25/18/mga – bagong – bayani – kinilala – sa – ika – 32 –
anibersaryo – ng – edsa – people – power, on Jan. 15th, 2020.

为"海外菲律宾投资者",是"我国最伟大的输出"。① 菲律宾政府还将每年 6 月 7 日设为"海外劳工日",将 12 月称作"海外菲人月"。菲律宾当局对菲律宾海外劳工的重视直接体现了其伟大贡献,亦表明菲律宾海外劳工的存在无疑是菲律宾国家的一大特色。本报告主要分析当前菲律宾海外劳工的特点及其形成原因,并提出菲律宾海外劳工发展面临的潜在问题及其影响。

一 当前菲律宾海外劳工的特点

费迪南德·马科斯（Ferdinand Marcos）总统执政期间,在菲律宾群岛以外工作的菲律宾临时工人尚未被称作菲律宾海外劳工,其多被称为"海外合同工"（overseas contract workers）及"非海外合同工"（non overseas contract workers）。菲律宾海外劳工（overseas Filipino workers）一词于 20 世纪 90 年代开始被用于指代菲律宾移民工人,并在 21 世纪初被政府正式采用。菲律宾政府于 1995 年颁布的《移民工人和海外菲律宾人法案》（即《8042 共和国法案》）仍称在其他国家居住并在期限内工作的菲律宾劳工为移民工人,在 2002 年菲律宾海外就业管理局（POEA）在制定关于招募和雇用海外劳工的规则和条例时正式采用了"菲律宾海外劳工"这一术语,②随后菲律宾当局对菲律宾移民工人的数据统计均以菲律宾海外劳工冠名。经过多年的发展,菲律宾的海外劳工已经形成数量众多且对菲律宾国家发展有重要意义的庞大群体。据菲律宾统计局最新数据,2018 年,菲律宾海外劳工人数已接近 230 万人,其海外汇款数额更是接近 2360 亿比索。③

---

① OT Serquiña Jr, "The Greatest Workers of the World: Philippine Labor Out-migration and the Politics of Labeling in Gloria Macapagal-Arroyo's Presidential Rhetoric," Taylor & Francis Online, https://www.tandfonline.com/doi/abs/10.1080/01154451.2016.1253822, on Jan. 15th, 2020.

② Medina Andrei and Pulumbarit Veronica, "How Martial Law Helped Create the OFW Phenomenon," GMA News, https://www.gmanetwork.com/news/news/pinoyabroad/275011/how – martial – law – helped – create – the – ofw – phenomenon/story, on Jan. 16th, 2020.

③ "2018 Survey on Overseas Filipinos," Philippines Statistics Authority, http://www.psa.gov.ph/system/files/2018% 20Survey% 20on% 20Overseas% 20Filipinos.pdf? width = 950&height = 700&iframe = true, on Apr. 14th, 2020.

（一）输出地主要为菲律宾较为富裕的大区，总体呈涡轮状分布

菲律宾海外劳工主要来自吕宋岛内大区，[①] 从表1可见，主要劳工输出地中，甲拉巴松大区（Calabarzon）所输出的劳工占总数的17.9%、中央吕宋大区（Central Luzon）占14.3%、国家首都大区（NCR）与伊罗戈斯大区（Ilocos）各占9.7%。事实上，大约仅有17%的菲律宾农村家庭能够负担起劳工出国的费用，通常几个家庭会以合资的方式筹集劳工出国费用，而劳工的汇款则按照先前协议分别偿还，[②] 因而较偏远大区的菲律宾人出国务工机会更少，输出地总体呈涡轮（辐射）状分布，中间多，四边渐少。

表1　菲律宾海外劳工输出地分布（2018）

单位：%

地区	人口（占比）
菲律宾海	2299（千人）
总计	100.0
国家首都大区	9.7
科迪勒拉大区	1.8
伊罗戈斯大区	9.7
卡加延河谷	6.5
中央吕宋大区	14.3
甲拉巴松大区	17.9
民马罗巴区	1.8
比科尔大区	3.7
西米沙鄢	8.9

[①] 菲律宾地理上包括吕宋、米沙鄢和棉兰老三大岛组，现设有18个大区，其国家地方政府序列为大区——省——市或镇——村。参见《菲律宾行政区划》，http：//www. xzqh. org/old/waiguo/asia/1004. htm，最后访问日期：2020年1月16日。

[②] Jeffrey Hays, "Profiles and Numbers of of Filipino Overseas Workers," Fact & Details, http：//factsanddetails. com/southeast – asia/Philippines/sub5＿6g/entry – 3918. html#chapter – 2, on Jan. 16, 2020.

续表

地区	人口（占比）
中米沙鄢	5.6
东米沙鄢	2.2
三宝颜半岛	2.5
北棉兰老	3.5
达沃区	3.3
中棉兰老大区	4.6
卡拉加	1.8
棉兰老穆斯林自治区	2.1

资料来源："Statistical Tables on Overseas Filipino Workers（OFW）：2018，" Philippines Statistics Authority，https：//psa. gov. ph/content/statistical – tables – overseas – filipino – workers – ofw – 2018，on Apr. 14th 2020。

（二）中东地区仍为主要输入地

菲律宾海外劳工几乎输往全球（详见表2），其中亚洲占额为82.6%，为最大输入地。具体至地区而言，中东地区是菲律宾海外劳工的最主要输入地，其中沙特阿拉伯占比24.3%、阿联酋占15.7%、科威特占5.7%。值得注意的是，在中东各国曝出菲律宾海外劳工人权受侵事件后，菲律宾海外劳工对中东的输出有所降低，[1] 但其仍然为菲律宾海外劳工的主要输入地。

表2　菲律宾海外劳工输入地分布（2018）

单位：%

工作地点	人口（占比）
总计	100.0
非洲	0.9

---

[1] 较于2016年，2017年菲律宾海外劳工输入地调度表显示劳工输入数额由2016年的2112331人减少至2017年的1992746人，其中沙特阿拉伯的数额变化尤为明显，主要原因是此前曾发生一起菲律宾海外劳工于沙特被处决案件。参见 "Philippine Overseas Employment Administration Deployed Overseas Filipino Workers by Country/Destination（Total）2017 vs 2016，" PSA，http：//www. poea. gov. ph/ofwstat/compendium/2016 – 2017%20deployment%20by%20country. pdf on Jan. 15th 2020；《菲律宾劳工在沙特被处决 菲副总统指责总统》，中新网，http：//www. chinanews. com/gj/2016/01 – 05/7702753. shtml，最后访问日期：2020年1月15日。

工作地点	人口（占比）
亚洲	82.6
东亚	18.7
中国香港地区	6.3
日本	3.3
中国台湾地区	5.5
东亚其他国家和地区	3.7
东南亚与中南亚	9.0
马来西亚	2.4
新加坡	4.9
东南亚与中南亚地区其他国家	1.7
西亚	54.9
科威特	5.7
卡塔尔	5.2
沙特阿拉伯	24.3
阿联酋	15.7
其他西亚国家	4.0
澳大利亚	2.1
欧洲	7.8
南北美洲	6.6

资料来源："Statistical Tables on Overseas Filipino Workers（OFW）：2018，"Philippines Statistics Authority，https：//psa. gov. ph/content/statistical – tables – overseas – filipino – workers – ofw – 2018，on Apr. 14th，2020。

（三）输出劳工年龄正值"黄金时期"

如图 1 所示，菲律宾海外劳工的年龄分布在 15 ~ 45 岁及以上，具体而言，15 ~ 24 岁的劳工占比 5.3%，为占比较少的年龄段；25 ~ 29 岁及 30 ~ 34 岁的劳工则分别占 20% 及 23.7%，为占比排名前二的两个年龄段。总体而言，超过 70% 的输出劳工年龄均分布在 25 ~ 44 岁，主要为青壮年，是劳动力的主力军。

（四）劳工性别比较为均衡，女性劳工持续增多

菲律宾海外劳工的性别比随着时间有了较大的变化。一开始，菲律宾家

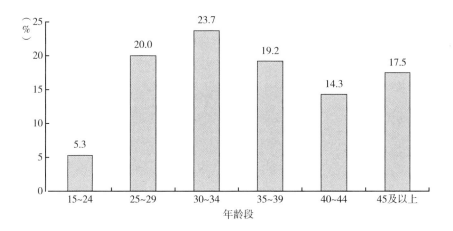

图 1　菲律宾海外劳工年龄分布（2018）

资料来源："Statistical Tables on Overseas Filipino Workers（OFW）：2018，"Philippines Statistics Authority，https：//psa. gov. ph/content/statistical – tables – overseas – filipino – workers – ofw –2018，on Apr. 14th，2020。

庭倾向于将男性劳工输出海外，大部分菲律宾男性在中东地区进行体力劳动或技术劳工，在 1975 年，女性仅占菲律宾海外合同工的 10%，1987 年占 47%；1995 年，超过一半的海外合同工是从事家政、娱乐行业的菲律宾女性。[①] 据针对菲律宾海外劳工的最新调查（见图 2），女性菲律宾海外劳工占劳工总数的 55.8%，男性劳工则占 44.2%。这一变化同菲律宾家庭的输出战略相关，近年来，菲律宾家庭越来越认为女性较男性更为可靠，她们比男性更有可能定期汇款，而且其汇款占其收入的很大一部分，[②] 因而，女性越来越成为菲律宾海外劳工的主力军。

---

① Moshe Semyonov and Anastasia Gorodzeisky，"Occupational Destinations and Economic Mobility of Filipino Overseas Workers，" *The International Migration Review*，2004，Vol. 38，No. 1，p. 9，cited in Go, S. P.，"Towards the 21st Century：Whither Philippine Labor Migration，" in *Filipino Workers on the Move：Trends，Dilemmas and Policy Options*，Ed. B. V. Carino，PMRN，1998，pp. 9 – 44.

② C. Tacoli，"Migrating 'For the Sake of the Family?' Gender, Life Course and Intra-Household Relations among Filipino Migrants in Rome，" *Philippine Sociological Review*，1996，Vol. 44，p. 12.

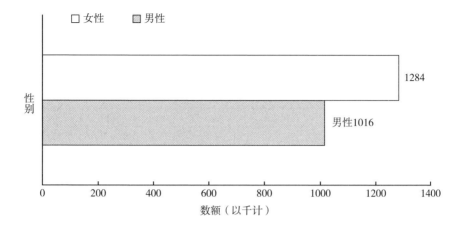

图2 菲律宾海外劳工性别分布（2018）

资料来源："Statistical Tables on Overseas Filipino Workers（OFW）：2018，" Philippines Statistics Authority，https：//psa. gov. ph/content/statistical – tables – overseas – filipino – workers – ofw – 2018，on Apr. 14th, 2020。

（五）劳工从事职业范围广泛，其中基础行业提供大部分岗位

从表3可见，菲律宾海外劳工所从事的行业较为广泛，其中男性多从事农业、建筑、生产及运输行业，女性则多从事服务、文职、医疗行业，其中男性在工厂及机器操作员、装配工行业中占比为27.8%，使该行业成为男性劳工的热门选择；58.7%的女性则更倾向于选择基础行业。总体而言，超过半数的菲律宾海外劳工选择从事服务业及基础行业，因为这类行业对劳工的专业水平要求不高，受过基础教育的工人均可申请此类岗位。此外，由于服务业同基础行业岗位对女性开放较多，女性劳工得到了较以往更多的机会。

（六）劳工对国家具有黏着心理，对菲律宾经济发展有较大贡献

菲律宾海外劳工于菲律宾具有黏着性，即菲律宾海外劳工出国后并无普遍寻求更改国籍及取消汇款，而是遵循菲律宾海外劳工这一身份，定期向国内汇款。因此，菲律宾海外劳工对国家的黏着性给菲律宾带来极大经济贡

献，如表4所示，仅在2018年4～9月，菲律宾海外劳工总汇款就接近2360亿比索。

表3 菲律宾海外劳工职业与性别分布（2018）

单位：%

地区	主要职业群	总额	男性	女性
菲律宾[数额（以千计）]		2299（千人）	1016（千人）	1284（千人）
总计		100.0	100.0	100.0
	管理人员	1.1	1.1	1.1
	专业人员	9.0	8.1	9.8
	技术员	7.0	11.8	3.1
	行政人员	3.8	2.9	4.6
	服务及销售工人	18.8	19.0	18.6
	农业、林业、渔业工人	0.2	0.5	——
	工艺相关工人	9.2	19.0	1.4
	工厂及机器操作员、装配工	13.8	27.8	2.7
	基础行业	37.1	9.8	58.7

资料来源："Statistical Tables on Overseas Filipino Workers（OFW）：2018，" Philippines Statistics Authority，https：//psa. gov. ph/content/statistical – tables – overseas – filipino – workers – ofw – 2018，on Apr. 14th, 2020。

表4 菲律宾海外劳工汇款情况（2018年4～9月）

地区			总计	现金寄回	现金带回	实物支付
	性别					
		汇款总额及均额				
菲律宾						
	总计					
		总汇款（以百万比索计）	235858	169399	55229	11231
		人均汇款（以千比索计）	111	83	111	27
	男性					
		总汇款（以百万比索计）	135002	99885	30522	4595
		人均汇款（以千比索计）	143	110	120	25
	女性					
		总汇款（以百万比索计）	100857	69515	24706	6636
		人均汇款（以千比索计）	86	61	102	28

资料来源："Statistical Tables on Overseas Filipino Workers（OFW）：2018，" Philippines Statistics Authority，https：//psa. gov. ph/content/statistical – tables – overseas – filipino – workers – ofw – 2018，on Apr. 14th, 2020.

二　当前菲律宾海外劳工特点形成原因

早在 20 世纪初，菲律宾工人就已开始在菲律宾群岛以外工作，彼时他们作为临时劳工于美国夏威夷、阿拉斯加、加利福尼亚等地进行劳作；20 世纪 50 年代，菲律宾工人开始向亚洲迁移。菲律宾工人为临时就业而进行的"积极的、系统的移民"始于 20 世纪 60 年代，彼时，越来越多的菲律宾海外劳工出现在北美洲、亚洲、大洋洲等地。[①] 由于菲律宾海外劳工规模的不断扩大，菲律宾政府于 1974 年推出了新的劳动法，即《菲律宾劳工法》（第 442 号总统令），这一暂时法令的推出可被认为是菲律宾海外劳工潮的正式起步。20 世纪 80 年代，菲律宾工人海外务工的趋势有所退潮，而到 90 年代末时，由于亚洲金融危机的席卷，菲律宾海外劳工潮再次掀起。总体而言，菲律宾是一个具有工人海外务工传统的国家，而在多重原因的影响下，海外劳工已成为菲律宾的国家印记。在菲律宾海外劳工的不断发展过程中，其形成了自身的特有之处，而这些特点同菲律宾国内环境、全球发展趋势、劳工心理相关。

（一）菲律宾国内环境对其海外劳工特点的塑成

菲律宾海外劳工特点的形成与其国家社会经济背景紧密相关，菲律宾经济的衰落导致了工人海外务工潮的开始，政治、体制、文化等因素对菲律宾工人海外务工产生了影响。

政治与体制因素。1986 年菲律宾人民力量革命前，菲律宾长期遭受着政治独裁与深度腐败。1972 年 9 月 21 日，菲律宾总统费迪南德·马科斯（Ferdinand Marcos）颁布戒严令（第 1081 号公告）。在戒严氛围下，带有压

[①]　Andrei Medina and Veronica Pulumbarit, "How Martial Law Helped Create the OFW Phenomenon," GMA News, https：//www.gmanetwork.com/news/news/pinoyabroad/275011/how – martial – law – helped – create – the – ofw – phenomenon/story, on Apr. 15th, 2020.

迫性的政治气候及临时措施第 442 号总统令,① 促使部分工人往海外务工。1981 年, 戒严令正式结束, 但 1983 年参议员贝尼尼奥·阿基诺二世 (Benigno Aquino Ⅱ) 遭暗杀事件再次将菲律宾拽入政治漩涡, 民间抗议与愤怒加速了马科斯的下台。然而 1986 年科拉松·阿基诺 (Maria Corazon Sumulong Cojuanco) 的上台亦未带来长久的稳定, 菲律宾政变频发, 不稳定的政治环境促使菲律宾赴海外工人数量持续增长。

经济因素。同政治体制因素一同影响菲律宾海外劳工数量长期增长的还有菲律宾的经济环境。从宏观层面而言, 在政治同经济增长都缺乏稳定的情况下, 菲律宾国内基础设施建设长期严重不足, 能够提供大量就业岗位的制造业萎靡不振。高失业率、缓慢的减贫和停滞的投资是菲律宾所背负的三大问题, 而这些问题主要源于工业化进程缓慢导致的生产率增速较慢。工业与服务业本是创造就业机会的两大基础, 但菲律宾现今仅靠服务业 "单脚" 走路, 工业发展不足, 就业机会不足, 经济增长不稳定。虽菲律宾现已成为中等收入国家, 但世界银行在《东亚及太平洋地区宏观贫困展望》报告中指出, 直至 2019 年底, 仍有逾 20% 的菲律宾人收入低于贫困线, 且该数字至 2020 年才有望低于20%。② 贫富差距大、国内经济发展不稳定及就业机会的不足推动劳动力出海寻求就业机会。在微观方面, 菲律宾工人倾向于海外务工的原因还在于菲律宾当地公司所提供的工资较低, 即使是护士、工程师和教师等在世界某些地区很受欢迎的工作也只能在菲律宾获得微薄的薪水。此外, 菲律宾当地的雇主还凭着菲律宾劳动力丰富、失业率高的环境为自己牟利, 他们在雇用劳工时往往采用合同制, 不给予医疗福利及意外保险保障, 而源源不断的求职者则让他们更加有恃

---

① 该法案正式通过了一项招聘和安置计划, 通过确保为海外劳动力市场精心挑选菲律宾工人及保护菲律宾在海外的良好声誉促进了劳工赴海外就业。详情请参见 "Presidential Decree No. 442", Philippine Commission on Women, https：//www. pcw. gov. ph/law/presidential - decree - no -442, on Apr. 14th, 2020。

② "PH Poverty Rate Seen Falling Below 20% Starting 2020," Philippine Daily Inquirer, https：// business. inquirer. net/281269/ph - poverty - rate - seen - falling - below - 20 - starting - 2020, on Apr. 14th, 2020。

无恐。微观层面的劳工迁移理论认为，劳动力迁移最好被理解为个体对变化的经济机会做出的理性反应。[1] 这一观点认为，劳动力迁移是劳动者个人（乃至家庭）为寻求更高的薪酬从资源匮乏地区迁移至富裕地区。[2] 于菲律宾工人而言，菲律宾经济发展不稳定、失业率高、福利差，为提升家庭生活水平，菲律宾家庭往往决定将劳动者送往海外以改善家庭经济状况。

人口因素。在过去40年菲律宾制造业始终未能强大、国内失业率居高不下的背景下，菲律宾日益增长的人口加大了其就业挑战。1970年，菲律宾全国人口总数为3670万；2010年，这一数字增长至9230万；2014年，菲律宾人口突破1亿；而到了2019年，菲律宾人口已达1.0889亿。[3] 菲律宾人口的快速增长自然为其带来了一笔不小的劳动资产，但在其国内就业机会不足的情况下，这一劳动资产则成为负担。自1976年以来，菲律宾未充分就业率是失业率的2~4倍，[4] 其经济增长的速度并不能够充分吸收每年增长的劳动力，因此人口压力亦导致了大部分适龄劳动力不得不赴海外就业，而这一因素在菲律宾海外劳工特点上的直接体现便是出国务工的菲律宾人往往为青壮年。

社会文化因素。除政治、经济等主要影响因素外，菲律宾国内的社会文化环境同样促成了部分特点。社会文化因素主要同歧视与性别相关。从菲律宾海外劳工性别分布基本情况可知，女性占海外劳工的比重已大于男性，而其中部分女性进行海外务工则是受环境所迫。在本地招聘中，菲律宾雇主往往对女性职工有额外要求（尽管这一要求同其工作内容并无关系）。菲律宾当地雇主青睐那些年龄在21~30岁、身高在5英尺（1.52米）以上、毕业

---

① S. Oberg, "Theories of Inter-Regional Migration: An Overview," in *People, Jobs and Mobility in the New Europe*, ed. H. H. Blotevogel and A. J. Fielding, 1997, p. 33.

② D. S. Massey, "An Evaluation of International Migration Theory," *Population and Development Review*, Vol. 20, No. 4, 1994, p. 701.

③ 世界银行，https://data.worldbank.org.cn/country/philippines，最后访问日期：2020年1月17日。

④ Statista, https://www.statista.com/statistics/713011/philippines – underemployment – rate/, on Jan. 17th, 2020.

于菲律宾大学或马尼拉大学等院校的女性，而其余业务能力达标但不满足额外要求的女性只能把目光放到海外。此外，海外务工还是部分女性摆脱性别侮辱的方法之一。面对父权压力、家庭暴力，一部分女性对性别侮辱进行积极反抗，加之菲律宾"离婚难"的文化背景促她们逃至海外，因而女性劳工的数量持续增长。

（二）全球发展趋势对其海外劳工特点的塑成

世界的发展同时促进了菲律宾海外劳工的发展。1973 年，石油输出国组织（OPEC）发起的油价上涨导致石油危机的爆发，这一危机对西欧工业造成了巨大的打击，同时亦导致"客工计划"① 的终止。彼时海湾国家面临实施基础设施建设的劳动力短缺问题，其转向邻近的阿拉伯国家和亚洲（包括菲律宾）招募建筑工人，促使海湾地区成为菲律宾海外劳工的主要临时工作地区。结构性国际劳工迁移理论认为，劳动力的国际流动源于高度工业化的富裕国家和贫穷的发展中国家之间非对称的结构性关系。富裕的工业化国家耗尽了当地的劳动力储备，急需工人从事当地居民不愿从事的低地位、低报酬的工作，而贫穷的发展中国家对就业的需求远远超过了就业的供应。② 劳动力溢出的国家开始向劳动力缺乏的国家输送劳动力，而菲律宾的不充分就业率高于失业率，是一个典型的劳动力溢出国，为降低就业危机，菲律宾政府积极进行海外劳工就业部署，劳工个人亦主动出海工作。20 世纪 80 年代，东亚及东南亚新兴工业化国家的崛起加大了对劳工的需求，为菲律宾海外劳工提供了更多就业机会。日本、韩国、新加坡及中国香港、中国台湾等新兴工业国家与地区对劳动力的需求促使当地女性参与劳动，这创

---

① "客工计划"允许外国工人在东道国临时居住和工作，直到下一轮工人进入该国。在劳动力短缺的国家，客籍工人通常从事低技能或半熟练的农业、工业或家务劳动，合同期满劳工则折返，参见 Linda Levine, "The Effects on U. S. Farmworkers of an Agricultural Guest Worker Program," Lexis Nexis Academic, https：//digital. library. unt. edu/ark：/67531/metadc847601/, on Jan. 16th, 2020。

② Moshe Semyonov and Anastasia Gorodzeisky, "Occupational Destinations and Economic Mobility of Filipino Overseas Workers," *The International Migration Review*, 2004, Vol. 38, No. 1, p. 7.

造了对外国家庭佣工的需求，菲律宾海外劳工（尤其是女性劳工）瞄准了这一机会。20世纪90年代，全球化的不断加深加大了各地对熟练专业工人的需求，菲律宾海外劳工亦将工作场所扩至全球。因此，在地区性事件的影响之下，中东地区、亚洲成为菲律宾海外劳工主要的传统输入地，菲律宾海外劳工的足迹也几乎遍布全球。

对于早期菲律宾海外劳工而言，出国务工意味着陌生环境、语言及远离家人朋友，但随着菲律宾海外劳工数目的不断增加，许多海外菲律宾社区相继建立起来，快捷的通讯方式亦让菲律宾海外劳工得以同家人保持联系，出国务工的菲律宾人不再轻易感到孤独，尚未出国的菲律宾人亦可更快地了解海外务工的相关信息。此外，迁移文化亦在缓慢形成，海外工作已被认为是实现美好生活的重要手段。据菲律宾民调机构亚洲脉搏（Pulse Asia）研究部主任费利佩·米兰达（Felipe Miranda）教授所言，自1999年以来，该机构所做调查显示约有1/5的菲律宾人认为如果有机会，他们将迁移至海外工作。① 事实上，当家人或朋友有过海外工作经历后，劳工进行海外就业的可能性就会大大增加，原因在于菲律宾海外劳工之间的信息传播降低了迁移成本，增加了迁移勇气。有送劳动力往海外务工历史的家庭之间相互辐射，促使该地区出国工人的稳定增加，因而如甲拉巴松大区、首都中心大区等劳工输出地除了有经济优势外还有信息优势，这亦使得菲律宾海外劳工输出数目有从富裕地区向四周逐步渐少，呈涡轮状分布的特点。

（三）劳工主观心理与政府客观手段

菲律宾海外劳工于菲律宾的黏着性特点由劳工主观心理与菲律宾政府客观手段塑造而成，其中主要分为菲律宾劳工的出国初衷和菲律宾政府对劳工归属感的打造。

劳工主观心理。于菲律宾海外劳工而言，其出国工作的初衷并非为了更

---

① S. J. Vanzi, "Pulse Asia Survey: 8. 2 Million Filipinos Want to Leave Homeland," News Flash, www. newsflash. org/2002/06/hl/hl015945. htm, on Jan. 17th, 2020.

改国籍。根据家庭劳工迁移理论同菲律宾海外劳工迁移事实可知,菲律宾劳工出海工作的最根本原因是改善家庭经济状况,当海外劳工的家人朋友还在菲律宾国内时,其自然而然就对国家存在黏着心理。此外,菲律宾海外劳工对于国家也会存在"雏鸟情结",①因而菲律宾海外劳工在出国后仍然对母国具有依赖情绪。

政府客观手段。菲律宾政府打造海外劳工归属感的手段同样可分为两个不同方面:一方面为现实协助;另一方面则为精神嘉奖。在现实协助方面,菲律宾政府设立了一系列机构、法案、机制以维护菲律宾海外劳工的利益。在全球各个地区,为寻找工作和赚钱机会的人口流动状况日益增加,国际迁徙流的形成使相关政策问题列入各国的政治议程当中,②菲律宾作为海外劳工大国亦着手于本国劳工迁移制度化。第一次石油危机爆发后,菲律宾《劳动法》设立了海外就业发展委员会(OEDB)和国家海员委员会(NSB),将寻求海外就业作为一项政府举措,向海湾地区输送劳工。然而,政府无法满足大量海外劳工的就业需求,在压力之下,菲律宾政府放开管制,于1978年批准私营职业介绍所参与海外劳工的征聘和安置工作,并设立就业服务局对其进行管理。随后,海外菲律宾人的保护问题被提上议程。1978~1982年,菲律宾政府相继创建海外工人福利基金,又将其同海外就业发展委员会合并发展成为菲律宾海外就业管理局(POEA),使对菲律宾海外劳工的管理及保护形成体系。1995年菲律宾颁布《移徙工人和海外菲律宾人法》(RA 8042),重点强调对菲律宾海外劳工的保护,于整个海外工作周期提出一套全面的保护措施。在全球劳工迁徙政策不断完善及菲律宾政府劳工迁移制度化的情况下,赴海外就业的菲律宾劳工不断增加。

菲律宾海外劳工在迁移过程中必然会面临社会成本的增加。在就业前,

---

① 新生动物在出生后的敏感期中会对给予其食物和庇护的父母产生依赖情绪,而菲律宾国家则在此情境中扮演了海外劳工的父母。

② 联合国社会发展研究所:《男女平等:在不公平的世界里争取公正》,中国对外翻译出版公司,2004,第114页,http://unrisd.org/80256B3C005BCCF9/(httpAuxPages)/4237D45373744783C12572A50045812B/$file/07-d.pdf,最后访问日期:2020年1月17日。

他们可能被收取非法的高额安置费用；在就业过程中，工人面对着利益侵犯、人权侵犯等各种形式的困难，其中女性劳工在生理上的脆弱性使其面临更大的风险；在就业后，海外劳工重返菲律宾还面临重新融入本土社会的问题。为降低以上所提及的社会成本，菲律宾政府设立菲律宾海外劳工保护机制，颁布招聘机构与其外国雇主负责人之间的连带责任条款，允许海外劳工向国家劳资关系委员会（NLRC）提出索赔以及向菲律宾海外就业管理局提出招聘违规和其他行政案件。为给予重返菲律宾的海外劳工应有的关注，菲律宾还颁布了《10022号共和国法案》，声明"国家不把促进海外就业作为维持经济增长和实现国家发展的手段"，海外就业的能否存在完全取决于菲律宾公民的尊严、基本人权和自由是否在任何时候都不会受到损害或侵犯。① 在国家采取一系列措施后，菲律宾劳工赴海外工作前后所遇到的社会成本都有所降低。

总体而言，在推动菲律宾海外劳工的发展过程中，菲律宾政府强调保护其劳工的利益，强调人权治理框架同海外就业规管。菲律宾政府通过对劳工海外就业的政策支持与保护赢得劳工的信任，如在菲律宾女佣弗洛尔·孔特姆普拉西翁（Flor Contemplacion）一案②中，菲律宾政府在意识到该案中弗洛尔的冤情后不惜降低菲律宾同新加坡外交关系级别，体现了保护其海外劳工的决心，更值得注意的是，菲律宾政府在类似案件中保护菲律宾海外劳工的举动并不罕见，当一名菲籍女佣在科威特遭受其雇主致命虐待后，菲律宾总统杜特尔特亦宣布召回菲律宾驻科威特大使，③ 为本国劳工"撑腰"。

---

① "Philippine Law：Republic Act No. 10022，" The Lawphil Project，https：//www. lawphil. net/statutes/repacts/ra2010/ra_ 10022_ 2010. html，on Jan. 20th，2020.

② 1995年，菲律宾女佣弗洛尔·孔特姆普拉西翁因谋杀罪在新加坡被处决，这一事件曾在菲新两国之间引起轩然大波，导致两国分别召回大使，参见"The Flor Contemplacion Story，Variety"，https：//variety. com/1995/film/reviews/the－flor－contemplacion－story－1200444108/，on Jan. 20th，2020。

③ 2018年2月，一名菲籍女佣的遗体在科威特雇主的住宅冷柜内被发现，尸检显示她曾惨遭毒打，两国政府为此闹起了纠纷。杜特尔特下令出机票钱召万名科威特菲籍劳工回国，并颁布了赴科务工的临时禁令。接着，科威特宣布驱逐菲律宾大使、召回驻菲大使。参见《纠纷升级！菲律宾"永久"禁止赴科威特务工》，新华网，http：//m. haiwainet. cn/middle/3542185/2018/0502/content_ 31308181_ 1. html，最后访问日期：2020年1月20日。

菲律宾政府打造菲律宾海外劳工归属感的手段还包括对劳工的精神嘉奖。菲律宾海外劳工被誉为"国家英雄"及"菲律宾最伟大的输出"。除了对菲律宾海外劳工授予"荣誉称号"之外，菲律宾政府还在每年圣诞节于首都国际机场为归国探亲的海外劳工铺红地毯、设立特殊快速通道，给予他们特殊的优待。总统及海外劳工福利署等部门的官员甚至还会专门搞一次接机欢迎式，以表示菲律宾对其海外劳工的重视。在现实援助同精神嘉奖的双重作用下，菲律宾海外劳工对国家的归属感逐渐加重，再加之菲律宾人主观心理上对祖国和家人难以割舍的感情，菲律宾海外劳工对菲律宾的黏着心理便逐渐加深。

三　当前菲律宾海外劳工存在的潜在问题及其影响

菲律宾海外劳工所呈现的种种特点来自现实社会与经济背景、受全球趋势影响且源自劳工心理。从菲律宾海外劳工的特点及其形成原因中可以窥见现在菲律宾海外劳工发展规模之大，但同时菲律宾海外劳工的发展还面临一系列问题。

（一）国家层面

首先，对菲律宾国家而言，菲律宾海外劳工为国家宏观基本面、外汇储备、经济安全等方面做出了极大贡献。汇款的稳定增长对菲律宾的国际收支、国家的宏观基本面产生了有利的影响。2019 年，菲律宾国际收支总体状况实现了从 2018 年国际收支赤字到 2019 年国际收支顺差的逆转，[1] 其中菲律宾海外劳工贡献了将近 2360 亿比索的海外汇款。[2] 海外劳工汇款的稳

---

① Luz Wendy T. Noble, "BoP Swings to Surplus in 2019," Business World, https：//www. bworldonline. com/bop－swings－to－surplus－in－2019/, on Apr. 15th, 2020.

② "2018 Survey on Overseas Filipinos," Philippines Statistics Authority, http：//www. psa. gov. ph/system/files/2018% 20Survey% 20on% 20Overseas% 20Filipinos. pdf? width = 950&height = 700&iframe = true, on Apr. 15th, 2020.

定增加虽对菲律宾国际收支总体状况不起决定性作用，但有利于菲律宾在一定程度上稳定国际收支。此外，汇款的稳定流入使该国能够购买更多的外国商品和服务，这也意味着菲律宾在偿还外债和其他国际义务方面处于更有利的地位，加强了抗击经济全球化风险的能力，有助于国家经济安全。[1] 但在这贡献背后还存在着部分潜在问题。在劳工持续汇款的加持下，菲律宾虽形成了国际收支顺差，避免了"双赤字"情况的出现，但这一方式所形成的国际收支顺差在一定程度上降低了菲律宾的社会资源利用率，加之海外劳工寄回国内的汇款较少被用于有效的投资，菲律宾的经济环境未能借助海外汇款得到较大改善。

另外，菲律宾海外劳工的持续发展实际上还造成了菲律宾国内的人才流失同人才浪费问题。远赴海外进行就业的劳工事实上是受过基础教育的劳工，他们的学历较之国内部分民众更高，但因海外就业的高薪酬，他们选择与自身专业并不对口的海外工作。与此同时，因海外就业潮流的蓬勃发展，菲律宾国内针对家庭服务培训的院校机构相继建立，在一定程度上缩小了教育范围。这一问题对菲律宾的人才培养和创新发展造成挑战，在流失人才的同时，菲律宾也流失了较多的智力资源。

最后，菲律宾海外劳工的发展还面临非法人口贩运的问题。2000 年，美国颁布《人口贩运受害者保护法》，并于每年年中发布年度《国际贩运人口问题报告》。在这一报告中，美国将根据各国的不同表现将其分为"一类国家"、"二类国家"、"二类观察国"和"三类观察国"。[2] 即使菲律宾政府

---

① Gerardo P. Sicat, "Philippine Macroeconomic Issues and Their Causes," UPSE Discussion Paper, No. 2006, 05, https：//www. econstor. eu/bitstream/10419/46631/1/525843620. pdf, on Jan. 18th, 2020.

② "一类国家"达到美国国会制定的关于打击人口贩运问题的"最低标准"，代表目前打击人口贩运的最高水平，"二类国家"虽然没有达到上述标准，但努力打击人口贩运，取得较好成绩。"二类观察国"的表现相当于美国评分制度中的"C－"，被列入该列的国家有降级为"三类国家"的危险。"三类国家"位于评级制度最底层，是指那些没有在打击人口贩运方面取得进步的国家。参见《美发布贩运人口报告 泰国马来西亚降为"三类国家"》，中新网，http：//finance. chinanews. com/gj/2014/06 － 21/6305366. shtml，最后访问日期：2020 年 2 月 3 日。

于 2003 年颁布《反人口贩运法》并针对非法人口贩运采取行动,但大部分时候在《国际贩运人口问题报告》中仅处于"二类国家"的位置,在 2004 年、2005 年、2009 年及 2010 年等年份,菲律宾甚至还下滑到"二类观察国"的位置,① 而这意味着其在打击人口贩运方面并未取得较大进步。2019 年,菲律宾经过努力终于跃至"一类国家",② 但非法人口贩运仍然是菲律宾当局需要注意的问题,稍有不慎,这一问题将可能演变成为极端跨国犯罪问题,严重伤害菲律宾民众的人身利益。

(二)个人层面

菲律宾海外劳工所面临的个人层面问题包括其在输入国境内面临的问题及重返菲律宾后所面临的问题,这类问题不仅对菲律宾海外劳工的切身利益产生影响,还可能影响他们对菲律宾国家的黏着心理。

菲律宾海外劳工向外输出时可能会遇到各种形式的问题,主要为面对利益侵犯、人权侵犯、种族主义、性别歧视、移民焦虑等问题。前四项问题是输入国的不可控环境对菲劳工的潜在威胁。在就业过程中,菲律宾海外劳工可能面临被恶意拖欠薪酬、超长工作时间、遭受暴力甚至性骚扰等。同时菲律宾人作为黄色人种在海外(尤其在白色人种地区)工作时容易受到偏见和歧视,更为极端的是面临歧视情绪下的生命安全问题。此外,由于大部分菲律宾海外劳工都是临时合同工,其在国外的福利保障需要依靠母国同输入国的协商,但一般来说,大部分劳工都部署在没有签署区域或国际协定的国家,各项福利得不到保障。移民焦虑问题则由每一位菲律宾海外劳工远离家乡、亲人所引发的分离情绪同陌生环境恐惧情绪交织而成。待菲律宾海外劳工合同期满回国后,他们还会面临"重返社会难"问题。在转瞬即变的现代社会,远离家乡赴海外就业的菲律宾人可能

① "Trafficking in Persons Report 2001 – 2019," Department of State, USA, https://2009 – 2017. state. gov/j/tip/rls/tiprpt//index. htm, on Feb. 3rd, 2020.
② "Trafficking in Persons Report 2019," Department of State, USA, https://www. state. gov/wp – content/uploads/2019/06/2019 – Trafficking – in – Persons – Report. pdf, on Feb. 3rd, 2020.

会在重返家乡时面对陌生又熟悉的社区环境，而由于缺乏可持续的重新融入社会的机会或足够的资源，许多海外劳工则不得不延长了他们原来计划之外的海外就业计划。另外，菲律宾劳工赴海外工作还促成了多宗跨国婚姻的结成，在这些婚姻中所出现的"连字符"菲律宾人①还会出现身份认同问题，不知自己归属于何处。在其影响之下，"连字符"菲律宾人父辈对母国的黏着心理亦会有所变化，部分结成跨国婚姻的菲律宾海外劳工甚至还产生了就此移民的想法。

在原本仅作为临时计划的菲律宾人海外就业计划得以持续并成为菲律宾国家的一大特色后，以上问题就随同菲律宾海外劳工的发展出现了。菲律宾当局对此类问题已产生了相关认识，并采取措施降低问题的严峻程度，但是，不论是国家层面还是个人层面所出现的问题都是菲律宾海外劳工发展过程中无法完全避免的问题，菲政府也只能尽力控制其消极影响。

四　结语

菲律宾海外劳工的发展经历了将近半个世纪，那些在其他国家居住并在期限内工作的菲律宾移民工人为菲律宾国家经济创造了极大的收益。在分析菲律宾海外劳工的发展过程中，不难发现菲律宾海外劳工的诸多特点。由于菲律宾政治、经济发展的不稳定，赴海外劳作的青壮年菲律宾人持续增加；又因石油危机的爆发同亚洲"四小龙"兴起对劳动力需求的大大增加，中东地区同亚洲成为菲律宾海外劳工的主要输入地；同时，菲律宾海外劳工的主观心理同菲律宾政府的客观塑造还使劳工对国家具有黏着心理。于海外菲律宾人而言，菲律宾是住有亲人朋友的国土，逃离菲律宾本就不是他们的初衷。加之菲律宾政府在发展其海外劳工的过程中不断给予劳工现实援助和精神嘉奖，有意识地加深劳工的归属感，使菲律宾海外劳工的黏着心理更强。

---

① 指带有混合种族背景的个人，如一位女性菲律宾劳工赴美国工作后同当地男性所育子女则为"连字符"菲律宾人，即美裔—菲律宾人。

虽菲律宾海外劳工现已为菲律宾带来极大收益，菲律宾政府在加强其黏着心理方面亦较为成功，但现在菲律宾海外劳工仍然面临一些潜在问题，如海外汇款投资效率极低、人才浪费、非法人口贩运问题以及海外菲律宾人的重返社会问题、身份认同问题等，这类问题对菲律宾国家同劳工个人都产生了消极影响，更为深远的是，如若这些潜在问题发酵，菲律宾海外劳工的利益受到威胁，其黏着心理可能会松脱，造成难以预计的后果。

B.14
中国—菲律宾人文交流报告（2019~2020）

翟崑 尹珂*

摘　要：　在中菲关系中，人文交流作为重要支柱，既有厚重的历史渊源，也有创新的领域合作。尤其是自 2018 年中菲双方签订《关于共同推进"一带一路"建设的谅解备忘录》以来，在双方高层的大力支持和政府的积极推动下，中国和菲律宾双方把安全、发展、人文三大支柱领域合作扎扎实实推向深入。本报告对中国和菲律宾在 2019~2020 年的教育、科技、文化、旅游、媒体、卫生等领域的交流合作形式和成果进行总结分析，并对中菲人文交流的意义和不足进行研究，最后提出相关建议。

关键词：　中国　菲律宾　人文交流

习近平主席曾指出：中菲两国地缘相近、人缘相亲、文缘相通，人民友好交往是两国关系的源头活水。[①] 杜特尔特总统也说：菲中关系是百年大计，

---

* 翟崑，北京大学国际关系学院教授，北京大学东盟国家研究中心主任；尹珂，北京大学国际关系学院 2019 级硕士研究生。

① 《共同开辟中菲关系新未来》，中国驻菲律宾大使馆官网，2018 年 11 月 19 日，http：//ph. china - embassy. org/chn/zfgxzgdmgx/t1614197. htm，最后访问日期：2020 年 4 月 25 日。

中国是菲律宾真诚的朋友。[①] 2016 年菲律宾总统杜特尔特执政以来，双方领导人互访会见频繁。2019 年，杜特尔特两次访华，中菲关系顺利实现转圜、巩固、提升，不断取得扎实成果。中国和菲律宾在政治安全上积极推进友好互信，经济贸易往来日益增多，人文交流日渐发展。中菲之间的人文交流源远流长，是相对于政治安全、经济贸易合作更为稳定和持续的交流模式。

一 中菲人文交流的界定

在当代国际关系中，中外人文交流是党和国家对外工作的重要组成部分，是夯实中外关系社会民意基础、提高我国对外开放水平的重要途径。[②] 习近平总书记在党的十九大报告中指出，要"加强中外人文交流，以我为主、兼收并蓄。推进国际传播能力建设，讲好中国故事，展现真实、立体、全面的中国，提高国家文化软实力"。[③] 在第一届"一带一路"国际合作高峰论坛开幕式上发言中也提到"要建立多层次人文合作机制，推动教育合作，发挥智库作用，推动文化、体育、卫生务实合作，用好历史文化遗产，密切各领域往来"。[④] 那么人文交流应该如何界定呢？在中文语境中，"人文"一词最早源于《周易·贲·彖辞》："刚柔交错，天文也。文明以止，人文也。观乎天文，以察时变。观乎人文，以化成天下。"《辞海》

---

① 《习近平会见菲律宾总统杜特尔特》，新华网，2019 年 8 月 29 日，http：//www. xinhuanet. com/world/2019 – 08/29/c_ 1124939022. htm，最后访问日期：2020 年 4 月 25 日。
② 《中共中央办公厅、国务院办公厅印发〈关于加强和改进中外人文交流工作的若干意见〉》，新华网，2017 年 12 月 21 日，http：//www. xinhuanet. com/2017 – 12/21/c_ 1122148432. htm，最后访问日期：2020 年 4 月 25 日。
③ 《习近平：决胜全面建成小康社会 夺取新时代中国特色社会主义伟大胜利——在中国共产党第十九次全国代表大会上的报告》，新华网，2017 年 10 月 27 日，http：//www. xinhuanet. com//politics/19cpcnc/2017 – 10/27/c_ 1121867529. htm，最后访问日期：2020 年 4 月 25 日。
④ 《习近平出席"一带一路"国际合作高峰论坛开幕式并发表主旨演讲》，人民网，2017 年 5 月 15 日，http：//cpc. people. com. cn/n1/2017/0515/c64094 – 29274591. html，最后访问日期：2020 年 4 月 25 日。

中则以"人类社会的各种文化现象"解释人文的新义。① 由此，人文涉及的是一切以人为主体的各领域社会活动，人文交流的本意更重于"人"，而不仅仅是"文"，人文交流的本意是"人民之间的交流"或"民间交流"，它包括人民之间在不同领域中和广泛议题（如生活、工作、信仰、各种公益、各种兴趣爱好等）上的交流。② 在英语语境中，"人文交流"在中国被官方普遍译为"people-to-people exchange"，这一概念表述在菲律宾官方的新闻发布中也可以得到验证。③ 在中国的对外政策中，人文交流又与政治安全合作、经济贸易合作一起构成了三大支柱，人文交流的根本是人与人之间的互动，往更高层次而言则是不同文明之间交流互鉴的基本模式。

2019 年 5 月 15 日，习近平主席在北京国家会议中心出席亚洲文明对话大会开幕式时强调：文明因多样而交流，因交流而互鉴，因互鉴而发展，我们要加强世界上不同国家、不同民族、不同文化的交流互鉴，夯实共建亚洲命运共同体、人类命运共同体的人文基础。④ 当时与会的菲律宾新闻部长安达纳尔（Martin Andanar）接受新华社记者采访时谈道，中国和菲律宾两国的文明对话，就是不同文明之间交流互鉴、互助互联的一个范例。⑤ 安达纳尔在接受菲律宾通讯社记者采访时还提到了人文交流可以作为亚洲国家之间

---

① 盛平编著《学生辞海》，海洋出版社，1992，第 2565 页。
② 庄礼伟：《中国式"人文交流"能否有效实现"民心相通"?》，《东南亚研究》2017 年第 6 期，第 67～84 页。
③ 2019 年 9 月杜特尔特访华结束以后，菲律宾总统通讯业务办公室发布的新闻公告中提到杜特尔特重申了进一步扩大与中国的经济联系和人文交流（economic ties and people-to-people exchanges）的决心，详情参见菲律宾总统通讯业务办公室官网，https://pcoo.gov.ph/news_releases/palace-reports-president-dutertes-fruitful-china-visit/，最后访问日期：2020 年 4 月 25 日。
④ 《习近平出席亚洲文明对话大会开幕式并发表主旨演讲》，新华网，2019 年 5 月 15 日，http://www.xinhuanet.com/politics/leaders/2019-05/15/c_1124499008.htm，最后访问日期：2020 年 4 月 25 日。
⑤ 《专访：以文明对话促进共识与发展正当其时——访菲律宾新闻部长安达纳尔》，新华网，2019 年 5 月 9 日，http://www.xinhuanet.com/2019-05/09/c_1124470537.htm，最后访问日期：2020 年 4 月 25 日。

进行文化学习的桥梁。① 综合以上，中菲之间的人文交流是双方政府、非政府组织以及人民自发的或是政策驱动下的互动交流，着力点既可以是与人民生活工作等密切相关的话题，也可以是文化的传播、思想的交流以及文明的互鉴，既是人与人之间沟通情感和建立联系的桥梁，也是两国之间加深理解与信任的纽带。

二　中菲人文交流的形式及成果

2018 年 11 月 21 日，中菲两国发表联合声明，指出："中方将于 2019 年至 2021 年在原有基础上每年向菲方新增提供 50 个中国政府奖学金新生名额。双方将共同落实好此访签署的两国《文化合作协定 2019 年至 2023 年执行计划》，鼓励两国文化机构和团组加强交流合作。"② 一年多以来，中菲双方落实联合声明，不断创新人文交流形式，丰富人文交流内涵，取得了丰硕的成果。中菲之间的人文交流形式主要包括但不限于政府推动签署文件、各部门对话论坛、文艺活动、旅游、教育、智库、医疗卫生、体育、媒体、友好城市、志愿者从事公益项目等。

1. 对话论坛

2019 年 5 月 15 日，菲律宾新闻部长安达纳尔出席了在北京召开的亚洲文明对话大会，指出"通过不同文明之间的人文对话促进相互理解与谅解、实现更高层次的发展"。③ 2019 年 7 月 26 日，"一带一路"中国—菲律宾人文交流与经济合作论坛在菲律宾首都马尼拉举行。此次论坛由中国公共外

① Kris Crismundo, "PH Underscores Upholding Eastern Values at Asian Civilization Forum," Philippines News Agency, May 15, 2019, https://www.pna.gov.ph/articles/1069889，最后访问日期：2020 年 4 月 25 日。

② 《中华人民共和国与菲律宾共和国联合声明》，新华网，2018 年 11 月 21 日，http://www.xinhuanet.com/politics/2018 – 11/21/c_1123748479.htm，最后访问日期：2020 年 4 月 25 日。

③ 《专访：以文明对话促进共识与发展正当其时——访菲律宾新闻部长安达纳尔》，新华网，2019 年 5 月 9 日，http://www.xinhuanet.com/2019 – 05/09/c_1124470537.htm，最后访问日期：2020 年 4 月 25 日。

交协会和菲律宾总统府新闻部主办，中菲官员、企业、媒体及专家学者等出席论坛，大家共同商讨在"一带一路"倡议框架下，如何加强中菲人文交流与经济合作，抓住机遇，夯实两国关系。其中谈到要鼓励共建"一带一路"国家继承丝绸之路友好合作传统，促进文化、学术等人文交流合作。①

2. 教育交流

2019 年 10 月 25 日，中国—东盟菁英奖学金首期学员开班仪式在北京大学举行，这一奖学金的设立旨在进一步夯实中国与东盟间人文支柱，加强双方人文交流，促进民心相通，为东盟国家的优秀青年提供在中国知名大学攻读学位和参加短期培训的机会，也标志着中国与包括菲律宾在内的东盟国家通过教育合作，加强人员交往、增进互信与友谊、构建更紧密共同体的愿景正逐步落地。②自 2013 年中国在菲律宾设立"大使奖学金"开始，经过五年多的发展，"中国大使奖助学金"已经颁发给菲律宾各地 90 所学校的502 位学生，拨款金额从最初的每年 10 万元人民币逐步增加到 30 万元人民币。中国前驻菲大使赵鉴华表示，2020 年的拨款金额将进一步增加到 40 万元人民币（将近 300 万比索），激励更多的菲律宾学生来华留学，增进对中国的了解。③

中菲两国还以孔子学院为载体，以"汉语"及中华文化为依托，不断增进中菲两国人民的相互了解，孔院成为中菲两国"民心相通"的桥梁。目前，菲律宾共在红溪礼示大学、亚典耀大学、布拉卡国立大学、菲律宾国立大学等设有 4 所孔子学院。孔院与菲律宾教育部密切合作，承担菲律宾公立中学体系汉语课程建设、汉语师资培训、汉语教材编写、汉语教学评估等

---

① 《"一带一路"中菲人文交流与经济合作论坛举行》，光明网，2019 年 7 月 28 日，https：//news. gmw. cn/2019 –07/28/content_ 33033545. htm，最后访问日期：2020 年 4 月 25 日。

② 《中国—东盟菁英奖学金首期学员开班仪式在京举行》，中国驻东盟使团官网，2019 年 10 月 17 日，http：//asean. chinamission. org. cn/chn/stxw/t1708658. htm，最后访问日期：2020 年 4 月 25 日。

③ 《中国大使奖助学金在菲律宾开花结果 5 年惠及 500 多位学生》，环球网，2019 年 9 月 24 日，https：//world. huanqiu. com/article/9CaKrnKmZqB，最后访问日期：2020 年 4 月 25 日。

任务。孔院还举办中菲音乐节、"一带一路"论坛、中国电影节、东盟学生夏令营等文化和教育活动，积极促进中菲关系发展。2019 年 12 月 3 日，菲律宾教育部和中国孔子学院总部在马尼拉签署协议，双方同意启动合作项目，选拔菲律宾公立中学本土汉语教师在菲攻读汉语师范教育硕士，以推动该国汉语教学持续发展。目前，菲律宾全国共有 93 所公立中学开设汉语课程，约有 1.1 万名公立中学学生学习汉语。①

3. 文化交流

文化交流是一个广泛的概念，这里以音乐、电影等形式的交流为例。通过音乐、电影等艺术形式的交流促进两国民众相互了解是一个重要渠道。菲律宾全国电影委员会高级管理人员文森特·内布里达（Vincent Nebrida）认为，中菲在"一带一路"倡议推动下可以从多个方面加强合作，比如设立"电影节联盟"，通过这种形式的合作在对方国家的电影节上播放自己的影视作品，这样可以吸引更多中国和菲律宾的民众增进对彼此国家的了解和兴趣。

音乐无国界，音乐的魅力在于交流超越语言、突破地域，是人文交流的重要形式。菲律宾歌手艾塞勒·桑托斯（Aicelle Santos）在参加 2019 年 5 月的亚洲文化嘉年华大会表演之前，在社交媒体上写道，"这个舞台将通过音乐和舞蹈展示 40 种不同的亚洲文化"。② 社交媒体的即时分享给菲律宾民众展示了包括中国在内的亚洲国家的音乐交流的盛况。近年来，中国有不少音乐选秀节目引起了来自东南亚国家歌手的兴趣，如菲律宾歌手 KZ·谭定安（KZ Tandingan）参加了中国的《歌手》综艺节目，在节目中她既演唱了菲律宾民族歌曲，也挑战了中文歌曲。③ 同时数字音乐

① 《中菲将联合培养菲律宾本土汉语师范教育硕士》，中国政府网，2019 年 12 月 4 日，http：//www. gov. cn/xinwen/2019－12/04/content_5458220. htm，最后访问日期：2020 年 4 月 25 日。
② 《亚洲文明大会：各美其美，美美与共》，今日中国，2019 年 6 月 15 日，http：//chinacorea. com/zw2018/bktg/201906/t20190605_800169852. html，最后访问日期：2020 年 4 月 25 日。
③ 《菲律宾歌手登陆湖南卫视〈歌手〉夺周冠军》，腾讯网，2018 年 2 月 4 日，https：//new. qq. com/omn/20180204/20180204A0RM6S. html，最后访问日期：2020 年 4 月 25 日。

作为音乐呈现的新形式，在音乐无国界的概念下增加了在社交平台上分享的魅力。在2019年7月召开的中菲智库媒体对话会上，相关与会人员指出中国某音乐软件的海外版下载排名一直保持在菲律宾音乐和音频类应用第一。①

4. 卫生合作

中国—菲律宾中医药中心于2019年6月17日在菲律宾首都马尼拉举行揭牌仪式。该中心是福建中医药大学申请并获得国家中医药管理局批准设立的"2018年度中医药国际合作专项项目"，也是菲律宾境内第一家中医药中心。该中心面向菲律宾本地民众提供中医药服务，包括中药、针灸、刮痧和推拿，旨在使菲律宾社会更加深入地了解中医药。此外，该中心还计划打造中医海外培训平台，推动菲律宾本地的中医师培训和中医药适用，使中医药得到菲律宾主流社会的高度认可。中国驻菲使馆文化参赞田善亭表示，中医药是中国传统优秀文化的重要组成部分，希望未来能够在菲律宾进行更大范围的推广。② 在"一带一路"卫生医疗合作的分论坛上，中菲的医疗合作也进入新阶段，菲律宾卫生部部长助理弗兰西亚·拉克萨马纳（Francia M. Laxamana）在论坛发言中肯定了中国医疗保健系统在改善人民健康方面取得的巨大成功，并称"一带一路"让中医药在东盟越来越受追捧，菲律宾卫生部期望与中国在医药健康和民间交流方面加强合作，共同搭乘"一带一路"的快车，让健康惠及更多人民。③ 拉克萨马纳认为菲中两国在医疗发展进程中有相似性，她期待中医药在菲律宾能进一步推广。菲律宾卫生部前部长宝琳·巫比亚（Paul Ubial）指出，中国的医疗卫生现状优于菲律宾。中

---

① 《中菲民心相通如何史进一步？音乐或可"一曲定情"》，环球网，2019年7月26日，https：//world. huanqiu. com/article/9CaKrnKlNC1，最后访问日期：2020年4月25日。

② 《中国—菲律宾中医药中心在马尼拉揭牌》，国家中医药管理局官网，2019年6月18日，http：//www. satcm. gov. cn/hudongjiaoliu/guanfangweixin/2019－06－18/10063. html，最后访问日期：2020年4月25日。

③ 李婷婷：《中菲文化与健康产业合作论坛成功举办 共话健康养生合作新蓝图》，环球网，2019年7月26日，https：//world. huanqiu. com/article/9CaKrnKlNsy，最后访问日期：2020年4月25日。

国和菲律宾可以展开多方合作,确保在医疗信息、知识、人力和技术方面的
沟通交流,中国的中医药和菲律宾的草药以及传统健康实践之间互相学习借
鉴。①

5. 旅游交流

随着中菲两国间直航航班数量增多以及菲律宾推出针对中国团体游客、
商人和参会代表的落地签政策,中国赴菲游客人数持续快速增长。菲律宾旅
游局公布数据显示,2015 年中国游客仅 49 万人,而从 2017 年开始中国成
为菲律宾第二大游客来源国(仅次于韩国),菲律宾 2019 年接待中国游客
数量为 174 万人,相比 2018 年增长 38.6%。②

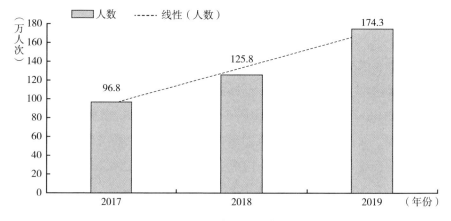

图 1 2017~2019 年中国赴菲旅游人数

资料来源:菲律宾旅游部门官网及新华网,http://www.tourism.gov.ph/industry_
performance/Dec2019/Visitor_ Arrivals_ Report_ FY2019.pdf, http://www.xinhuanet.com/
fortune/2018 - 10/24/c_ 1123608862.htm。

---

① 《菲卫生部官员:中医药在东盟受追捧,力推在菲合法化》,环球网,2019 年 7 月 26 日,
  https://world.huanqiu.com/article/9CaKrnKlNC3,最后访问日期:2020 年 4 月 25 日。
② 2018 年和 2019 年数据来源:Tourism Statistics, *Visitor Arrivals Report FY2019*, p.1, Department
  of Tourism Website & Republic of the Philippines, http://www.tourism.gov.ph/industry_
  performance/Dec2019/Visitor_ Arrivals_ Report_ FY2019.pdf,最后访问日期:2020 年 4 月
  25 日。2017 年数据来源:《今年前三季度中国赴菲律宾游客人数超去年全年数量》,新华
  网,2018 年 10 月 24 日,http://www.xinhuanet.com/fortune/2018 - 10/24/c_
  1123608862.htm,最后访问日期:2020 年 4 月 25 日。

目前，菲律宾长滩、宿务和薄荷岛是中国游客最青睐的目的地，菲律宾旅游局正在推动公主港、达沃和其他目的地供中国游客选择。旅游交流的发展也促进了航空业的发展，2019年以来，福建泉州晋江国际机场新增"泉州—克拉克""泉州—宿务"两条菲律宾往返航线，上海浦东国际机场新增3班浦东至菲律宾克拉克航班，[①] 以此满足中菲两国日益增长的经济文化交流需求，也反向促进了双边旅游业的发展。相比之下，菲律宾来华旅游人数没有出现明显增长，从已公布的数据来看，自2016年到2019年，菲律宾来华旅游人数在东盟国家中一直次于越南、缅甸和马来西亚。[②]

6. 媒体交流

媒体是促进两国相互了解的重要渠道之一。菲律宾新闻部长安达纳尔在参加2019年5月召开的亚洲文明大会之前接受新华社记者专访时谈道："中国对菲的友好援助与支持理应让菲律宾民众知晓，这就需要借助媒体的力量。"[③] 当前已有一些菲律宾媒体与中国同行建立了合作关系。2019年2月，菲律宾通讯社专门派出财经记者前往中国对"两会"进行报道，报道完"两会"以后，记者还在中国学习和工作十个月。中菲关系从2017年实现"转圜"以来，菲通社作为国家通讯社，开始派出擅长不同专业的记者紧跟对中国社会的媒体报道。如2018年适逢中国改革开放四十周年，菲通社就派出记者在中国采访，讲述中国脱贫攻坚的故事。而2019年被菲方认为两

---

① 参见相关新闻报道《东方航空将增开3班浦东至菲律宾克拉克航班》，中国新闻网，2019年11月26日，https://www.chinanews.com/cj/2019/11-26/9017346.shtml；《福建泉州晋江机场将新开两条菲律宾航线》，中国侨网，2019年10月9日，http://www.chinaqw.com/qx/2019/10-09/233540.shtml，最后访问日期：2020年4月25日。

② 《我国入境旅游市场规模、旅游收入实现稳步双增长》，中国网，2019年11月27日，http://travel.china.com.cn/txt/2019-11/27/content_75453315.html；最后访问日期：2020年4月25日；《2019年国内游人数达60.06亿 旅游总收入6.63万亿元》，人民网，2020年3月10日，http://travel.people.com.cn/n1/2020/0310/c41570-31626156.html，最后访问日期：2020年4月25日。

③ 《专访：以文明对话促进共识与发展正当其时——访菲律宾新闻部长安达纳尔》，新华网，2019年5月9日，http://www.xinhuanet.com/2019-05/09/c_1124470537.htm，最后访问日期：2020年4月25日。

国关系步入"全面战略合作"的新阶段，因此就派出记者重点关注中菲"一带一路"项目的落实，这些报道在菲律宾国内会被选用。① 2019 年 12 月 16 日，中国驻菲律宾大使馆在马尼拉举办 2019 年媒体圣诞沙龙活动。菲总统府新闻部两位副部长马尔文（Marvin R. Gatpayat）和乔治（George A. Apacible）以及菲主流媒体和华文媒体高层、主编、外事记者、专栏作家、知名博主及中国驻菲记者等数百名嘉宾出席。这是中国驻菲大使馆连续第七年举办媒体圣诞沙龙，同菲律宾媒体朋友共叙友谊。通过媒体界让中菲两国人民更好地了解彼此、理解彼此。②

7. 科技交流

科技交流是中菲双方在农业、海洋、自然资源开发、通信技术等诸多领域的专业合作。中国—菲律宾科技合作联委会第 15 次会议于 2019 年 9 月 29 日在北京举行。会议由中国科技部副部长黄卫和菲律宾科技部副部长罗薇娜·格瓦拉（Rowena Cristina L. Guevara）共同主持。双方决定进一步优化在联合项目征集、科技人员交流、共建联合实验室等方面的合作。③ 2019 年 10 月 20 日，菲律宾总统通信业务办公室助理秘书长瑞安·文森特·乌伊（Ryan Vincent Uy）出席了在中国乌镇召开的中外部长高峰论坛，聚焦"智慧社会与可持续发展"进行相互交流。④ 以地方科技交流为例，11 月 11 ~ 15 日，应菲律宾科技部副部长罗薇娜邀请，江西省林科院与菲律宾开展中菲竹产业科技交流与合作，就菲律宾竹资源开发利用、竹业新技术新产品展

① 《海外媒体看两会："菲通社：关注今年两会经济领域议题"》，央视网，2019 年 2 月 28 日，http://news.cctv.com/2019/02/28/ARTI7WTjIHjqPEiSiI0UBmkq190228.shtml? spm = C94212.PV1fmvPpJkJY.S71844.91，最后访问日期：2020 年 4 月 25 日。

② 《中国驻菲律宾大使馆举办 2019 年媒体圣诞沙龙活动》，中国驻菲律宾大使馆官网，2019 年 12 月 17 日，http://ph.china - embassy.org/chn/tpxw/t1725336.htm，最后访问日期：2020 年 4 月 25 日。

③ 《中国—菲律宾科技合作联委会第 15 次会议在京召开》，中华人民共和国科学技术部官网，2019 年 9 月 30 日，http://www.most.gov.cn/kjbgz/201909/t20190930_ 149091.htm，最后访问日期：2020 年 4 月 25 日。

④ 《菲律宾总统通信业务办公室助理秘书长瑞安·文森特·乌伊出席中外部长高峰论坛》，人民网，2019 年 10 月 20 日，http://it.people.com.cn/n1/2019/1020/c1009 - 31409982.html，最后访问日期：2020 年 4 月 25 日。

示、学术交流、技术培训和人才培养等方面的合作达成了共识，同时，江西省林科院与菲律宾科技部农业、水产与自然资源开发委员会（PCAARRD）签订了中菲竹产业科技合作协议。

8. 志愿者交流

海外志愿者是人文交流的重要传播者，在中国，有政府牵头如国家汉办组织的汉语教师志愿者项目，其中有长期在菲律宾支教的中国大学毕业生，他们当中有的从大学就读期间就开始在菲律宾支教，并融入了当地人的生活，当地人愿意与他们分享自己的故事。[①] 也有非政府组织下的比如一些海外志愿者成长计划，它们是非政府组织，关注全球社会议题、跨文化交流与体验式学习。除此以外，中菲之间还高度重视领事协助志愿者机制建设与双边的海外领事利益保护，2019 年 11 月 26 日，中国驻菲律宾使馆在马尼拉举办 2019 年领事协助志愿者会议，领事协助志愿者机制是中国外交部在全球范围内推出的一项创新举措，旨在充分用好当地资源，发挥当地侨领、社团的优势，进一步提升领事保护和协助工作水平。[②]

9. 友好城市交流

人文交流是"一带一路"建设的重要根基。近年来，中菲两国城市积极传承和弘扬丝绸之路友好合作精神，开展城市交流，互结友好城市，为深化人文交流奠定了坚实的基础。尤其是随着中菲关系的迅速转圜，中菲友好城市不断增加。菲律宾城市通过友城交往与中国城市相互交流，相互学习，了解彼此的历史文化，是菲中两国地方政府交流的重要渠道，有利于带动广大人民融入中菲友好工作中来。友好城市是以公共外交为出发点，有利于文化互鉴和增进彼此了解，不是从宏观的国家层面出发，而是具体到对某一城

---

① 《泉州学生海外支教足迹遍布全球 努力传播中国文化》，中国侨网，2019 年 9 月 20 日，http：//www. chinaqw. com/qx/2019/09 - 20/232064. shtml，最后访问日期：2020 年 4 月 25 日。

② 《驻菲律宾使馆举办 2019 年领事协助志愿者会议》，中国侨网，2019 年 11 月 29 日，http：//www. chinaqw. com/hdfw/2019/11 - 29/238240. shtml，最后访问日期：2020 年 4 月 25 日。

市的了解。据不完全统计，中菲建立的友好城市（包括友好省份）有 36 对,① 其中 2019 年新建立的友好城市有两对：2019 年 9 月 6 日，南京市与菲律宾碧瑶市签署建立友好城市关系意向书;② 10 月，福建泉州市与菲律宾怡朗市建立友好城市关系。③

表 1　中菲友好省市

中国城市、省和自治区	菲律宾城市
杭州市	碧瑶市
南京市	
上海市	大马尼拉市
北京市	马尼拉市
广州市	
福州市	
厦门市	宿务市
沈阳市	奎松市
抚顺市	利巴市
三亚市	拉普拉市
石狮市	那牙市
淄博市	万那威市
柳州市	穆汀鲁帕市
贺州市	圣费尔南多市
哈尔滨市	卡加延－德奥罗市
来宾市	拉瓦格市
南宁市	达沃市
晋江市	

---

① 《中国同菲律宾的关系》，中华人民共和国外交部官网，2019 年 11 月，https：//www. fmprc. gov. cn/web/gjhdq＿676201/gj＿676203/yz＿676205/1206＿676452/sbgx＿676456/，最后访问日期：2020 年 4 月 25 日。

② 《我市与菲律宾碧瑶市签署建立友好城市关系意向书》，南京市政府外事办公室网站，2019 年 9 月 9 日，http：//wb. nanjing. gov. cn/xwzl/yhwl/201909/t20190909＿1647725. html，最后访问日期：2020 年 4 月 25 日。

③ 《关于同意泉州市与菲律宾怡朗市建立友好城市关系的决定》，泉州网，2019 年 10 月 28 日，http：//www. qzwb. com/spec/content/2019－10/28/content＿7008839. htm，最后访问日期：2020 年 4 月 25 日。

续表

中国城市、省和自治区	菲律宾城市
北海市	普林塞萨港市
无锡市	
黄冈市	依木斯市
贵港市	三宝颜市
泉州市	怡朗市
山东省	北伊洛戈省
安徽省	新怡诗夏省
湖北省	莱特省
	南伊罗戈省
福建省	内湖省
江西省	保和省
兰州市	阿尔贝省
广西壮族自治区	宿务省
海南省	
河南省	达拉省
宁夏回族自治区	巴拉望省
海南省	
陕西省	八打雁省

资料来源：中华人民共和国外交部官网，https：//www.fmprc.gov.cn/web/gjhdq_ 676201/gj_ 676203/yz_ 676205/1206_ 676452/sbgx_ 676456/。

三　中菲人文交流的特点

2019 年菲律宾作为中国—东盟关系协调国，不仅积极推动与中国的双边人文交流，同时推动了中国—东盟的人文交流。作为中国—东盟人文交流的一个缩影，中菲人文交流既有中国对外人文交流的普遍性特点，也有其独特性，目前呈现高层引领、各部门联动和民间推动的特点。中菲民间交流历史悠久，早在 1000 多年前就已"舟舶相继，商使交属"。菲律宾也是东盟国家中最早与中国签订文化协定的国家。自该协定签署以来，双方陆续签订了涵盖文学、文物、表演艺术、广播电视、教育等领域的年度文化交流执行计划。2018 年 11 月，习近平主席访菲签订 29 项合作文件中，就包括《中华人民共和

国政府与菲律宾共和国政府文化合作协定 2019～2023 年执行计划》《中华人民共和国教育部与菲律宾共和国教育部关于基础教育合作谅解备忘录》，为两国文化和教育合作奠定了坚实基础。① 目前双方都在积极推动合作落地生根。

高层引领方面，2019 年，中菲两国高层互访频繁，菲律宾总统杜特尔特两次来华：4 月 25 日来华参加第二届"一带一路"国际合作高峰论坛并与习近平主席会见，达成"排除干扰，坚定信念，使友好合作始终成为菲中关系的主流"的共识；② 8 月 28 日至 9 月 1 日，杜特尔特再次访华并与习近平主席和李克强总理会见，相互传达了"进一步拓展经贸、人文等交流与合作，推动两国全面战略合作关系发展，使双方人民实实在在获益"的目标。习近平主席与杜特尔特总统还共同出席了 2019 年篮球世界杯开幕式，王岐山副主席与杜特尔特总统一同莅临 2019 年国际篮联世界杯男子篮球赛的佛山赛场，观看菲律宾队对阵意大利队的比赛，这些都成为中菲高层人文交流的互动典范。③ 中国有学者评价中菲"篮球外交"无疑将拉近两国民众的心理距离，推动双边关系行稳致远。④ 东南亚学者也用"体育外交"来形容中菲领导人的这次会见，并指出两位中国国家领导人分别陪同外国元首出席体育活动也是"极为罕见"的。⑤ 高层人文交流也在菲律宾国内引起了热

① 《中华人民共和国与菲律宾共和国联合声明》，中华人民共和国外交部官网，2018 年 11 月 21 日，https：//www. fmprc. gov. cn/web/gjhdq_ 676201/gj_ 676203/yz_ 676205/1206_ 676452/1207_ 676464/t1615198. shtml，最后访问日期：2020 年 4 月 25 日。

② 《习近平会见菲律宾总统杜特尔特》，第二届"一带一路"国际合作高峰论坛官网，2019 年 4 月 25 日，http：//www. beltandroadforum. org/n100/2019/0425/c24 - 1230. html，最后访问日期：2020 年 4 月 25 日。

③ 《外交部介绍菲律宾总统杜特尔特访华安排》，新华网，2019 年 8 月 23 日，http：//www. xinhuanet. com/politics/2019 - 08/23/c_ 1124914091. htm，最后访问日期：2020 年 4 月 25日。《习近平会见菲律宾总统杜特尔特》，新华网，2019 年 8 月 29 日，http：//www. xinhuanet. com/world/2019 - 08/29/c_ 1124939022. htm，最后访问日期：2020 年 4 月 25日。《李克强会见菲律宾总统杜特尔特》，新华网，2019 年 8 月 30 日，http：//www. xinhuanet. com/world/2019 - 08/30/c_ 1124943619. htm，最后访问日期：2020 年 4 月 25 日。

④ 彭念：《"篮球外交"拉近中菲距离》，《环球时报》2019 年 8 月 28 日，第 14 版。

⑤ Lye Liang Fook, "China-Philippine Relations: Duterte's China Visit and Prospects for Oil and Gas Exploration," ISEAS Perspective, Issue 2019, No. 80, p. 5, https：//www. iseas. edu. sg/images/pdf/ISEAS_ Perspective_ 2019_ 80. pdf，最后访问日期：2020 年 4 月 25 日。

议，访华结束以后，菲律宾各界高度评价杜特尔特访华成果，菲律宾国防部部长洛伦扎纳表示，南海问题不是菲中关系的全部，两国还可以在诸如经贸、旅游、人文交往等更广阔的领域展开合作，这些合作将有利于两国人民。① 在上层主导下，各级政府、使馆、领事馆、包括非政府组织在内的人民团体等都扮演了中菲人文交流的行动主体或是引导人文交流的媒介。比如由中国驻菲律宾大使馆牵头主办的文艺活动：2019 年 6 月 14 日，为纪念中菲建交 44 周年和第 18 个中菲友谊日，中菲共同在位于马尼拉的菲律宾文化中心举办了一场名为"黄金时代菲中情"的大型文艺演出，近 2000 名中菲观众观看了富有中国少数民族特色的表演，其中还特别安排了海南省民歌《久久不见久久见》与菲律宾传统情歌《依靠》联袂演唱。② 2020 年1 月 4 日，中国驻菲律宾大使黄溪连应邀参加菲律宾国家广播电台《不一样的中国》直播访谈节目，黄大使通过节目向菲律宾广大民众致以最诚挚和最热烈的新年祝福，该节目突破传统广播节目形式，同步在社交媒体平台视频直播，有效兼容视频和网络传播的优势，互动性强，每期节目都吸引大批菲律宾国内外听众留言互动。③ 这也是中菲双方的人文交流形式的创新。

民间推动方面，华侨华人是推动菲律宾同中国各领域交流合作的"桥梁"，他们在中菲人文交流史上一直扮演重要角色。菲律宾华人融入当地主流社会的"秘诀"靠的是"菲华三宝"：菲华义诊中心、菲华志愿消防队、捐建农村校舍。其中义诊中心为菲律宾当地医疗卫生救助起到了巨大帮助作用，获得了菲律宾当地民众的信任和称赞。④ 菲律宾华文教育中心是菲律宾

① 《菲律宾各界高度评价杜特尔特访华成果》，新华网，2019 年 9 月 3 日，http：//www. xinhuanet. com/2019 – 09/03/c_ 1124956857. htm，最后访问日期：2020 年 4 月 25 日。

② 《庆祝中菲建交 44 周年文艺演出在马尼拉举行》，新华网，2019 年 6 月 15 日，http：//www. xinhuanet. com/world/2019 – 06/15/c_ 1124625880. htm，最后访问日期：2020 年 4 月25 日。

③ 《黄溪连大使走进菲律宾国家电台向菲民众祝贺新年并畅谈中菲关系》，2020 年 1 月 7 日，http：//ph. china – embassy. org/chn/sgdt/t1729877. htm，最后访问日期：2020 年 4 月 25 日。

④ 《触摸菲律宾华人印记》，腾讯网，2019 年 3 月 19 日，https：//new. qq. com/omn/20190319/20190319A0MT14. html？ pc，最后访问日期：2020 年 4 月 25 日。

著名的中国文化传播基地，由当地著名侨领陈永栽建立。陈延奎基金会每年组织上千名华裔青少年到华侨大学、泉州师范学院和泉州南少林武术学校等学校参加"菲律宾华裔青少年学中文夏令营"活动，让菲律宾华裔青少年感受中华文化，领悟中华文化，传承中华文化。据统计，2019～2020年度旅菲中国教师有356人，他们当中涵盖了从学前教育到大学教育的全部范畴，[①] 在课堂上讲好中国故事，传播中华文化。2019年4月29日，菲律宾华文教育中心与暨南大学华文学院签约合作，将推广实施"华文水平测试"，这是专门为海外华裔青少年研发的一项测试系统，也是全球第一份"华文水平测试"合作协议。菲律宾华文教育中心将以华测为评价工具，测评本国华校学生的华文水平，评价本国华语教师的教学成效。[②] 除此以外，每年在菲律宾中小学都会举办"汉语桥"比赛，吸引了很多华校学生参加。

四　中菲人文交流的意义与评价

（一）中菲人文交流的意义

随着中菲人文交流不断拓展，"一带一路"倡议在菲深入人心，两国民间对民心相通也有了全新感受。通过人文交流有效推动民心相通，是两国合作的重要基础，也是"一带一路"建设的社会基础和长久保障。中菲两国通过信息沟通、文化交流、媒体互动及旅游参观等诸多方式，积极推进双方民心民意的沟通，理解互信不断深化，其原因在于人文交流可以通过致密而复杂的社会交往网络，有助于促进国民间的了解，减少国家间的错

---

① 参见《2019～2020年度旅菲中国教师名录》，菲律宾华文教育研究中心官网，http：//www. pcerc. org/TEACHERS/Lists/T19_ 20. htm，最后访问日期：2020年4月25日。

② 《华教中心与暨大华文学院签协议，将在全国推广实施华文水平测试》，菲律宾华文教育研究中心官网，2019年4月30日，http：//www. pcerc. org/xinwen/2019/20190430. html，最后访问日期：2020年4月25日。

误知觉。①

在中菲关系中，南海问题影响双边关系的走向，根本原因是中菲的安全互信不足，人文交流在一定程度上是促进政治互信的基础，中菲之间大力开展人文交流，有助于更好地展示双方的国情、社情和民情，"中菲关系的气氛好了、基础就稳了，地区和平稳定也就有了一份重要保障"。②

人文交流还是促进经贸合作的保障。中菲之间的经贸合作不仅需要相互熟悉环境、贸易、投资等具体法规和政策，同时也要充分了解民众需求和社会文化。以人文交流中的旅游交流为例，中菲关系升温，出境游人数增多，更需要相互了解旅游消费需求，这样又能带动当地旅游业的发展，若游客对某种当地种植的水果的消费体验感较好，又能带动该产品出口量增加，人和货物的流动增加必然也会带来航空业的发展。因此，以人文交流为纽带串接起来的经贸合作也会不断升温。

（二）中菲人文交流的评价

中菲之间的各种人文交流项目类型众多，但是这些人文交流是否能有实效地"平衡或者抑制菲律宾'负面化'的对华认知，丰富中菲关系的内涵以及厚植菲律宾对华关系的民意基础"③值得进一步思考。中外人文交流不能仅仅"以我输出为主"，而更应该注重"双向交流互动"，否则人文交流所具备的促进双边关系发展的意义就会弱化。以媒体为例，既要立足菲律宾当地知名华文媒体如菲律宾商报，也要在英语和菲律宾语媒体上讲好中国故事，尤其是中国和菲律宾友好交往的故事。正如菲律宾驻华大使罗马纳（José Santiago L. Santa Romana）所说，中国也要更好向世界分享和解释自

---

① 俞沂暄：《人文交流与新时代中国对外关系发展——兼与文化外交的比较分析》，《外交评论》2019 年第 5 期，第 34~53 页。

② 《习近平会见菲律宾总统杜特尔特》，新华网，2019 年 8 月 29 日，http://www.xinhuanet.com/world/2019-08/29/c_1124939022.htm，最后访问日期：2020 年 4 月 25 日。

③ 张明亮：《黎刹的"遗产"与菲律宾"负面化"对华认知的转圜》，《东南亚研究》2019 年第 3 期，第 20~37 页。

己的观点。① 而在众多的活动中，以顶层推动为主，民众自发性不足，很多民间活动都是由华人华侨推动的，以教育为例，中国故事似乎更多在华文学校被讲述，而在菲律宾当地学校缺乏这种交流。再以留学生为例，既需要在菲中国留学生中讲好中国故事，也要多听来华菲律宾留学生讲菲律宾故事，但实际上在中国留学的菲律宾学生数量相比其他东盟国家而言并不占多数，② 而在菲的中国留学生被祖国赋予了"青年使者"的作用：通过留学学习推动菲中交流，让更多的菲律宾百姓了解中国、亲近中国、热爱中国，为中菲两国人文交流做出贡献。③ 因此，可以出台更多措施鼓励菲律宾青年来中国学习，鼓励双方青年进行沟通与交流。

目前国内对中国对外人文交流的研究和讨论也是以"我提出了什么"为主，而忽视了"对方是如何回应的"。在中菲人文交流中，这一现象也尤为突出，检索菲律宾的主流媒体官网可以发现，真正介绍中菲人文交流，展现积极正面的中国人民和社会风貌的故事并不多见。虽然中菲之间的人文交流形式多样，既有高层互动，也有民间交流，但是缺少相应的评估机制对当下的人文交流成效进行科学和系统的评估。比如可以通过对参与了相关人文交流活动的中国和菲律宾普通民众进行一定的问卷调查，来检验双方之间是否增进了相互了解以及还有哪些不足之处需要进一步改进。评估人文交流项目的重要内容是通过该项目检验周边国家的公众对中国影响力、中国形象产生了怎样的感知，是促进了、无助于还是有损于对中国的理解以及人文交流运作中各个部分是否协调、有效地发挥了作用。④

① 《菲律宾驻华大使：中国是朋友，不是威胁》，海外网，2019年11月8日，http://opinion.haiwainet.cn/n/2019/1108/c3544425-31660689.html，最后访问日期：2020年4月25日。

② 吴星宇：《"一带一路"背景下的中菲教育交流与合作：现状、问题与前景》，《世界教育信息》2019年第4期，第21~29页。

③ 《菲律宾中国留学生致力成为菲中交流青年使者》，中国新闻网，2019年9月23日，http://www.chinanews.com/gn/2019/09-23/8962957.shtml，最后访问日期：2020年4月25日。

④ 许利平：《中国与周边国家的人文交流：路径与机制》，《新视野》2014年第5期，第119~123页。

在菲律宾，有各式各样的与中国文化相关的活动，比如中国文化知识竞赛，据统计，从2003年到2020年，共举办了十三届"中国走进课堂"菲律宾中学生中国知识竞赛，累计有来自大马尼拉等17个城市的177支参赛队伍近两万名中学生参加。① 但在中国，除了部分高校有国际文化节或者开设菲律宾语专业之外，对等的活动相对较少，更不用说中小学生对菲律宾的了解程度。近年来，在华外国留学生是国内媒体关注的热点，常常引起热议，从中也能看出中外人文交流依然存在很多不足之处。以2019年被北京大学录取的一名菲律宾籍留学生引起的热议新闻为例，北京大学医学院录取的该留学生获得全额奖学金47万元，却因为汉语不达标，需要先到山东大学进行为期一年的汉语补习，因此有网友认为北大招收留学生标准过于宽松。事后，学校方面做出回应指出一切录取程序合规。② 质疑和回应的背后反映出大众对来华留学生相关制度的误解和人文交流中依旧存在的偏见。

智库研究方面，相较于政治安全、经济贸易等议题，关于菲律宾的人文交流方面的研究相对较少，相较于美国、日本、新加坡等学术机构，中国公开出版的基于实地的调研报告相对较少。国内目前也正在填补这一空缺，比如2019年12月7日，国内首部《菲律宾蓝皮书》发布，这是对国内菲律宾研究的重要补充。③在此之前，中国和东盟建立了学术共同体，复旦大学与东盟地区九家重要学术机构共同建立了学术交流平台，其中菲律宾大学迪利曼分校亚洲中心是创始成员之一。④

---

① 《大使馆教育局各界华教中心联合庆祝菲中建交，菲律宾中学生中国走进课堂大赛六日隆重举行》，菲律宾华文教育研究中心官网，2020年3月6日，http://www.pcerc.org/xinwen/2020/20200306.html，最后访问日期：2020年4月25日。
② 《北大医学部：网传某菲律宾籍留学生录取途径为中国政府奖学金项目》，观察者网，2019年8月20日，https://www.guancha.cn/politics/2019_08_20_514262.shtml，最后访问日期：2020年4月25日。
③ 《中国首部菲律宾蓝皮书发布，专家：中国与东盟迎"最好时期"》，澎湃新闻，2019年12月8日，https://www.thepaper.cn/newsDetail_forward_5181608，最后访问日期：2020年4月25日。
④ 《复旦携手菲大等东盟学术机构成立"中国—东盟学术共同体"》，菲龙网，2017年5月29日，https://www.flw.ph/thread-218579-1-1.html，最后访问日期：2020年4月25日。

在推动人文交流的进程中，需要注意的是，随着中菲关系的升温，在利益因素的驱动下，很多中国人前往菲律宾，菲律宾的离岸博彩运营商（POGO）开始大量非法招募雇用中国公民，主要目标客户也是中国公民，由此在菲律宾引发诸多争议。[①] 据菲律宾移民局统计，2019 年被捕的外国移民中，有超过 800 人是在菲律宾工作的中国公民，其中许多人从事网络诈骗活动和非法的在线赌博活动。[②] 菲律宾社会调研机构"社会气象站"（Social Weather Stations）在 2019 年下半年所做调查显示，70%的菲律宾人担心中国工人涌入菲律宾，其中 50%的菲律宾受访者认为大量中国工人涌入菲律宾会对国家安全造成威胁。[③] 这种认知一方面会对双边人文交流造成负面影响，另一方面也会降低双方的互信。这一认知甚至演化成了对"中国人在 POGO 对菲律宾军事设施进行监视"的怀疑。[④] 这种跨国犯罪问题被泛政治化和无限夸大，对中菲双方不利，既需要双方着手解决，也需要警惕。根据新加坡尤索夫伊萨东南亚研究所出版的《2020 东南亚国家调研报告》（The State of Southeast Asia：2020 Survey Report），菲律宾民众对中国的印象依然刻板，不信任中国的民众占 79%，而信任中国的占 21%；关于"你为什么不信任中国"，73.2%的人认为"中国会用经济和军事实力威胁菲律宾国家安全"。关于"旅游最爱去的国家"，只有 0.7%的民众选择中国，而

① "Hundreds of Chinese Held Over Online Gaming," The ASEAN Post, December 23, 2019, https：//theaseanpost. com/article/hundreds - chinese - held - over - online - gaming，最后访问日期：2020 年 4 月 25 日。

② Bureau of Immigration Philippines, Press Releases, p. 1, http：//immigration. gov. ph/images/News/2019_ Yr/12_ Dec/2019Dec27_ Press. pdf，最后访问日期：2020 年 4 月 25 日。

③ 这一调查是在 2019 年 9 月 27～30 日进行，对菲全国 1800 名成年人（18 岁以上）进行了面对面采访：吕宋岛和棉兰老岛分别为 600 名，马尼拉大都会区以及维萨亚群岛各 300 名（全国百分比的抽样误差幅度为 ±2.3%，吕宋岛和棉兰老岛分别为 ±4%，马尼拉和米沙鄢群岛各为 ±6%），详情参见 "Third Quarter 2019 Social Weather Survey：70% of Pinoys Are Worried about the Rising Number of Foreign Chinese Workers in the Philippines；52% Consider It a Threat to the Country's Security," Social Weather Stations Website, December 5, 2019, https：//www. sws. org. ph/swsmain/artcldisppage/？ artcsyscode = ART - 20191205180550，最后访问日期：2020 年 4 月 25 日。

④ 《菲防长妄言"中资赌场监控菲律宾"》，环球网，2019 年 8 月 20 日，https：//world. huanqiu. com/article/9CaKrnKmjfX，最后访问日期：2020 年 4 月 25 日。

24.8%的受访者选择的是日本。① 相比之下，中菲人文交流促进民心相通依旧任重而道远。

人文交流应当是常态化、主动的，不能仅仅依靠上层推动，普通大众都是人文交流的主体，只有真正融入当地人的生活中，才能建立相互良好的印象认知。有媒体报道了一位在菲律宾做生意的北京人的故事。北京人罗希在菲律宾著名旅游胜地长滩岛开了一家潜水店，在2018年政府宣布封岛进行环境整治时，店铺亏损，但是罗希坚持下去了。在他看来，用英语"与菲律宾人沟通，反而比在国内谈合作更简单"，而菲律宾人不紧不慢的工作方式就是文化差异的结果，"永远不要用中国的文化去束缚菲律宾人，让他们保持自己的工作文化和态度就好"。② 这种大众的视角更能使人感受到人文交流的价值。类似于这样的案例有很多，从中可以看出人文交流不在于过多"高大上"的仪式活动，人和人之间最真诚的交流就能拉近彼此的距离，也更能彰显人文交流所具有的潜移默化的作用。2019年，有一部纪录片名为《丹程》，聚焦泰国的普通人生活，展现他们的故事，这就是人文交流从宏大叙事的细节转向，也是聚焦中国与东盟人民跨越地域的命运共鸣的一种交流方式，纪录片旨在对东盟国家进行微观拍摄。③ 期待将来也会有更多反映中菲两国普通人生活的纪录片出现，让彼此相互了解，相互理解，以心相交的人文交流不应当因为其他因素变动而中断，而是续久绵长。期待中菲之间在已有的人文交流合作基础上，扬长避短，未来既能做到"高水平"，也能做到"接地气"，让中菲友谊的航船行稳致远。

---

① 参见 Yusof Ishak Institute, *The State of SEA Survey Report 2020*, pp. 44, 45, https://www.iseas.edu.sg/wp-content/uploads/pdfs/TheStateofSEASurveyReport_2020.pdf, 最后访问日期：2020年4月25日。

② 崔璞玉：《告别北京，去菲律宾长滩岛开潜水店》，界面新闻，2019年4月8日，https://www.jiemian.com/article/3017113.html，最后访问日期：2020年4月25日。

③ 朱喆：《对话朱丹：一路〈丹程〉，与真实而勇敢的生命相遇》，澎湃新闻，2019年11月19日，https://www.thepaper.cn/newsDetail_forward_4990546，最后访问日期：2020年4月25日。

B.15
2019~2020年菲律宾旅游发展报告：
发展迅猛，长期前景向好

高　俊*

摘　要： 旅游业是菲律宾的优先发展产业，近年来已成为菲律宾政府招商引资的重点领域之一。中国目前已是菲律宾的第一大投资国和第二大入境旅游客源国。本报告从旅游市场、旅游供给、旅游管理和政策等三方面梳理菲律宾旅游发展近况，以期为中国企业赴菲律宾进行旅游投资提供有益参考。分析发现，近年来菲律宾旅游业快速增长，在社会经济发展中扮演着日益重要的角色，其中菲律宾中部地区是旅游发展最为成熟的区域。伴随着入境和国内游客量的快速增长，菲律宾旅游供给有望进一步发展，特别是在住宿和交通领域。菲律宾政府一方面通过吸引旅游投资、推动大项目建设来保持目前的增长态势，另一方面引导旅游业朝可持续发展转型。2020年全球新冠肺炎疫情对菲律宾旅游发展造成巨大冲击，但旅游业作为菲律宾国民经济不可或缺的一部分有望在2021年逐步恢复，特别是菲律宾国内旅游市场。分析表明，菲律宾旅游业的发展和投资前景总体长期向好。

关键词： 菲律宾旅游　投资　消费　中国

---

* 高俊，新西兰怀卡托大学博士，中山大学旅游学院博士后，中山大学"一带一路"研究院研究员，长期关注中国边境旅游与边境地区发展、东南亚旅游等领域。

　　旅游业是菲律宾的优先发展产业，对菲律宾外汇收入、投资、就业、经济产出等方面有着重要贡献。[①] 《菲律宾中期发展计划》（Medium-Term Philippine Development Plan）提出将旅游业作为国民经济发展的支柱产业之一，把菲律宾打造成为一流的旅游目的地和投资地。近年来菲律宾旅游直接增加值（Tourism Direct Gross Value Added，TDGVA）持续增长，在国内生产总值（GDP）中的比重不断上升，2018年占比高达12.7%（见图1）。2019年菲律宾旅游直接增加值为93亿美元，同比增长20.8%。[②] 旅游发展亦有效带动了菲律宾就业的发展，2018年其旅游就业人口为540万人，占当年就业总人口的13.0%（见图2）。

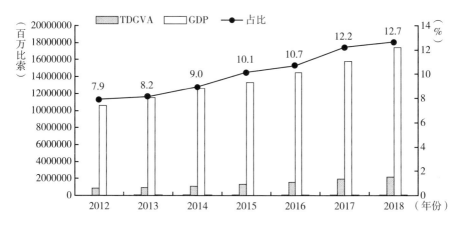

图1　旅游对菲律宾经济的贡献（2012～2018年）

资料来源：菲律宾国家统计局（Philippine Statistics Authority），https：//psa. gov. ph/content/contribution－tourism－philippine－economy－127－percent－2018。

　　随着中国企业"走出去"战略和"一带一路"倡议的推进，中菲两国的经济合作和文化交流不断深化。中国逐渐成为菲律宾的第一大投资国和第

① Department of Tourism, *Tourism Investment Portfolio*, p. 32, Philippine Department of Tourism Website, http：//tourism. gov. ph/files/Chap3%20Philippine%20Tourism%20Industry. pdf.

② Joyce Ann L. Rocamora, "PH Tourism Revenue Hits All-Time High $9. 31－B in 2019," Philippine News Agency Website, March 2, 2020, https：//www. pna. gov. ph/articles/1095319.

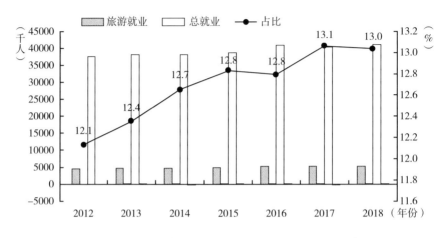

图2 旅游就业对菲律宾总就业的贡献（2012~2018年）

资料来源：菲律宾国家统计局，https：//psa. gov. ph/content/contribution－tourism－philippine－economy－127－percent－2018。

二大入境旅游客源国，目前稳居菲律宾最大贸易伙伴地位。[①] 旅游业作为菲律宾社会经济的优先发展产业，近年来已成为菲律宾政府招商引资的重点领域之一。在此背景下，本报告从旅游市场、旅游供给、旅游管理和政策等三方面梳理菲律宾旅游发展近况，以期为中国企业赴菲律宾进行旅游投资提供有益参考。

一　菲律宾旅游市场发展现状与特点分析

近年来菲律宾入境旅游人数快速增长，其2019年入境游客总数为8260913人，同比增长15.2%，创下历史新高（见图3）。但是需要指出的是，菲律宾目前的入境旅游规模和体量仍远小于周边国家和地区（见表1），这很大程度上归因于菲律宾长期以来旅游投资和营销不足、基础设施

[①] Joyce Ann L. Rocamora，"Political, Economic Activities to Mark PH-China Anniversary," Philippine News Agency Website, December 17, 2019, https：//www. pna. gov. ph/articles/1088943.

图3　菲律宾入境游客数（2012～2019年）

资料来源：菲律宾国家旅游局（Philippine Department of Tourism），http：//tourism. gov. ph/ tourism_ dem_ sup_ pub. aspx。

不完善、境内安全和稳定欠缺等问题。① 同时，这也表明菲律宾入境旅游市场还颇具潜力。韩国、中国、美国和日本为前四大客源市场，2019年分别占菲律宾入境旅游市场总额的24.1%、21.1%、12.9%和8.3%（见图4）；欧洲国家目前所占的市场份额非常有限。② 韩国自2010年以来取代美国，一直保持菲律宾入境旅游最大客源国地位，③ 其2019年赴菲律宾旅游人数为1989322人，同比增长22.5%。中国2019年赴菲旅游人数为1743309人，同比增长38.6%，增幅居菲律宾前十大客源国（地区）之首（见图5）。中国自2016年来先后超越日本和美国，成为菲律宾的第二大客源国，按目前的增长趋势来看，在未来几年之内极有可能取代韩国成长为第一大客源国。就游客入境的时间分布来看，5～9月是菲律宾入境旅游的相对淡季（7月除外）（见图6），入境旅游的淡旺季和菲律宾的雨旱季大体一致

① Yves Boquet, "It's More Fun in the Philippines? The Challenges of Tourism," in Yves Boquet, ed. , *The Philippine Archipelago*, Springer, 2017, p. 738.

② Yves Boquet, "It's More Fun in the Philippines? The Challenges of Tourism," in Yves Boquet, ed. , *The Philippine Archipelago*, Springer, 2017, p. 738.

③ "Visitor Arrivals FY 2019 ," Philippine Department of Tourism Website, http：//tourism. gov. ph/ industry_ performance/Dec2019/Visitor_ Arrivals_ Report_ FY2019. pdf.

（6～11月为雨季，12月到次年5月为旱季）。这是因为菲律宾雨季期间降水频繁，会限制游客的户外活动，而且台风、洪水等灾害相对集中，影响出行安全。①

表1　2018年和2012年东南亚、东亚地区主要国家和地区入境旅游发展状况

国家/地区	2018年				2012年		
	入境游客数（百万）	过去10年游客数年均增长率(%)	入境旅游收入（亿美元）	入境旅游收入占出口比(%)	入境游客数（百万）	入境旅游收入（亿美元）	入境旅游收入占出口比(%)
中国内地	62.9	2	404	1	57.7	500	2
泰国	38.2	10	630	20	22.4	339	14
日本	31.2	14	421	5	8.4	146	2
中国香港	29.3	5	368	6	23.8	331	7
马来西亚	25.8	2	196	8	25	202	8
越南	15.5	14	101	4	6.8	69	6
韩国	15.3	8	186	3	11.1	133	3
新加坡	14.7	7	205	3	11.1	188	3
印度尼西亚	13.3	8	164	9	8	83	4
中国台湾	11.1	11	164	4	7.3	118	4
菲律宾	7.2	9	75	9	4.3	41	7
柬埔寨	6.2	11	44	25	3.6	25	24
老挝	3.8	11	7	12	2.3	5	18
缅甸	3.6	17	17	8	1.1	5	5

资料来源：联合国世界旅游组织（World Tourism Organization），https：//www. unwto. org/country - profile - inbound - tourism。

入境旅游消费大幅增长，购物消费比重明显下降。随着入境旅游人数的快速增长，菲律宾入境旅游消费在2012～2018年以年均15.5%的速率大幅增长（见表2）。2018年入境旅游消费总额约为4414亿菲律宾比索（约88亿美元），占当年菲律宾出口总额的8%。入境游客在住宿、餐饮和交通等方面的花费最高，分别占2018年入境旅游总消费的25.6%、23.8%和

---

① Vivienne Saverimuttu and Maria Estela Varua, " Climate Variability in the Origin Countries as a 'Push' Factor on Tourist Arrivals in the Philippines," *Asia Pacific Journal of Tourism Research*, Vol. 19, Issue 7, 2014, pp. 846 - 857.

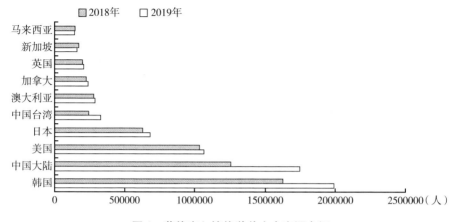

图4 菲律宾入境旅游前十大客源市场

资料来源：菲律宾国家旅游局，http：//tourism. gov. ph/industry＿ performance/Dec2019/ Visitor＿ Arrivals＿ Report＿ FY2019. pdf。

图5 菲律宾入境旅游中国游客增长趋势（2012～2019年）

注：统计数据中未包括港澳台地区。

资料来源：菲律宾国家旅游局，http：//tourism. gov. ph/tourism＿ dem＿ sup＿ pub. aspx。

22.7%。值得注意的是，入境游客的购物消费在入境旅游总消费中的比重从 2012年的19.0%持续下降至2018年的10.9%，表明购物对于菲律宾入境游 客的重要性明显下降。娱乐和游憩（Entertainment and Recreation）消费则呈 上升趋势，占入境旅游总消费的比重从2012年的12.3%上升至2018年的 14.5%。

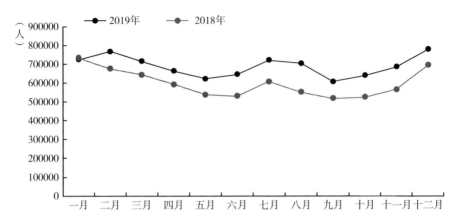

图6 菲律宾月度入境游客数（2018～2019年）

资料来源：菲律宾国家旅游局，http：//tourism. gov. ph/industry_ performance/Dec2019/
Visitor_ Arrivals_ Report_ FY2019. pdf。

表2 基于产品类型的入境旅游消费（百万比索）（2012～2018年）

产品类型	2012 年	2013 年	2014 年	2015 年	2016 年	2017 年	2018 年
住宿	46213 （23.7%）	61974 （27.5%）	80448 （29.1%）	91551 （29.9%）	81163 （26.0%）	103376 （23.0%）	113143 （25.6%）
餐饮	40940 （21.0%）	53654 （23.8%）	60203 （21.7%）	69357 （22.6%）	74560 （23.9%）	116835 （26.0%）	105059 （23.8%）
交通	43232 （22.1%）	44871 （19.9%）	52657 （19.0%）	60296 （19.7%）	70805 （22.7%）	91524 （20.4%）	100119 （22.7%）
旅行社和其他 预订服务	530 （0.3%）	341 （0.2%）	1991 （0.7%）	3896 （1.3%）	2418 （0.8%）	1478 （0.3%）	2670 （0.6%）
娱乐和游憩	24054 （12.3%）	22832 （10.1%）	30818 （11.1%）	36157 （11.8%）	39719 （12.7%）	64102 （14.3%）	63969 （14.5%）
购物	37161 （19.0%）	37546 （16.7%）	46419 （16.8%）	42145 （13.8%）	39243 （12.6%）	63870 （14.2%）	48087 （10.9%）
其他	3056 （1.6%）	4082 （1.8%）	4358 （1.6%）	3087 （1.0%）	3791 （1.2%）	7376 （1.6%）	8381 （1.9%）
入境旅游 总消费	195186	225300	276894	306489	311698	448561	441428

注：括号中的百分比为不同类型产品消费占入境旅游总消费的比重。

资料来源：菲律宾国家统计局，https：//psa. gov. ph/content/contribution – tourism – philippine –
economy – 127 – percent – 2018。

国内旅游人数和消费高速增长，消费结构保持稳定。近年来菲律宾经济持续向好，2012～2019年GDP连续以6%～7%的速率快速增长，[①]有效带动了菲律宾国内旅游的发展。如图7所示，2012～2018年菲律宾国内旅游人数以年均16%的速率高速增长，2018年国内游客总数为44961494人，国内旅游消费约32002亿菲律宾比索（约635亿美元）。2012～2018年，菲律宾国内旅游消费支出占居民最终消费支出的年均比重高达18.1%。[②] 其他、住宿和购物等三方面的消费支出占国内旅游支出的比例最高，2018年度分别为35.9%、21.3%和14.5%（见表3）。由表3可知，菲律宾国内旅游消费结构在2012～2018年保持稳定，无明显变化。

图7 菲律宾国内旅游游客数（2012～2018年）

资料来源：菲律宾国家旅游局，http：//tourism. gov. ph/tourism_ dem_ sup_ pub. aspx。

---

① "Philippines Revises 2019 GDP Growth to 6 Percent," ABS – CBN News Website, April 20, 2020, https：//news. abs – cbn. com/business/04/20/20/philippines – revises – 2019 – gdp – growth – to – 6 – percent.

② "Contribution of Tourism to the Philippine Economy Is 12. 7 Percent in 2018," Philippine Statistics Authority Website, https：//psa. gov. ph/tourism/satellite – accounts/id/138760.

表 3　基于产品类型的国内旅游消费（百万比索）（2012~2018 年）

产品类型	2012 年	2013 年	2014 年	2015 年	2016 年	2017 年	2018 年
住宿	202915 (20.3%)	234519 (20.6%)	293977 (20.9%)	374988 (21.2%)	445897 (21.2%)	560206 (21.2%)	681421 (21.3%)
餐饮	55438 (5.6%)	62941 (5.5%)	80365 (5.7%)	103117 (5.8%)	123877 (5.9%)	156550 (5.9%)	192535 (6.0%)
交通	108301 (10.8%)	120064 (10.6%)	144677 (10.3%)	179327 (10.1%)	210714 (10.0%)	265318 (10.0%)	325605 (10.2%)
旅行社和其他 预订服务	70310 (7.0%)	78570 (6.9%)	95278 (6.8%)	118750 (6.7%)	140169 (6.6%)	175287 (6.6%)	211397 (6.6%)
娱乐和游憩	58602 (5.9%)	66161 (5.8%)	80674 (5.7%)	101388 (5.7%)	120469 (5.7%)	149125 (5.6%)	175102 (5.5%)
购物	145350 (14.6%)	168097 (14.8%)	206365 (14.7%)	259907 (14.7%)	312208 (14.8%)	388647 (14.7%)	463886 (14.5%)
其他	357518 (35.8%)	406643 (35.8%)	502477 (35.8%)	633272 (35.8%)	754882 (35.8%)	949701 (35.9%)	1150223 (35.9%)
国内旅游 总消费	998433	1136995	1403813	1770749	2108216	2644833	3200169

注：括号中的百分比为不同类型产品消费占国内旅游总消费的比重。

资料来源：https：//psa.gov.ph/content/contribution－tourism－philippine－economy－127－percent－2018。

旅游流较多集中在菲律宾中部地区。从住宿业过夜旅客的区域分布情况（见表 4）来看，中米沙鄢、比科尔、西米沙鄢和民马罗巴是菲律宾接待入境外国游客最多的四个行政大区（region，相当于中国的省）。对于海外菲律宾人而言，达沃是造访最多的大区，紧随其后的有西米沙鄢、中米沙鄢和比科尔等大区。此外，卡拉巴松、比科尔、中米沙鄢、中央吕宋和西米沙鄢等是菲律宾国内游客到访最多的大区。从总体上看中米沙鄢、卡拉巴松、比科尔、西米沙鄢以及中央吕宋等是菲律宾境内游客到访最多的大区。同样地，菲律宾最热门的旅游地和旅游吸引物亦主要分布在这些大区内（见表 5）。事实上，与菲律宾其他地区相比，中

表4 住宿业过夜旅客的区域分布情况（2017～2018年）

行政大区	2018年				2017年			
	外国游客	海外菲律宾人	国内游客	总计	外国游客	海外菲律宾人	国内游客	总计
国家首都区	286858 (7)	789 (13)	338521 (16)	626168 (16)	321040 (7)	3706 (9)	392061 (16)	716807 (16)
科迪勒拉行政区	89351 (10)	1227 (12)	2095299 (9)	2185877 (10)	100660 (11)	2120 (10)	1866927 (9)	1969707 (10)
伊罗戈斯区	82517 (12)	1625 (11)	2363259 (8)	2447401 (9)	104908 (10)	1898 (12)	2276097 (8)	2382903 (8)
卡加延河谷区	270431 (8)	92 (15)	904198 (15)	1174721 (14)	293018 (6)	236 (15)	710698 (14)	1003952 (14)
中央吕宋区	339910 (6)	6977 (8)	4139477 (4)	4486364 (5)	367307 (5)	21906 (6)	3513824 (5)	3903037 (5)
卡拉巴松区	564121 (5)	3532 (9)	7051421 (1)	7619074 (2)	282897 (8)	690 (14)	4848156 (2)	5131743 (4)
民马罗巴区	753629 (4)	7953 (7)	1729015 (10)	2490597 (8)	591108 (4)	24921 (3)	1370083 (11)	1986112 (9)
比科尔区	1003485 (2)	22674 (4)	5091441 (2)	6117600 (3)	1165759 (2)	20148 (7)	4853990 (1)	6039897 (2)
西米沙鄢区	783731 (3)	43095 (2)	4129072 (5)	4955898 (4)	1162343 (3)	46909 (2)	4643685 (3)	5852937 (3)

续表

行政大区	2018 年				2017 年			
	外国游客	海外菲律宾人	国内游客	总计	外国游客	海外菲律宾人	国内游客	总计
中米沙鄢区	3602646 (1)	31649 (3)	4465051 (3)	8099346 (1)	2881801 (1)	24225 (4)	4068648 (4)	6974674 (1)
东米沙鄢区	50674 (14)	2536 (10)	1724446 (11)	1777656 (11)	56343 (14)	1704 (13)	1409849 (10)	1467896 (11)
三宝颜半岛区	16830 (16)	15400 (5)	1096952 (14)	1129182 (15)	10851 (16)	22004 (5)	684746 (15)	717601 (15)
北棉兰老区	63444 (13)	218 (14)	3039362 (7)	3103024 (7)	73316 (12)	6261 (8)	2977433 (7)	3057010 (7)
达沃大区	198005 (9)	60968 (1)	3716546 (6)	3975519 (6)	148108 (9)	48020 (1)	3042801 (6)	3238929 (6)
南哥苏库萨将区	18810 (15)	9 (16)	1681914 (12)	1700733 (12)	20044 (15)	32 (16)	1240720 (13)	1260796 (13)
卡拉加区	87093 (11)	1804 (9)	1395520 (13)	1484417 (13)	63332 (13)	2036 (11)	1279873 (12)	1345241 (12)
合计	8211535	200548	44961494	53373577	7642835	226816	39179591	47049242

注：括号中的数字为各大区的游客数排名。

资料来源：菲律宾国家旅游局，http://tourism.gov.ph/tourism_dem_sup_pub.aspx。

菲律宾人口最为稠密、经济最为发达，交通、住宿设施等旅游基础设施相对完善，旅游发展具有比较优势。[①]

表5　菲律宾热门旅游地和吸引物

热门旅游地	热门海滩	热门世界遗产
巴拿威梯田，科迪勒拉	长滩岛，西米沙鄢	普林塞萨港地下河国家公园，民马罗巴
巧克力山，中米沙鄢	帕古普，伊罗戈斯	巴拿威梯田，科迪勒拉
长滩岛，西米沙鄢	麦克坦岛，中米沙鄢	维干古城，伊罗戈斯
宿务市，中米沙鄢	邦劳岛，中米沙鄢	圣奥古斯丁教堂，伊罗戈斯
达沃市，达沃	卡米金岛，比科尔	拉·阿森西翁教堂，伊罗戈斯
马尼拉市，国家首都区	爱妮岛，民马罗巴	米亚高圣托马斯教堂，西米沙鄢
巴拉望岛，民马罗巴	珍珠园海滩，达沃	公主港，民马罗巴
维干古城，伊罗戈斯		

资料来源：菲律宾国家旅游局，http：//tourism. gov. ph/phil_ destination. aspx。

二　当前菲律宾旅游供给情况分析

餐饮业体量庞大，住宿和交通业发展潜力好。根据菲律宾国家统计局的最新数据，2014年菲律宾有主要旅游特色企业39325家。如图8所示，餐饮企业数量最多，为24121家，占比达61.3%。健康和康养企业紧随其后，共有7234家，占比18.4%。住宿企业数量排第三，共计3279家，占8.4%。餐饮企业的就业人数和收入均居榜首（见表6）。交通和旅行社行业虽然企业数量和就业人数最少，但收入仅次于餐饮业。值得一提的是，菲律宾《全国旅游发展规划2016～2022》明确提出要优先发展交通基础设施，促进旅行便利化。住宿业收入中基于游客消费的

[①]　Ferdinand T. Abocejo, " Tourism Competitiveness of Cebu in Central Philippines: Status, Challenges and Sustainability," *Taiwan-Philippines Cultural Dialogue IV*, College of Liberal Arts, Aletheia University, 2015, pp. 91 – 112.

收入占比最高（79.6%），说明相较于其他行业，菲律宾住宿业更容易受益于旅游发展。

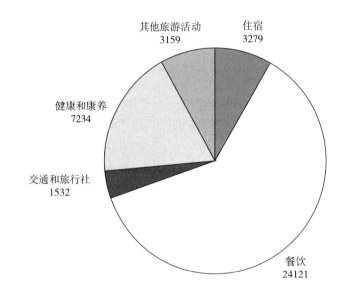

图8　菲律宾主要旅游特色企业（N＝39325）分布特征（2014年）

资料来源：菲律宾国家统计局，http：//www.psa.gov.ph/step/node/126798。

表6　菲律宾主要旅游特色企业的就业和收入状况（2014年）

单位：人，比索

	总就业人数 （到11月5日止）	3月到5月的 临时工	总收入	源自游客的 收入
住宿	92075	12372	84241478	67091298
餐饮	420471	14826	305957470	177706170
交通和旅行社	36465	292	229612384	142096792
健康和康养	161306	1848	142860640	45315212
其他旅游活动	56460	3488	122291617	65117511

资料来源：菲律宾国家统计局，http：//www.psa.gov.ph/step/node/126798。

旅游吸引物以自然资源为核心，细分市场旅游活动有待开发。菲律宾富有优质白沙滩、海洋生物、火山、森林和湿地、遗产地等生态和文化资源。然而，目前菲律宾的核心旅游产品，如国家公园、生态旅游地、海滨度假区、水肺潜水（scuba diving）等，多是基于自然资源。[1] 菲律宾早在 1932 年就通过《国家公园法案》（National Park Act）建立了国家公园体系，是亚洲第一个建立国家公园的国家，如今国家公园已经是菲律宾国家认同的重要组成部分。[2] 在菲律宾旅游最发达的中部地区，到访国家公园已经成为重要的旅游活动。此外，观海豚、观鸟、观赏红树林等一系列自然旅游活动在菲律宾中部地区的诸多生态旅游区也备受欢迎。作为一个热带群岛国家，菲律宾共有 7107 个岛屿，拥有大量海滨度假区，其中以长滩岛（Boracay）最负盛名。水肺潜水日渐流行，正成为许多菲律宾滨海旅游地的"卖点"，菲政府近年来也专门针对海外市场展开了水肺潜水活动推广。此外，菲律宾还有诸多细分市场旅游活动有待进一步开发，如高尔夫、游艇、游轮、徒步、博彩、医疗旅游、城市旅游等。[3]

三 当前菲律宾旅游管理与政策分析

强调私有资本驱动旅游发展，积极招商引资。菲律宾国家旅游局是负责旅游推广和发展的首要政府部门，由秘书处、旅游营销处、旅游服务和区域办公室处、规划开发和协调处、内务处等构成。目前菲律宾国家旅游局在全球 20 个国家和地区（亚太地区 10 个、欧洲 6 个、北美 2 个、澳大利亚 1 个、中东 1 个）设立了多个办事处，开展海外营销。菲律宾的旅游发展秉承新自由主义思想，强调私有资本对旅游业发展的重要性，政府的角色仅限于通过

---

[1] "Product Development," Philippine Department of Tourism Website, http：//tourism. gov. ph/product_ dev. aspx.

[2] Clara Aseniero, "How National Parks form the Philippine Identity," CNN Philippines Website, September 27, 2017, https：//cnnphilippines. com/life/culture/2017/09/27/national－parks－philippine－identity. html.

[3] Bob Shead, "Tourism Industry in the Philippines：Part II," ASEAN Briefing Website, August 4, 2017, https：//www. aseanbriefing. com/news/tourism－industry－philippines－part－ii/；"Product Development," Philippine Department of Tourism Website, http：//tourism. gov. ph/product_ dev. aspx.

国际营销、税收激励、制定一定程度的规范来保护游客等方面来协助旅游发展。① 为了推动旅游投资和增长，菲律宾政府基于《旅游法案2009》（Tourism Act of 2009）成立了菲律宾旅游基础设施和企业区管理处（Tourism Infrastructure and Enterprise Zone Authority），作为菲律宾国家旅游局的附属机构，并于2009年启动了旅游企业区（Tourism Enterprise Zone）建设。旅游企业区是菲律宾旅游发展的旗舰区，有效带动了基础设施建设。② 根据菲律宾旅游基础设施和企业区管理处规定，旅游企业区的设立应满足下列条件：是一个连续的区域（one contiguous territory）；具有历史文化价值、自然环境优美或者已有（将有）完整的休闲设施；基于现有（将有）的交通、水电等基础设施，可进入性佳；面积足够大（私营旅游企业区面积不小于5公顷，旗舰旅游企业区面积不小于50公顷）；位于战略地理位置（in a strategic location）；投资额不少于500万美元。③

针对旅游企业区，菲律宾政府制定了一系列财政和非财政激励政策，包括长达6年的收入免税期，符合一定条件可再延长6年。值得一提的是，旅游企业区享有一系列吸引外国投资者的激励措施，包括免税进口投资设备、交通装备及零部件、货物和服务等；允许雇用外籍员工（不超过员工总数的5%）；给予外国投资者和其家人（满足一定条件）居民签证；允许外国投资者租地（上限为75年）。实际上，旅游企业区建设近年来已经为菲律宾吸引了大量外资。④ 2016年菲律宾旅游业吸引外商投资1840亿菲律宾比索（约37亿美元），主要

① Boo Chanco, "Tourism Enterprise Zone," The Philippine Star Website, August 15, 2018, https：//www. philstar. com/business/2018/08/15/1842551/tourism－enterprise－zone.

② Ralph Jennings, "Boracay Beach Inspires New, Foreign-invested Tourism Zones in the Philippines," Forbes Website, October 31, 2019, https：//www. forbes. com/sites/ralphjennings/2019/10/31/boracay－beach－inspires－new－foreign－invested－tourism－zones－in－the－philippines/#5b9badb38551.

③ Tourism Infrastructure and Enterprise Zone Authority, *Investing in Tourism Enterprise Zone*, pp. 14－18, Philippine Tourism Infrastructure and Enterprise Zone Authority Website, http：//tieza. gov. ph/wp－content/uploads/2015/11/Investing－in－Tourism－Enterprise－Zone. pdf.

④ Ralph Jennings, "Boracay Beach Inspires New, Foreign-invested Tourism Zones in the Philippines," Forbes Website, October 31, 2019, https：//www. forbes. com/sites/ralphjennings/2019/10/31/boracay－beach－inspires－new－foreign－invested－tourism－zones－in－the－philippines/#5b9badb38551.

用于 20 个大型度假区和酒店的建设。①

引导旅游业朝可持续发展转型。作为热带群岛国家，菲律宾是全球生态资源的富集区，但同时亦是生态高脆弱区——大量的小岛屿及其周遭海洋生态系统尤甚。② 旅游发展加剧了菲律宾生态多样性保护的挑战，因此在旅游业快速增长的同时，近年来菲律宾政府愈发强调旅游发展的可持续性和社会责任。例如，菲律宾《全国旅游发展规划 2016～2022》的发展愿景是，培育具有全球竞争力、生态可持续性和社会责任的旅游产业，通过旅游发展带动就业和公平的收入分配，以推动包容性增长，助力高信任社会建设。对于旅游企业区，菲律宾旅游基础设施和企业区管理处也出台了社会责任激励措施：对于环境或文化遗产保护、可持续生计项目发展等类似活动，企业可享受活动成本 50% 的免税优惠。③ 值得一提的是，2018 年菲律宾政府一度关闭久负盛名的长滩岛（Boracay），对其进行了长达半年的生态保育和恢复。④ 2019 年菲律宾国家旅游局更新了自 2012 年来发起的"更多欢乐在菲律宾"（"It's More Fun in the Philippines"）主题营销活动，强调要推动菲律宾发展成为一流的可持续旅游目的地。⑤

综上，近年来菲律宾旅游业快速增长，在社会经济发展中扮演着日益重要的角色，其中菲律宾中部地区是旅游发展最为成熟的区域。伴随

---

① Bob Shead, "Tourism Industry in the Philippines: Part I," ASEAN Briefing Website, July 26, 2017, https://www.aseanbriefing.com/news/tourism-industry-philippines-part/.

② Corazon Catibog-Sinha, "Biodiversity Conservation and Sustainable Tourism: Philippine Initiatives," *Journal of Heritage Tourism*, Vol. 5, Issue 4, 2010, pp. 297–309.

③ Tourism Infrastructure and Enterprise Zone Authority, *Investing in Tourism Enterprise Zone*, p. 16, Philippine Tourism Infrastructure and Enterprise Zone Authority Website, http://tieza.gov.ph/wp-content/uploads/2015/11/Investing-in-Tourism-Enterprise-Zone.pdf.

④ Ralph Jennings, "Boracay Beach Inspires New, Foreign-invested Tourism Zones in the Philippines," Forbes Website, October 31, 2019, https://www.forbes.com/sites/ralphjennings/2019/10/31/boracay-beach-inspires-new-foreign-invested-tourism-zones-in-the-philippines/#5b9badb38551.

⑤ Aika Rey, "Philippines' 'More Fun' Slogan in 2019 to Focus on Sustainable Tourism," Rappler Website, January 25, 2019, https://www.rappler.com/business/221918-philippines-2019-more-fun-slogan-focus-sustainable-tourism.

着入境和国内游客量的快速增长，菲律宾旅游供给有望进一步发展，特别是在住宿和交通领域。菲律宾政府一方面通过吸引旅游投资、推动大项目建设来保持目前的旅游增长态势，另一方面引导旅游业朝可持续发展转型。然而，鉴于2020年以来新冠肺炎疫情对全球经济的冲击，特别是对韩国、中国、美国、日本等菲律宾主要境外客源国的巨大冲击，这些国家的出境游市场短期内将受到明显抑制，2020年菲律宾的入境旅游相应遭受重创。同时，菲律宾国民经济发展势必受到本次新冠肺炎疫情影响。亚洲开发银行预测，即便全球疫情在2020年6月左右得以控制，菲律宾2020年GDP增速也仅能维持在2%左右。[1] 在这种情况之下，2020年菲律宾国内旅游发展不容乐观。需要指出的是，菲律宾经济有望在2021年进入恢复期，GDP增速有望强势回归至6.5%，[2] 旅游业作为菲律宾国民经济不可或缺的一部分亦有望逐渐恢复，特别是菲律宾国内旅游市场。而且，长期制约菲律宾旅游发展的一系列核心问题，如投资不足、基础设施建设滞后、境内安全局势不够稳定等，近年来已有明显改善。[3] 因此，菲律宾旅游业的发展和投资前景总体长期向好。

[1] " Economic Indicators for the Philippines," Asian Development Bank Website, https：// www. adb. org/countries/philippines/economy.
[2] " Economic Indicators for the Philippines," Asian Development Bank Website, https：// www. adb. org/countries/philippines/economy.
[3] Yves Boquet, " It's More Fun in the Philippines? The Challenges of Tourism," in Yves Boquet, ed. , *The Philippine Archipelago*, Springer, 2017, p. 738.

B.16
菲律宾杜特尔特政府应对
新冠肺炎疫情的政策分析

张宇权　王冠雄*

摘　要：　菲律宾作为东南亚新冠疫情最为严重的国家之一，其抗疫政策经验对东南亚乃至世界各国都具有重要参考价值。菲律宾政府及时出台严格的入境政策、正确的卫生政策、面向弱势群体的补贴政策、多样有效的防疫经济政策及迅速撤侨，使其疫情防控工作富有成效，但同时也面临诸多挑战。本报告研究菲律宾应对新冠肺炎疫情政策及其实施状况，分析政策措施出台背景和意义。

关键词：　菲律宾　政策分析　新冠肺炎　COVID-19

　　2020年1月30日，菲律宾出现首例新冠肺炎确诊病例，2月2日，菲律宾出现首例死亡病例，截至4月30日，菲律宾确诊病例累计已达8488例。其中吕宋岛共7524例，占菲律宾总确诊病例数的89%。[①] 菲律宾是东南亚新冠肺炎疫情最为严重的国家之一，本报告主要分析菲律宾杜特尔特政府应对疫情政策的实施效果和现实挑战，并评价其意义。

---

* 张宇权，中山大学国际关系学院副教授、博士生导师，中山大学东南亚研究所菲律宾研究中心主任；王冠雄，中山大学国际关系学院研究助理。

① "COVID-19 Case Tracker," Republic of the Philippines Department of Health Website, https://www.doh.gov.ph/2019-nCoV.

一 菲律宾政府应对新冠肺炎疫情的主要政策内容

为了应对疫情，3月9日，杜特尔特总统签署行政命令宣布全国进入"公共卫生紧急状态"。① 3月16日，杜特尔特批准进入为期6个月的"全国灾难状态"，政府可以调动包括军队在内的一切力量维持国家的安全与稳定，各级政府机构将全面合作并调动必要资源以展开行动，所有基本食品和用品的价格将冻结。② 在菲律宾参众两院准许授予杜特尔特"特殊权力"后，杜特尔特于3月24日签署"第11469号共和国法令"即《全国互助抗疫法》。③ 该法令主要授予杜特尔特总统三项权力：第一，可将任何私人医院、医疗和保健机构用于卫生工作者住宿、隔离区、隔离中心，医疗救济和援助分发地点，或其他临时医疗设施；第二，可以要求企业优先安排防疫必需产品和服务的合同以应对紧急医疗状况；第三，国会授权杜特尔特总统超预算支出，运营医疗机构等，以遏制新冠肺炎疫情。④ 3月25日，杜特尔特进一步宣布，菲律宾进入为期3个月的国家紧急状态，以控制新冠肺炎疫情在菲蔓延。⑤ 可以看出，杜特尔特政府非常重视新冠肺炎疫情的蔓延，具体来说，杜特尔特政府主要做了五个方面的工作来抑制疫情。

---

① Azer Parrocha, "State of Public Health Emergency Declared in PH," Philippine News Agency Website, March 9, 2020, https://www.pna.gov.ph/articles/1095955.

② Christina Mendez and Alexis Romero, "State of Calamity in Philippines for 6 Months," Philstar Website, March 18, 2020, https://www.philstar.com/headlines/2020/03/18/2001752/state – calamity – philippines – 6 – months.

③ "Pres. Duterte Signs 'Bayanihan To Heal as One Act' Giving Him Additional Powers to Address COVID – 19 Crisis," Eagle News Website, https://www.eaglenews.ph/pres – duterte – signs – bayanihan – to – heal – as – one – act – giving – him – additional – powers – to – address – covid – 19 – crisis/.

④ Congress of the Philippines, *Republic Act No. 11469*, pp. 1 – 14, Official Gazette Website, https://www.officialgazette.gov.ph/downloads/2020/03mar/20200324 – RA – 11469 – RRD.pdf.

⑤ 郑昕、袁梦晨：《菲律宾宣布进入国家紧急状态》，新华网，2020年3月25日，http://www.xinhuanet.com/world/2020 – 03/25/c_1125767820.htm。

（一）及时出台严格的入境政策

杜特尔特政府应对疫情的反应十分迅速。与有的国家初期未重视疫情，疫情严重后匆匆出台补救措施相比，杜特尔特政府在本国疫情出现一点苗头时就果断出台了一系列严格的防控政策。随着新冠肺炎疫情全球蔓延，菲律宾交通运输局表示，2020 年 3 月 22 日零时起，只允许菲律宾公民及其外国配偶和子女、外国政府或国际组织派驻人员入境，临时禁止其他外国公民入境。①

与其他国家相比，菲律宾入境管制政策的实施时间相对较早，且更加严格，这也是根据疫情实际蔓延形势而作出的较为及时而科学的决策，政策内容较为合理，后续也出台了一些相关政策作为入境管制政策的补充，如在菲外国人在强化社区隔离期间若签证到期，只要在解除强化社区隔离后 30 日内申请签证就不会被罚款。②

（二）出台正确的卫生政策

杜特尔特出台卫生政策之前，以积极合作的态度充分听取了医疗专家的意见，而不论对方在政治上是反对派与否。最突出的表现之一就是 4 月 20 日，杜特尔特就 4 月 30 日后是否继续延长加强社区隔离政策咨询卫生前部部长加内特·加林（Janet Garin）和苏珊·梅卡多（Susan Mercado）等专家，而他们之中至少一位来自反对派。③ 其主要做法是：第一，坚持实施小区隔离政策；第二，修建隔离设施并开展大规模病毒检测。

---

① Ted Cordero, "Foreigners Banned from Entering Philippines Starting March 22—DOTr," GMA News Website, March 20, 2020, https：//www. gmanetwork. com/news/news/nation/730560/ foreigners－banned－from－entering－philippines－starting－march－22－dotr/story/.

② Nicole-Anne C. Lagrimas, "BI Tells Foreigners in Philippines：Stay inside, No Need to Apply for Visa Extension Yet," GMA News Website, April 2, 2020, https：//www. gmanetwork. com/news/ news/nation/732424/bi－tells－foreigners－in－philippines－stay－inside－no－need－to－apply－ for－visa－extensions－yet/story/.

③ "President Duterte Consulting with ex-DOH Secretaries, Other Health Experts on Next Step after April 30," Eagle News Website, https：//www. eaglenews. ph/president－duterte－consulting－with－ ex－doh－secretaries－other－health－experts－on－next－step－after－april－30/.

鉴于吕宋岛疫情的严重性，菲律宾政府3月17日起把整个吕宋置于加强版小区隔离政策之下，且隔离持续时间不断被延长。在4月24日，杜特尔特再次宣布延长吕宋岛上首都地区及7个高风险区隔离期至5月15日。① 在此政策下，警察可以逮捕外出没有戴口罩的居民，或把他们送回家。吕宋地区以外的其他各省也相继关闭了省界或在境内实施类似的封闭式管理模式，以防止病毒感染进一步蔓延。

菲律宾卫生部督促各地方政府为新冠轻症病例建立单独的社区隔离设施，以遏制疾病传播。在一些地方如马卡蒂、巴石和奎松市，当地政府已与当地民间企业协调，将酒店转变为社区隔离设施。菲律宾国际会议中心、菲律宾文化中心、Ultra体育馆、黎刹纪念体育馆和菲律宾体育馆等大型场所被改造成为隔离场所。② 4月10日，菲律宾移民局宣布，该国在遏制新冠肺炎疫情暴发期间，已禁止该国医生、护士以及多岗位卫生工作者前往海外。③ 4月14日，在多省市开展大规模检测后，菲政府开始启动大规模病毒检测。④

尽管社区隔离政策对短期经济运行造成巨大冲击，但为了保护公众生命安全，杜特尔特政府顶住各种压力，延长了社区隔离政策。对于卫生医疗环境欠佳的菲律宾来说，隔离政策可以说是防控新冠疫情、保障人民健康的必然选择。世界银行高度称赞杜特尔特延长隔离政策的决定，表示"这个措施的决定越果断，将使菲律宾越早恢复常态"。⑤

---

① Ruth Abbey Gita-Carlos, "Duterte Extends ECQ in NCR, Other Covid – 19 'High Risk' Areas," Philippine News Agency, April 24, 2020, https：//www. pna. gov. ph/articles/1100836.

② "PH Converts Facilities into COVID – 19 Hospital, 'Mega Quarantine' Center," CNN Philippines Website, https：//www. cnnphilippines. com/news/2020/4/3/New – Clark – City – Philippine – Arena – COVID – 19 – hospital – quarantine. html.

③ "PH Temporarily Bans Deployment of Health Workers abroad Amid COVID – 19 Outbreak," CNN Philippines Website, https：//www. cnnphilippines. com/news/2020/4/10/POEA – deployment – ban – health – workers. html.

④ Jose Rodel Clapano and Alexis Romero, "Mass Testing for COVID to Start April 14," Philstar Website, April 4, 2020, https：//www. philstar. com/headlines/2020/04/04/2005346/mass – testing – covid – start – april – 14.

⑤ "World Bank 'Extremely Supportive' of Extended Philippines' Lockdown," ABS – CBN News Website, https：//news. abs – cbn. com/business/04/07/20/philippines – world – bank – coronavirus – lockdown – extended.

（三）面向弱势群体的补贴政策

随着隔离政策不断深入推进，菲律宾各级政府对于弱势群体和一线工作人员的保护和支持也不断加强。对新冠肺炎患者和医务工作者，3 月 26 日菲律宾健康保险公司表示将负责承担接触新冠肺炎的公立和私立医院卫生工作者的所有医疗费用，以及在国家紧急状态期间发生的工伤费用。[①] 对贫困人群，菲律宾政府于 4 月 1 日开启向 1800 多万户菲律宾贫困家庭提供 2000 亿比索现金援助的程序。根据杜特尔特 3 月 24 日签署的《全国互助抗疫法》，国家首都大区（NCR）低收入家庭每月将获得 8000 比索现金补贴，其他 16 个地区同等家庭将分别获得 5000～6500 比索，为期 2 个月。[②] 对劳工，菲律宾政府制定了劳工纾困计划，安排资金为大约 32.2 万名工人提供补助。[③]

总体上，菲律宾的经济补贴政策实施对象侧重于弱势群体，其原因有二：一是弱势群体受疫情影响最大，是最需要援助的群体；二是菲律宾政府财政资源有限，无力为全部人直接提供疫情经济补贴。菲律宾财政部部长多明格斯（Carlos G. Dominguez）表示，受疫情影响，菲律宾政府支出将进一步超过收入，菲律宾国家债务可能从经济产出的 41% 增长到 47%。[④] 因此，菲律宾政府侧重于弱势群体的一系列补贴政策是较为合理的。尽管菲律宾应

---

① "Until a New Case Rate Package Is Introduced: We Will Pay 'Full Cost of Treatment' for CoViD – 19 patients-PhilHealth," Philhealth Website, https://www.philhealth.gov.ph/news/2020/will_pay.php.

② The Department of Social Welfare, *Joint Memorandum Circular No. 1 Series of* 2020, p. 5, Official Gazette Website, https://officialgazette.gov.ph/downloads/2020/03mar/20200328 – JOINT – MEMORANDUM – CIRCULAR – NO – 1 – S – 2020.pdf.

③ "With Extended Quarantine Bello to Employers: Please Pay Workers Sans Job: Work Displacement Breaches 1M Mark," Philippine Department of Labor and Employment Website, https://www.dole.gov.ph/news/with – extended – quarantine – bello – to – employers – please – pay – workers – sans – job – work – displacement – breaches – 1m – mark/.

④ "Economic Team Plots Recovery Plans after 'Zero Growth' This Year," CNN Philippines Website, https://cnnphilippines.com/business/2020/4/9/philippines – economy – stagnant – growth – .html.

对疫情的全国性补贴计划覆盖范围较窄，但菲律宾政府努力寻求更多资金来源以支持菲政府的紧急补贴计划，如亚洲开发银行已于4月27日批准向菲律宾提供一笔2亿美元的贷款。① 而且许多地方政府已面向当地居民出台了各种补贴、援助计划，例如马尼拉市政府将为56.8万户家庭各派发1000比索补助金，使市民能购买急需的食品和其他必需品。② 全国性与地方性补贴政策结合，能够一定程度上缓解菲律宾大多数民众的一时之急。

（四）迅速开展的撤侨工作

疫情暴发期间，菲律宾境外仍有大量以海外劳工为主的菲律宾侨民滞留，菲律宾政府也迅速组织起撤侨工作。2月9日，菲律宾政府决定将在国外的一些菲律宾人撤离回菲律宾采取相关治疗，这是菲律宾政府首次采取相关政策来撤离在国外的菲律宾公民。在钻石公主号上的菲律宾公民引起了菲律宾政府和人民的高度关注，在钻石公主号上共有538名菲律宾公民，包括531名船员和7名乘客。2月15日，菲律宾派两架包机前往日本，将钻石公主号上的菲律宾公民撤离回菲律宾。③ 4月1日，菲卫生部称，由于新冠肺炎疫情在全球不同国家暴发，预计将有6300多名菲律宾人在未来两周分49个批次陆续返回菲律宾。菲卫生部副部长维吉尔（Maria Rosario Vergeire）表示："目前已有6378名菲律宾人表示有意返回菲律宾，在49批即将返国的同胞中，有45批是政府处理的撤侨行动。"④

面对新冠肺炎疫情在世界范围内肆虐，菲律宾迅速开展这样较大规模的撤侨工作是值得称赞的。首先，由于菲律宾经济结构特点，其海外劳工群体

① "PH, ADB Sign ＄200 – M Loan Pact for Cash Assistance Project," Philippine News Agency Website, https：//www. pna. gov. ph/articles/1101454.

② Meg Adonis, "568000 Manila Families to Get P 1k Each," Inquirer Website, April 7, 2020, https：//newsinfo. inquirer. net/1254854/568000 – manila – families – to – get – p – 1k – each.

③ Lucia F. Broño, "500 Filipinos aboard MV Diamond Princess to Arrive on Sunday," Philippine Information Agency, February 21, 2020, http：//n. eastday. com/pnews/1582252026012405.

④ Joyce Ann L. Rocamora, "6. 3K Repatriates Expected in 2 Weeks Amid Covid – 19 fears：DOH," Philippines News Agency Website, April 1, 2020, https：//www. pna. gov. ph/articles/1098545.

规模庞大，且其中两成以上在海上工作。① 面对来势汹汹的新冠肺炎疫情，许多海外劳工的健康和基本生活条件在当地无法得到保障。其次，菲律宾人有着较重的家庭观念，疫情之下与家人团聚是大多数海外菲律宾公民的期盼。面对疫情，菲律宾政府迅速开展撤侨行动，是保护海外公民、团结菲律宾人民的必要且正确的措施。

（五）多样有效的防疫经济政策

除上述各类政策外，菲律宾政府也及时制定了一系列经济政策以减小疫情造成的负面影响。菲律宾 3 月 17 日起临时关闭金融市场，证券交易所无限期关闭，货币与债券交易也都暂停。② 此外，菲律宾货币委员会已经授权菲律宾中央银行存款准备金率下调五百个基点以避免新冠肺炎疫情造成经济衰退。③ 3 月 29 日，为应对疫情威胁而特别组成的行动决策机构——跨机构管理新感染性疾病行动小组已批准提供农业部 310 亿比索的补充预算，并提交给总统审议和批准，以资助一项全国性的"大种特种方案"，保障在加强社区隔离期间的粮食供应。④ 而对于企业，菲贸易和工业部长拉蒙·洛佩斯（Ramon Lopez）表示，中小型企业可在封关结束后申请低息贷款。⑤

---

① Mayen Jaymalin, "Over a Million OFWs Deployed in 2017—DOLE," Philstar Website, December 26, 2017, https://www.philstar.com/headlines/2017/12/26/1772177/over - million - ofws - deployed - 2017 - dole.

② Lianting Tu and Ian C Sayson, "Philippines Becomes First Country to Shut Financial Markets Thanks to Virus," Bloomberg Website, March 17, 2020, https://www.bloomberg.com/news/articles/2020 - 03 - 16/philippines - shuts - financial - markets - after - virus - spurs - stock - rout.

③ "Philippines 'to Do Everything' to Avoid Recession: Central Bank Governor," ABS - CBN News Website, https://news.abs - cbn.com/business/03/29/20/philippines - to - do - everything - to - avoid - recession - central - bank - governor.

④ "IATF Approves P31 - B add'l Budget to Increase Food Sufficiency Level," Philippines Department of Agriculture Website, March 29, 2020, http://www.da.gov.ph/iatf - approves - p31 - b - addl - budget - to - increase - food - sufficiency - level/.

⑤ Rizal Obanil, "SMEs Can Borrow up to P500K from DTI When Quarantine Is Over," Manila Bulletin Website, April 8, 2020, https://business.mb.com.ph/2020/04/03/smes - can - borrow - up - to - p500k - from - dti - when - quarantine - isover/.

此外菲律宾政府称，正在寻求筹资 230 亿美元，以缓解疫情造成的经济影响。①

为应对新冠肺炎疫情、社区隔离等因素对经济带来的影响，菲律宾政府也分别针对金融、农业、商业市场，相继出台了各项经济政策，有利于部分缓解疫情对菲律宾未来经济造成的负面影响。由疫情造成的经济停滞与经济危机不同，它与基础经济中的问题几乎无关，因而只有疫情得到控制，经济才能重现复苏繁荣。在一系列经济政策的助力下，菲律宾经济已逐渐复苏，在疫情风险降低的地区许多行业已可正常经营。同时随着疫情进一步平稳，菲律宾政府有待推出优惠力度更大、扶持效果更强的经济政策。

二 杜特尔特政府应对疫情的成效与挑战

（一）防控疫情政策已见成效

面对新冠肺炎疫情，菲律宾政府的反应迅速而强硬。在欧美国家受阻于民众意识和立法障碍而无法实现理想隔离效果，东南亚许多国家疫情防控艰难而缓慢时，菲律宾杜特尔特政府的防疫工作却毫不滞息。在 3 月 9 日菲律宾确诊病例只有 10 例时，杜特尔特总统就已宣布菲律宾进入"公共卫生紧急状态"。3 月中旬确诊病例不到 100 例时，菲律宾政府就已着手采取隔离政策。菲律宾防疫政策这种迅速的反应和强硬的态度，也为菲律宾的防疫工作抢占了先机，减缓了菲律宾新冠肺炎疫情的发展，降低了疫情负面影响。菲律宾防控疫情政策取得的良好成效，主要表现在以下几方面。

首先，在疫情防控效果方面，因在抗击新冠肺炎疫情的政策指导下，部

---

① Ian Nicolas Cigaral, "Duterte Eyes Selling Gov't Assets if COVID – 19 Response Fund Still Not Enough," April 9, 2020, https：//www. philstar. com/headlines/2020/04/09/2006543/duterte – eyes – selling – govt – assets – if – covid – 19 – response – fund – still – not – enough.

门间紧密合作，防控工作有序展开，疫情蔓延速度得以减缓。截至 5 月 3 日菲律宾开启大规模新冠病毒检测，检测能力大大增强。全菲律宾已有 22 个检测中心，且检测中心的数量将继续增加。① 此外，政府的防疫政策正在得到严格执行：4 月 4 日，一名男子因违反封锁隔离措施，并威胁袭击卫生工作人员和警察，被警方击毙。② 4 月 29 日，菲律宾累计新冠肺炎的治愈者人数破千，达到 1023 人。③ 菲律宾卫生部部长杜克（Francisco Duque III）表示，以病例倍增的时间来判断，本国新冠肺炎疫情的扩散已逐渐平缓。他举出例证：4 月 5 日确诊三千个病例，至 4 月 19 日才增加一倍，而不是原预料的 4 月 9 日。④

其次，在经济方面，菲律宾政府应对疫情的经济政策一定程度上降低了疫情带来的负面影响。受菲律宾政府应对疫情积极有为的政策等因素影响，众多国际信贷评级机构对菲律宾经济前景均感到乐观。2020 年 2 月，惠誉国际评级将菲律宾的"BBB"展望调高至"正面"；而在 4 月，总部位于日本的评级与投资信息公司（R&I）也将菲律宾的评级从"BBB"上调至"BBB ＋"。菲律宾中央银行经济研究主任丹尼斯·拉毕（Dennis Lapid）表示，在社区隔离措施取消后，菲律宾经济将迎来一次缓慢的复苏。⑤ 目前，菲律宾阿巴尧省、高山省、伊富高省等新冠病毒低风险地区已恢复一般社区隔离状态，

① "Philippines Now Has 22 COVID－19 Testing Centers—DOH," GMA News Website, May 3, 2020, https：//www. gmanetwork. com/news/news/nation/736638/philippines－now－has－22－covid－19－testing－centers－doh/story/? just_ in.

② "Man Shot Dead in Philippines for Flouting Coronavirus Rules," Aljazeera Website, April 5, 2020, https：//www. aljazeera. com/news/2020/04/man－shot－dead－philippines－flouting－coronavirus－rules－200405072915819. html.

③ Ma. Teresa Montemayor, "DOH Reports 254 New Covid－19 Cases, 48 New Recoveries," Philippine News Agency, April 29, 2020, https：//www. pna. gov. ph/articles/1101411.

④ Christina Mendez, "COVID－19 Curve 'Almost Plateaued' But Not Yet Flattened," Philstar Website, 23 April 2020, https：//www. philstar. com/headlines/2020/04/23/2009198/covid－curve－almost－plateaued－not－yet－flattened.

⑤ Ted Cordero, "BSP Sees Slow Economic Rebound after ECQ Is Lifted," GMA News Website, April 24, 2020, https：//www. gmanetwork. com/news/money/economy/735433/bsp－sees－slow－economic－rebound－after－ecq－is－lifted/story/.

在这些地区，农业、渔业、林业、食品制造、超市、电信和媒体等行业已可以全面开放；而金融服务、商业流程外包、其他非休闲批发和零售贸易以及其他非休闲服务也可半开放现场工作。① 相信随着新冠肺炎疫情在菲律宾境内进一步得到控制，菲律宾经济也将得以逐渐恢复。

最后，在国民信念方面，菲律宾政府的及时政策和积极作为也使菲律宾国民对抗疫情的信心和团结得以增强。面对疫情，菲律宾民众正处于空前的团结中。许多城市，如4月12日的奎松市，有市民自发以拉起横幅、挥舞衣服、播放歌曲等方式向在医务一线与病毒对抗的医护工作者表达支持。② 菲律宾的许多企业也积极响应政府号召，热心捐赠资金和抗疫物品。此外，菲律宾政府主动向中国求助，包括菲律宾外长、内阁部长、副总统在内的各界政要也积极发声赞扬中国抗疫措施，③ 菲律宾广大民众看到中国对抗疫情的成功，对自己国家的疫情防控工作也信心倍增。

（二）抗疫政策面临多方面挑战

尽管菲律宾杜特尔特政府抗击新冠肺炎疫情的一系列政策已取得较大成效，但政策实施过程中仍面临来自卫生资源、经济资源等许多方面的考验。

首先，挑战体现在卫生资源方面。由于病例数不断增加，菲律宾大量医院均面临医疗人员和用品短缺问题。菲律宾医疗体系脆弱，医疗物资储备较少，且国内具有生产防护物资资质的企业数量有限，无论是生产原材料还是关键设备都需要进口。但如今全球疫情严峻，菲律宾很难在国际市场上获得

① Ruth Abbey Gita-Carlos, "Duterte Extends ECQ in NCR, Other Covid – 19 'High Risk' Areas," Philippine News Agency, April 24, 2020, https：//www. pna. gov. ph/articles/1100836.

② 《菲律宾：支持医护工作者》，光明国际网，2020年4月13日，http：//world. gmw. cn/2020 – 04/13/content_ 33735537. htm。

③ 《菲律宾各界政要积极驰援中国抗击疫情，赞扬中国抗疫措施》，环球网，2020年2月29日，https：//world. huanqiu. com/article/3xEOzEhd8wJ。

足够的急需物资。① 此外，菲律宾健康保险公司表示无法承担新冠肺炎患者4月14日后的住院费，在4月14日后，菲健康保险公司将根据病例费率或患者病情严重程度向患者提供现金援助。②

其次，挑战体现在经济资源方面。对于普通民众，政府的现金援助只针对"穷人中的穷人"，自隔离措施实施以来，许多中产家庭已经耗尽了他们的积蓄。③ 在一些地区已出现市民涌向当铺的情况。而疫情也对不少企业造成重大打击。4月9日，社会企业发展伙伴组织报道称，新冠肺炎疫情已使南阿古桑省和南苏里高省半数以上的小微型企业倒闭，而其余尚未倒闭的小企业也是经营惨淡。④ 4月12日劳工部报告，菲律宾有100多万名工人受到新冠肺炎疫情导致的经济停顿的影响。⑤ 疫情同样重创了菲律宾旅游业，由疫情蔓延、入境管制导致的游客减少，使当地旅游业人员生活更加艰难。菲律宾财政部长多明格斯表示，受新冠肺炎疫情影响，菲律宾2020年的经济增长率可能为0%~1.0%，恐出现负增长。⑥

除了上述考验，在执行初期，各部门之间的磨合也在所难免，朝令夕改及政策"打架"、难以落实等问题屡见不鲜。马尼拉市市长莫仁诺（Francisco

---

① 《菲律宾会是下一个新冠病毒爆发点吗?》，南方财经网，2020年3月8日，http：// www. sfccn. com/2020/3－8/5MMDE0OTZfMTU0MDk5Mw. html。

② "Until a New Case Rate Package Is Introduced：We Will Pay 'Full Cost of Treatment' for CoViD－19 Patients-PhilHealth，" Philhealth Website，https：//www. philhealth. gov. ph/news/2020/will_ pay. php.

③ "Cash Aid for Middle Class Unlikely，But MSME Sector to Receive at Least P35－B COVID assistance－DOF，" CNN Philippines Website，https：//www. cnnphilippines. com/news/2020/4/ 13/COVID－cash－aid－middle－class－MSME－employees－DOF. html.

④ Jon Viktor D. Cabuenas，"COVID－19 Wipes Out Half of Microenterprises in Agusan del Sur，Surigao del Sur，" GMA News Website，Apri 9，2020，https：//www. gmanetwork. com/news/ money/companies/733371/covid－19－wipes－out－half－of－microenterprises－in－agusan－del－ sur－surigao－del－sur/story/.

⑤ "Over 2 Million Workers Lose Jobs as COVID－19 Quarantine Measures Continue－DOLE，" CNN Philippines Website，https：//www. cnnphilippines. com/news/2020/4/26/2－million－workers－ displaced－quarantine－COVID－19－pandemic. html.

⑥ "Economic Team Plots Recovery Plans after 'Zero Growth' This Year，" CNN Philippines Website，https：//cnnphilippines. com/business/2020/4/9/philippines－economy－stagnant－growth－. html.

Moren Domagoso）就曾表示派发给当地居民的食品箱总是延误。① 4 月 1 日在大马尼拉区奎松市，民众就因未获分发食品而进行了游行示威。②

三　影响菲律宾应对新冠肺炎疫情的因素分析

（一）中国抗疫经验给菲律宾带来的启示

新冠肺炎疫情暴发以来，中国政府用事实证明了中国抗疫政策的有效性，为包括菲律宾在内的世界各国提供了可借鉴的经验。中国抗疫经验给菲律宾带来的启示突出体现在卫生政策方面。例如面临现有医院床位紧张，确诊患者数量"井喷式"增长的情况，中国开创了"方舱医院"模式，而菲律宾也在本国疫情蔓延时采用了此种模式，将现有大型场所改造成隔离场所，搭建临时医院以容纳患者；中菲都对疫情最严重的地区实施了"封城"隔离措施，并严格管理街道社区，以防止疫情进一步大范围快速扩散；中菲都对新冠肺炎患者的医疗费进行报销，以减轻患者负担，使更多人能够提早就医，降低感染概率。

在疫情中，中国给予菲律宾的无私援助，推动了中国抗疫经验在菲律宾得到广泛应用。菲律宾是最早向中国发出援助请求的东南亚国家，也第一时间得到了中国的帮助。为帮助菲律宾应对新冠肺炎疫情，中国政府从以下几个方面向菲提供了力所能及的支持和协助。一是中国政府向菲政府无偿提供了三批援助，3 月 16 日中方首批援菲 2000 个检测试剂盒；③ 3 月 21 日第二批医疗物资抵达马尼拉，包括 10 万人份检测试剂、10 万只医用外科口罩、

① Meg Adonis, "568000 Manila Families to Get P 1k Each," Inquirer Website, April 7, 2020, https：//newsinfo. inquirer. net/1254854/568000 – manila – families – to – get – p – 1k – each.

② "Philippines：Security Forces Arrest Multiple Protesters in Quezon City April 1," Gardaworld Website, https：//www. garda. com/crisis24/news – alerts/328626/philippines – security – forces – arrest – multiple – protesters – in – quezon – city – april – 1.

③ 《菲律宾政府感谢中方提供抗击疫情援助》，中华人民共和国驻菲律宾共和国大使馆官网，2020 年 3 月 19 日，http：//ph. china – embassy. org/chn/sgdt/t1758110. htm。

1 万只医用 N95 口罩和 1 万件医用防护服;① 4 月 5 日第三批医疗物资随中国抗疫医疗专家组抵达，包括防护用品、医疗设备和中成药等,② 6 月 9 日第三批抗疫物资剩余部分全部支付，包括 5.2 万件医用防护服、7 万只医用防护口罩、7 万只医用隔离眼罩和 130 万只医用外科口罩。③ 二是中国政府派遣抗疫医疗专家组助菲抗疫。中国抗疫医疗专家组由国家卫生健康委员会组建，福建省选派，一行共 12 人，包括呼吸与危重症、中医、传染性疾病控制、微生物检验、护理等多个领域的专家，于 2020 年 4 月 5 日抵达菲律宾首都马尼拉。④ 在菲两周时间里，专家组夜以继日，走访菲各大医院和卫生部门，毫无保留地同菲方分享中国经验和做法。三是中方全力协助菲在华购买抗疫药品和物资，克服各种困难协调菲方军机军舰赴华提货事宜，并协调中方商业包机运送抗疫物资来菲。⑤ 菲律宾总统和平进程顾问兼全国应对疫情总协调人加尔维兹（Carlito Galvez Jr.）表示，菲政府从中国购买了价值 18 亿菲律宾比索的医疗防护用品，菲空军将每天派出两架飞机前往中国将物资运回菲律宾。⑥ 此外菲律宾海军"巴科洛德市"军舰在 4 月 25 日抵达中国漳州港并提取 23385 箱医疗防护用品。⑦ 在民间，一些菲律宾医院很早就开始以视频会议等形式与中国医院交流新冠肺炎防控和治疗等专业问

---

① 赵益普:《中国援助菲律宾医疗物资抵达马尼拉》，环球网，2020 年 3 月 21 日，https://world.huanqiu.com/article/3xVcNX5PkEV。

② 袁梦晨、夏鹏:《中国抗疫医疗专家组抵达菲律宾》，中华人民共和国中央人民政府官网，2020 年 4 月 5 日，http://www.gov.cn/xinwen/2020-04/05/content_5499368.htm。

③ 赵益普:《中国政府新一批援菲抗疫物资抵达马尼拉》，人民网，2020 年 6 月 9 日，http://world.people.com.cn/n1/2020/0609/c1002-31740745.html。

④ 袁梦晨、夏鹏:《中国抗疫医疗专家组抵达菲律宾》，中华人民共和国中央人民政府网站，2020 年 4 月 5 日，http://www.gov.cn/xinwen/2020-04/05/content_5499368.htm。

⑤ 《中国驻菲大使接受菲总统府新闻部长专访谈抗疫》，中国新闻网，2020 年 4 月 25 日，http://www.chinanews.com/gj/2020/04-25/9167671.shtml。

⑥ "PH Air Force to Fly Twice a Day to China to Speed up Transport of P1.8B in PPE vs Coronavirus," Inquirer Website, April 21, 2020, https://globalnation.inquirer.net/187035/ph-air-force-to-fly-twice-a-day-to-china-to-speed-up-transport-of-p1-8b-in-ppe-vs-coronavirus.

⑦ Priam Nepomuceno, "Navy Ship in China for PPE Pick up Taking Health Precautions," Philippine News Agency Website, May 1, 2020, https://www.pna.gov.ph/articles/1101559.

题。例如，3 月 24 日菲律宾中华崇仁医院李捷顺等 11 位医生，与浙江大学医学院附属第一医院十多位专家召开了一场远程跨国视频会议，其间双方对"中国到底是怎么操作的，最终使得一个个地区的新冠肺炎个案不再增加？""在没有呼吸机的情况下，处理严重急性呼吸综合征病人有什么经验分享？"等十多个新冠肺炎防控和治疗专业问题进行了细致的交流。① 中国无私地伸出援助之手，推动了抗击疫情的中国经验融入菲律宾防控疫情的各项工作中。

（二）菲律宾自身因素对新冠肺炎疫情应对的影响

政治方面。杜特尔特的执政特点极大地影响了本次疫情防控的具体政策。杜特尔特一向作风强硬。在本次菲律宾抗疫政策中，杜特尔特雷厉风行的强硬作风从他力排众议，实行社区隔离、进入紧急状态等政策便可见一斑。此外，在 2019 年中期大选中杜特尔特全面掌握众议院参议院，为其出台抗疫政策减少了阻碍。

杜特尔特强硬的底气，来自民众的支持，而他也用解决社会问题的方式回应民众的支持。除了铲除为祸数十年的犯罪分子和政治腐败外，他回应贫困和中产阶级的呼声，尤其是菲律宾社会面临的诸多社会经济问题，如贫困、失业等。② 新政府希望通过改革政体、推动基础设施建设、减少贫穷、重拳打击犯罪等措施，推动菲律宾经济发展，改善人民生活。本次疫情中为弱势群体发放现金援助、推出劳工纾困计划等政策无疑也是杜特尔特回应民众呼声、解决实际问题的表现。

杜特尔特上台后，以务实态度处理对华关系。杜特尔特处理对华关系时的务实态度，推动菲中两国友好关系得到长足发展，两国官方、民间交流不断增加。两国用合作代替对立，用交流代替敌视。本次疫情中，中国政府积

① 关向东：《全球战疫：菲华崇仁医院："和中国医生视频交流后更有把握了"》，中国新闻网，2020 年 3 月 24 日，http://www.chinanews.com/gj/2020/03 - 24/9136483.shtml。
② 〔菲〕赫奈力拓·西维拉：《杜特尔特总统的对华外交议程走向与东盟的未来》，《中国周边外交学刊》2017 年第 2 期，第 206 ~ 207 页。

极回应菲律宾政府的请求，以多种方式支援菲律宾抗疫战争，就是杜特尔特政府务实态度带来的菲中友好关系的生动写照。

经济与人口方面。杜特尔特政府应对新冠肺炎疫情的政策同样有基于该国经济状况的考虑。菲律宾在人口、经济、医疗等方面有着独特国情，而这些特点很大程度上塑造了菲律宾的抗疫政策。

首先，菲律宾贫困人口多，防控和治疗难度大。一方面是贫困人口居住条件简陋，卫生环境及消毒防护措施不到位，易于感染；另一方面是贫困人口难以负担的防护和治疗费用。根据"亚洲脉动"的调查，约99%的菲律宾人无法购买处方药，因为他们无法负担过高的价格。[①] 此外，因社区隔离、企业停工造成的失业使许多家庭的经济情况雪上加霜。在这种情况下，如果不实施报销新冠肺炎患者治疗费用、进行大规模病毒检测等政策，许多人就会因为经济困难而选择隐瞒病情，进而造成疫情进一步失控；若不对弱势群体、劳工等进行经济援助，许多家庭将面临经济极度困难的问题，引发更多社会问题。

其次，在经济结构方面，菲律宾作为亚洲最大的劳务输出国家，海外劳工带来的外汇收入是该国经济的重要组成部分。菲律宾海外劳工数量超过一千万，且多集中在中东、亚洲等疫情风险高的地区。[②] 因此，为保护国民生命健康，保障劳动人口，帮助海外劳工撤离回菲律宾是菲律宾政府的必要工作。

同时旅游业也是菲律宾重要外汇收入来源之一，2018年旅游业产值占菲律宾GDP比重近13%。[③] 大马尼拉地区作为菲律宾旅游业最发达的地区，是来菲外国人的主要目的地，因大量外国航班抵达大马尼拉地区，受部分国

---

① 李姣、代帆：《菲律宾会是下一个新冠病毒爆发点吗？》，南方财经网，2020年3月8日，http：//www.sfccn.com/2020/3-8/5MMDE0OTZfMTU0MDk5Mw.html。

② 《菲或将引入阿里巴巴技术服务海外菲劳》，中华人民共和国商务部官网，2018年2月9日，http：//search.mofcom.gov.cn/swb/recordShow.jsp？flag=0&lang=0&base=iflow_app&id=ph201802027111061&value=（%E5%8A%B3%E5%B7%A5%E4%BA%BA%E6%95%B0）。

③ "Contribution of Tourism to the Philippine Economy Is 12.7 Percent in 2018," Philippine Statistics Authority Website, https：//psa.gov.ph/content/contribution-tourism-philippine-economy-127-percent-2018.

外旅客携带病毒影响，吕宋地区的病例增多。而且在人口分布方面，菲律宾吕宋地区，尤其是大马尼拉地区人口密集。整个吕宋地区在菲律宾国民经济中的占比达到70%，菲律宾人口约1.06亿，主要分布在吕宋岛，其中大马尼拉地区人口为1369.9万。且菲律宾大多数家庭人口众多，尤其是贫困家庭。[①] 地区人口密度和家庭人口密度居高不下、外国旅客涌入等因素，造成一旦疫情发生，很容易具有极快的传播速度。菲律宾卫生部部长杜克在4月7日的新闻发布会上表示，大约80%的新冠肺炎病例来自吕宋。[②] 这些原因可以在一定程度上解释菲律宾政府为何在国内病例为数不多时就马上颁布入境禁令、宣布进入紧急状态；也可以解释菲律宾学习中国经验，实施小区隔离、建立方舱医院等措施的原因。

医疗资源方面。菲律宾政府在制定防控疫情政策时也不得不考虑菲律宾医疗资源不足且分布不均的现实问题。世界卫生组织曾认为菲律宾的医疗保健系统"碎片化"。[③] 一方面，该国专业医生和护理人员比较欠缺。在菲律宾过亿的人口中，许多人无法获得基本医疗服务，每千人口医疗卫生机构床位数仅有一张。[④] 即使在城市地区，社区保健中心也基本无专业医生，甚至有的也没有全科医生。另一方面，菲律宾医疗资源分布地区差异较大。菲律宾的医院大多集中在城市，尤其是马尼拉地区，医护人员也多分布于城市地区，农村地区医疗资源匮乏，医疗条件落后，只有10%的卫生工作者在农

① 李姣、代帆：《菲律宾会是下一个新冠病毒爆发点吗？》，南方财经网，2020年3月8日，http：//www.sfccn.com/2020/3-8/5MMDE0OTZfMTU0MDk5Mw.html。

② Julia Mri Ornedo, "Philippines' COVID-19 Cases Concentrated in Metro Manila, Says Duque," GMA News Website, April 7, 2020, https：//www.gmanetwork.com/news/news/nation/733067/philippines-covid-19-cases-concentrated-in-metro-manila-says-duque/story/? amp.

③ Marlen V. Ronquillo, "Public Health：Death by a Thousand Cuts," The Manila Times Website, October 6, 2019, https：//www.manilatimes.net/2019/10/06/opinion/columnists/topanalysis/public-health-death-by-a-thousand-cuts/627326/.

④ "PHL Patient-to-hospital Bed Ratio at 1：1000—Ejercito," GMA News Website, https：//www.gmanetwork.com/news/news/nation/643384/phl-patient-to-hospital-bed-ratio-at-1-1-000-ejercito/story/.

村地区服务，但农村人口占总人口比为 52.9%。① 对于一般的菲律宾人来说，家庭往往是他们生病时护理场所的第一选择。但对于新冠病毒这种呼吸道疾病来说，需要严格的隔离治疗措施才能得以有效控制。

另外，由于专业医护人员的欠缺，若疫情"井喷式"爆发，有限的医护人员也极易因劳累或感染而出现更大的空缺。面对严峻的疫情形势，菲律宾政府防控和治疗面临较大冲击。② 因此，菲律宾政府不得不选择实施禁止医务人员前往国外、社区隔离、向海外请求援助等政策。

结　语

菲律宾杜特尔特政府应对新冠肺炎疫情的相关政策总体上符合防控疫情蔓延的客观要求，且覆盖范围较广、出台时间及时，有助于菲律宾尽快控制疫情蔓延，集中力量解决国内疫情威胁，保障人民生命健康。尽管受封锁政策等影响疫情过后经济可能出现一定下滑，但伴随菲律宾政府相关经济政策的深入推进，疫情对经济造成的负面影响有希望控制在较小范围内。同时，杜特尔特政府应对疫情的各项政策得以出台并取得较好成效很大程度上归功于杜特尔特上台以来就一直力推的各项改革计划。菲财政部部长多明格斯表示："我们实力之所以增强，很大一部分原因是综合税制改革计划，该计划使我们在 2018 年和 2019 年提前增加近 2000 亿比索的收入。我们正利用这些资源来保护经济免受新冠病毒等风险的影响。"③ 杜特尔特政府在处理本次疫情中强力、有效、负责的形象，更有利于进一步巩固并赢得菲律宾人民的支持和信任，树立威望，有利于继续推进杜特尔特政府在政治、经济方面

---

① 李姣、代帆：《菲律宾会是下一个新冠病毒爆发点吗？》，南方财经网，2020 年 3 月 8 日，http：//www. sfccn. com/2020/3 - 8/5MMDE0OTZfMTU0MDk5Mw. html。

② 李姣、代帆：《菲律宾会是下一个新冠病毒爆发点吗？》，南方财经网，2020 年 3 月 8 日，http：//www. sfccn. com/2020/3 - 8/5MMDE0OTZfMTU0MDk5Mw. html。

③ "DOF Says COVID - 19 Emergency Subsidy Largest Social Protection Program in PHL History，" Philippine Department of Finance Website，https：//www. dof. gov. ph/dof - says - covid - 19 - emergency - subsidy - largest - social - protection - program - in - phl - history/.

的改革计划。

菲律宾政府在应对疫情中选择向中国请求援助，中国也积极地回应菲方，这样的友好往来有助于转变在部分菲律宾民众心中对中国的负面印象，使两国人民减少误会和猜疑，进而利于未来中菲合作关系的加强，促进菲律宾更好融入"一带一路"建设，推动菲律宾疫情过后经济恢复和发展。如果菲律宾政府此次应对疫情的政策能使疫情成功得到控制，那将会是菲律宾国家动员能力的一次很好的展示，对菲律宾提升在东盟内部的影响力、发展与其他东盟国家的关系、以东盟为依托发挥自身在地区和国际事务中的作用都将有十分积极的影响。

附 录

Appendix

B.17
2019年菲律宾大事记

肖佳洁　陈思仔[*]

1月

1月4日　菲律宾外交部部长特奥多罗·洛钦与美国国家安全顾问约翰·博尔顿举行会晤。

1月6~11日　俄罗斯太平洋舰队3艘军舰访问菲律宾。

1月8日　中国银行协助菲律宾政府成功发行价值15亿美元的主权债券。

1月13日　由菲律宾中国和平统一促进会主办的菲华社纪念《告台湾同胞书》发表40周年座谈会,在马尼拉举行。

1月14~16日　海南省副省长沈丹阳率领代表团访问菲律宾。

---

*　肖佳洁,中山大学国际关系学院研究助理;〔菲〕陈思仔,中山大学国际关系学院研究助理。

1月16日　菲律宾和斯里兰卡签署了有关军事、旅游及农业的5项协议。

1月17~21日　中国海军护航编队访问菲律宾。

1月18日　美国国土安全部宣布，菲律宾将不再符合资格参与H-2A和H-2B方案，即在一年内停止为在美国寻找农业和非农业工作的菲律宾人发出签证。

1月20日　菲律宾国防部部长德尔芬·洛伦扎纳参观了正在马尼拉进行友好访问的中国海军539编队芜湖舰。

1月21日　菲律宾和日本官员签署两项贷款协议，共值986亿9000万比索。

1月22日　中国南方航空公司开通广州至菲律宾宿务航线。

1月25日　中国国务委员兼国防部部长魏凤和在八一大楼会见了菲律宾国防部副部长卡多佐·卢纳（Cardozo M. Luna）。

1月27日　菲律宾苏禄省一座天主教大教堂发生两次炸弹攻击，极端组织"伊斯兰国"宣称对该事件负责。联合国秘书长安东尼奥·古特雷斯（António Guterres）谴责发生在菲律宾教堂的恐怖袭击事件。

1月28日　中国外交部发言人耿爽对菲律宾苏禄省发生的针对无辜平民的暴力袭击事件予以强烈谴责。

1月29日　菲律宾南部城市三宝颜一处清真寺发生一起爆炸事件；国家主席习近平就菲律宾苏禄省发生爆炸袭击事件向菲律宾总统罗德里戈·杜特尔特致慰问电；中国驻菲律宾大使馆举办2019年新春招待会，赵鉴华大使出席并致辞。

2月

2月6日　由菲律宾大学孔子学院主办的2019年"一带一路·共享美好"中国农历新年系列庆祝活动在菲律宾国立大学迪利曼校区正式拉开帷幕。

2月7日　菲律宾国防部副部长卡多佐·卢纳表示，美国仍然是菲律宾最主要的盟友。

2月9~11日 日本外务大臣河野太郎（Taro Kono）访问菲律宾。

2月9日 菲律宾总统罗德里戈·杜特尔特与日本外相河野太郎举行会晤，重申日菲之间的战略伙伴关系。

2月10日 日本外相河野太郎与菲国外交部长特奥多罗·洛钦举行双边会谈，并签署道路及桥梁发展合作文件。

2月11日 菲律宾总统府对美国政府承诺向菲律宾提供3亿比索的情报支援表示欢迎。

2月12日 日本驻马尼拉大使羽田浩二（Haneda Koji）将5亿日元的保护设备援助移交给菲律宾国家警察局长奥斯卡·阿尔巴亚尔德（Oscar Albayalde）。

2月13日 中国海关宣布允许进口符合《进口菲律宾冷冻水果检验检疫要求》的菲律宾冷冻香蕉、冷冻菠萝和冷冻芒果；中国驻菲大使馆向菲律宾国家通讯社（PNA）和菲律宾广播公司（PBS）捐赠成套设备。

2月17~19日 由4名美国前驻菲大使组成的高级代表团访问菲律宾。

2月21日 在大阪市日本和菲律宾政府就35.6亿日元的赠款签署了三份换文。两份拨款用于进一步支持改善"邦萨摩洛棉兰老穆斯林自治区"（BARMM）的社会经济基础设施和供水。另外一份拨款用于在该国提供列车模拟器。

2月28日~3月1日 美国国务卿迈克·蓬佩奥（Mike Pompeo）访问菲律宾。

2月28日 菲律宾总统罗德里戈·杜特尔特会见美国国务卿迈克·蓬佩奥；菲律宾政府创办了一家名为"新闻中心"（Balita Central）的报纸，致力于充当向菲律宾人传播关于国家政府项目和方案发展信息的桥梁。

3月

3月1日 菲律宾总统府称，仍需要检讨菲美互防条约。

3月4日 由中国驻东盟使团和菲律宾常驻东盟使团联合主办、印尼哈

比比中心承办的"中国—东盟关系雅加达论坛"启动，菲律宾常驻东盟大使伊丽莎白（Elizabeth P. Buensuceso）发表主题演讲。

3月6～7日 马来西亚首相马哈蒂尔·穆罕默德（Mahathir Mohamad）受邀访问菲律宾。

3月6日 越南外交部部长范平明（Pham Binh Minh）赴菲律宾出席"菲越第九次双边合作委员会会晤"，双方通过了2019～2024年的新菲越五年行动计划；菲律宾前预算部长本杰明·迪奥克诺（Benjamin E. Diokno）在总统府宣誓就职为新一任菲央行行长。

3月7日 菲律宾总统罗德里戈·杜特尔特在总统府会见了正式访问菲律宾的马来西亚首相马哈蒂尔·穆罕默德，会见后双方发表联合新闻公报。

3月14日 美国发表其年度人权报告，并指责菲律宾总统罗德里戈·杜特尔特的政府继续进行"法外杀人"、"违反人权"和"威胁独立媒体"。

3月15日 菲律宾达沃市长萨拉·罗德里戈·杜特尔特（Sara Duterte）会见中国福建省泉州市委常委、晋江市委书记刘文儒及其率领的晋江访菲经贸代表团一行。

3月16日 菲律宾总统府称，菲更倾向于"聚焦正面的部分"及无视美国国务院最新全球人权报告中的"负面观察"。

3月17日 菲律宾正式退出国际刑事法院。

3月18～21日 应中国国务委员兼外交部部长王毅邀请，菲律宾外交部长特奥多罗·洛钦访华。

3月19日 中国国家副主席王岐山在中南海会见由菲律宾外长特奥多罗·洛钦等组成的菲律宾政府代表团；中国商务部部长钟山在北京应约会见来访的菲律宾内阁经济管理团队。

3月20日 菲律宾政府与中国银行合办的菲律宾经济形势介绍会在北京香格里拉酒店隆重举行，菲律宾政府文官长萨尔瓦多·梅地亚迪亚（Salvador Medialdea）等内阁成员出席并致辞；中国国务委员兼外长王毅在北京钓鱼台国宾馆同菲律宾外长特奥多罗·洛钦举行会谈。

3月21~24日 菲华商联总会第三十二次全菲代表大会在菲律宾国际会议中心（PICC）及索斐特大旅社隆重召开。

3月22日 中国驻菲大使馆举行"中国大使奖学金"招待会；日本驻马尼拉大使馆已经签署了五个新的草根项目，价值4178万菲律宾比索，重点是改善全国的教育、卫生和农业。

3月29日 美国政府就Rappler记者玛丽亚·雷萨（Maria Ressa）再度被捕事件呼吁菲律宾当局，尽快解决此案，并允许雷萨和她所经营的新闻网站Rappler"自由运作"；菲律宾总统罗德里戈·杜特尔特宣布，当天在菲南部正式成立"邦萨摩洛"穆斯林自治区，取代原有的棉兰老穆斯林自治区。

3月29日~4月2日 泰国皇家海军两艘护卫舰停靠在马尼拉南港以进行友好访问。

4月

4月1~12日 菲律宾和美国举行"肩并肩"联合军演。

4月1日 菲律宾总统发言人萨尔瓦多·班尼洛（Salvador Panelo）和中国驻菲大使赵鉴华在菲律宾总统府会面，双方同意平等谈判贷款。

4月3日 中国和菲律宾在菲律宾马尼拉举行南海问题双边磋商机制的第四次会议，双方将争取早日达成南海行为准则。

4月4日 祭奠菲律宾华侨抗日先烈活动在马尼拉华侨义山公墓举行，中国驻菲律宾大使馆公使衔参赞檀勍生参加了祭奠；澳大利亚驻菲律宾大使史蒂文·罗宾逊（Steven J. Robinson）宣布澳大利亚政府向菲律宾提供了约8500万美元的发展援助。

4月7日 菲律宾外交部长特奥多罗·洛钦称美国仍将是菲律宾唯一的军事盟友。

4月8日 菲律宾总统府称要求菲政府释放参议员莱拉·德利马（Leila De Lima）及撤销对Rappler首席执行官玛丽亚·雷萨的控诉的5名美国参议员应该停止干预菲国事务。

4月8~12日 俄罗斯太平洋舰队两艘大型反潜舰与一艘中型海上油轮抵达马尼拉进行非正式访问。

4月13日 俄罗斯太平洋舰队和菲律宾海军在南海举行演习。

4月16日 菲律宾外交部部长特奥多罗·洛钦在采访中表示，若南海出现"明确的侵略行为"，菲律宾可以向"唯一的军事盟友"美国求助。

4月21日 菲律宾海军丹辘号登陆舰抵达青岛港，参加中国海军阅舰式。

4月22日 博鳌亚洲论坛副理事长、中方首席代表周小川在马尼拉会见菲律宾政府文官长萨尔瓦多·梅地亚迪亚。

4月22~23日 由博鳌亚洲论坛主办、菲华商联总会等多家菲律宾全国性工商组织合办的博鳌亚洲论坛马尼拉会议在菲律宾首都马尼拉举行。

4月24~28日 菲律宾总统罗德里戈·杜特尔特出访中国，并和中国国家主席习近平一同出席4月25~27日在北京举办的第二届"一带一路"国际合作高峰论坛。

4月25日 中国国家主席习近平在人民大会堂会见菲律宾总统罗德里戈·杜特尔特；中国国务院总理李克强在钓鱼台国宾馆会见菲律宾总统罗德里戈·杜特尔特。

4月25~28日 应菲律宾农业部邀请，农业农村部副部长余欣荣率团访问菲律宾。

4月29日~5月13日 包括中日韩美在内的东盟防长扩大会议举行联合海上演习，菲律宾军队派舰参演。

4月30日 菲律宾政府向日本天皇明仁表示"最诚挚的感激"，感谢他在位30年里提倡和平，并促进马尼拉与东京的友好。

5月

5月2日 菲律宾与印度尼西亚两国军方在菲律宾达沃市举行仪式，启动在两国附近海域的联合海上巡航。

5月2~8日 菲律宾、美国、日本和印度四国在南海争议海域举行了四国联合军事演习。

5月7日 菲律宾政府称，菲律宾总统罗德里戈·杜特尔特已指示相关部门，菲律宾今后将停止从国外进口垃圾。

5月8日 中国海关总署公布《关于进口菲律宾新鲜椰子植物检疫要求的公告》，正式批准符合相关检疫要求的菲律宾新鲜椰子进口。

5月13日 菲律宾举行中期选举，执政联盟大胜。

5月14日 美国海岸警卫队巡逻舰与菲律宾海警船在中国黄岩岛附近海域进行联合演练，中国海警船在现场不远处监视。

5月15日 因垃圾争议，菲律宾外交部要求其驻加拿大大使及领事等多名外交官即刻返回菲律宾。

5月19日 第25次中国—东盟高官磋商在浙江杭州举行。中国外交部部长助理陈晓东和菲律宾外交部副部长恩里克·马纳罗（Enrique Manalo）共同主持。

5月20日 菲律宾外长特奥多罗·洛钦在接受采访时表示，"中国提供的战略伙伴关系比美国提供的战略混乱更具吸引力"。

5月20~23日 菲律宾缉毒署主办了第3次菲中禁毒合作双边会议。

5月21日 菲律宾参议院通过成立菲律宾航天局的法案。

5月28日~6月1日 菲律宾总统罗德里戈·杜特尔特访问日本，与日本首相安倍晋三（Abe Shinzo）举行会谈。

5月29日 菲律宾和日本签订26份商业协议，总价值55亿美元。

5月31日 菲律宾总统罗德里戈·杜特尔特在日本举行的第25届亚洲未来国际会议发表讲话时介绍菲律宾对商人来说是一个安全且有利可图的投资目的地；日本首相安倍晋三在东京与菲律宾总统罗德里戈·杜特尔特举行高峰会，重申加强菲日的外交关系；菲律宾总统罗德里戈·杜特尔特在第25届亚洲的未来会议上表示，菲律宾对中美之间日益加剧的冲突感到深刻的担忧，呼吁中美要立刻结束贸易摩擦。

6月

6月1日 菲海岸警卫队的工作人员逮捕 10 名越南渔民。

6月2日 菲律宾国防部部长德尔芬·洛伦扎纳在新加坡举行的第 18 届香格里拉对话会上表示，菲律宾将继续与俄罗斯在军事技术领域开展合作。

6月4日 菲律宾总统府表示已取消了政府官员前往加拿大的禁令。

6月4~11日 菲律宾陆军司令在马德里访问西班牙军队，讨论互利的培训和教育，以加强双边军事合作。

6月8日 菲律宾总统府表示，联合国特别报告员作出对菲律宾的所谓侵犯人权状况展开独立调查的呼吁是在干涉菲国主权；菲律宾总统罗德里戈·杜特尔特表示他将重新考虑向美国购买武器；中国驻菲律宾大使馆向马尼拉一所儿童活动中心捐赠物资。

6月9日 中国国家主席习近平就中菲建交 44 周年和菲律宾独立 121 周年致电菲律宾总统罗德里戈·杜特尔特表示祝贺。

6月10日 在南沙礼乐滩海域发生一起中方渔船和菲方渔船意外相撞事件；罗德里戈·杜特尔特政府拒绝让联合国派独立团队来菲调查菲反毒战杀戮事件的请求。

6月11日 菲律宾驻厦门总领事馆举办晚宴，庆祝菲律宾独立 121 周年。

6月14日 中国驻菲律宾使馆发表《关于中菲渔船相撞事故的声明》；庆祝中菲建交 44 周年文艺演出在马尼拉举行；加拿大把 6 月定为"菲律宾传统文化月"。

6月22~23日 第 34 届东盟峰会在泰国曼谷举行，菲律宾总统罗德里戈·杜特尔特出席。

6月22日 全球华侨华人促进中国和平统一大会（2019）在菲律宾首都马尼拉举行，中国国侨办主任许又声出席，大会发表《马尼拉宣言》。

6月25日　菲律宾环保团体在日本驻菲大使馆前呼吁G20轮值主席国日本，停止投资煤炭和会造成污染的其他传统能源。

6月27日　中国国家电网公司在菲律宾发起的"光明乡村"扶贫通电项目正式竣工并移交给当地电力部门；厦门航空公司开通宿务直飞中国成都的航班；菲律宾总统罗德里戈·杜特尔特表示，反对将美国扯进与中国的海上争议。

6月30日　菲律宾香港商会在马尼拉举办粤港澳大湾区发展与华商新机遇论坛。

7月

7月2日　菲律宾总统府表示，菲律宾愿意与中国就南海联合石油勘探展开对话。

7月2~5日　中国文化和旅游部副部长李群率中国文化和旅游部代表团访问菲律宾。

7月8日　越南政府总理阮春福（Nguyen Xuan Phuc）会见正在对越南进行正式访问的菲律宾外交部长特奥多罗·洛钦。

7月11日　联合国人权理事会（UNHRC）通过一项决议，将对菲律宾扫毒战发表全面性报告；菲律宾政府和亚洲发展银行签署马洛洛斯—克拉克铁路工程的13亿美元贷款协议。

7月15~16日　菲律宾和美国官员在马尼拉举行第八次菲美双边战略对话。

7月17日　澳大利亚驻马尼拉大使馆宣布追加1.4亿菲律宾比索的人道主义援助，以支持2017年马拉维危机的受灾民众。

7月22日　菲律宾总统罗德里戈·杜特尔特发表任内第4次国情咨文；菲律宾参议长文森特·索托（Vicente Sotto III）在第18届国会开始时连任成功；菲律宾沓义市众议员艾伦·彼得·卡耶塔诺（Alan Peter Cayetano）正式当选为众议院第22任众议长。

7月23日 第22次中国和菲律宾外交磋商在菲律宾首都马尼拉举行，此次磋商是2018年中菲关系升格为全面战略合作关系后两国间首次外交磋商；菲律宾国防部部长德尔芬·洛伦扎纳表示，由于海军力量有限，菲律宾将不参加美国倡议组建的海湾地区"护航联盟"。

7月24日 中国平安旗下金融壹账通与菲律宾友联银行（Union Bank）旗下公司UBX达成合作，将共同构建菲律宾第一个由区块链技术驱动的科技平台，以满足菲律宾国内中小微企业的融资需求。

7月24~26日 2019年中国工程技术展览会在菲律宾首都马尼拉举行。

7月26日 由中国公共外交协会和菲律宾总统府新闻部主办、中国驻菲大使馆特别支持、环球网与菲律宾亚典耀大学孔子学院共同承办的"一带一路"中菲人文交流与经济合作论坛在菲律宾首都马尼拉举办；"一带一路"中菲文化与健康产业合作论坛在菲律宾首都马尼拉举行。

7月28日 中国三峡机场正式开通至菲律宾加利莫往返直飞航班，这是宜昌开通的首条菲律宾航线。

7月29日 中国驻菲律宾大使馆举行招待会，庆祝中国人民解放军建军92周年。

7月30日 中国驻菲律宾大使赵鉴华拜会菲律宾新任众议长艾伦·彼得·卡耶塔诺，并转达中国全国人大常委会栗战书委员长贺电；中国国务委员兼外交部部长王毅在泰国曼谷会见菲律宾外长特奥多罗·洛钦。

7月31日 中国驻菲律宾大使馆捐赠1000万比索作为对菲律宾描丹尼斯地震灾区的人道主义援助。

8月

8月2日 菲律宾卫生部7月15日宣布全国登革热疫情后，欧盟提供10万欧元人道主义援助，加强公共卫生服务。

8月6日 菲律宾总统罗德里戈·杜特尔特表示，菲律宾永远不会允许美国在菲领土上部署核武器和中程导弹；菲律宾总统罗德里戈·杜特尔特表示，美国停止向菲律宾出售步枪使得菲律宾与中国关系升温。

8月8日　菲律宾总统罗德里戈·杜特尔特签署《菲律宾太空法》，宣布成立菲律宾航天局（PhilSA）。

8月14日　菲律宾外交部部长特奥多罗·洛钦与中国驻菲律宾大使赵鉴华举行会晤，讨论菲律宾总统罗德里戈·杜特尔特的对华访问。

8月15~17日　2019年中国机械电子（菲律宾）品牌展览会在马尼拉举行。

8月21日　广西北部湾港至马尼拉集装箱班轮直航航线正式开通，这是广西北部湾港开通至菲律宾的首条集装箱班轮直航航线。

8月28日~9月1日　应中国国家主席习近平邀请，菲律宾总统罗德里戈·杜特尔特访问中国，其间中菲签署六项协议。

8月28日　由中国—东盟商务理事会、菲律宾驻华大使馆共同主办的菲律宾投资说明会在北京举行。

8月29日　中国国家主席习近平在钓鱼台国宾馆会见菲律宾总统罗德里戈·杜特尔特。

8月30日　中国国务院总理李克强在北京人民大会堂会见菲律宾总统罗德里戈·杜特尔特。

8月31日　中国国家副主席王岐山在佛山会见菲律宾总统罗德里戈·杜特尔特。

9月

9月4日　第三届旅居义化国际论坛在菲律宾首都马尼拉举行。

9月5~7日　西班牙海军舰艇抵达马尼拉南港对菲律宾进行友好访问。

9月7~10日　菲律宾海军"雷蒙·阿尔卡拉斯"号护卫舰对越南进行访问。

9月7日　中国西安市与菲律宾卡巴洛甘市签署发展友好城市关系意向书。

9月8~12日 新加坡总统哈莉玛·雅各布（Halimah Yacob）访问菲律宾。

9月9日 菲律宾总统罗德里戈·杜特尔特在总统府会见了新加坡总统哈莉玛·雅各布（Halimah Yacob），菲新签署8份合作谅解备忘录。

9月16日 中国（重庆）—菲律宾经贸交流论坛在菲律宾首都马尼拉举行；菲律宾总统罗德里戈·杜特尔特在总统府会见重庆市委书记陈敏尔。

9月17日 中国人民银行授权中国银行马尼拉分行担任菲律宾人民币业务清算行。

9月18日 2019年中国—东盟市长论坛在广西南宁举行，菲律宾前总统、菲中了解协会名誉主席格洛丽亚·阿罗约（Gloria Arroyo）率领代表团参会。

9月21~24日 第16届中国—东盟博览会、中国—东盟商务与投资峰会在广西南宁举行，菲律宾工商部副部长马加杜曼（Abdulgani M. Macatoman）出席。

9月22日 菲律宾商机推介会暨商务配对会今天在南宁国际会展中心举行；由菲律宾和美国军队组成的约500名伞兵参加了在巴萨空军基地举行的首次大规模空降演习行动。

9月23日 菲律宾暂停了与英国等18个国家的政府间贷款及援助谈判，以回应这些国家此前在联合国人权理事会投票支持发起针对菲律宾打击毒品行动的人权调查案。

9月25日 菲律宾总统罗德里戈·杜特尔特签署了一项法律，通过将国际质量标准和专业知识引入菲律宾，努力实现菲律宾高等教育部门的现代化，以使高等教育具有全球竞争力。

9月26日 菲律宾和阿拉伯联合酋长国在美国纽约签署了关于合作打击人口贩运的谅解备忘录；中国驻菲律宾大使馆举行庆祝中华人民共和国成立70周年招待会。

9月28日 菲律宾外交部长特奥多罗·洛钦在74次联合国大会期间对

于与中国就争端水域行为准则进行的谈判表示赞赏。

9月29日 菲律宾南部棉兰老岛东南海域发生6.4级地震。

10月

10月1日 菲律宾总统罗德里戈·杜特尔特致函中国国家主席习近平庆祝中华人民共和国成立70周年。

10月1~5日 菲律宾总统罗德里戈·杜特尔特出访俄罗斯，菲俄双方签署了至少10项商业协议，估计价值1257万美元。

10月14日 菲美日军舰聚集巴拉湾举行第三期海上共同训练。

10月16日 菲律宾棉兰老岛发生6.3级地震。

10月17~21日 印度总统拉姆·纳特·科温德（Ram Nath Kovind）出访菲律宾。

10月19日 福建石狮至马尼拉国际航线在石狮石湖港开通首航。这是福建拓展"丝路海运"的又一新进展。

10月21日 菲律宾总统罗德里戈·杜特尔特前往东京参加日本天皇德仁的登基大典。

10月22日 中国国务院副总理胡春华出访菲律宾。

10月23~26日 印度海军两艘舰艇将停靠马尼拉进行友好访问。

10月24日 中国和菲律宾签署了6项协议，为两个基础设施项目的可行性研究提供资金，并改善贸易和通信领域的合作；菲律宾总统罗德里戈·杜特尔特（Rodrigo Duterte）在首都马尼拉会见中国国务院副总理胡春华，讨论落实中国在菲律宾基建投资项目。

10月26日 中国银行、中国日报、马尼拉大都会博物馆和中华文联共同主办的"天人合和"中菲艺术家联合画展（中国部分）在深圳艺术码头开幕。

10月28日 中国和菲律宾南海问题双边磋商机制（BCM）第五次会议在北京举行，中菲重申应以积极和建设性态度妥善处理南海分歧。

10月29日　菲律宾棉兰老岛发生6.6级强震。

10月31日　央视国际视频通讯社联合菲律宾国家电视台在北京举办"第二届东盟媒体圆桌会"。

11月

11月1日　中国驻菲大使馆表示，中国政府向菲棉兰老岛地震灾民捐赠300万元人民币。

11月2~4日　第35届东盟峰会及东亚合作领导人系列会议在曼谷举行，菲律宾总统罗德里戈·杜特尔特出席。

11月2日　菲律宾总统罗德里戈·杜特尔特在第35届东亚峰会全体会议期间重申，有必要尽快制定有效和实质性的南海行为准则。

11月3日　第22次中国—东盟（10+1）领导人会议在泰国曼谷举行，菲律宾总统罗德里戈·杜特尔特出席。

11月4日　第22次东盟与中日韩（10+3）领导人会议在泰国曼谷举行，菲律宾总统罗德里戈·杜特尔特出席；菲律宾总统罗德里戈·杜特尔特与日本首相安倍晋三在泰国举行双边会议，重申了两国的战略性伙伴关系；菲律宾总统罗德里戈·杜特尔特在第14届东亚峰会期间促请各国支持一个开放包容的地区秩序，以及一个开放、公平、以规则为基础的国际贸易制度。

11月5日　中国承建的南中国海区域海啸预警中心正式运行，开始为菲律宾等9国提供全天候地震海啸监测预警服务。

11月6日　中国驻菲大使赵鉴华结束在菲律宾5年半的任期返回中国，众议院授予其"国会成就奖章"以表彰其在任期间为推动菲中关系所作贡献，黄溪连接任中国驻菲大使。

11月7日　中国驻达沃总领馆组织驻菲中资机构向棉兰老岛地震受灾严重乡镇、村庄，发放价值400万菲币的8000袋救灾物资；菲律宾移民局宣布将恢复给中国公民的电子护照盖出入境章；美国国防部促请其防务盟友国菲律宾继续使用美国的军事设备。

11月11日 广州直飞菲律宾克拉克航线开通；世界银行承诺为菲律宾提供5亿比索的援助，用于发展当地农业部门，以覆盖该国更多地区和项目。

11月13日 菲律宾和文莱军队签署国防合作备忘录。

11月16日 澳大利亚国防部长琳达·雷诺兹（Linda Reynolds）和菲律宾国防部部长德尔芬·洛伦扎纳在泰国曼谷举行的东盟防长扩大会上宣布将继续推进"奥古里计划"，以加强两国在双边防务关系方面合作。

11月18日 两艘印度尼西亚海军舰艇停靠在马尼拉南港码头，进行为期四天的友好访问。

11月20日 美国国防部部长访菲期间，菲律宾国防部部长德尔芬·洛伦扎纳与其共同重申，有必要重新审议1951年签订的《美菲共同防御条约》。

11月22日 台湾前领导人马英九访问菲律宾，并拜会菲律宾前总统菲德尔·拉莫斯。

11月25日 菲律宾总统罗德里戈·杜特尔特出席在韩国釜山举行的东盟—韩国纪念峰会，并与韩国签署了关于防务合作的谅解备忘录。

11月26日 菲律宾农业部长威廉·达尔（William Dar）和韩国海洋与渔业部部长成铉文（Moon Seong-hyeok）在釜山签署了关于渔业合作的首份谅解备忘录（MOU）。双方将继续促进渔业和水产养殖业在科学、技术、经济和贸易等领域的合作。

11月27日 泰国皇家海军代表团访问菲律宾驻马尼拉海军总部。

11月30日 第30届东南亚运动会在菲律宾竞技场举行盛大开幕仪式，菲律宾总统罗德里戈·杜特尔特与文莱苏丹哈吉·博尔基亚（Haji Bolkiah）一同出席首次在室内场地举行的东南亚运动会开幕式。

12月

12月1日 在接受CNN采访时，菲律宾总统罗德里戈·杜特尔特称，

他更倾向于与中国通过谈判而非战争的方式来解决领土争端问题。

12月3日　菲律宾教育部和中国孔子学院总部在马尼拉签署协议，双方同意启动合作项目，选拔菲律宾公立中学本土汉语教师在菲攻读汉语师范教育硕士，以推动该国汉语教学持续发展；中国新任驻菲律宾大使黄溪连到任拜会菲律宾外长特奥多罗·洛钦并递交国书副本。

12月4日　中国新任驻菲律宾大使黄溪连前往菲律宾总统府，向菲总统罗德里戈·杜特尔特递交国书。杜特尔特对菲中关系的良好发展表示满意。

12月6日　菲律宾众议长艾伦·彼得·卡耶塔诺宣布，菲奥委会已批准申办2030年亚运会。

12月8日　中国政府捐出100万元人民币，帮助重建在南纳卯省地震中损毁的罗德里戈·杜特尔特总统的母校。

12月14日　针对美国参议院要求菲政府立刻释放莱拉·德利马（Leila De Lima）和撤销对玛丽亚·雷萨（Maria Ressa）控诉的142号决议案，菲律宾总统府认为这是对菲律宾尊严及主权的侮辱。

12月16日　中国驻菲律宾大使黄溪连拜会菲律宾国防部部长德尔芬·洛伦扎纳，对菲律宾国防部成立80周年、菲律宾军队建军84周年表示热烈祝贺；中国驻菲律宾大使黄溪连在媒体圣诞沙龙暨庆祝澳门回归20周年招待会上表示，中国援菲项目已有10个顺利实施；中国外交部部长王毅在马德里出席亚欧外长会议期间会见菲律宾外长特奥多罗·洛钦。

12月17日　首届全球难民论坛在日内瓦开幕。会上，菲律宾重申了致力于联合国解决难民问题的努力。

12月18日　中国中车株洲电力机车有限公司与菲律宾国家铁路公司在菲律宾首都马尼拉签署供货合同，由中国制造的动车组列车将首次出口到菲律宾。

12月19日　菲律宾马京达瑙屠杀案时隔十年获宣判，最终裁决对选举暴力的58名被谋杀的受害者有利。

12月20日　美国总统特朗普签署一项针对菲律宾的修正案，授权美国国务卿拒绝导致参议员莱拉·德利马（Leila De Lima）被监禁的人入境美国，随后，菲律宾参议员们抨击美国此举是"干预菲律宾国内事务"；菲律宾经济部门批准了12个基础设施建设项目，总价值6261亿比索，其中包括中国政府资助的武卡纳大桥项目。

12月22日 菲律宾参议院批准了菲律宾和俄罗斯之间的引渡条约和刑事司法互助条约。

12月24日 中国驻菲律宾大使黄溪连向菲律宾人民致以圣诞节和新年祝福，并表达了推动中菲全面战略合作关系稳定发展的愿望。

12月26日 菲律宾在2019年首次被评为世界旅游奖（WTA）的主要跳水目的地。

12月27日 菲律宾和日本政府间签署了一项旨在对两个公路项目进行详细研究，以振兴经济活动并促进棉兰老岛和平建设进程的协议。

12月30日 菲律宾驻美大使证实拒绝菲律宾官员入境美国的禁令确实存在，总统发言人萨尔瓦多·班尼洛威胁，如果美国实施该项禁令，菲律宾将要求美国公民在来菲之前先申请菲国签证；菲律宾总统罗德里戈·杜特尔特在达沃市黎刹公园出席黎刹日献花仪式，总统女儿、达沃市市长萨拉·罗德里戈·杜特尔特以及财政部长卡洛斯·多明戈斯（Carlos Dominguez）一同出席并陪同总统献花。

Abstract

    This report summarizes and analyzes the situations of the Philippines in aspects of politics, foreign affairs, security, economy, and social development, especially focusing on the strategy of national development of the Rodrigo Duterte's administration during 2019 and 2020. This book is divided into five sections as follows. The first part is the overview report which summarizes the challenges faced by the Duterte's administration in aspects of politics, economy, security, and foreign affairs. It also sheds light on the results and prospects of the government policies in these regards. The overview sets the tone of the book. The second part delineates the state of the Philippines. This part review the dynamics of the Philippines in terms of political development, national defense, national economy, and diplomatic situations for a better understanding of the Philippines' conditions. The third section regards the Philippines' bilateral relations with other countries. This book analyzes the Philippines' bilateral relations to China, the United States, Russia, and Japan, during 2019 and 2020. This part illustrates the Philippines' external dynamics and the support it gained overseas during the period of time. The fourth section is special reports on different topics, including the security situation in the southern Philippines, the relationship between the Duterte's government and the mainstream media, enforcement of the Philippines' cybersecurity law, Overseas Filipino Workers (OFW), people-to-people communication between China and the Philippines, the development of the Philippines' tourism, and the Philippines' epidemic prevention policies against COVID-19. This section is about the policy bargaining and challenges faced by the Philippines on security, media, internet, tourism, overseas workers, and epidemic prevention policies in the country. The last section lists the important events in Philippines in 2019.

    The argument of this book is that Rodrigo Duterte took more practical strategies on national development since his inauguration in 2016 to make efforts on China-Philippines relations, putting aside the inappropriate foreign policy adopted by the former President Aquino III of allying with the United States against China. He has a different approach to security from the predecessor's one which mainly focused on territorial security. Duterte takes economic development as the core of the Philippines' national development strategy. This change makes the strategy more leading, realistic, universal, balanced, and flexible. Under the guidance of President Duterte's national development strategy, the Philippines has achieved better in various fields of domestic politics, economy, security, and foreign affairs. Meanwhile, the achievements also had a great impact on the situations surrounding the Philippines and its international conditions. Currently, the Philippines has become more balanced domestically while its economic reform goes steady which propels a higher pace of growth. All of these achievements can be attributed to President Duterte's administration. However, the threat of terrorism and poverty reduction issue remain as well as the iron-fisted policy of anti-narcotics is still facing challenges. The negotiation between the Philippines' government and the Communist Party of the Philippines has not to reach a positive result. In the near future, with the ongoing pandemic of COVID-19 in 2020, the Duterte's administration will face more severe challenges in economy. Despite of that, under the Duterte's administration, we still can hold a prudently optimistic attitude toward the Philippines' strategy of national development.

Keywords: The Philippines; China-Philippines Relations; Rodrigo Duterte; National Development

Contents

I General Report

Abstract: Rodrigo Duterte, the incumbent president of Philippines, is well-known as a pragmatist and strongman. After taking office, Duterte deployed his national development strategy in accordance with the domestic and international situations faced by current Philippines. He made economic development, instead of territorial security, the core of his national development strategy. Duterte's national development strategy is guiding, realistic, universal, balanced and flexible. Under the guidance of national development strategy, Philippines has made certain achievements in the fields of politics, economy and security. Furthermore, this national development strategy also has an important impact on Philippines' surrounding and international situation. Based on the analysis of Duterte's national development strategy, Philippines' response to breaking events, such as the outbreak of the COVID −19 epidemic in 2020, can also be expected.

Keywords: Philippines; Duterte Administration; National Development strategy; Sino-Philippines-U. S. Relations

Ⅱ Situation Analysis Reports

Abstract: Mid-term Election was conducted in the Philippines on May 2019. Rodrigo Duterte and his political allies has won overwhelmingly both at the national and local level. Their political opponents led by the Liberal could not balance the Duterte government effectively after the mid-term election. As for the administration, Duterte government's "Build, Build, Build" program has been implemented smoothly. The social security was improved under the anti-drug war. The coordination between national and local government was strengthened. And more importantly, the establishment of Bangsamoro Autonomous Region in Muslim Mindanao set up a milestone for the peace-building in Mindanao. Nonetheless, Rodrigo Duterte's health condition deteriorated. The law protecting the coconut farmers was vetoed. The criticism against the anti-drug war was still immense. The water shortage and traffic jam in Metro Manila had not been solved. These limited Duterte's governmental achievement in 2019.

Keywords: Mid-term Election; Rodrigo Duterte; Bangsamoro Autonomous Region in Muslim Mindanao; Filipino Politics; Southeast Asia

Abstract: In 2019, Filipino economic growth was affected by the delayed approval of the Philippine government's 2019 fiscal budget, frequent natural disasters, and the global economic declining. Filipino economic growth slowed down. The domestic economy presents the following characteristics: residents' consumption has increased for eased inflation and the economy has been vigorously

driven; the service industry has continued to grow robustly, industrial and agricultural development has slowed down. The Philippine government adopted active finance policy, and substantially increased its fiscal expenditure in the second half of the year. There are some fluctuations in foreign trade and foreign investment, while Philippines' international economic cooperation has achieved fruitful results. Affected by the COVID − 19 epidemic, the Philippine economic growth will be under great pressure and it will face dim prospect in 2020.

Keywords: Filipino Economy; Domestic Consumption; Government Budget; China-Philippines Cooperation

B. 4　Philippine Defesne Policy from 2019 to 2020: Balance of
　　　Power and the build-up of a Self-reliant Defense System

Hong Xiaowen / 069

Abstract: Since the beginning of 2019, the Philippine government has further strengthened the reinforcement of its "Balance of Power" policy and its "Self-Reliant Defense" strategy. Following the "National Security Strategy (2018)", the Philippine Congress has passed through a series of Acts that focusing on improving defense authorities, the development of defense industries, anti-terrorism, etc, . The Philippines has shown a tendency to "pivot to domestics" in defense strategy, to promote the independence of defense industry, to emphasize on cyber security, to revise the military relations with the US, and to strengthen the partnership with other Asia-Pacific powers. The Duterte's administration has tried to apply a balancing and hedging strategy in managing its military relationship with both China and the US. Particularly, the China-Philippine mil-to-mil relation has been progressing, and the defense cooperation tends to be more and more multi-lateral. However, due to the long time confrontation between two countries, there are still critics about "Chinese military threats" in the Philippines. Thus, it is necessary to keep it from destroying the upgrading mutual understanding between the Armed Forces of the Philippines (AFP) and the People's Liberation Army (PLA).

Keywords: Philippine Military; Balance of Power; Hedging Strategy; Philippine-US Alliance; Self-Reliant Defense

B. 5   The Development Trend of the Philippines' Diplomacy in

2019 −2020: Practicing the Balance of Powers and

Independent Foreign Policy   *Liu Feng , Ma Chao* / 088

Abstract: 2019 is an important year for the development of the Philippine country and the development of Sino-Philippine relations. During the past year, Philippine President Rodrigo Duterte paid two visits to China, It continues the general tone and direction of friendly relations with China since he took office as President, Cooperation in various fields between China and the Philippines has been further deepened. At the same time, the diplomatic strategy of the Philippines also maintains the characteristics of "balanced power" and "independent" . With regard to US relations, the Philippines continues to maintain a cautious and low-key approach with the US on sensitive issues such as the South China Sea issue, Sino-Philippine relations, and China-US-Philippines trilateral relations. It is not provoked by the US. At the same time, the Philippines remains tough on the domestic accusations against the United States on its internal affairs, showing a certain style of independent diplomacy. In terms of the development of relations with other major powers, the cooperation between Russia and the Philippines in the military and defense fields is a trend worthy of attention. In terms of relations with Japan, hoping to obtain closer economic and trade relations is the mainstream of Japan-Philippine relations, but the "consensus" between the two countries on the maritime issue is also worthy of attention. On the future development of Philippine diplomacy, the sudden covid −19 outbreak and the presidential election in the Philippines two years later, It will become an important factor influencing the Philippine government and diplomacy in 2020, which needs to be carefully observed and analyzed.

Keywords: Philippine Foreign Affairs; Balance of Great Powers; Independent Diplomatic Strategy

Ⅲ　Bilateral Relations Reports

B. 6　The Relationship between China and Philippines:

Comprehensive Improvement of Political Dialogue, Trade

Cooperation and People to People Exchanges　*Yang Jinglin* / 100

Abstract: In 2019, bilateral high-level interactions between China and the Philippines were frequent, having forged cooperation highlights within the framework of the comprehensive strategic cooperative relationship, steadily promoting bilateral and multilateral political dialogue, economic cooperation and people-to-people exchanges, which have enhanced to the political mutual trust and people-to-people bonds between the two sides. The two countries have developed the cooperation in the development of infrastructure construction, finance and industry, they have all-round developed the bilateral economic and trade . At the same time, the two sides have effectively handled territorial disputes, promoted maritime cooperation and made orderly progress in bilateral consultations on the South China Sea. Close cooperation in counter-terrorism, peacekeeping, disaster reduction and relief, international affairs have injected vitality into the steady development of bilateral relations.

Keywords: Political Mutual Trust; Economic and Trade Cooperation; China-Philippines Relations; People to People Exchanges

B. 7　2019 −2020 Relations between the Philippines and the United

States: Bilateral Relations Are Running at a Low Level with

Gloomy and Unclear Prospects　*Feng Lei, Wang Xiaoyan* / 121

Abstract: In 2019 −2020, the relations between Philippines and U. S. has been constantly impacted, and even the alliance has been shocked. The Trump administration insists on "America First" and pay less attention to the Philippines – U. S. alliance. The Duterte government that won the midterm elections stabilized the domestic political bloc and instead of having a closer connection with The U. S. , Philippines chose to improve its relationship with China and Russia, which has resulted in the Philippines – U. S. bilateral political relations operating at a low level. The Philippines unilaterally proposed the abolition of the 《Visiting Forces Agreement》 (VFA), which leads to a sudden setback in the gradual recovery of the Philippines – U. S. bilateral military cooperations. However, factors such as the colonial history of the United States in the Philippines, close economic and aid relations, and the general public's psychology of pro – U. S. And other factors have built a solid foundation for the Philippines – U. S. alliance, and the various public interactions that the U. S. has conducted in the Philippines in recent years have also consolidated Philippine's public will towards the United States. The U. S. president election and the Duterte government's action in fighting the COVID –19, and these will bring more variables to the Philippines – U. S. relations.

Keywords: Philippines; The United States; *Visiting Forces Agreement*

Abstract: As early as 1976, the Soviet Union and the Philippines formally established diplomatic relations, but the relations between Russian and Philippines were developed on the basis of relations between the Soviet Union and the Philippines. After the Cold War, Russia-Philippines relations have been stagnant for a long time because of the distance between the two countries and political reasons. Relations between Russian and Philippines had changed abruptly since President Duterte came to power during 2016. With the joint push of Russia and the Philippines, bilateral relations are heating up rapidly, showing a new trend of frequent political interaction, strengthened economic cooperation and gradual

development of military and technical cooperation. Looking forward to the future, Russia-Philippines relations will maintain a steady, forward development, which have an optimistic prospect and great potential. However, Russia-Philippines relations are facing some challenges, including some twists and turns in a short period, which are maintained jointly by the two countries.

Keywords: Relations between Russian and Philippines; Duterte; Putin

B. 9   An Analysis of the Current Situation of Filipino-Japanese Relations

Zhang Yuquan, Chen Zhun / 154

Abstract: Since duterte was sworn in as the 16th President of the republic of the Philippines, achieving balance and independence among major powers has been a major feature of his foreign policy. After consolidating the domestic ruling foundation, Abe attaches more importance to diplomatic relations with southeast Asian countries for the sake of developing domestic economy and balancing geopolitics. In this context, on the basis of consolidating the traditional diplomatic relations between the two countries, bilateral economic and trade relations have been continuously strengthened, high-level exchanges have become increasingly frequent, and defense cooperation has become more prominent. The relations between the Philippines and Japan are characterized by a broad scope and prominent priorities in aid diplomacy. On the whole, due to the development strategies of their respective countries, both the Philippines and Japan have strengthened their relations with each other, making the philippines-japan relations show a stable and positive trend in recent years.

Keywords: Philippines; Japan; Diplomatic Relations

Ⅳ　Special Reports

B. 10　An Overall Review and Outlook of the Security Situation

　　 in the Southern Philippines　　　*Xue Liang*, *Zheng Xianwu* / 170

Abstract: Security in the southern Philippines has been a problem for decades. It is characterized by strong sustainability, wide scope and difficulty in governance, which has caused long-term troubles to successive Philippine governments. After Duterte came to power, the negotiations with the main rebel groups in the south continued to move forward, but at the same time faced the risk of violent extremism caused by the projection of Islamic State forces in the south. The situation was further complicated by various security risks. Therefore, from the perspective of "security dilemma of weak states", this paper analyzes the essence of the security problem in the southern Philippines, grasps its present general situation, and makes judgment and prospect on its governance and prospect.

Keywords: Southern Philippines; Security Dilemma; Terrorism

B. 11　Clashes between Duterte Administration and Philippine Mass

　　 Media: The Case of Rappler and Maria Ressa

　　　　　　　　　　　　　　　　　 Ma Yuchen, *Wu Jiewei* / 194

Abstract: Constant conflicts arose between the Philippine government and local mainstream media since President Duterte took office, which is caused by negative coverage on the government ranging from the stigmatization of the drug war to the alleged social media manipulation and corruption. In early 2019, such conflicts intensified. Maria Ressa, co-founder of the Rappler, was arrested twice for cyberlibel and violating the Anti-Dummy Law and later accused of involving in an "ouster plan" against Duterte. The tension between Duterte government and

local media also raised concern on the international level. Contextualization of both media and legal environment in the Philippines are necessary for a more comprehensive picture of this conflict, as well as domestic and international politics faced by the Duterte government.

Keywords: Duterte Government; Philippine Mass Media; Clashes between Government and Media

B. 12　Philippines Cybercrime Prevention and Law Enforcement

Ge Yuewei / 215

Abstract: Philippines has promulgated five laws concerning cyber security which involve the web video and audio, e-commerce, electronic evidence, cyber child pornography, cyber fraud, intrusion to computer systems and the protection of critical information technology infrastructure. The 2012 cyber law referenced European Cybercrime Convention and makes comprehensive and systematic regulations on cracking down, punishment and protection against cybercrime. Philippines National Police set up the cyber law enforcement until 2013. 2019 saw the intensive international law enforcement cooperation between Philippines and INTERPOL, the United States, Australia, Britain and China in fighting cybercrime. However, Philippines is still facing serious challenges due to being accused of human rights abuse and the weak law enforcement capability.

Keywords: Philippines; Cybercrime; Law Enforcement; Law and Rules

B. 13　The Development Trend of the Philippines' Diplomacy in

2019 −2020: Practicing the Balance of Powers and

Independent Foreign Policy　　*Zhang Yuquan, Hu Jiajing* / 229

Abstract: Overseas workers have an essential influence on Philippines. The dissertation has analyzed the characteristics of overseas Filipino workers, in terms of their workplace, hometown, age, gender, occupation distribution and cohesiveness. Furthermore, the reasons for the formation of the existing characteristics of overseas Filipino workers are analyzed from the perspective of Philippine domestic background, global trends and labor psychology. With a long-term development, overseas Filipino workers have gradually systemized and regularized, however, it still faces with different problems and negative effects caused by the problems, such as low efficiency of remittance investment, waste of human resource, illegal trafficking, as well as overseas Filipinos' identity problems.

Keywords: Philippines; Overseas Workers; Identity

B. 14　Sino-Philippine People-to-People Exchanges Report （2019 −2020）　　　　　　　　　*Zhai Kun, Yin Ke* / 249

Abstract: In recent years, high-level interaction between China and the Philippines has created political mutual trust, practical cooperation has guaranteed strategic integration, people-to-people exchanges have promoted people-to-people ties, and two sides have jointly promoted regional cooperation. Sino-Philippine relations smoothly realized taking an upturn and scoring consolidation and uplift. In Sino-Philippine relations, people-to-people exchanges are important pillars, which have both a thick historical origin and innovative cooperation field. In particular, since China and Philippines signed the Memorandum of Understanding (MOU) on Cooperation on the Belt and Road Initiative in 2018, with the strong support of both sides and active promotion of the government, both China and the Philippines have pushed forward cooperation in the three pillar areas of security, development, and people-to-people exchanges. This article summarizes the forms and achievements of exchanges and cooperation between China and the Philippines in the fields of education, science and technology, culture, tourism, media, health, etc. from 2019 to 2020 and analyzes the significance and shortcomings of people-to-people exchanges between China and the Philippines. Finally put

forward several relevant suggestions.

Keywords: China; the Philippines; People-to-people Exchanges

B. 15   Report on Philippine Tourism Development (2019 –2020):
        Rapid Growth and Bright Future   *Gao Jun* / 270

Abstract: Tourism industry is a priority of development in the Philippines, which has become a key area for the Philippine government to attract investment and business in recent years. Thanks to China's "Going-out" strategy and the One Belt, One Road Initiative, economic cooperation and cultural communication between China and the Philippines has been deepening, China now being the Philippines' largest investor and second largest source of inbound tourist market. This report offers an update on Philippine tourism development by probing into its tourism market, tourism supply, and tourism administration and policy, aiming to provide implications for Chinese companies to invest in the Philippine tourism industry, and Chinese authorities to make policies in relation to investment in the Philippines. The analysis shows that the Philippine tourism industry has been in a rapid development in recent years, playing an increasingly important role in the socio-economic development of the country. The Central Philippines is where tourism is the most developed in the country. With the rapid increase of international tourist arrivals and domestic tourists, tourism supply in the Philippines is expected to grow, especially in the accommodation and transport sectors. The Philippine government on the one hand has actively sought tourism investment and large projects to maintain the growth momentum of tourism, and, on the other hand, has increasingly tried to lead its tourism to develop in a sustainable and responsible way. While the ongoing global COVID –19 pandemic would significantly undermine the Philippine tourism development in 2020, a steady recovery of the Philippine tourism industry, especially its domestic tourism market, is expected in 2021. It thus suggests that the long-term Philippine tourism development and investment is promising.

Keywords: Philippine Tourism; Investment; Expenditure; China

Abstract: Since the beginning of 2020, a new outbreak of coronary pneumonia has occurred all over the world. The anti-epidemic policies formulated by various countries according to their own actual conditions have their own characteristics. As one of the countries most seriously affected by COVID − 19 epidemic in Southeast Asia, Philippines' anti epidemic policy has important reference value to Southeast Asia and even the world. The Philippine government promptly issued strict immigration policies, correct health policies, subsidy policies for vulnerable groups, rapid evacuation work, and diverse and effective anti-epidemic economic policies, making its epidemic prevention and control work fruitful, but it also faces many challenges. This article studies the Philippines' policy towards COVID − 19 pandemic and its implementation status, and analyzes the background and significance of the policy measures.

Keywords: Philippines; Policy Analysis; New Coronary Pneumonia; COVID −19

V Appendix

皮 书

智库报告的主要形式
同一主题智库报告的聚合

✤ 皮书定义 ✤

皮书是对中国与世界发展状况和热点问题进行年度监测，以专业的角度、专家的视野和实证研究方法，针对某一领域或区域现状与发展态势展开分析和预测，具备前沿性、原创性、实证性、连续性、时效性等特点的公开出版物，由一系列权威研究报告组成。

✤ 皮书作者 ✤

皮书系列报告作者以国内外一流研究机构、知名高校等重点智库的研究人员为主，多为相关领域一流专家学者，他们的观点代表了当下学界对中国与世界的现实和未来最高水平的解读与分析。截至2020年，皮书研创机构有近千家，报告作者累计超过7万人。

✤ 皮书荣誉 ✤

皮书系列已成为社会科学文献出版社的著名图书品牌和中国社会科学院的知名学术品牌。2016年皮书系列正式列入"十三五"国家重点出版规划项目；2013~2020年，重点皮书列入中国社会科学院承担的国家哲学社会科学创新工程项目。

中国皮书网

（网址：www.pishu.cn）

发布皮书研创资讯，传播皮书精彩内容
引领皮书出版潮流，打造皮书服务平台

栏目设置

◆ **关于皮书**
何谓皮书、皮书分类、皮书大事记、
皮书荣誉、皮书出版第一人、皮书编辑部

◆ **最新资讯**
通知公告、新闻动态、媒体聚焦、
网站专题、视频直播、下载专区

◆ **皮书研创**
皮书规范、皮书选题、皮书出版、
皮书研究、研创团队

◆ **皮书评奖评价**
指标体系、皮书评价、皮书评奖

◆ **互动专区**
皮书说、社科数托邦、皮书微博、留言板

所获荣誉

◆ 2008 年、2011 年、2014 年，中国皮书
网均在全国新闻出版业网站荣誉评选中
获得"最具商业价值网站"称号；
◆ 2012 年，获得"出版业网站百强"称号。

网库合一

2014 年，中国皮书网与皮书数据库端口
合一，实现资源共享。

权威报告·一手数据·特色资源

皮书数据库
ANNUAL REPORT(YEARBOOK)
DATABASE

分析解读当下中国发展变迁的高端智库平台

所获荣誉

- 2019年，入围国家新闻出版署数字出版精品遴选推荐计划项目
- 2016年，入选"'十三五'国家重点电子出版物出版规划骨干工程"
- 2015年，荣获"搜索中国正能量 点赞2015""创新中国科技创新奖"
- 2013年，荣获"中国出版政府奖·网络出版物奖"提名奖
- 连续多年荣获中国数字出版博览会"数字出版·优秀品牌"奖

成为会员

通过网址www.pishu.com.cn访问皮书数据库网站或下载皮书数据库APP，进行手机号码验证或邮箱验证即可成为皮书数据库会员。

会员福利

- 已注册用户购书后可免费获赠100元皮书数据库充值卡。刮开充值卡涂层获取充值密码，登录并进入"会员中心"—"在线充值"—"充值卡充值"，充值成功即可购买和查看数据库内容。
- 会员福利最终解释权归社会科学文献出版社所有。

社会科学文献出版社 皮书系列
SOCIAL SCIENCES ACADEMIC PRESS (CHINA)

卡号：721452817959
密码：

数据库服务热线：400-008-6695
数据库服务QQ：2475522410
数据库服务邮箱：database@ssap.cn
图书销售热线：010-59367070/7028
图书服务QQ：1265056568
图书服务邮箱：duzhe@ssap.cn

中国社会发展数据库（下设 12 个子库）

　　整合国内外中国社会发展研究成果，汇聚独家统计数据、深度分析报告，涉及社会、人口、政治、教育、法律等 12 个领域，为了解中国社会发展动态、跟踪社会核心热点、分析社会发展趋势提供一站式资源搜索和数据服务。

中国经济发展数据库（下设 12 个子库）

　　围绕国内外中国经济发展主题研究报告、学术资讯、基础数据等资料构建，内容涵盖宏观经济、农业经济、工业经济、产业经济等 12 个重点经济领域，为实时掌控经济运行态势、把握经济发展规律、洞察经济形势、进行经济决策提供参考和依据。

中国行业发展数据库（下设 17 个子库）

　　以中国国民经济行业分类为依据，覆盖金融业、旅游、医疗卫生、交通运输、能源矿产等 100 多个行业，跟踪分析国民经济相关行业市场运行状况和政策导向，汇集行业发展前沿资讯，为投资、从业及各种经济决策提供理论基础和实践指导。

中国区域发展数据库（下设 6 个子库）

　　对中国特定区域内的经济、社会、文化等领域现状与发展情况进行深度分析和预测，研究层级至县及县以下行政区，涉及地区、区域经济体、城市、农村等不同维度，为地方经济社会宏观态势研究、发展经验研究、案例分析提供数据服务。

中国文化传媒数据库（下设 18 个子库）

　　汇聚文化传媒领域专家观点、热点资讯，梳理国内外中国文化发展相关学术研究成果、一手统计数据，涵盖文化产业、新闻传播、电影娱乐、文学艺术、群众文化等 18 个重点研究领域。为文化传媒研究提供相关数据、研究报告和综合分析服务。

世界经济与国际关系数据库（下设 6 个子库）

　　立足"皮书系列"世界经济、国际关系相关学术资源，整合世界经济、国际政治、世界文化与科技、全球性问题、国际组织与国际法、区域研究 6 大领域研究成果，为世界经济与国际关系研究提供全方位数据分析，为决策和形势研判提供参考。

法律声明

"皮书系列"（含蓝皮书、绿皮书、黄皮书）之品牌由社会科学文献出版社最早使用并持续至今，现已被中国图书市场所熟知。"皮书系列"的相关商标已在中华人民共和国国家工商行政管理总局商标局注册，如 LOGO（ ）、皮书、Pishu、经济蓝皮书、社会蓝皮书等。"皮书系列"图书的注册商标专用权及封面设计、版式设计的著作权均为社会科学文献出版社所有。未经社会科学文献出版社书面授权许可，任何使用与"皮书系列"图书注册商标、封面设计、版式设计相同或者近似的文字、图形或其组合的行为均系侵权行为。

经作者授权，本书的专有出版权及信息网络传播权等为社会科学文献出版社享有。未经社会科学文献出版社书面授权许可，任何就本书内容的复制、发行或以数字形式进行网络传播的行为均系侵权行为。

社会科学文献出版社将通过法律途径追究上述侵权行为的法律责任，维护自身合法权益。

欢迎社会各界人士对侵犯社会科学文献出版社上述权利的侵权行为进行举报。电话：010-59367121，电子邮箱：fawubu@ssap.cn。

社会科学文献出版社